Sandra Umathum / Jan Deck (Hrsg.)

Postdramaturgien

Sandra Umathum / Jan Deck (Hrsg.)

Postdramaturgien

Neofelis Verlag

Inhalt

Alexander Karschnia

Everybody's gone surfin': surfin' on the stage

Dramaturgien nach dem Drama (der Geschichte)

I. DAS DRAMA DER VERGANGENHEIT

Am Wendepunkt: 1976

„Surfdramaturgie" zeichne seine Texte aus, meinten Studierende zu Heiner Müller in den USA: „[D]ie Geschwindigkeit, der schnelle Tempowechsel, ohne Übergang."[1] Müller schien diese Beschreibung zu gefallen. 1975/76 war er fast ein Jahr lang mit seiner damaligen Ehefrau Ginka Tscholakowa durchs Land gereist. In Austin, Texas, hatte er sein Revolutionslehrstück *Mauser* uraufgeführt. Nach seiner Rückkehr schrieb er den berühmt-berüchtigten Text *Die Hamletmaschine*, vielleicht das letzte Drama der Geschichte. Im Rückblick erscheint das Jahr 1976 als Wendepunkt: Die DDR befindet sich in einer tiefen Krise,[2] aber auch im Westen wird von einer „Krise des Marxismus" gesprochen – und zwar (das ist das Neue) auch von Marxist*innen. In seiner gleichnamigen Rede zitiert der marxistische Philosoph Louis Althusser kommunistische Arbeiter*innen, die davon sprechen, dass in der Geschichte der Arbeiter*innenbewegung zwischen Vergangenheit und Gegenwart etwas „zerbrochen" sei: „Und dieser Bruch wirft die Frage der Zukunft auf."[3] – „The time is out of joint!" (I, 5, 188)

1 Heiner Müller: *Krieg ohne Schlacht. Leben in zwei Diktaturen*. Köln: Kiepenheuer & Witsch 1999, S. 286.

2 Karsten Krampitz: *1976. Die DDR in der Krise*. Berlin: Verbrecher 2016.

3 Louis Althusser: *Die Krise des Marxismus*. Hamburg: VSA 1978, S. 55.

Doch Hamlets Klage aus dem ersten Akt bezieht sich nicht nur auf eine historische Situation, sondern betrifft zugleich die Form des Dramas, lebt dieses doch vom Primat der Gegenwart laut Peter Szondi: „Der Zeitablauf des Dramas ist eine absolute Gegenwartsfolge.“[4] Dramaturgie ist die Kunst, den dramatischen Stoff so zu organisieren, dass er sich in der Zeit entfalten kann als (ziel)gerichtete Entwicklung: „[D]ie Gegenwart vergeht und wird Vergangenheit, ist aber als solche auch nicht mehr gegenwärtig.“[5] Nun wird diese Aussage schon zu Beginn des Stücks durch das (Wieder-)Erscheinen des Geistes widerlegt: Eine Vergangenheit, die nicht vergehen will! Das legt den Verdacht nahe, dass es sich beim berühmtesten Drama der Welt gar nicht um ein „Drama“ handelt, zumindest nicht im Sinne einer normativen Ästhetik. Shakespeares Stücke lassen sich kaum mit den von Szondi entwickelten Kriterien in Einklang bringen. Das Drama war zwar von Anfang an eine Darstellung von Krisen, doch ist die dramatische Darstellung selbst auch immer schon krisenanfällig gewesen: So ließe sich die Geschichte des Dramas ihrerseits als Drama inszenieren mit Anfang, Mitte und Ende und dramatischem Wendepunkt (*Peripetie*).[6] Szondi datiert die von ihm diagnostizierte „Krise des Dramas“ auf die Zeit nach 1880 und liefert dafür eine auf Hegels Ästhetik beruhende geschichtsphilosophische Begründung: Die Form selbst wird problematisch, das Dargestellte (der Inhalt) sprengt die Darstellung (die Form).[7] Die (dialektische) Lösung lieferte Brechts Entwicklung des epischen Theaters als *„Erneuerung und Vollendung der klassischen Dramaturgie“*[8]. Brecht selbst nannte die Dramaturgie seiner Stücke bekanntlich nicht-aristotelisch, da er sie durch radikale Zweckentfremdung (Erkenntnisgewinn statt Affektabfuhr) vom Kopf auf die Füße zu stellen gedachte. Die Priorisierung der affektiven Wirkung des Dramas hatte sich zunehmend als hemmend erwiesen. Erst nach der Befreiung von dieser Zweckbestimmung konnte Dramaturgie zu neuer Geltung gelangen: als Form dialektischen Denkens. *„Das Drama*

4 Peter Szondi: *Die Krise des Dramas*. Frankfurt am Main: Suhrkamp 1963, S. 17.

5 Ebd.

6 Vgl. Alexander Karschnia: The Drama of Drama. In: Ders. / Marijke Hoogenboom (Hrsg.): *Na(ar) het Theater – After Theatre? Supplements to the International Conference on Postdramatic Theatre*. Amsterdam: School of the Arts 2006, S. 34–45.

7 Peter Szondi: Hegels Lehre von der Dichtung. In: Ders.: *Poetik und Geschichtsphilosophie I*, hrsg. v. Senta Metz / Hans-Hagen Hildebrandt. Frankfurt am Main: Suhrkamp 1974, S. 267–512, hier S. 301–302.

8 Vgl. Hans-Thies Lehmann: *Postdramatisches Theater*. Frankfurt am Main: Verlag der Autoren 1999, S. 48 (Herv. i. Orig.).

verspricht Dialektik"[9] – und die Dialektik Teleologie: Was auch geschieht, es findet ein Ende bzw. hat einen Zweck. Damit gehört die Rede vom Ende der Geschichte ebenso zur Geschichte wie die Fiktion eines Ursprungs. Und so bleiben selbst Brechts Stücke der aristotelischen Dramaturgie verhaftet, da auch sie Geschichte im Doppelsinn von *story* (Fabel) und Historie nicht aufgeben wollen.[10]
Auch Historiker*innen machen ein Geschehen als Geschichte erzählbar. Dabei dramatisieren sie nicht nur, indem sie Ereignisse an bestimmte Protagonist*innen binden, sondern auch dadurch, dass sie die Erzählung über eine bestimmte Periode (wie die Geschichte der Arbeiter*innenbewegung oder der DDR) in einen Verlauf bringen, der Anfang, Mitte und Ende hat und in der zweiten Hälfte eine Peripetie. So z. B. das Jahr 1976: Im Fall der DDR ist es aus Sicht vieler Kulturschaffender die Ausbürgerung Wolf Biermanns gewesen, die den Niedergang einleitete, den Anfang vom Ende.[11] Dass die ‚friedliche Revolution' von 1989 als Wende bezeichnet wird, ist dabei von einer gewissen Ironie. Wie Heiner Müller in einem Gespräch im Dezember 1989 erklärte, dachten im Osten Deutschlands dabei die wenigsten Menschen an die von Helmut Kohl so bezeichnete „geistig-moralische Wende", sondern an sportlichen Wettkampf:

> In der DDR ist das kein Lehnwort aus der Bundesrepublik. Das stammt aus dem Sport. Beim Schwimmen ist die Wende sehr wichtig: Man muss die Richtung ändern, ohne an Fahrt und an Kraft zu verlieren. Das konnten die DDR-Schwimmer immer besonders gut.[12]

Doch die Geschichte ist nicht zu Ende, auch wenn das nach dem Ende der DDR immer wieder laut verkündet worden ist. Die Geschichte ist aber nicht deswegen nicht zu Ende, weil sie von Menschen gemacht wird, sondern weil sie nicht zu *machen* ist: Menschen machen weder Geschichte noch

9 Ebd., S. 59 (Herv. i. Orig.).

10 Vgl. Hans-Thies Lehmann: Fabel-Haft. In: Ders.: *Brecht lesen*. Berlin: Theater der Zeit 2016, S. 147–164; Alexander Karschnia: V for What? About the Actuality of Bertolt Brecht and Walter Benjamin for Contemporary Activism. In: Raqs Media Collective / Shveta Sarda (Hrsg.): *Sarai Reader 09: Projections*. Neu-Delhi: Sarai 2013, S. 47–53.

11 Vgl. Krampitz: *1976*, S. 118–139.

12 Es kommen viele Leichen zum Vorschein. Ein Gespräch zwischen Ulrich Mühe, Heiner Müller und Hilmar Thate für „Theater Heute". In: Heiner Müller: *Gesammelte Irrtümer 3*. Frankfurt am Main: Verlag der Autoren 1994, S. 45–69, hier S. 47.

die Revolution oder (politisch) Theater, Menschen *handeln*. Dieses Handeln nennt sich Politik: *Vita activa*. So lautet der Titel von Hannah Arendts philosophischem Hauptwerk; ihr Thema: „Was tun wir, wenn wir tätig sind?“[13] Arendt unterscheidet streng zwischen den verschiedenen Tätigkeitsformen: Arbeiten, Herstellen und Handeln. Während Arbeit (Leben) kaum Spuren hinterlässt, weil das Produzierte umgehend konsumiert wird, gelingt es im Akt der Herstellung, Werke zu schaffen, die ihre Hersteller*innen überdauern. Zwar ist das auch durch Handeln zu erreichen, doch gehen Taten erst in die Geschichte ein, nachdem sie vollzogen worden sind, d. h. nachdem der historische Prozess abgeschlossen ist. Das Drama bietet dafür ein formales Schema, man nennt es *Handlung*. Eine Bezeichnung wie „Handlungsdramaturgie“ wäre daher bis vor einigen Jahrzehnten als Pleonasmus erschienen. Dass sie mittlerweile wie ein Oxymoron klingt, deutet auf eine fundamentale Verschiebung: Die Dramaturgie hat sich vom Drama, d. h. der Handlung emanzipiert und sich der performativen Dimension des Handelns geöffnet. Der Unterschied zwischen *Handeln* und *Handlung* liegt in der zeitlichen Ausrichtung: Menschliches Handeln ist zukunftsoffen, dramatische Handlung aufs Ende fixiert. Damit gleicht die dramatische Handlung der Tätigkeit des Herstellens. Wie jede gute Geschichte lässt sie sich (gemäß der aristotelischen Poetik) in Anfang, Mitte und Ende unterteilen: vor, während und nach der Bearbeitung. Die Geschichte des Menschen ist die Geschichte des *homo faber*, des Machers/Mannes, Herstellers. Er macht Geschichte – nicht aus freien Stücken, wie wir von Marx wissen, sondern unter vorgefundenen Umständen, aber er *macht* sie: Er gibt ihr ein Ziel, d. h. er bringt sie zu (einem) Ende.
Hannah Arendt hat diese Sichtweise kritisiert: Menschen handeln in Freiheit, d. h. sie tun etwas, aber diese Tätigkeit ist kein Machen. Sie richtet sich nicht auf einen zu bearbeitenden Rohstoff, sondern spielt sich unter ihresgleichen ab. Sie lässt sich nicht auf Zweck-Mittel-Relationen reduzieren und findet auch kein Ende. Historiker*innen dagegen – man möchte ergänzen: und Dramaturg*innen – „wittern überall das Ende“[14]. Gegen diese Art des Denkens richtet sich Hannah Arendts politisches Denken, das man besser als ein Denken des Politischen bezeichnen könnte. Die Entdeckung der Unterscheidung zwischen Politik und Politischem, Regierungshandlung und kollektivem Handeln, von Oliver Marchart als „politische Differenz“ beschrieben,

13 Hannah Arendt: *Vita activa oder Vom tätigen Leben*. München: Piper 2016, S. 14.
14 Hannah Arendt: *Denktagebuch 1950–1973*, hrsg. v. Ursula Ludz / Ingeborg Nordmann. München: Piper 2002, S. 352.

wird in der Regel auf Arendt zurückgeführt.[15] Ein analoger Unterschied ließe sich behaupten zwischen dem Drama als Schema, das einem Prozess einen bestimmten Verlauf gibt, und dem Dramatischen als Prozess ohne vorgeschriebene Verlaufsform. Postdramaturgien wären demnach als *Differenzdramaturgien* zu beschreiben, die aus dieser Spannung zwischen Drama und Dramatischem, Handlung und Handeln ihre Energie beziehen. Wie ich im Folgenden hoffe zeigen zu können, handelt es sich jedoch nicht einfach um eine Übertragung vom politischen Feld ins Feld der Ästhetik, sondern seinerseits um eine eminent politische Frage. Diese Frage lässt sich nur durch einen Rekurs auf die Geschichtsphilosophie klären. Im Mittelpunkt steht dabei die Frage nach der Revolution als Wendepunkt der Geschichte, als politische Peripetie.

Revolution: 1789 - 1776 = 1917

Für Hannah Arendt ist die Revolution das Neue, das erst mit großer Verspätung eintrifft: Während die großen Ereignisse der Neuzeit fast gleichzeitig zu Beginn des 16. Jahrhunderts stattfinden (‚Entdeckung' Amerikas, Reformation, Entdeckung der Planetenumlaufbahnen), braucht jenes Neue fast 300 Jahre, um schließlich am 14. Juli 1789 vom Bereich der Philosophie und Wissenschaft in den Bereich der Politik vorzudringen. Arendt bezieht sich dabei auf eine dramatische Szene, den Dialog zwischen Louis XVI. und dem Boten des Unglücks, der vom Sturm auf die Bastille berichtet. Der König ruft aus: „C'est une révolte!" und wird korrigiert: „Non, Sire, c'est une révolution."[16] Zum ersten Mal betreten die Armen, die Not- und Hungerleidenden die Bühne der Geschichte. Damit, so Arendts umstrittene These, gerät die Not in den Fokus der Politik und verdrängt die Freiheit. Das Mitleid mit den Armen bestimmt von nun an die Politik – und das Theater, spätestens seitdem Lessing die aristotelische *katharsis* mit „Furcht & Mitleid" anstatt mit „Furcht & Schrecken" übersetzt hat.[17] Und von der Bekämpfung der Not führt, nach Arendt, ein direkter Weg zum Glauben an eine historische Notwendigkeit.[18]

15 Oliver Marchart: *Die politische Differenz. Zum Denken des Politischen bei Nancy, Lefort, Badiou, Laclau und Agamben*. Berlin: Suhrkamp 2010, S. 35–36. Marchart entwickelt in diesem Rahmen eine Theorie des politischen Postfundamentalismus.

16 Vgl. Hannah Arendt: *Über die Revolution*. München: Piper 2016, S. 58.

17 Vgl. Peter Szondi: *Die Theorie des bürgerlichen Trauerspiels im 18. Jahrhundert*, hrsg. v. Gert Mattenklott. Frankfurt am Main: Suhrkamp 1973, S. 166.

18 Hannah Arendt: *Über die Revolution*, S. 73–146. Vgl. außerdem dies.: *Die Freiheit, frei zu sein*. München: dtv 2018, S. 25–33, 38–42.

Diese Notwendigkeit nimmt dabei eine doppelte Bedeutung an: im Sinne der Abwendung physischen Leids sowie einer unabwendbaren Bestimmung (Determinismus).[19] Als Gegenbeispiel verweist Arendt auf die Amerikanische Revolution, deren 200. Geburtstag in dem Jahr, in dem Müller durch die USA reist, überall gefeiert wird. Das ist die historische Konstellation des Jahres 1976: Die DDR, der Marxismus, die Arbeiter*innenbewegung befinden sich in der Krise, westeuropäische kommunistische Parteien propagieren einen eigenen Weg und den friedlichen Übergang zum Sozialismus (Eurokommunismus), während die USA, die längst den Sinn für die Bedeutung ihrer eigenen Revolution verloren haben, deren Zweihundertjahrfeier zelebrieren („we must be doin' somethin' right / to last 200 years", wie es in einem Country Song in Robert Altmans Film *Nashville* von 1975 heißt). In China verstirbt der Große Vorsitzende Mao Tse-Tung, die letzte lebende Ikone einer siegreichen kommunistischen Revolution, und in Stammheim nimmt sich Ulrike Meinhof, die Heiner Müller als Wiedergängerin Rosa Luxemburgs gesehen hat, das Leben. Die Ära oder zumindest das Konzept der Revolution als bewaffnete Machtübernahme (Mao: „Die politische Macht kommt aus den Gewehrläufen") scheint an ein Ende gelangt zu sein. Ebenso die Ära des Dramas. Zumindest jenes Dramas der Figur des Hamletdarstellers in *Die Hamletmaschine*: „Mein Drama findet nicht mehr statt."[20] Die Revolution ist vorbei, was bleibt, ist die Revolte, der Aufstand: „Mein Drama, wenn es noch stattfinden würde, fände in der Zeit des Aufstands statt."[21] Dass der Aufstand als Spaziergang beginnt, wie es in der *Hamletmaschine* heißt, hat sich zwar oft als historisch zutreffend erwiesen, steht aber auch in gewolltem Widerspruch zu der Redeweise, etwas sei „kein Spaziergang", sondern harte Arbeit, ein langwieriger, schwieriger, oft gewalttätiger Prozess. Ein Aufstand ist darin nur ein Moment, wenn auch ein entscheidender: Die Wendung des Geschehens, die den Umschlag bringt, den Umsturz, die Wende (in) der Wende.[22] Doch sowohl Aufstände als auch Revolutionen können sich wiederholen!

19 Eine ganze Reihe von (post-)marxistischen Denker*innen hat sich bemüht, das marxistische Denken vom Geschichtsdeterminismus zu befreien: Cornelius Castoriadis, Claude Lefort, Chantal Mouffe, Ernesto Laclau u. a.

20 Heiner Müller: Die Hamletmaschine. In: Ders.: *Mauser*. Berlin: Rotbuch 1991, S. 89–97, hier S. 93.

21 Ebd., S. 93–94.

22 Vgl. Alexander Karschnia: BEHEMOTH vs. LEVIATHAN. Anleitungen zum Bürgerkrieg. In: Ders. / Michael Wehren (Hrsg.): *Kommando Johann Fatzer. Mülheimer Fatzerbücher 1*. Berlin: Neofelis 2012, S. 22–39.

Re-enter Revolution
Als sich die Revolution im Februar 1917 in St. Petersburg ereignet, ist Lenin genauso überrascht wie die Anhänger*innen des zaristischen Regimes. Die Revolution gleicht einem Naturereignis, einem Sturm, der nach einer Phase relativer Ruhe erneut ausbricht. Der weitere Verlauf dieser Geschichte ist bekannt: Lenin trifft in St. Petersburg ein, schreibt seine berüchtigten Aprilthesen, in denen er darauf drängt, unverzüglich die Machtübernahme vorzubereiten, woraufhin ihn alle – inklusive seiner eigenen Frau – für verrückt erklären.[23] Der Aufstand soll die Entscheidung bringen. Marx & Engels benutzen dafür gerne ein Lieblingswort von Dramaturg*innen: „Kollision"[24]. Die Peripetie, der Wendepunkt ist jenes „letzte Gefecht", zu dem die *Internationale* die „Völker" aufruft. Nach dieser Kollision muss es zu einer „Lösung" kommen, einer Aufhebung der Widersprüche. Soweit die (Dramen-)Theorie. Was die Theorie jedoch braucht, um in Praxis umgesetzt zu werden, ist ein Berufsrevolutionär bzw. ein Regisseur. Dessen Aufgabe ist es, den Akteur*innen dabei zu helfen, ihre Rolle richtig zu spielen. Doch dazu benötigt er, zumindest an deutschen Stadttheatern, eine*n Dramaturg*in an seiner Seite, der oder die nicht nur das Skript kennt, sondern über Extrawissen verfügt, eine besondere Einsicht in die Intention des oder der Autor*in. Vielleicht ist die populäre Rede von den zwei Lenins (der Autor von *Was tun?* vs. der Autor von *Staat und Revolution*) auch so zu verstehen: Lenin als Regisseur vs. Lenin als Dramaturg. Oder ist es nicht die klassische Aufgabe von Dramaturg*innen, die Konflikte klarer erkennbar und die finale Peripetie besser zur Geltung kommen zu lassen? Dazu sind jedoch oft „Striche" nötig, Streichungen im Skript, Kürzungen der Handlung, Straffungen zur Spannungssteigerung usw. Und so kam es auch: Bevor Lenin die Revolution inszenieren kann, muss er ganze weltgeschichtliche Szenen wie die Etablierung einer bürgerlichen Ordnung ganz erheblich verkürzen (auf ein dreiviertel Jahr): Die Februarrevolution wird zum Auftakt der wahren Revolution im Oktober. Ein Theatercoup: Lenin putscht die provisorische Regierung aus dem Amt, drängt die konkurrierenden Parteien aus dem zentralen Sowjet und errichtet seine Version der „Diktatur des Proletariats". Das Ganze folgte tatsächlich einem

23 Vgl. Slavoj Žižek: *Die Revolution steht bevor*. Frankfurt am Main: Suhrkamp 2002, S. 10.
24 Z. B. in jenem Text, in dem Marx die politische Entwicklung von Deutschland mit Frankreich und England vergleicht. Karl Marx: Zur Kritik der Hegelschen Rechtsphilosophie. Einleitung. In: Ders. / Friedrich Engels: *Werke* (MEW), Bd. 1. Berlin: Dietz 1976, S. 378–391, hier S. 383: „Dort handelt es sich um die Lösung, und hier handelt es sich erst um die Kollision."

Skript. Jedoch wurde dieses Skript nicht von Marx & Engels verfasst, sondern von „der Geschichte“, konkret: der Geschichte der Französischen Revolution. Die Russische Revolution erscheint nicht nur deswegen als Reenactment, weil alle Bilder, die wir von ihr haben, einem Reenactment entstammen (dem Massenspektakel, das der Regisseur Nikolaj Evreinov 1920 zum dritten Jahrestag organisiert[25]), sie *ist* ein Reenactment: Lenins Meisterstück besteht darin, die Revolution so zu wiederholen, als würde sie auf einer anderen Bühne und mit anderen Akteur*innen erneut zur Aufführung gebracht – und zwar in allen Akten („Sturm auf den Winterpalast“ = „Sturm auf die Bastille“): Nach dem *Terreur* kommt der Thermidor, auf Robespierre folgt ein Kaiser, auf Lenin ein roter Zar. So erklärt sich auch der weitere Verlauf, z. B. die Tatsache, dass sich 20 Jahre nach der Revolution in den berüchtigten Schauprozessen unschuldig Angeklagte bereitwillig monströser Verbrechen bezichtigen. Ihrer Ansicht nach ist das ihr Schicksal bzw. der geschichtlich notwendige Gang der Dinge. Wie alle wissen, frisst die Revolution ihre Kinder, also spielen sie ihre Rolle bis zum Schluss. Hannah Arendt betont ihre

> […] große Geschicklichkeit, jede Rolle zu spielen, welche das große geschichtliche Drama ihnen anweisen würde. Und man muß es ihnen lassen, dass sie bereit waren, auch die Rolle des Bösewichts zu akzeptieren, wenn keine andere ihnen geboten wurde, nur um überhaupt im Spiel bleiben zu dürfen.[26]

Was durch die Französische Revolution als das Neue im Bereich der Politik Einzug gehalten hat, ist also das Alte: die Geschichte. Die Französische Revolution führt zur Geburt des modernen Geschichtsbegriffs, und es ist Hegel, der diese Neuerung in die Philosophie einführt: die Geschichtsphilosophie. Nach Hannah Arendt hat das tragische Folgen, denn seither wird der gesamte Bereich des menschlichen Handelns nicht länger im Sinne der Handelnden beschrieben, sondern vom Standpunkt der Betrachter*innen aus, die dem geschichtlichen Geschehen beiwohnen wie Zuschauende im Theater einer Handlung auf der Bühne. Arendts Perspektive dagegen ist eine dezidiert politische, nicht länger eine historische, und als politische Denkerin liegt ihr Fokus nicht auf dem „Gehandelten“, der Handlung, wie sie sich im Rückblick darstellt, sondern im Handeln: Das Handeln setzt im Gegensatz

25 Vgl. Inke Arns / Boris Chubarov / Saskia Sassen (Hrsg.): *Nikolaj Evreinov. „Sturm auf den Winterpalast“*. Berlin: Diaphanes 2017.
26 Arendt: *Über die Revolution*, S. 71–72.

zur Handlung (des Dramas (der Geschichte)) stets einen neuen Anfang: „Eindeutig gibt es kein Ende in der Geschichte. Jedes Ende ist ein neuer Anfang.“[27] Ein solches Verständnis führt zu einer völlig neuen Idee von Theater. In ihm steht nicht mehr das Publikum im Mittelpunkt, sondern die Spielenden. Eben darin besteht die Lehre der Lehrstücke von Bertolt Brecht.

II. THEATER DER ZUKUNFT

Auf die Frage, wie das Theater der Zukunft aussehen könnte, antwortet Brecht mit einem Verweis auf *Die Maßnahme*, sein wohl berüchtigstes Lehrstück. Obwohl er seit 1930 und bis zu seinem Tod 1956 nicht aufgehört hat, an der Konzeption der Lehrstücke zu arbeiten, dominiert in der Rezeptionsgeschichte die Ansicht, die Lehrstücke stellten nur eine experimentelle Phase dar, die er durch das Verfassen ‚reiferer Werke‘ überwunden habe. Doch die Revolution der Lehrstücke besteht darin, ein Weltbild umzustürzen: Sie verschieben das Zentrum von den Zuschauenden zu den Spielenden! Dahinter steckt eine wahrhaft revolutionäre Vorstellung: „Es ist die Vorstellung einer Aufhebung der Sperre zwischen Kunstproduzent und Kunstkonsument, eingeschlossen in die umfassendere einer Aufhebung der Arbeitsteilung“[28], schreibt B. K. Tragelehn im Nachwort zu dem von ihm herausgegebenen Band von Brechts Lehrstücken. In einer anderen Weise und nicht immer bewusst stehen zeitgenössische Theaterschaffende, gerade auch Gruppen der Freien Szene, in dieser Tradition.[29] Doch selbst eine offene Form wie das Lehrstück kann durch „Fixierung, normativ nicht historisch“ verschlossen werden und ist dann „nicht geeignet, Praxis zu initiieren“.[30] Die Frage, welche Formen Dramaturgien nach dem Drama (der Geschichte) annehmen könnten, ist theoretisch nicht wirklich hinreichend zu beantworten. Man

27 Arendt: *Denktagebuch*, S. 352.

28 B. K. Tragelehn: Nachwort. In: Bertolt Brecht: *Die Lehrstücke*, hrsg. v. B. K. Tragelehn. Leipzig: Reclam 1978, S. 194–204, hier S. 194.

29 Hans-Thies Lehmann nennt neben Peter Stein und Klaus Michael Grüber noch Frank Castorf, Einar Schleef, Christoph Marthaler, Nicolas Stemann, Falk Richter und v. a. René Pollesch, aber auch Gruppen wie Rimini Protokoll, andcompany&Co., She She Pop (zu ergänzen wären: LIGNA, Friendly Fire, Futur II Konjunktiv, kainkollektiv, EGfKA – Europäische Gemeinschaft für kulturelle Angelegenheiten u. v. a.), die „ohne den Brechtschen Impuls nicht zu verstehen“ seien: „Auch wenn sie – wie alle guten Schüler, wie auch Heiner Müller – alles anders machen als der Meister.“ (Hans-Thies Lehmann: Brecht lesen – Gesichter und Aspekte. In: Ders.: *Brecht lesen*, S. 7–30, hier S. 25.)

30 Tragelehn: Nachwort, S. 196.

muss – wie in Brechts (und Müllers) Lehrstücken – die Probe aufs Exempel wagen – beziehungsweise: *neu beginnen*. Für Hannah Arendt waren Handeln und die Fähigkeit, neu zu beginnen, ein und dasselbe. Gelernt hat sie es von Rosa Luxemburg, die es während der Russischen Revolution 1905 gelernt hatte: Revolutionen werden nicht gemacht, sie können nicht geplant werden, sondern brechen spontan aus, „so wie man Schwimmen nur im Wasser lernen kann"[31]. Wie das *Surfen* …

SURFIN' USSR

Heiner Müllers Lehrstück *Mauser* spielt in der Zeit des Bürgerkriegs unmittelbar nach der Revolution. Dieser Bürgerkrieg kann als letzter Akt des Dramas der Russischen Revolution betrachtet werden. Nach dem Sieg der Roten Armee über die konterrevolutionären Truppen wird der „Kriegskommunismus" beendet und die „Neue Ökonomische Politik" eingeführt. Zugleich wird der Aufstand der Matrosen von Kronstadt niedergeschlagen. Für die Zeit, die nun einsetzt, hat Bini Adamczak den Begriff der „postrevolutionären Depression" (PRD) geprägt.[32] Im Lauf der kommenden Jahre wird immer wieder auf die heroische Zeit der Revolution und des Bürgerkriegs Bezug genommen. Adamczak spricht daher von einem „Revolutionsfetisch": einer Inversion, der Verkehrung von Mittel und Zweck.[33] Die Revolution wird fetischisiert, d. h. sie wird zum Selbstzweck. Es kommt nicht nur zu einer Wiederholung (wie bei Lenins Inszenierung von 1917), sondern zu einem veritablen Wiederholungs*zwang*, als gelte es, den V. Akt immer wieder aus Neue zu reinszenieren: Die Industrialisierung wird unter Stalin wie ein zweiter Bürgerkrieg (auf-)geführt, als Krieg gegen Bäuerinnen und Bauern. Nun ist es die tragische Ironie der Geschichte des Stalinismus, dass eine solche Politik der erbarmungslosen Industrialisierung als erstes von Stalins größtem Widersacher Trotzki gefordert worden ist. Stalin ist zunächst Gegner dieser Politik und verbündet sich mit allen, die dagegen opponieren. Auf diese Weise kann er seinen

31 Zit. n. Hannah Arendt: Rosa Luxemburg. In: Dies.: *Menschen in finsteren Zeiten*. München: Piper 2014, S. 46–74, hier S. 70. Hannah Arendt wurde als Kind von ihrer Mutter zu einem öffentlichen Auftritt von Rosa Luxemburg mitgenommen. Ihr späterer Ehemann Heinrich Blücher war aktiver Spartakist und stand dem Kreis um Heinrich Brandler nahe, der als Luxemburgist galt und bald aus der Führung der KPD ausgeschlossen wurde. Vgl. dazu Oliver Marchart: *Neu beginnen. Hannah Arendt, die Revolution und die Globalisierung*: Wien: Turia + Kant 2005, S. 61–75.

32 Bini Adamczak: *Beziehungsweise Revolution: 1917, 1968 und kommende*. Berlin: Suhrkamp 2017, S. 11–43.

33 Ebd., S. 24.

schärfsten Konkurrenten ausschalten. Doch kaum ist Trotzki vertrieben, geht Stalin gegen seine ehemaligen Verbündeten vor und setzt Trotzkis Politik selbst um. „Zickzack-Kurs", schimpft Trotzki im Exil. Doch bald stellt sich heraus, dass es genau dieser „Zickzack-Kurs" ist, der den Stalinismus charakterisiert. *SURFIN' USSR!*

Auf den ersten Blick scheint das Bild vom Surfer Stalin stimmig, geben doch Surfer*innen auf den Wellen, ebenso wie Schwimmer*innen im Strom oder Segler*innen im Wind, ein scheinbar passendes Bild für all jene ab, die glauben, im Einklang mit den Gesetzen der Geschichte (wie der Natur) zu handeln.[34] Mochte Trotzki Stalins Politik auch als Zickzack-Kurs anprangern, für Stalins Apologet*innen sind diese Kurswechsel taktische Manöver, die einer langfristigen Strategie dienen, um die klassenlose Gesellschaft herzustellen. Beim genaueren Hinsehen zeigt sich jedoch, dass das Bild des Staatsmanns als Steuermann und das der Surfer*in nicht zusammenpassen. Während Steuermänner und Steuerfrauen ins Schlingern geraten und gezwungen sein können, einen Zickzack-Kurs zu fahren, haben Surfer*innen gar kein strategisches Ziel im Auge. Ihr Schlingern hat Methode; es gibt nichts als den Zickzack-Kurs: Der Weg ist das Ziel! Demgegenüber steht eine Vorstellung von Politik, die glaubt, zwischen Strategie und Taktik, Mittel und Zweck unterscheiden zu können. Diese Vorstellung charakterisiert nicht allein die stalinistische Politik als Politik des *homo faber*: Politisches Handeln wird zur Werktätigkeit, zum Akt der Herstellung. Dinge werden hervorgebracht, die gebraucht werden können, ohne gleich verbraucht zu sein. Das unterscheidet sie von roher körperlicher Arbeit, die die eigenen Produkte gleich wieder verzehrt. Diese Logik des Herstellens bestimmt seit der Neuzeit die *Vita activa*, die Politik der okzidentalen Menschheit. Charakteristisch für den *homo faber* ist sein instrumentales Verhältnis zur Welt; sein Rationalismus ist ein Denken in Zweck-Mittel-Relationen, die stets in Gefahr sind, sich, wie Bini Adamczak im Zusammenhang mit dem bolschewistischen Revolutionsfetisch beschreibt, zu verselbständigen: der Mittel wird zum Zweck. Eine so verstandene Politik wird gerne in handfesten Lebensweisheiten auf den Punkt gebracht: „Wo gehobelt wird, da fallen Späne." Oder: „Wer A sagt, muss auch B sagen."

34 Vgl. Georg Lukács: *Geschichte und Klassenbewußtsein. Studien über marxistische Dialektik*. Neuwied: Luchterhand 1968, S. 221: „So wie etwa ein Segler auf die Richtung des Windes genau aufpassen muß, ohne deshalb seine Fahrtrichtung von ihm bestimmen zu lassen, im Gegenteil, um ihm zum Trotze und ihn ausnützend, an dem ursprünglich gesteckten Ziele festzuhalten."

Das Drama bzw. die Tragik der Politik im 20. Jahrhundert besteht darin, dass der *homo faber* schließlich doch besiegt wird vom arbeitenden Tier, dem *animal laborans*. Die *Vita activa* gilt als Aktivität des Herstellens, doch was produziert wird, dient lediglich der Reproduktion des Gattungslebens. Auch hier herrscht eine Verkehrung von Mittel und Zweck: Das abstrakte Leben wird zum Zweck, nicht länger konkrete Menschen, sie sind nur noch Mittel. Diese Verkehrung charakterisiert totalitäre Parteien wie die bolschewistische Partei nach 1930 oder die NSDAP: Sie betrachten die Gesellschaft als Masse, die vom Staat durch Ideologie und Terror geformt werden muss.[35] Die Aufführung eines Lehrstücks wie *Mauser* kann dabei helfen, diesen (Wiederholungs-) Zwang zu durchbrechen und Geschichte durchzuarbeiten: „Wer A sagt, der muss nicht B sagen! Er kann auch erkennen, dass A falsch war."[36] Dass das Stück in der DDR weder gedruckt noch aufgeführt werden konnte, zeigt, dass die Herrschenden bis zum Ende nicht bereit waren, aus ihren Fehlern zu lernen. Doch das Beunruhigende daran ist, dass diese Fehler nicht auf die kurze Phase des Totalitarismus beschränkt werden können, sondern in der Konzeption der abendländischen Politik als *Vita activa* wurzeln. Unter umgekehrten Vorzeichen tauchen diese Gefahren auch auf der anderen Seite des Eisernen Vorhangs auf.

SURFIN' USA

Als Heiner Müller die USA besucht, ist der Totalitarismus Geschichte. Nach Stalins Tod ist der sowjetische Totalitarismus zu Ende gegangen und hat sich zurückverwandelt in eine politbürokratische Parteidiktatur. Die Angst vor einem allmächtigen Staat, der die ganze Gesellschaft verschlingt, scheint vorerst gebannt. Im Westen hat sich inzwischen jedoch die umgekehrte Angst entwickelt, die Angst vor einer Gesellschaft, die den Staat verschlingen könnte: ein „demokratischer Totalitarismus". Wie Jacques Rancière in *Der*

35 Hannah Arendt hat in ihren Analysen des Totalitarismus und der Revolution die wichtige Rolle entdeckt, die darin die Berufung auf das Leben der Bevölkerung spielt, welche Michel Foucault später als „Biopolitik" bezeichnete. Giorgio Agambens Versuch, dieses Denken zusammenzuführen, resultierte in *Homo sacer*, das wesentlich zur Hannah-Arendt-Renaissance in den Geisteswissenschaften zu Beginn des 21. Jahrhunderts beigetragen hat. Siehe Giogio Agamben: *Homo Sacer. Die souveräne Macht und das nackte Leben*. Frankfurt am Main: Suhrkamp 2002, S. 13–14.

36 Bertolt Brecht: Der Jasager. Der Neinsager. In: Ders.: *Werke. Große Berliner und Frankfurter Ausgabe* (GBA), Bd. 3: Stücke 3, hrsg. v. Werner Hecht / Jan Knopf / Werner Mittenzwei / Klaus-Detlef Müller. Berlin / Frankfurt am Main: Aufbau / Suhrkamp 1988, S. 57–72, hier S. 71 („2. Bild (Der Knabe).").

Hass der Demokratie zeigt, ist diese Angst heute aktueller als je zuvor. Im selben Jahr, in dem Müller durch die USA reist, warnt eine Gruppe von Intellektuellen um Samuel Huntington vor einer „Krise der Demokratie". Allerdings geht es den Autoren nicht um eine Krise, in der sich die Demokratie befindet, sondern um eine gesellschaftliche Krise *aufgrund* von Demokratie: Zu viel Demokratie sei schädlich für die Gesellschaft.[37] Es seien die ausufernden Ansprüche der Bürger*innen, der korrumpierende Einfluss von Privatinteressen bei wachsendem Wohlstand, aber auch die politischen Forderungen von Minoritäten, welche die Autorität des Staats untergrüben und damit angeblich den Weg für die Einführung einer Diktatur bereiteten.
Vor diesem Hintergrund lässt sich der Hamletdarsteller in Heiner Müllers *Hamletmaschine* als Figur zwischen diesen beiden Formen des Totalitarismus beschreiben: Sturz der Stalin-Denkmäler nach dem XX. Parteitag der KPdSU und Ausbreitung der Konsumgesellschaft (Kühlschrank, Fernseher). Seine Reaktion: leidenschaftlicher Ekel. Dieser Ekel verbindet ihn mit ‚bedeutenden Männern' jener Zeit (von Nietzsche bis Brecht und Jünger), aber auch mit dem Mob, den „Massenindividuen", die aus dem Zerfall der Klassengesellschaft und dem Untergang des Nationalstaates hervorgegangen sind[38]: dem „Bloom"[39]. Doch während sich Hamlet im 1. Akt der *Hamletmaschine* auf den Boden legt, um zu hören, wie die Welt ihre Runden dreht, besteigt der Surfer sein Board, um auf den Wellen zu reiten. Der Surfer wird zur emblematischen Figur westlicher Dekadenz, zu Nietzsche-Zarathustras „letztem Menschen": Im Westen ist die werkschaffende Tätigkeit des Menschen zu Ende. Der Versuch, sich in der Welt einzurichten, um etwas Bleibendes herzustellen, ist gescheitert. Der endgültige Triumph des *animal laborans* über den *homo faber* besteht im Umschlag der *Vita activa* in totale Passivität. Das Dasein wird Teil eines vegetativen Zyklus, die „ewige Wiederkehr des Gleichen" erhöht sogar den Genuss.
Die Erzählung vom Ende der Geschichte hat sich gerne dieser Bilder bedient. Der *endless summer* an der kalifornischen Küste erscheint darin als Herbst der abendländischen Kultur. Nachdem der Expansionsdrang des Westens nach Westen an eine natürliche Grenze gelangt ist (den Pazifik), kehrt sich die Bewegung um und wird rückläufig. Der Surfer jedoch erzielt genau aus

37 Jacques Rancière: *Der Hass der Demokratie*. Berlin: August 2016, S. 14–15.

38 Hannah Arendt: *Elemente und Ursprünge totalitärer Herrschaft*. München: Piper 2016, S. 702–725, insb. S. 705–706.

39 Vgl. Tiqqun: *Theorie vom Bloom*. Zürich / Berlin: Diaphanes, 2003.

dieser Umkehrung einen Lustgewinn: Er legt sich auf sein Brett, rudert hinaus und wartet auf die perfekte Welle, d. h. den Moment des Umschlags, in dem die Bewegung ihn in Gestalt einer *cute wave* zurück an den Strand trägt. Natürlich ist dieser Wellenreiter eine apokalyptische Figur: In Francis Ford Coppolas Anti-Kriegsfilm *Apocalypse Now* (US 1979) muss der nach Vietnam versetzte Surfchampion auf Befehl surfen, während seine Kameraden ein Dorf auslöschen. Oder am Ende des Universums in John Carpenters Science-Fiction-Parodie *Dark Star* (US 1974), in der sich ein Astronaut nach der Zerstörung des letzten instabilen Planeten ein Trümmerteil seines Raumschiffs schnappt, um durchs All zu surfen, nur um beim Eintritt in die Atmosphäre zu verglühen.[40] Surfer*innen, Segler*innen oder Schwimmer*innen verstehen zu wenden, sie bewegen sich dank ihrer Wendigkeit fort – auch wenn es keinen Fortschritt mehr gibt. Die Geschichte geht weiter, aber sie hat ihren Sinn verloren: ‚Posthistoire'. Aber vielleicht ist auch dieses Bild der Surfer*innen immer noch nicht ganz stimmig. Vielleicht sind Surfer*innen ja auch die postheroischen Held*innen einer lebendigen Demokratie?

SURFIN' ON THE STAGE

Das Gefühl, dem Ende der Geschichte beizuwohnen, ist Ende der 1970er Jahre sowohl auf Seiten der Linken wie der Rechten weit verbreitet.[41] Bekanntlich hat Heiner Müller dieses Denken abgelehnt: „[S]chamlos die Lüge vom POSTHISTOIRE vor der barbarischen Wirklichkeit unserer Vorgeschichte."[42] Nicht die Geschichte ist zu Ende, sondern die Geschichtsphilosophie, welche die Geschichte nur als Handlung, als Resultat von abgelaufenen Prozessen kennt.

40 Dieser Film diente René Pollesch als Vorlage für seine letzte Produktion an der Volksbühne am Rosa-Luxemburg-Platz (2017) am Ende der Ära Castorf (1992–2017). Er verbindet die Reden der Astronauten mit dem Narrativ über den Verlust des Außen. Der Drang nach Westen verkehrt sich in psychedelische Innerlichkeit. Dagegen kämpfen die drei Amigos Martin Wuttke, Milan Peschel und Trystan Pütter auf der Bühne an. Auf die oft gestellte Frage: „Wohin geht ihr denn jetzt?", antworten sie: „Hauptsache nicht nach innen!" Ein Brechtscher Impuls: Widerstand gegen die neue Neue Innerlichkeit! Was man früher zu den Hunden gesagt hat, gilt heute für uns alle: WIR MÜSSEN DRAUßEN BLEIBEN! Vgl. Alexander Karschnia: Schwarze Sonne. Warum wir die Volksbühne als linke Meme-Maschine brauchen. In: *Berliner Gazette*, 30.06.2017. http://berlinergazette.de/linke-meme-maschine-volksbuehne/ (Zugriff am 03.03.2018).

41 Lutz Niethammer: *Posthistoire: Ist die Geschichte zu Ende?* Reinbek: Rowohlt 1989.

42 Heiner Müller: Die Wunde Woyzeck. In: Ders.: *Werke*, Bd. 8: Schriften, hrsg. v. Frank Hörnigk. Frankfurt am Main: Suhrkamp 2005, S. 281–283, hier S. 282.

> [E]s ist in der Tat wahr, dass alle zwischen Menschen spielenden und von ihnen erzeugten Geschichten ihre eigentliche Bedeutung erst enthüllen, wenn sie an ihr Ende gekommen sind. Daraus entsteht der Anschein, daß nur der Zuschauer, aber niemals der Handelnde selbst schließlich hoffen darf, den Sinn dessen zu verstehen, was sich in einer Kette von Taten und Ereignissen abgespielt hat.[43]

Wie das Beispiel der Bolschewiki zeigt, kann das bedeuten, dass die Akteur*innen selbst wie Zuschauende agieren. Die Konzeption des Lehrstücks will dieses Verhältnis auf den Kopf stellen. Brechts Insistieren, dass es primär die Spielenden sind, die lernen, nicht die Zuschauenden, muss als Versuch verstanden werden, die Handelnden zu ermächtigen. Seine Bemerkung, Publikum könne zugelassen werden, sofern es nützlich sei, kann aber auch als Hinweis darauf gedeutet werden, dass sich *Handlung* und *Handeln* nicht starr gegenüber stehen, sondern einander bedingen. Das Repräsentationsverhältnis ist weder zu verabsolutieren, noch ist es gänzlich aufzulösen. *Differenzdramaturgien* unterscheiden daher zwischen Handlung (Drama) als festgefügter Form und dem Dramatischen als Feld von Konflikten, jähen Wendungen, plötzlichen Richtungswechseln, widersprüchlichen Entscheidungen und nachströmenden Neuanfängen: nicht eine entscheidende Wende, sondern Wenden (im Plural und als Aktivität): „Die Richtung ändern, ohne an Fahrt und an Kraft zu verlieren."[44] Einer solchen Betrachtung, die in jedem Ende einen neuen Anfang sieht, entspricht die Bewegungsweise des *Surfens*, sodass wir nun zu einer Bestimmung des Begriffs „Surfdramaturgie" kommen können als einer postfundamentalistischen Strategie. Denn das Spannungsfeld, das hier entsteht, ist nicht chaotisch; es ein strukturiertes Ganzes, grund- und grenzenlos wie das offene Meer, ohne festen Ankerplatz oder Zielhafen. Es ist das Feld der Kontingenz: ein ‚grundloser Grund'. Die Bühne, anstatt als Fundament der Repräsentation zu fungieren, wird zur Spielfläche, die Spielenden zu *stage-surfer*innen*. Ihre Darstellung, die nicht länger der Herstellung einer Handlung dient, wird selbst ein Handeln, ein *acting-in-concert*: „Da Handeln immer auf zum Handeln begabte Wesen trifft, löst es niemals nur Re-aktionen aus, sondern ruft eigenständiges Handeln hervor, das nun seinerseits andere Handelnde affiziert."[45]

43 Arendt: *Über die Revolution*, S. 64.

44 Vgl. Müller über die Herkunft des Wortes „Wende" in: Es kommen viele Leichen zum Vorschein, S. 47.

45 Arendt: *Vita activa*, S. 237.

Hannah Arendts Beschreibung des Handelns erinnert an die Situation des Sprechens. Sprechen kann die Form eines Handelns annehmen, aber das Handeln auch die eines Sprechens. Die Erfahrung der Sprache ist die politische Erfahrung *par excellence*: die Erfahrung des Politischen. Denn Sprache ist „Mittel ohne Zweck"[46]. Die Dialektik von Mittel und Zweck, die alle bisherige Politik als Herstellung charakterisierte, ist hier außer Kraft gesetzt. Hannah Arendt vergleicht diese Tätigkeit mit dem Weben:

> [W]ie Fäden [...], die in ein bereits vorgewebtes Muster geschlagen werden und das Gewebe so verändern, wie sie ihrerseits alle Lebensfäden, mit denen sie innerhalb des Gewebes in Berührung kommen, auf einmalige Weise affizieren.[47]

Durch gemeinsames Bühnenhandeln wird eine Geschichte erzählt – nicht im Sinne der Geschichtsphilosophie, sondern als eine unter vielen: *story*, not *history*. Auf der Bühne verwandeln sich die Spielenden in ein Kollektiv von (Geschichten-)Erzähler*innen. Brecht träumte davon, dass am Ende des Abends nichts zu Ende ist, sondern die Geschichte vom Publikum weitererzählt wird: „Vorhang zu und alle Fragen offen."[48]

Bei seinem letzten öffentlichen Auftritt hatte Brecht noch versucht, eine neue Theaterpraxis zu initiieren, die den institutionellen Rahmen überschreitet. Er hoffte, mit ad hoc gebildeten Gruppen aus Spielenden und Schreibenden (Dramaturg*innen), „wieder diese kleinen, wendigen Truppen und Trüpplein auf die Bühne zu bringen"[49], wie in der Agitprop-Zeit. Ihre *Wendigkeit* sollte nicht nur darin bestehen, innerhalb und außerhalb des Theaterapparats, auf der Bühne und der Straße, schnell und direkt reagieren zu können. Sie sollten auch in der Lage sein, eine offene Dramaturgie zu entwickeln, die Texte, Sketche, Songs und Kampflieder umfasst. Die heutige Praxis der Stückentwicklung wäre ohne Brechts Beispiel kaum vorstellbar. Stückentwicklung aber bedeutet kollektive Dramaturgie: Wie organisieren wir das szenische Material? In diesem Prozess werden gemeinsam Kriterien entwickelt, was als

46 Vgl. Giorgio Agamben: Noten zur Politik. In: Ders.: *Mittel ohne Zweck. Noten zur Politik*. Freiburg / Berlin: Diaphanes 2001, S. 105–112.

47 Arendt: *Vita activa*, S. 174.

48 Bertolt Brecht: Der gute Mensch von Sezuan. In: GBA, Bd. 6: Stücke 6. Berlin / Frankfurt am Main: Aufbau / Suhrkamp 1989, S. 157–281, hier S. 178.

49 Bertolt Brecht: [Ausführungen vor der Sektion Dramatik zum IV. Deutschen Schriftstellerkongress]. In: GBA, Bd. 23: Schriften 3. Berlin / Frankfurt am Main: Aufbau / Suhrkamp 1993, S. 365–374, hier S. 369.

kohärent gelten kann. Ein solcher Prozess ist zwar offen, jedoch steht am Ende meistens ein Ergebnis, das öffentlich präsentiert werden kann. In gelungenen Fällen spricht man von einem ‚runden Abend', d. h. einer Aufführung, die sowohl einen Spannungsbogen hat als auch in sich stimmig ist. In diesem Fall kann man durchaus von einer „Handlung" sprechen; allerdings tut sie eher formalen als inhaltlichen Anforderungen Genüge. Doch die Art und Weise, wie diese „Handlung" erarbeitet worden ist, erfüllt alle Bestimmungen, die Hannah Arendt politischem Handeln zuschreibt: Initiative zeigen, kommunikativ sein, sich auf Unvorhersehbares einlassen usw. Diese Arbeit ist per se politisch, da hier die Trennung in Anweisende (Regie) und Ausführende (Spieler*innen) zunehmend durchlässig wird. Die von Brecht proklamierte Aufhebung der Arbeitsteilung nimmt erste Gestalt an!

Es ist Hannah Arendt, die in ihrer Bestimmung des Handelns an jene ursprüngliche Teilung erinnert, die den Begriff des Handelns selbst gespalten hat. Dessen Genealogie in der Antike führt sie auf zwei verschiedene, aber miteinander verbundene Worte zurück: *archein* (anfangen, anführen und schließlich befehlen, herrschen) und *prattein* (vollbringen, vollenden). Unser moderner Begriff des Handelns reduziert sich jedoch aufs Vollbringen; was wir dabei verloren haben, ist der Sinn des Anfangens. Fallen beide aber auseinander, bedeutet das den Beginn von Arbeitsteilung und Herrschaft. Denn von nun an heißt anfangen nur noch befehlen und vollbringen nur noch ausführen. Gelingt es, in der theatralen Praxis zu einem Begriff des Handelns zu gelangen, der beide Bedeutungen wieder miteinander vermittelt, indem Anfangen und Ausführen Teil einer gemeinsamen Handlung bleiben, ist das eine politische Tat, deren Bedeutung nicht zu unterschätzen ist. Menschen sind nur deshalb politische Tiere, weil sie es verstehen, immer wieder neu zu beginnen. In nichts anderem besteht „die Freiheit, frei zu sein"[50].

III. POSTSKRIPTUM: *PERFORMING PRESENCE*

„Überall hat das *Surfen* schon die alten *Sportarten* abgelöst"[51], schreibt Gilles Deleuze in seinem *Postskriptum über die Kontrollgesellschaften*. Für den Menschen des 21. Jahrhunderts ist die Tätigkeit des Surfens nur allzu vertraut als freie Bewegungsform im Netz. Ebenso wie paradoxe Aufforderungen,

50 Arendt: *Die Freiheit, frei zu sein*, S. 26.

51 Gilles Deleuze: Postskriptum über die Kontrollgesellschaften. In: Christoph Menke / Juliane Rebentisch (Hrsg.): *Kreation und Depression. Freiheit im gegenwärtigen Kapitalismus*. Berlin: Kadmos 2010, S. 11–17, hier S. 14 (Herv. i. O.).

am Arbeitsplatz „mehr Präsenz zu zeigen". Doch die Frage, was wir eigentlich tun, während wir in dieser Weise tätig sind, ist nach wie vor offen. Hannah Arendts Sorge, dass das absehbare Ende der Arbeit auf Grundlage einer Arbeitsgesellschaft stattfinden wird, ist heute aktueller als damals. In dem halben Jahrhundert, das seitdem vergangen ist, hat sich das herrschende Produktionsregime, in dem wir leben, grundlegend verändert.[52] Das neue Regime des Postfordismus kann zwar noch immer mit den von ihr beschriebenen drei Tätigkeitsformen – Arbeiten, Herstellen und Handeln – charakterisiert werden. In deren Verhältnis untereinander hat sich jedoch, wie Paolo Virno überzeugend aufgezeigt hat, eine grundlegende Verschiebung vollzogen: Die Politik (das Handeln) wird nicht länger als Form der Herstellung begriffen, sondern die Arbeit als Form des Handelns. Alle von Arendt emphatisch entwickelten Bestimmungen des Handelns haben heutzutage ihren Ort in der Fabrik bzw. im Unternehmen.[53] Es ist das Elend unserer Zeit, dass diese Weisen des Tätigseins fast ausschließlich in einer solchen beschränkten Öffentlichkeit stattfinden. Zugleich ist die allgemeine öffentliche Sphäre weniger durch den Rückzug ins Private bedroht als durch das Vordringen des Privaten, welches zunehmend das Politische verdrängt. Denn das Private ist nur dann politisch, wenn es gelingt, die Lebensbedingungen öffentlich zu machen, wie z. B. in den Protestjahren 2011/12, als bei den Versammlungen auf öffentlichen Plätzen in Kairo, Madrid, Athen oder New York bei Occupy Wall Street zugleich ein öffentliches Zusammenleben (Konvivalismus) praktiziert worden ist.[54] Hatte Hannah Arendt im Auftritt der Armen in der Französischen Revolution einen Angriff auf Politik (Handeln in Freiheit) gesehen, so zeigte sich dort, dass Leben und Handeln in ein neues Verhältnis zueinander treten können. Denn im Leben wie beim Handeln geht es nicht allein um ein Tun, sondern ebenso um ein Getan- bzw. ein Getragenwerden. Erst diese Überschreitung der *Vita activa* auf ein unhintergehbar passives Moment bzw. das Entstehen eines mittleren Bereichs, der weder als aktiv noch als passiv beschrieben werden kann, bezeugt die Verschränkung von Anfangen und

52 Vgl. Alexander Karschnia: (Post)Performerism as a way of life oder das Theater der Produktion des Lebens. In: Angelika Sieburg / Jan Deck (Hrsg.): *Politisch Theater machen. Neue Artikulationsformen des Politischen in den darstellenden Künsten*. Bielefeld: Transcript 2011, S. 85–106.

53 Paolo Virno: *Grammatik der Multitude*. Wien: Turia + Kant 2005, S. 64.

54 Judith Butler: *Anmerkungen zu einer performativen Theorie der Versammlung*. Berlin: Suhrkamp 2016, S. 64–65. Vgl. die Kritik an Arendts Aufteilung der Tätigkeitsbereiche, die damit etwas als gegeben voraussetzt, worum es im politischen Staat überhaupt erst geht: Jacques Rancière: *Zehn Thesen zur Politik*. Zürich / Berlin: Diaphanes 2008, S. 37f.

Ausführen als stetiges Wechselspiel – genau wie beim Weben. Oder beim Surfen: Dass das Surfen die alten Sportarten abgelöst hat, könnte also auch eine gute Neuigkeit sein. Man muss sich Surfer*innen als glückliche Menschen vorstellen, nicht als apokalyptische Figuren. Es stimmt nämlich nicht, dass sie manisch die Bewegung des abendländischen Geistes wiederholen: Aufbruch, Umkehr, Ankunft. Sie bewegen sich que(e)r zu solch einem Schema. Surfer*innen surfen an der Küste entlang, ihr Ideal ist nicht die Wiederkehr, sondern eine paradoxe Fortbewegung auf schwankendem Gelände, Gehen und Stehen zugleich. Das ist lebendige Demokratie – ein Spaziergang auf grundlosem Grund, eine Bühne nicht nur für Schwindelfreie: *Everybody's gotta go …*

51% 07:55

heddalicious91

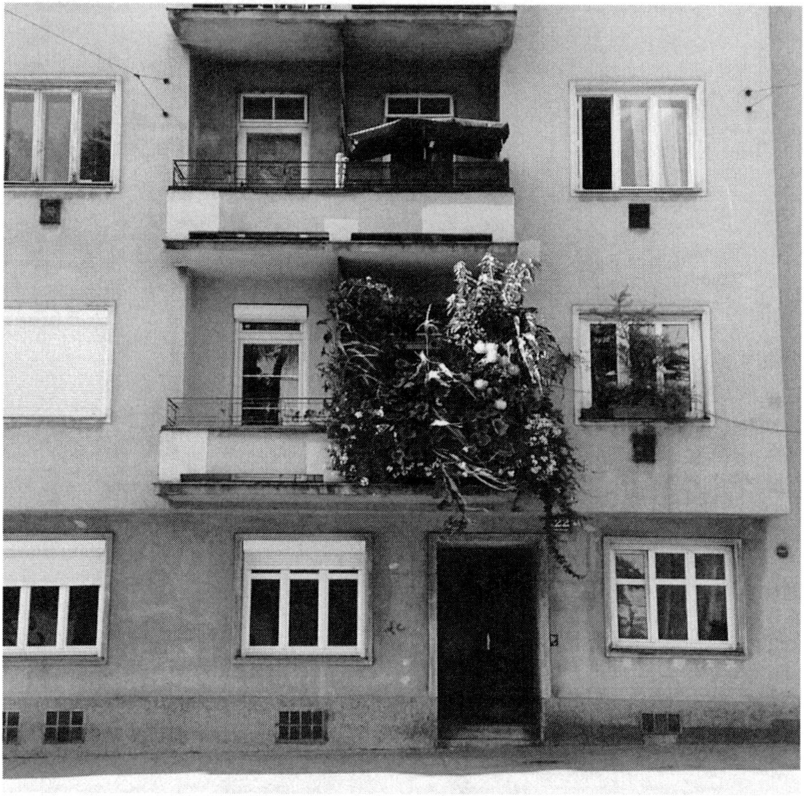

Gefällt **sophandglory, nadved** und **2 weitere Personen**
heddalicious91 Die #Blumen waren heute Nacht noch nicht hier, als wir ankamen.

26. OKTOBER

Ana Vujanovic

Zusammen mäandern

Neue Tendenzen in der Landschaftsdramaturgie[1]

Mehr denn je ist Dramaturgie ein dynamisches künstlerisches Feld; es erweitert sich kontinuierlich und wird von Diskursen sowie Praktiken aus verschiedenen sozialen und kulturellen Sphären bereichert. Zu beobachten ist daher nicht nur, wie Dramaturgie aus dem Theaterstück, der Bühne, der Black Box und sogar der Performance im weitesten künstlerischen Sinn herausgeschwappt ist. Verfolgen lässt sich zudem, wie Dramaturgie von den heutigen Medien beeinflusst wird, von Kino, Internet, Arbeitsmanagement, Bildungswesen, Popmusik und Lifestyles, von der Wahrnehmungs- und Aufmerksamkeitsorganisation, aber auch von der Finanzkrise, den Protesten, Versammlungen und selbstorganisierten Gemeinschaften, die sich in den vergangenen Jahren in Europa formiert haben. In diesem Artikel, dessen Umfang es mir nicht gestattet, beide Stränge im Detail zu analysieren, werde ich mich auf einen Punkt konzentrieren, an dem sich die beiden kreuzen. Dort, wo Dramaturgie mit dem sie umgebenden Kontext in Schwingung gerät und zugleich dazu einlädt, über diesen Kontext bei der Betrachtung einer Performance zu reflektieren, erkenne ich in der zeitgenössischen europäischen Tanz- und Performanceszene eine Tendenz, die ich als Landschaftsdramaturgie bezeichnen möchte. Mir ist bewusst, dass sich die Idee einer Landschaft mit weiten Horizonten und leeren Räumen genau gegenteilig zu der Weise verhalten mag, in der wir unsere sich rasch verändernde, turbulente und

1 Ich danke Marta Popivoda und Jelena Maksimović für inspirierende Gespräche über die Relationen zwischen Landschaftsdramaturgie und Slow Cinema sowie für die Hilfe bei der Auswahl der Filme, die ich mir für die Arbeit an diesen Beitrag angeschaut habe.

übersättigte soziale Umgebung vor Augen haben. Und in gewissem Sinn ist das auch so, insbesondere wenn man Landschaft mit einer pastoralen Idylle assoziiert. In einem anderen Sinn könnte Landschaft jedoch gerade Sublimation dieser Umgebung sein, und zwar vor allem dann, wenn man die Welt um uns herum mit einer gleichgültigen ‚Dinghaftigkeit‘[2] (*thingness*) zusammendenkt. Berücksichtigt man beide Assoziationen, so scheint die Landschaftsdramaturgie eine ambivalente, sogar dialektische Tendenz in den performativen Künsten aufzuweisen, und schon das ist für mich Verlockung genug, sie genauer unter die Lupe zu nehmen.

Landschaftsdramaturgie: Ein geschichtlicher Abriss

Die Landschaft ist kein genuin neues dramaturgisches Konzept. Die Art, in der es in der bzw. den zeitgenössischen europäischen Szene(n) zutage tritt, ist allerdings ganz unserem gegenwärtigen sozialen und kulturellen Kontext zugehörig. Um besser zu verstehen, was an der gegenwärtigen Landschaftsdramaturgie neu und speziell ist, möchte ich zunächst skizzieren, wie und wo sie bereits in der Vergangenheit aufgetreten ist.

Gertrude Stein ist die erste historische Referenz, die hier zu nennen ist. Sie entwarf die Idee der sogenannten *Landscape Plays*. Deren prominenteste Ausarbeitung *Four Saints in Three Acts* (1928) ist ein Libretto für die gleichnamige, von Virgil Thomson komponierte Oper, die 1934 uraufgeführt wurde. Ein grundlegendes Problem, dessen sich Stein in ihrem Schreiben annimmt, ist die Materialität von Sprache, sobald Sprache aufhört, Mittel der Kommunikation zu sein. Die Landschaft hat in ihren Stücken und Essays weder mit der ‚natürlichen Landschaft‘ etwas zu tun (diese wurde bereits zu Steins Lebzeiten einer kritischen Prüfung unterzogen[3]) noch mit der Pastorale. Ihre künstlerischen Prinzipien, Methoden und Techniken sind eng mit denen der kubistischen Malerei verknüpft, mit den Collagen und Montagen der Avantgarde in Kino, bildender Kunst und Theater. Ein zentrales Credo von Steins

2 In der Philosophie regt dieser Begriff immer wieder Debatten an. Ich möchte ihn hier gebrauchen, um leichter zwischen ‚Dingen‘ und ‚Objekten‘ unterscheiden zu können. Dinge sind materielle, physische Einheiten, die ganz für sich existieren, (noch) unbekannt und von niemandem benannt. Objekte dagegen sind bereits vom menschlichen Geist (Sprache, Geschichte, Normen usw.) geformt und daher zwangsläufig Objekte des Wissens.

3 Carl O. Sauer: The Morphology of Landscape. In: Ders. (Hrsg.): *University of California Publications in Geography*, Bd. 2: 1919–1928. Berkeley: U of California P 1929, S. 19–55. https://archive.org/stream/universityofc02univ/universityofc02univ_djvu.txt (Zugriff am 24.04.2019).

Stücken – das darüber Aufschluss zu geben vermag, wie sie zu den *Landscape Plays* gelangt ist – besteht in der Verabschiedung des linearen Handlungsverlaufs, der Geschichte. An deren Stelle tritt eine textliche Verteilung von imaginären Situationen, wodurch die Beziehungen zwischen den Figuren, Tätigkeiten und Objekten zu einer allererst visuellen Angelegenheit werden. Was die Dramaturgie anbelangt, habe ich den Eindruck, dass sich Stein dem Theater und dem Drama nicht als zeitbasierten Künsten nähert. Durch das Landschaftsprinzip bringt sie die Zeit beinahe zum Stillstand und breitet sie gleichmäßig über den vom Text besetzten Raum aus. Hinsichtlich der Komposition von *Four Saints* erklärt Stein ihre Sicht auf die Landschaft in suggestiv raumzeitlicher Begrifflichkeit: „A landscape if it ever did go away would have to go away to stay."[4] Ein weiteres Credo betrifft eine Ausgestaltung der Figuren, die nicht aus der menschlichen Tiefenpsychologie schöpft. Mit Hilfe dramaturgischer Mittel, etwa durch Wiederholung, Vervielfältigung oder Gleichzeitigkeit, werden sie vielmehr als Textoberflächen entworfen. Die Textkomposition von Steins Figuren lässt sich als deren Auflösung in der Sprache bezeichnen oder, sofern man den Akzent auf die Sprache legt, als ihr Hervorgehen aus der Sprache. Sei es, wie es mag, in Bezug auf die Ergebnisse dieser Komposition ist Stein zumindest sehr bestimmt, wenn sie sagt: „In *Four Saints* I made the Saints the landscape."[5] – Was soviel heißt, wie dass nicht allein das Stück die Landschaft ist.

Einige Jahrzehnte später durchdringt die Landschaftsdramaturgie die Theater- und Opernaufführungen Robert Wilsons.[6] Nicht nur hat er 1996 *Four Saints* inszeniert; in seinen frühen Arbeiten taucht in der Musikalität des gesprochenen Texts auch Steins Interesse an der Materialität der Sprache erneut auf. Weiterhin kann die für Wilsons Regie so typische architektonische Anordnung theatraler Elemente (Musik, Text, Bühnenbild und Licht, Körper, Stimme, Bewegung) mit Steins räumlichem Ansatz dessen, was sie als *Plays* bezeichnet, in Verbindung gebracht werden. Wilson selbst verweist auf Steins Bedeutung für sein künstlerisches Schaffen:

4 Daniel Albright: *Untwisting the Serpent. Modernism in Music, Literature, and the Other Arts*. Chicago: U of Chicago P 2000, S. 333.

5 Ebd.

6 Landschaftsdramaturgie war auch in den Arbeiten von The Living Theater oder Richard Foreman präsent, was ich aus Platzgründen beiseitelasse. Vgl. Sarah Bay-Chang: *Mama Dada. Gertrude Stein's Avant-Garde Theater*. London / New York: Routledge 2004.

> In the early sixties I began to read Gertrude Stein's work and I also heard the recordings of her speaking. That was actually before I began to work in the theater and it changed my way of thinking forever. I felt a creative dialogue with her, especially with her notion of seeing a play as a landscape. The architecture, the structure, the rhythms, the humor – they invited mental pictures.[7]

Obgleich sich der Einfluss nicht leugnen lässt, besitzt Wilsons Landschaftsdramaturgie ihre Eigenheiten, unter denen ich wenigstens die folgende benennen möchte: Forderte Stein die kommunikative Dimension der Sprache und ihrer Logik heraus, die angesichts der im Ersten Weltkrieg erstmals eingesetzten Massenvernichtungswaffen ihre vollkommene Unzulänglichkeit demonstriert hatten, so siedelt sich Wilsons Werk in der neoliberalen kapitalistischen Welt der Hyperproduktion von Zeichen an, der Massenmedien, des Marketings und der Werbung, der Politik des Kalten Kriegs sowie der Inkorporation von Mode und Stil in den Alltag der Konsumbürger*innen. Steins Landschaftsstücke transformierten die Sprache in eine verfremdete Textualität, in eine unlogische, bisweilen gar leser*innenunfreundliche, räumliche Komposition der materiellen Bestandteile (Wörter, Sätze, Satzzeichen usw.), wodurch der Sprache die Möglichkeit gegeben wurde, noch einmal von vorn zu beginnen. In Wilsons Landschaftsperformances begegnen wir hingegen einem Prozess, der den Zeichen der modernen Gesellschaft ihre Bedeutung raubt. Befreit von der Bedeutung, die sie ursprünglich besaßen oder zu besitzen versprachen, werden die Zeichen auf materielle Signifikanten reduziert: Visuelle und auditive Stimuli verteilen sich in langsamen und lang andauernden Bewegungen über die Bühne. Insofern ist die Landschaft bei Wilson ein künstlerisches Konzept, das die Oberflächlichkeit und das Groteske der kapitalistischen Informations- und Medienumwelt zum Ausdruck bringt. Manche erkannten darin eine kritische Dimension, andere verleitete es zum Genuss eines anspruchslosen Konsums.

Recht präzise erfasst Hans-Thies Lehmann diese inszenatorische und dramaturgische Geste, wenn er die Bewegung vom Logos zur Landschaft einerseits als Kennzeichen der Dramaturgie im postdramatischen Theater beschreibt und andererseits als ein Merkmal, das die Dramaturgie im postdramatischen von derjenigen im dramatischen Theater unterscheidet. In seinem Artikel „From Logos to Landscape. Text in Contemporary Dramaturgy" schlägt

7 Robert Wilson: *4 Saints in Three Acts* (2002). http://www.changeperformingarts.com/history/4Saints.html (Zugriff am 24.04.2019).

Lehmann vor, von „textueller Landschaft" („textual landscape") zu sprechen, und bringt damit eine Formulierung mit vielfältigen Referenzen ins Spiel: etwa zum Konzept der Verräumlichung (*espacement*) von Jacques Derrida, zu Steins Idee des Landschaftsstücks und zu „the rich diversity of new ways to work with text in the theatre [which] are closely connected to the dimension of the visual"[8]. Die konzeptionelle Begründung von Lehmanns Vorschlag findet sich in seiner Analyse des aristotelischen Erbes im dramatischen Theater, einem Theater, dessen wesentliches Interesse dem Text gilt, dem Drama, das die Architektur der Handlung enthält oder, in anderen Worten, deren Struktur, deren narrative Logik sowie sinnvolle Ordnung der Ereignisse und Aktionen (die *pragmata* des Mythos). In diesem Theaterverständnis ist die *Mise en Scène*, die *opsis* allein dazu da, die Handlung vor den Augen des Publikums zu auszubreiten, und ist somit abhängig vom bzw. zweitrangig zum Text. Aus dieser Analyse leitet sich für Lehman der Logozentrismus des dramatischen Theaters ab, den er in die Verantwortung dafür nimmt, dass die *opsis* immer schon als „the domain of the possibility of confusion, muddle of elements, sensuality without sense, loss of structure"[9] galt. Der von Lehmann konzeptionalisierte, neue Ansatz in der Dramaturgie trägt in die Hierarchie zwischen Text und Aufführung einen radikalen Wandel ein: Fortan dreht sich alles um die Feier des Raums, des Körpers sowie der Sprache als jenen materiellen Komponenten des menschlichen Lebens und Kommunizierens, die nicht schon durch abstrakte Gedanken und narrative Bedürfnisse vorbestimmt sind. Die starke Betonung des Sinnlichen, insbesondere des Visuellen, ergänzt Lehmanns Idee der Landschaft um einen weiteren Bezug, nämlich zur visuellen Dramaturgie, wie sie Knut Ove Arntzen entworfen hat: „[V]isual dramaturgy is not a text-free and exclusively visually dominated practice, but signifies an *opsis,* without hierarchical dependence, connected to text as itself a spatial and architectonic quality, which I qualify as *postdramatic.*"[10]

In Maaike Bleekers Überlegungen zur Dramaturgie als einem Modus des Schauens taucht die Idee der Landschaft erneut auf – hier nun, um eine Tendenz im westeuropäischen Theater der 1980er und 1990er Jahre zu beschreiben: das prozessorientierte Arbeiten und zugleich die Zurückweisung des Texts als Hauptquelle der Bedeutung einer Theateraufführung:

8 Hans-Thies Lehmann: From Logos to Landscape. Text in Contemporary Dramaturgy. In: *Performance Research* 2,1 (1997), S. 55–60, hier S. 59.

9 Ebd., S. 56.

10 Ebd., S. 59.

> 'Landscape,' as a concept to describe the new theatre, indicates a 'spacing out' that involves both actual spaces and scenography, as well as the symbolic spaces opened up by discourse. Dramatic structure as a unifying framework gives way to what Lehmann in his *Postdramatisches Theater* (1999) terms 'multiplication of frames.' The performance text 'spaces out' and opens up visual and auditive spaces that call upon the spectator to synthesize the elements presented.[11]

Im Zusammenhang dieses – um ihren eigenen Begriff zu verwenden – Landschaftstheaters (*theatre of landscape*) hält Bleeker fest, dass die dramaturgischen Werkzeuge aus dem dramatischen Theater obsolet geworden seien, und liefert sodann eine kurze, aber umfassende Analyse der neuen Dramaturgie: Diese dürfe nicht allein mit dem auf der Bühne dargebotenen Theaterstück befasst sein, sondern müsse, die gesamte Organisation des Ereignisses in den Blick nehmen, in dem Aufführung, Publikum und sozialer Kontext aufeinandertreffen – in einer ungewissen Begegnung, bei der Kommunikation entstehen und Bedeutung produziert werden kann. Für einen solcherart dramaturgischen Modus des Schauens schlägt Bleeker die Anwendung von Hubert Damischs Begriff des Spielzugs (*move*) vor. Bei einem Spielzug geht es darum, Geschehnisse anzustiften, die vor dem Hintergrund zahlreicher vorangegangener Spielzüge (seien dies Kunstwerke, philosophische Ideen, Alltagserfahrungen oder historische Ereignisse) hervortreten. Daraus resultiert

> […] the development of an awareness of, on the one hand, (possible) relationships between the various moves that together make up the performance, and on the other hand, the relationship between these moves as they make up a performance and the multidimensional network of synchronic and diachronic relationships against which they appear to an audience.[12]

Bleeker zufolge kann der dramaturgische Modus des Schauens im Landschaftstheater auf das von Mike Pearson und Michael Shanks eingeführte Konzept der Stratigrafie zurückgreifen, in dessen Horizont sich eine Performance als Schichtung begreifen lässt, bei der die Handlungen, der Text, die Bewegungen, der Klang und das Bühnenbild die einzelnen Lagen bilden. Das Konzept der Stratigrafie ebnet den Weg in Richtung der heutigen

11 Maaike Bleeker: Dramaturgy as a Mode of Looking. In: *Women & Performance* 13,2 (2003), S. 163–172, hier S. 165.
12 Ebd., S. 166.

Landschaftsdramaturgie, daher möchte ich an dieser Stelle den historischen Überblick abschließen.

Landschaftsdramaturgie: Ein heutiger Entwurf

Wenn ich ‚Landschaftsdramaturgie' sage, denke ich in poetischen eher als in analytischen Begriffen. Demnach leite ich die Landschaftsdramaturgie weder von der formalen oder strukturellen Analyse einer bestimmten Reihe an Aufführungen und Künstler*innen ab, noch befinde ich mich im Besitz einer klaren und stabilen Idee eines dramaturgischen Modells, das ich auf bestimmte Performances anwende. Dank meiner Arbeit bin ich in den vergangenen Jahren mit zahlreichen europäischen Produktionen in Berührung gekommen, von renommierten Künstler*innen ebenso wie von solchen, die gerade erst begonnen haben, Performances zu machen. Beim Besuch dieser Aufführungen erlaubte ich mir, sie zu genießen, mit ihnen zusammen zu sein, sie kennenzulernen ... und stellte die berufliche Auseinandersetzung mit Hilfe von Werkzeugen und Begriffen, die mir bereits vertraut waren, hintenan. Auf diese Weise konnte ich ein abermaliges Interesse an der Landschaftsdramaturgie feststellen: in Mårten Spångbergs *La Substance, but in English* (2014), *The Internet* (2015) und *Natten* (2016), in Doris Uhlichs *More than Naked* (2014) und *Boom Bodies* (2016), in Isabelle Schads und Laurent Goldrings *Collective Jumps* (2014), in Sebastian Matthias' Serie *Groove Space* (2014–2016) und Anne Imhofs *Angst II* (2016). Ähnliche Ansätze sind mir in den ersten Arbeiten mehrerer Künstler*innen aufgefallen, etwa in Linda Blomqvists *Cosmos the Beach* (2015), Sigrid Stigsdatter Mathiassens *Coordinates* (2017) oder Tea Teearus *Monumental – The Fallen* (2017). Ich erinnere mich, dass ein Landschaftsdenken auch in Christine de Smedts *Four Choreographic Portraits* (2011–2012) präsent war, das ich in unterschiedlicher Hinsicht mit Florentina Holzingers und Vincent Riebeeks *Wellness* (2013) und *Schönheitsabend* (2015) oder mit (La)Hordes Tanzfilm *Novaciéries* (2015) verbinde. Eine literarische Reise durch eine Landschaft sehe ich zudem in der Art, in der Ivana Müller in *Edges* (2016) eine Bühne des Sichtbarwerdens entwirft und in der Zeit entfaltet. Diese Performances stellen keine neue Bewegung dar. Die Unterschiede zwischen ihnen sind größer als die Gemeinsamkeiten. Und doch ähneln sie sich darin, wie sie Erfahrung organisieren und den Menschen als *being and agent* in der Welt situieren. Dies nenne ich Landschaftsdramaturgie.

Landschaftsdramaturgie ist für mich nicht eine ausschließlich künstlerische Erfindung. Die dramaturgische Annäherung von Doris Uhlich, Mårten

Spångberg, Isabelle Schad, Sebastian Matthias, Christine de Smedt, Ivana Müller oder (La)Horde ist eingebettet in den sozialen, kulturellen und künstlerischen Kontext, in dem ihre Performances entstehen. Innerhalb der Kunstwelt erkenne ich Ähnlichkeiten und Affinitäten einerseits zwischen Landschaftsdramaturgie und Post-Internet Art, andererseits zwischen Landschaftsdramaturgie und Slow Cinema, obgleich Post-Internet Art und Slow Cinema zwei weit voneinander entfernte künstlerische Praktiken sind, zwischen denen ich keine signifikanten Überkreuzungen feststelle. Des Weiteren hat der jüngste Trend, Tanz im Museum zu zeigen, seine Spuren in der Tanzszene hinterlassen; die Landschaftsdramaturgie in den performativen Künsten kann durchaus als Echo dieses Trends beschrieben werden. Nicht zuletzt würde ich Landschaftsdramaturgie im Licht der jüngsten Demonstrationen, Versammlungen und selbstorganisierten Communities im neoliberalen Europa betrachten wollen, in denen neue Formen der Bezüglichkeit, der Präsenz und Ko-Präsenz erprobt werden. Diese Zusammenhänge und Geflechte sind massiv und gewaltig, und im Folgenden werde ich mich nur den wenigen Schnittstellen widmen, die ich für unverzichtbar halte. Den Rest spare ich mir für zukünftige Schriften auf.

Zeitlichkeit als eine visuelle Komposition: Die Logik des Internets

Was die Landschaftsdramaturgie mit der Post-Internet Art teilt, ist ein Bewusstsein für den immensen Einfluss, den das Internet darauf nimmt, wie wir unsere Zeit verbringen, Kreativität einsetzen, Wissen strukturieren, wie wir denken und kommunizieren und unsere Wahrnehmung oder Aufmerksamkeit organisieren. Dies manifestiert, aber erschöpft sich keineswegs in Beispielen wie Spångbergs *The Internet*, (La)Hordes ‚Post-Internet Tanz' inklusive der Installation *Danse Post-Internet Dance* (2017) oder im Einsatz des Internets als primärem Mittel der Kommunikation, der Werbung oder der Produktion hier bei Spångberg, Uhlich und Müller, dort bei den Post-Internet Künstler*innen Ryan Trecartin, Jesse Darling und Amalia Ulman.

Neben diesen offensichtlichen thematischen, technischen und technologischen Berührungen zeigt sich eine dramaturgische Nahtstelle in der Art, in der die visuelle Logik des Internets (mit seiner Verräumlichung des Denkens durch Hypertext und Hyperlinks, mit der Herstellung und Zirkulation von Bildern, mit blitzschneller Kommunikation in den sozialen Medien) sowohl in den Kunstwerken der Post-Internet Art wie auch im Tanz und in der Performance gegenwärtig am Werk ist. Ich denke hier beispielsweise an Isabelle

Schad, die *Collective Jumps* als eine Diashow choreografiert hat, bei der sich ein lebendiges Gruppenbild in das nächste morpht, oder an die Beteiligten von (La)Hordes *Novaciéries*, die sich versammeln, einander ‚verstehen' und eine soziale Gruppe bilden, allein indem sie Jumpstyle tanzen. Dann wiederum gibt es da, ebenfalls die blitzschnelle visuelle Kommunikation nutzend, die tagtäglichen, im Blogger-Stil gehaltenen Selbstperformances in Amalia Ulmans *Excellences and Perfections* (Instagram, 2014) und Ann Hirschs *The Scandalishious Project* (YouTube, 2008). Oder Ryan Trecartins Film *I-Be Area* (2007), bei dem Einzelbilder, Sequenzen und Szenen durch Montage oft so verknüpft sind, dass deren Aneinanderreihung – obwohl sie beliebig erscheinen mag, wenn man sich auf den Sinn, den Handlungsstrang konzentriert – eine starke visuelle Logik adoptiert.
Was ich als Eigentümlichkeit beobachte, ist, dass das dramaturgische Problem der Zeitlichkeit, der Zeit, die es für die Entwicklung einer Kommunikation braucht, zu einer Angelegenheit der visuellen Komposition wird. Für dieses Problem bieten Künstler*innen unterschiedliche Lösungen an. In Spångbergs *The Internet* rekonstruiert die Dramaturgie das Surfen im Internet. Die Zeitlichkeit dieser Dramaturgie ist nicht linear; sie breitet sich auf visuell anregende Umgebungen aus, deren Verständlichkeit sich nicht (ausschließlich) auf das semantische Register verlässt. Die Performance ist dort drüben, auf der Bühne, klar angezeigt und symbolisch vom Publikum getrennt. Was wir mitverfolgen, ist ein Netz aus Situationen, in denen eine Gruppe von Performenden miteinander spricht, das Publikum aber kaum etwas hören kann. Sie wechseln ihre Kleidung, der Zweck davon mag uns verborgen bleiben; ihre Gruppendynamik ändert sich, aber es resultieren daraus keine Reaktionen der Performenden, die einen Hinweis auf die Gründe dieser Änderungen geben könnten. Alles gleicht der Zeiterfahrung, die man von der stundenlangen Suche im Internet kennt: einen Artikel finden, der zu einem Blog führt, Poesie lesen und dann den Faden verlieren, das Gedicht in einem neuen Fenster öffnen und es im Hintergrund belassen, anschließend zurück zurück zurück zu einer der vorherigen Seiten kehren, ein Forum betreten, in dem eine heftige Debatte im Gang ist, zu der man als völlige Außenseiterin stößt, ohne einen blassen Schimmer, worum es geht, da man erst auf Seite 78 der Diskussion eingestiegen ist. Wieder aussteigen und sich irgendwelche Bilder bei Google anschauen und dabei der Musik zuhören, die aus einem der geöffneten Tabs erklingt. Im Verlauf dieser Suche verkoppelt sich die Wahrnehmung von Zeit mit einer Verwirrung bezüglich der chronologischen Zeit an sich, wodurch Davor, Jetzt und Danach, die eine visuelle Dimension erhalten, unscharf, wenn nicht sogar unzutreffend werden.

Aufmerksamkeit und Anteilnehmen

Aus einem anderen Blickwinkel kann man diese visuelle und räumliche Bearbeitung der Zeit als neue Bedingung für das Anteilnehmen, Zuschauen und Zuhören eines Publikums begreifen, vergleichbar mit der Erfahrung bei einem Ausstellungsbesuch in einer Galerie oder einem Museum. Zusammenfassen ließe sich dieses Rezeptionsverhalten mit der Wendung ‚Zeit verbringen mit' – was bedeutet, dass eine fokussierte Aufmerksamkeit in der Regel nicht benötigt wird, sondern die Publikumsmitglieder eher dazu eingeladen sind, mit einem Kunstwerk zusammen zu sein, frei, jederzeit hineinzuspringen und hinaus, ohne jegliche Befürchtung, den Faden zu verlieren, wie es der Fall wäre, wenn sie ein Segment in einer kausalen, narrativen Kette versäumten. Man könnte diese Dramaturgie der Publikumsaufmerksamkeit und des Anteilnehmens der Besucher*innen anspruchslos nennen, gelassen und letztendlich ziemlich wohltuend. Allerdings wirft diese Dramaturgie für mich auch Bedenken hinsichtlich der Frage auf, wie es möglich ist, durch eine Welt zu navigieren und sich in eine Welt einzubringen, die nicht für einen da ist. Meine Erfahrungen mit *Natten* mögen zu verstehen helfen, warum ich dennoch zögere, diesen Ansatz zu kritisieren.[13]

Natten fand in einem offenen Raum statt (der nicht in Theaterbühne und bestuhltes Auditorium unterteilt war). Das Publikum saß auf Kissen und Decken um den Bühnenbereich herum. Die Performance dauerte fast die ganze Nacht, in dunkler und mysteriöser Atmosphäre, in der alles langsam oder verlangsamt war. Teil des Publikums zu sein, bedeutete, fast miteinander allein gelassen zu sein, zusammen und allein, zusammen mit dem Stück und allein. Es gab einen Moment, der anders organisiert war: Es war eine ‚Zeit zum Schlafen'. Die Tänzer*innen saßen auf dem Boden und sangen immer wieder aufs Neue einen sehr langsamen und zarten Folksong (Ásgeirs *Going Home*), der wie ein Schlaflied klang. Die meisten von uns schliefen ein, und das war der einzige kollektive Moment, ein Moment, in dem sich das Publikum als Gruppe verhielt. Ansonsten gestalteten die Besucher*innen ihre ‚Raumzeit' individuell. Als ich mich umschaute, sah ich einen Mann, der neben mir an die Wand gelehnt saß, das Smartphone auf dem Schoß, und ein Nickerchen machte. Zwei andere, weiter zu seiner Linken, saßen in der gleichen Position da und starrten auf die Bühne. Eine junge Frau zu meiner Rechten las in dem die Performance begleitenden Buch. Wie kann sie im Dunkeln lesen, fragte

13 Für eine ausführliche Auseinandersetzung vgl. Ana Vujanović: Sputnik *Natten*. In: *Oslo International Theatre Festival – A Program Booklet*. Oslo: Black Box Theater 2017, S. 4–5.

ich mich. Ein ehemaliges Hippiepärchen mittleren Alters hatte sich ein Bier mitgebracht und lag in Löffelstellung vor mir auf dem Boden ... Auch ich verfolgte die Performance nicht die ganze Zeit über mit geöffneten Augen. Eine Weile lang betrachtete ich neugierig einen Tänzer, der die Gruppe verließ und zu seinem ‚Posten' auf der Bühne ging, wo er einen Schluck Wasser nahm und aus einem Notizbuch vorlas. Dann verlor ich das Interesse an ihm und sah mich wieder um. Sehr oft hing mein Blick an einer bestimmten Performerin (Hana Lee Erdman). Ich versuchte herauszufinden, warum es mir immer wieder gelang, sie im Halbdunkel auszumachen, und stellte fest: Sie war diejenige, die die bloße Idee des Stücks verkörperte. Doch was war die Idee von *Natten*? ... Wieder beobachtete ich Hana Erdman: Sie tanzte, als ließe sie – wie zu lang belichtete Fotografien – die Rückstände früherer Bewegungen sichtbar werden. Ich kommentierte das kurz meiner Freundin gegenüber, dann fingen wir an, über ein ganz anderes Thema zu plaudern. Anschließend kehrte meine Aufmerksamkeit zu dem Video zurück. Ein Bild von Nebel hing über der Leinwand. Einmal schloss ich einfach die Augen und genoss es, *Purple Rain* von Prince zuzuhören ...

Mühelos gelingt es mir, diese Erfahrung mit meiner Seherfahrung von Lisandro Alonsos Film *La Libertad* (*Freedom*, ARG 2001) zu vergleichen. Während Spångberg mit der Nachtzeit spielt, der Zeit, in der das Unerwartete passieren könnte, geht Alonso noch weit radikaler vor. In *La Libertad* entfaltet sich vor den Augen der Betrachter*innen der (Arbeits-)Tag eines Holzarbeiters, und es ist klar, dass ‚nichts passieren wird'. Indessen herrscht in beiden Fällen eine Großzügigkeit gegenüber dem Publikum, dem durch diese künstlerische Geste die Verantwortung für seine eigene Wahrnehmung, Rezeption und Erfahrung übertragen wird. Diese Verknüpfung ist es, die mich fasziniert. Nicht nur dem Slow Cinema wird von seinen Kritiker*innen gerne vorgeworfen, langweilig und also elitär zu sein, geeignet bloß für ein anspruchsvolles und geduldiges Publikum. Ich erinnere mich, dass auch nach dem Besuch von *Natten* manche Menschen sagten, dass ihnen „die Performance nicht viel gegeben hat". Bei meinem Versuch, diesen Eindruck zu verstehen, kam mir als Erklärung in den Sinn, dass man tatsächlich erhielt, was man gab. War man zumeist damit beschäftigt, sich auf Facebook herumzutreiben (und niemand auf der Bühne hielt einen davon ab), kriegte man von der Performance – und Ähnliches gilt für *La Libertad* – natürlich nicht viel (mit). Entzog man seine Aufmerksamkeit dem Geschehen auf der Bühne, auf der *irgendetwas* immer geschah, bekam man von diesem Etwas nichts mit. Letzten Endes ist es ein weitreichender Vorschlag, diese Einladung, seine Aufmerksamkeit einer

Sache zu schenken, die diese Aufmerksamkeit nicht benötigt, und dann etwas mit nach Hause zu nehmen, das die Aufmerksamkeit besetzt hielt, oder hingegen mit nichts. Landschaftsdramaturgie ist insofern ebenso fordernd wie gefällig, und was die Aufmerksamkeit und das Anteilnehmen des Publikums anbelangt, sehe ich in ihr den Aufruf, den eigenen Takt beim Zusammensein mit einem Kunstwerk zu finden und selbst zu entscheiden, ob man sich in Kontemplation, Konsum oder Geistesabwesenheit üben möchte. Wie beim Besuch einer Ausstellung, die nicht bloß Bilder und Skulpturen zeigt, sondern Videoarbeiten, die, wenn sie in Gänze rezipiert werden möchten, deutlich mehr Zeit in Anspruch nehmen.

Dramaturgie als Organisation von Erfahrung

An dieser Stelle möchte ich noch einmal zu Maaike Bleekers Thesen zur Stratigrafie als dramaturgischem Werkzeug des Landschaftstheaters zurückkehren. Als Bleeker sie vor 15 Jahren schrieb, passten sie gut zum postdramatischen Theater der 1980er, 1990er und frühen 2000er Jahre. In den Performances, auf die ich mich beziehe, erkenne ich jedoch eine Modifikation der Stratigrafie, die sich einer veränderten Auffassung dessen verdankt, was die wesentlichen Komponenten einer Performance sind. Diese Auffassung entfernt sich von einem Denken in semiotischen Kategorien über ‚Performancetexte' (verbale Texte, Bühnenbild, Musik, Licht etc.) und bewegt sich hin zu einem Nachdenken über Affekte und Erfahrungen als dem eigentlichen Gewebe einer Performance. Inkludiert die Stratigrafie semantische Schichten sowie deren Koordination und Überlagerung, so beinhaltet die heutige Landschaftsdramaturgie die Organisation von Erfahrung.

In *Natten* gibt es z. B. eine langsame, unregelmäßig sich kräuselnde Dramaturgie, die in einer nicht-narrativen Komposition des Ereignisses zutage tritt. Sie entwickelt sich irgendwohin, kommt dann zu einem früheren Punkt zurück und setzt sich von diesem Punkt aus in anderer Richtung fort. Obwohl sich die Punkte – ein tänzerisches Material (Birgit Åkessons Solos), ein Lied (Samuel Barbers *Te deum*) oder eine Gruppenformation (zwei Trios) – gewandelt haben, wenn sie erneut auftauchen, erscheinen sie doch als etwas, das wir kennen, wie lose und flüchtige Anker für unsere Wahrnehmung, aber nur, um uns im nächsten Moment zu enttäuschen, da es anders weitergeht als erwartet. Und auf der Basis dessen, was wir zuvor aus einem Punkt haben entstehen sehen, erwarten wir die Fortsetzung in eine bestimmte Richtung. Wir suchen nach Mustern, die unsere Erfahrung systematisieren können. Aber es passiert nicht. *Natten* scheint seine Spuren die ganze Zeit über aufzusuchen und dann auszulöschen. Die Dramaturgie dieser Erfahrung ähnelt dem ungeordneten Kringeln einer Feder, die über ein Blatt Papier kurvt und wirbelt, sich ständig verlierend und wiederfindend … Einen anderen bemerkenswerten Ansatz verfolgt die Dramaturgie von Doris Uhlichs *More than Naked.* Anstatt mit Performancetexten und deren Schichtung zu arbeiten, operiert diese Dramaturgie auf nur einer einzigen, ausschließlich empirischen Ebene: der Beziehung zwischen dem Gemeinsamen und der Singularität, wie sie die menschlichen Körper beleuchten, die sich zur Musik bewegen bzw. zu ihr tanzen. Philosophisch gesprochen hält die Performance den Einzelnen nicht für das Ursprüngliche; sie bringt uns zurück zu den Übergängen vom Gemeinsamen zur Singularität. Daher hat das Fleisch Priorität über den Körper und der Körper über die Identität. In dramaturgischer Hinsicht ist die grundlegende Prämisse hier der Körper als dasjenige, was Menschen gemein haben. Die Performance entfaltet sodann die Erfahrungen von 20 Performenden, die dieses generische Merkmal in einzigartigen Zusammenspielen zwischen ihren Körpern und ihren Bewegungen auf unterschiedliche Arten (zur selben Musik) aktualisieren. Es ist eine dramaturgische Besonderheit, dass der Prozess nie voranschreitet (die Beats der Technomusik unterstreichen diesen Eindruck) und Uhlich keine Vereinigung, keinen Konflikt und keine revolutionäre Versammlung all dieser Körper, die zusammen auf der Bühne sind, anbietet. Die politische Seite dieser Hin- und Her-Dramaturgie offenbart sich darin, dass sie dem nackten Körper keine Identität (mit Hilfe abstrakter Eigenschaften wie fett, dünn, schnell, klein, geschickt) zuweist. Stattdessen legt sie den Fokus darauf, wie Menschen sich bewegen und in einem Körper existieren, und gibt den tatsächlichen Körpern dabei den Raum, ihre singulären Bewegungsweisen zu bestimmen. Was hier wichtig ist für den grundlegenden Entwurf einer politischen Dimension der dramaturgischen Beschäftigung mit der Erfahrung, ist der Umstand, dass die Gruppe in *More than Naked* nicht das Resultat der Interaktion zwischen Performenden als Individuen ist, sondern der Interaktion zwischen Individuen, die zum Gemeinsamen gehören. An dieser Stelle wäre nach der sozialen Vorstellung der konkreten geteilten Erfahrung zu fragen und auch danach, wo Erfahrung, im Allgemeinen, ihre präfigurative politische Kraft zu erkennen gibt.

Wie zusammen sein und das Problem der Perspektive

Ich komme zu dem letzten Aspekt der gegenwärtigen Landschaftsdramaturgie, mit dem ich mich befassen möchte. Geht es um die Organisation einer Erfahrung, die den Raum, in dem eine Performance stattfindet, semantisch in der Schwebe hält, so wird die Frage dringlich, wie man in diesem unbestimmten Bereich zusammen sein kann. Nachdem die zeitgenössischen darstellenden Künste in Europa die Herrschaft des Autorenblickwinkels als die den gesamten Raum konfigurierende Perspektive verabschiedet haben, beugt sich auch die gegenwärtige Landschaftsdramaturgie dem objektiven Blickwinkel eines beschreibenden Geografen nicht.[14] Ausgehend von den Arbeiten, die ich in den letzten Jahren gesehen habe, mache ich zwei verschiedene Taktiken aus.

Die eine verschiebt persönliche Blickwinkel, wodurch eine deutlich ausgestellte Fläche ihre Stabilität verliert und sich – wie etwa bei Sebastian Matthias' *Groove Space* – auf eine Vielzahl von Perspektiven und Bereichen verteilt. In diesen Aufführungen befinden sich Publikum und Performende im selben Raum, die Betrachtenden schauen auf die sie umgebende Performance. In der Regel gelingt es ihnen nicht, das gesamte, von den Akteur*innen entworfene Material zu sehen, da ihnen andere Personen die Sicht versperren oder aber mehrere Szenen synchron ablaufen. Aufgrund der Gestaltung des Publikums als Menge von Individuen, die alle ein Recht auf ihre persönliche Sicht haben, während es stets noch ein Ganzes gibt, das von niemandem überblickt werden kann, ziehe ich es in Erwägung, diese und ähnliche Performances als symptomatisch für die neoliberalen sozialen, im Vokabular der Pluralität ausgedrückten Konfigurationen zu betrachten. Diese dramaturgische Taktik ist ein Erbe des Postmodernismus und nun verflochten mit sozialer Vernetzung sowie der Erfahrung des Lebensalltags von urbanen Smart Mobs. Es ist daher keine Überraschung, dass die Verschiebung persönlicher Blickwinkel auch in Ulmans *Excellences and Perfections* und Hirschs *The Scandalishious Project* zu finden ist – beides Performances, die sich auf eine Fülle von Beiträgen und Clips auf Instagram und YouTube ausdehnen und so für den persönlichen Zugang aller sowie die Interpretationen in den Kommentaren der Follower offen halten.

In radikaleren Fällen schlägt die Landschaftsdramaturgie eine zweite Taktik vor: das Experiment mit der völligen Aufhebung der persönlichen Sicht auf

14 Sauer: The Morphology of Landscape.

einen geteilten Raum. Dies lässt sich in Spångbergs Performances beobachten, in Uhlichs *More than Naked* oder *Boom Bodies* und weiteren Arbeiten, die den Eindruck erwecken, nicht von jemand Bestimmtem inszeniert worden zu sein oder betrachtet werden zu sollen. Schaut man zum Kino hinüber, wird diese Taktik noch offensichtlicher, da der Film für gewöhnlich gar nicht anders kann, als eine Sicht zu entwerfen. Was auf der Bühne als Bemühen in Richtung einer nicht-hierarchischen und unpersönlichen Ansicht erscheint, hat im Film sein dramaturgisches Pendant im dezentrierten Bild, in der *Mise en Cadre* und der Einzelbildsequenz bei Belà Tarr, Apichatpong Weerasethakul und Tsai Ming-liangs ‚langsamen Filmen'. Bei *La Substance* sind Banner mit Marken und Logos, Leinwände, Performende, Kleider und Objekte quer durch den Raum verstreut. Ähnlich wie die tanzenden Körper in *More than Naked* und *Boom Bodies* sind sie die ganze Zeit über auf der Bühne, sehen jedoch aus, als bemerkten sie nicht oder als interessierte es sie nicht, dass sie angeschaut werden. Dies produziert einen Effekt der unbestimmten – wenn nicht gleichberechtigten – Wichtigkeit von allem Anwesenden. (Erneut, wie im Internet oder in der Galerie und im Museum.) Ganz ähnlich werden in Apichatpongs *Cemetery of Splendor* (THAI 2015) Krankenhausszenen mit komatösen Männern, Baustellen mit Bulldozern oder die Szene in der Kantine mittels Totalaufnahmen und Fernansichten in Szene gesetzt. Viele Bilder zeigen zentrale Schauspieler*innen nur am Rand, während andere Akteur*innen, etwa eine Henne mit Küken, deutlich mehr Raum beanspruchen – nicht allerdings, weil sie in der Handlung eine tragende Rolle spielen, sondern weil sie Teil des Lebens sind, von dem das Narrativ erzählt. In *Mekong Hotel* (THAI/GB 2012) sind Szenen, in denen die Betrachter*innen der unpersönlichen Perspektive begegnen (vielleicht kann man sie auch ‚anonym' nennen), diejenige mit den zwei Liebenden in einem Hotelzimmer oder das Filmende mit einer sechsminütigen Aufnahme eines Flusses. Es sind Totalaufnahmen, die in einem Maß frei von Spannung oder Handlung sind, dass die Anweisung des Regisseurs „schau das an oder jenes" vollkommen abhandenkommt und man stattdessen auf alles schauen muss, was der Bildschirm zu sehen gibt. In Ivana Müllers *Edges* erreicht diese Unpersönlichkeit, die einer Rangordnung des auf der Bühne Versammelten eine Absage erteilt, ihre letzte Instanz. Die Performance beginnt mit einer leeren Bühne, über die Nebel wabert. Der einleitende, aus dem Off eingespielte Dialog geht so:

JB: Last night I had a dream.
A: Really?
JB: Yes.
A: And what was happening in your dream?
JB: Well, I was dreaming I was inside of a painting.
A: How strange.
JB: Yes. It was one of those paintings with many details, many people, many animals, also with objects, houses, trees …
A: Mmh mmh … And how was it?
JB: It was good. It was very … lively. A lot was going on. Except that very soon I realized that I was … invisible …
A: Mmh … Invisible to whom? To those who where in the painting with you or to those who were looking at the painting?
JB: Actually, for both.

Abschließend möchte ich behaupten, dass es beiden dramaturgischen Taktiken – der Vervielfältigung persönlicher Perspektiven sowie den Experimenten mit unpersönlichen Perspektiven – um eine Demokratisierung der Organisation des Sozialen geht. Diese Behauptung wird noch komplexer, wenn andere als nur menschliche Akteur*innen ins Spiel kommen, und häufig ist das in den genannten Performances der Fall. Daher reicht die Frage nach dem Zusammensein in der gegenwärtigen Landschaftsdramaturgie weit über soziopolitische Belange hinaus. Sie leitet eine Debatte über den Zustand der menschlichen Existenzbedingung ein, die niemals nur sozial ist. So gesehen erscheint die Aufhebung der persönlichen Blickwinkel radikaler als die Taktik der Vervielfältigung, zielt sie doch auf die Suspension der perspektivischen Ordnung, die eine Landschaft ausgehend von der Position der ersten Person Singular strukturiert. Ich kann diese Diskussion hier nicht weiterverfolgen, sollte aber erwähnen, dass die Aufhebung der persönlichen Blickwinkel nicht allein das Bühnenbild und die M*ise en Scène* betrifft. In optischer Hinsicht manifestiert sie sich in den Räumen, Dingen und Körpern, die den Zuschauer*innen in ihren tatsächlichen Größen, Formen, Proportionen und Disproportionen begegnen (und nicht so, wie sie etwa beim Einsatz eines zentralperspektivisch ausgerichteten Theaterbühnenbilds erscheinen, das Objekte in der ersten Ebene größer wirken lässt als Objekte in z. B. der dritten). In epistemischer Hinsicht geht es, wie Hubert Damisch sagen würde, um die

„perspective configuration as a model of thought“[15], eines Gedankenmodells, das bereits im frühen 20. Jahrhundert von Kubismus, Futurismus, Suprematismus und Neoplastizismus in Frage gestellt worden ist.[16] Heutzutage ist ein solches Denkmodell vielleicht sogar vollkommen unangebracht, nicht nur in optischer, auch in politischer und philosophischer Hinsicht. In den von mir diskutierten Performances erkenne ich ein Misstrauen gegenüber dieser Organisation von Welt, das in Versuche mündet, eine Landschaft in ihrer Dinghaftigkeit (*thingness*) zu erschaffen. Die einzige Möglichkeit, sich darin als Publikumsmitglied zu situieren, ist, in diese unstrukturierte Welt als eine der Komponenten einzutreten und gemeinsam mit den Performenden und den anderen Besucher*innen durch sie hindurch zu mäandern. Insofern unterbreitet das Ende von *Mekong Hotel* mit der Sicht auf den Fluss einen weitreichenden Vorschlag: ‚Perspektiven teilen'. Was nach Karl Schoonover in dieser Aufnahme auf dem Spiel steht, ist die Verflechtung der Sicht eines Paares (das wir in einer vorangegangenen Einstellung den Fluss betrachtend auf einem Balkon sahen) mit unserem eigenen zurückgelassenen Blick, der (nachdem wir das Paar vergessen haben, da es danach nie wieder aufgetaucht ist) über den Fluss schwebt.

> The shot's variegated temporality confronts the viewer with a tension between individual and collective registers of looking: an assortment of differently paced micro-events and seemingly inconsequential actions make looking seem both individualistic (distraction is decidedly personal) and communal (sharing a durational observation with other humans onscreen and off).[17]

* * *

Ich möchte diesen Beitrag mit der Bemerkung beenden, dass das Konzept der Landschaft im Theater und in der Performance des 20. Jahrhunderts mit der Intention des Verteilens verbunden war, mit einer Intention, die darauf angelegt war, die in der logozentrischen Tradition menschlicher Ausdrucksformen

15 Hubert Damisch: *The Origin of the Perspective*. Cambridge, MA: MIT Press 1995, S. xiii.

16 Ebd., S. 28–30.

17 Karl Schoonover: Slowness as Intimacy in Apichatpong's Mekong Hotel (2012). In: *In media res*, 12.12.2012. http://mediacommons.org/imr/2012/12/04/slowness-intimacy-apichatpong-s-mekong-hotel (Zugriff am 24.04.2019).

verankerte Tiefe durch Oberfläche zu ersetzen. Das Visuelle avancierte so zur wichtigsten Domäne der Performance, in der Bedeutung aufgelöst und auf eine Intertextualität hin geöffnet wurde, zu der auch die Ko-Kreation mit den Zuschauer*innen gehört. Die jüngste Entwicklung in der Landschaftsdramaturgie scheint aber noch einem weiteren Problem Beachtung zu schenken, nämlich dem Problem der Perspektive als dem Problem, diese Oberfläche gemeinsam zu bevölkern. Es könnte sein, dass die bisherigen künstlerischen Experimente – neben den sozialen und kulturellen Prozessen im Feld der Informations- sowie Kommunikationstheorie und -technologie oder dem *Affective Turn* – erfolgreich bewiesen haben, dass Bedeutung keine kondensierte Maßeinheit menschlicher Rationalität ist, die man mit sich herumtragen kann, von einem Kontext zum anderen, von einem Zeitraum zum nächsten, von Medium zu Medium, und die alles auszudrücken vermag. Es könnte außerdem sein, dass die Problematisierung der Perspektive in jenem Moment unvermeidbar wurde, in dem sich das Visuelle als jene Standarddomäne zu behaupten begann, in der die Bedeutung, das Sinnliche und das Affektive zusammenkommen. Dass die Perspektive noch stets das vorherrschende Denkmodell ist, hat beides zur Folge: sowohl Anthropozentrismus und Individualismus wie auch die Experimente im Mäandern durch die von geteilten Blickwinkeln geformten Räume der Erkenntnis, der Zuneigung und Empfindung. Für mich ist das der wichtigste Beitrag der Landschaftsdramaturgie zu den zeitgenössischen performativen Künsten und zugleich zu einem größeren sozialen Imaginären. Dieser Artikel war nur mein vorläufiger Versuch, das zu verstehen und ihre Strahlen zu entfesseln.

Aus dem Englischen von Johanna Schön / Sandra Umathum

50% 07:53

heddalicious91

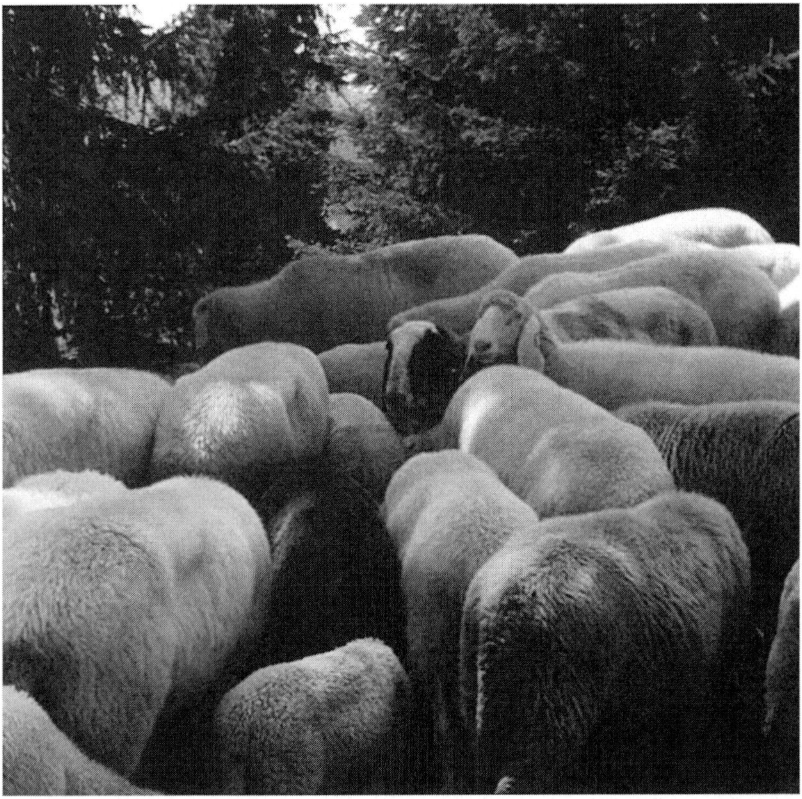

Gefällt **nadved** und **2 weitere Personen**

heddalicious91 Alle engeren #Freunde sind anscheinend noch auf dem #Land.

30. OKTOBER

Annett Hardegen / Max-Philip Aschenbrenner / Anne Brammen / Elisa Liepsch / Sarah Israel / Cornelius Puschke / Wilma Renfordt / Lina Zehelein / Felizitas Stilleke / Johanna-Yasirra Kluhs / Daphne Ebner / Nadine Vollmer / Heike Albrecht / Friederike Thielmann

~~The meeting to discuss a good way forwards has been cancelled~~[1]

Ein Gesprächsauftakt[2]

Von: annett hardegen
Betreff: text
Datum: 25. März 2017 10:07:06 MEZ

Postdramaturgisch wäre, wenn wir endlich die Begriffe über Bord hauen, in denen wir uns bewegen und die uns immer noch genügend Sicherheit suggerieren, so zu tun, als wären wir autonom, als könnten wir der Welt etwas entgegensetzen, und sei es einen künstlerischen Ausdruck. Im Angesicht einer Wirklichkeit, die Subjektivität und Individualismus als Phantom am Leben erhält, weil es die totale Ökonomisierung des Einzelnen befeuert. Welche Rolle kann es spielen, dass etwas, was einstmals scheinbar festgelegt und definierbar war, jetzt einer ebensolchen Diffusität erliegt wie alle möglichen

1 Schriftzug auf der Wand von Tim Etchells und Vlatka Horvats performativer Installation *Rotten Days* (2006).

2 Felizitas Stilleke und Nadine Vollmer wurden um einen Beitrag für die vorliegende Publikation gebeten. Da sie ihre Praxis als ‚Dramaturginnen im Gespräch' begreifen, als Denken und Handeln in Anschlüssen, Übersprüngen und im Austausch, kamen sie nicht umhin, diese in einer Sammlung von mehreren Stimmen zu suchen. Also haben sie vertraute Dramaturg*innen, mit denen sie Feld und Praxis teilen, und sich gefragt, was Dramaturgie für sie heute ausmacht und den Begriff „Postdramaturgien" dazu ins Spiel gebracht. Die Antworten lesen Sie hier in der Reihenfolge, in der sie eintrafen. Sie sind Auftakt und erste Impulse für ein Gespräch mit allen Autor*innen dieses Beitrags, das bei Erscheinen dieses Buchs bereits live stattgefunden haben wird, das Honorar für diesen Beitrag wird in Essen und Trinken eingelöst worden sein.

anderen Bezugssysteme und dass die Wirklichkeit vielleicht die eigentliche Protagonistin aller Post-Spielarten ist?
Politisches Vorstellungsvermögen und ästhetische Urteilskraft scheinen ausgespielt zu haben. Aber ein echtes Post ist nicht in Sicht; nur ein Nach, das an Rahmenbedingungen festhält, die längst verschwunden sind. Oder wie mein Freund Boris Nikitin sagt: Der Rahmen ist gebrochen! Und alles, was mir dazu einfällt: schöner Titel. Das Postwhatever gibt uns bei aller Gebrochenheit ein Bezugssystem, anstatt zu fragen: Was würde passieren, wenn wir endlich anerkennten, dass wir das Unsrige im Namen eines Liberalismus gern aufgegeben haben und am Horizont nichts weiter erscheint als Propaganda? Eine Nachgeburt ist ein funktionaler Bestandteil der Geburt, ohne sie haben wir Schlimmes zu erwarten. Eine Postdramaturgie könnte heißen, Räume zu besetzen, in denen wir an einer Zukunft arbeiten, die nichts mit der Gegenwart zu tun hat, aber die sich besinnen kann, wo wir herkommen, was/wer wir sind, aber nicht, um eine Differenz zu ziehen, sondern um uns zu verbinden. Eine Arbeit gegen die Verachtung und Erniedrigung, der wir tagtäglich ausgesetzt sind; an einer Haltung und einem stolzen Bewusstsein der Freiheit des Geistes und aller Geister, die wir mit uns herumtragen. Vielleicht weniger post und viel mehr JETZT und noch viel mehr MIT: die Kämpferinnen in Kobane, ganz vorn an der Front. Sie nehmen ihre bunten Tücher ab und die Männer hinter ihnen binden sie sich um (postdramaturgisch!).

Von: Max-Philip Aschenbrenner
Betreff: Aw: Let's talk about ... POSTDRAMATURGIEN
Datum: 27. März 2017 16:01:27 MESZ

Danke, Marianne!

Dass man nicht darüber spricht, wissen wir von dir.
And a 1 and a 3 and a 1,3,7
And a 1 and a 3 and a
1,3,11

Dennoch von den Dramagiern und Dramatrugen zu sprechen, heißt, von ihrem Wesen zu sprechen; ihren Kern zu beschreiben, heißt sie entkernen, dar- oder vorstellen kann man sie nicht.

DragOn aka maXXinE A$hyneBURN aka The Phoenix
And a 1 and a 3 and a 1,3,7
And a 1 and a 3 and a
ching chang chong

Frage: Was ist das erfolgreichste Theater des 20. Jahrhunderts?
Antwort: Das Theater des 19. Jahrhunderts.
Danke, Brecht!
Frage: Was ist das erfolgreichste Theater des 21. Jahrhunderts?
Antwort: Das Theater des 20. Jahrhunderts.
Nein, danke!

Sie leben im Dunkeln, haben immer im Dunkeln gelebt, werden immer im Dunkeln leben.

DragOn aka maXXinE A$hyneBURN aka The Phoenix
And a 1 and a 3 and a 1,3,7
And a 1 and a 3 and a
1,3,7,11

Los komm, wir verkaufen Nabelfussel an Leute, die schon alles haben!

Von: Anne Brammen
Betreff: Aw: Let's talk about … POSTDRAMATURGIEN
Datum: 30. März 2017 um 15:35:25 MESZ

IDEENJONGLAGE
Gratwanderung zwischen Entwicklung eigener Ideen und Gesprächsgegenüber sein für Ideen anderer (viele Fragen stellen und wenig Antworten geben).
Konzeptuelle Perspektive auf Produktionen: wie die Idee theatral vermitteln? Oder: welche Theaterform für welches Thema? Oder: welche Idee vermittelt sich mir bei dem, was ich sehe?

STRUKTURGEBUNG
Ideen und Gedanken von mir strukturieren.

Ideen und Gedanken und Aussagen von anderen strukturieren.
Texte strukturieren.
Recherchematerial strukturieren.
Improvisationsmaterial strukturieren.
Festivals strukturieren.
Spielpläne strukturieren.
Programmhefte strukturieren.

BE-SCHREIBEN
Als Dramaturgin beschreibe ich anderen, was ich wahrnehme. Auf der Straße, auf der Bühne, auf der Probe …
Und ich schreibe: Anträge, Ankündigungen, Stücktexte, Theoretisches für Team oder Publikum, Definitionen von Dramaturgie für Veröffentlichungen u. a.
Im Gegenzug lese ich auch viel desselben.

PS: Mir sind dazu noch Metaphern eingefallen, die teilweise altbekannt sind, aber mir zur Berufserklärung dann doch immer sehr gut dienen:

Hebamme (für Ideen)
Architektin (von Stücken/Strukturen)
Anwältin (des Publikums)

Von: Elisa Liepsch
Betreff: Aw: Let's talk about … POSTDRAMATURGIEN
Datum: 31. März 2017 um 10:07:44 MESZ

Dramaturgie ist Arbeit. Neben der Arbeit mit dem*r Künstler*in und am Projekt begreife ich mein Tun als ein aktivistisches, Dramaturgie als politische Praxis. Ich befrage meine Privilegien und die *weißen* Architekturen der Institution, die Förderstrukturen, die Dramaturgien des Antrags und jene der Entscheidungsfindung. Ich frage mich, warum ich so viel Macht habe und mit am Kanon bastle. Ich frage mich auch, warum ich so wenig Macht habe in der Struktur, die mich nährt; warum die Antragsrhetorik sitzt und es mir so schwerfällt, diesen Text zu verfassen.

Dramaturgie bedeutet Kommunikation. Meine Praxis ist eine mit Kompliz*innen, eine im Aggregat, das sich austauscht und empfindsam hält, das Sorge trägt und Solidarität praktiziert. Weil wir als Gruppe besser sind und nicht mehr an den*die König*in glauben. Im Austausch der Gedanken und im Kampf gegen die gesetzte Liberalität des Malestreams der Chefetagen mit seinem standardisierten Perspektivwechsel. Dramaturgie ist deshalb auch Emanzipation. Diese Praxis schließt das Sichtbarmachen der Prozesse ein, genauso wie die Transparenz. Und speist sich aus einem beständigen Befragen – des*r Künstlers*in, der künstlerischen Arbeit, meines Handelns, der Institution, des Publikums – und Sprechen, vor allem einem Miteinandersprechen. Wer lädt wen zum Gespräch und wie können wir auf Augenhöhe miteinander reden? In den hoffnungslosen Grabenkämpfen suche ich nach Wegen, jenseits der Anklage wieder konstruktiv zu werden.

Der Länderschwerpunkt muss weggefegt werden, „außereuropäische" künstlerische Positionen sind selbstverständlicher Teil des Spielplans, auch wenn der Förderzeitraum abgelaufen ist. Dramaturgie muss Internationalität wirklich denken, die Counter Narratives und Differenz umarmen. Wie verstetigen wir das neue Wissen, wie bringen wir dieses zu den Menschen, wie können wir Transfer und Teilhabe ermöglichen? An Reproduktion und Repräsentation haben wir alle teil.

Dramaturgie bedeutet vor allem aufrichtiges Interesse und absolute Ehrlichkeit im Umgang mit der Kunst und den Menschen, die sie machen. Ich höre zu, ich nehme mich zurück, ich richte mich nach den Bedürfnissen des*r Künstlers*in. Meine Aufgabe sehe ich primär in der Ermöglichung und Umsetzung von Arbeitsweisen. Dramaturgie bedeutet dabei immer Auflehnung gegen institutionalisierten Rassismus, Sexismus und elitäres Denken. Dramaturgie muss radikal sein. Und unerbittlich.

Denn seien wir ehrlich: Die freieren Produktionshäuser reproduzieren die Leitungsmodelle der etablierten Häuser. Meine Arbeit erinnert mich immer wieder aufs Neue daran, dass viel zu tun ist. Weil die Welt sich wunderbar wiederfindet in der kleinen Welt des Theaters. Hier sehe ich die Notwendigkeit, andere Werte zu praktizieren. Und weiterhin im und mit Theater an die Solidarität zu glauben.

Von: sarah israel
Betreff: Aw: Let's talk about ... POSTDRAMATURGIEN
Datum: 1. April 2017 um 12:12:22 MESZ

Ich bewege mich bei den Projekten, die ich als Dramaturgin begleite, zunehmend in kulturellen Kontexten, die ich nicht kenne, die mein Wissen und meine Lebenserfahrung übersteigen und die nicht allein durch Bücher entdeckt, verstanden, geschweige denn erfasst werden können. Ich brauche Zeit, ein gutes Gehör und Mut, loszutigern in Gefilde, die ich nur unter Anleitung von anderen entdecken und zugleich befragen kann. Die Umwege sind hier der Schlüssel zum ‚Weiter' im gemeinsamen Arbeitsprozess. Und all jenes, das meine Augen sehen, meine Ohren hören, was die Partner*innen aufgrund des – einem jeden bekannten – Alltags und seines Trotts eventuell nicht (mehr) wahrnehmen. Fremd sein und zusammen das erarbeiten, was den Arbeitsprozess nährt, befragt, prüft, antreibt.
Ich sammele also: Bilder, Eindrücke, Gedanken, Texte, Erfahrungen, Missverständnisse, um diese zu entfalten, glattzustreichen, Knicke zu verstehen und Falten zu akzeptieren. Dafür brauche ich das Gegenüber, seine/ihre Persönlichkeit und Wissen über sein/ihr Welt- und Kunstverständnis. Gehe ich dabei nicht verloren, sondern halte an eigenen Perspektiven und Wissen fest, so können wir gemeinsam neu falten, neue Formen finden, die das Entfaltete anders zu Tage bringen. Dramaturgien für (Lebens-)Prozesse entwickeln, die im Werden sind.

Das Projekt ist an die Stelle des Stücks getreten. Das Ausland und Räume, die keinem Stadt- oder Staatstheater (an-)gehören, an die Stelle der klassisch-deutschen (Probe-)Bühne. „On the road" an die Stelle des Büros. Ungesicherte Produktionsmittel an die Stelle der gesicherten. Geblieben sind die Fragen, welche Form der Inhalt benötigt und wie der Inhalt in der/durch die Form vertreten ist. Die Formenvielfalt ist gewachsen, die Heterogenität der Inhalte auch. Was bleibt ist, dass Dramaturgie nur dann als Praxis ausgeübt werden kann, wenn es Vertrauen, einen geteilten gedanklichen Aktionsraum und den Wunsch nach einer Störung gibt, die ebenso produktiv wie nicht (immer) zielführend ist.

Von: Cornelius Puschke
Betreff: Aw: Let's talk about … POSTDRAMATURGIEN
Datum: 2. April 2017 um 13:21:20 MESZ

Ich wurde gefragt, was Dramaturgie für mich ausmacht.

Meine Antwort dauert neun Minuten.

Bitte nehmen Sie Ihr mit Kopfhörern ausgestattetes Smartphone, Laptop oder Tablet zur Hand.

Stecken Sie die Kopfhörer in Ihr Ohr.

Bitte rufen Sie folgendes YouTube-Video auf, dessen erste 30 Sekunden Sie sich angucken.

Danach schließen Sie die Augen und hören dem Video nur noch zu.

https://youtu.be/LU8DDYz68kM

Von: Wilma Renfordt
Betreff: Aw: Let's talk about … POSTDRAMATURGIEN
Datum: 2. April 2017 um 15:15:20 MESZ

„Arbeiten mit Dramaturg ist wie ficken mit Kondom. Mit ist sicherer, ohne macht mehr Spaß." ~~Das hat mir mal ein Schauspieler als gängiges Sprichwort erzählt. Wenn das der Beruf wäre: nein danke, lieber nicht. Aber man kann ja auch anders arbeiten, also seinen Gegenübern dabei helfen, eine eben nicht abgesicherte, sondern eine in ihrem Grundverständnis offene Situation herzustellen (und alles andere wäre im Theater uninteressant). Aber trotzdem bleibt das Stigma der Spielverderberin an der Dramaturgin hängen und macht es mir bisweilen schwierig, Begeisterung für den Beruf zu entwickeln. Vermutung: Dieses Stigma ist ein Kind von Textfixiertheit und Autorkult. Wer in einer Gruppe die Position des Textes vertritt, steht in dieser Denke für eine äußere, die eigene Freiheit limitierende Autorität. Und hat jeden Überschuss nicht intellektuell motivierter Setzungen in seine Schranken zu verweisen.~~

~~Wie langweilig. Und einer von vielen Gründen, weshalb die Arbeit mit Texten für mich nur eine unter vielen gleichberechtigten Aufgaben einer Dramaturgin sein kann. Grundsätzlich geht es für mich darum, den gemeinsamen Prozess (mit welchem Material auch immer!) zu befeuern, ihn zu überschauen und zu befragen. Die Dramaturgin ist dann Beobachterin, Sammlerin, Spiegel, Kritikerin. Und kann damit helfen, das gemeinsame Konstrukt so abzusichern, dass die Offenheit nicht in Beliebigkeit abgleitet. Die sichere Situation ist dann keine, die frei ist von sämtlichen Risiken, sondern eine, die es den Beteiligten überhaupt erst erlaubt, sich lustvoll ins Risiko zu stürzen.~~ ← Dieser Teil muss weg, und zwar ganz einfach, weil er feige ist.

Von: Lina Zehelein
Betreff: Aw: Let's talk about … POSTDRAMATURGIEN
Datum: 2. April 2017 um 21:37:18 MESZ

Während meiner ‚Ausbildungszeit' war eine meiner grundlegenden Erkenntnisse, dass dem Arbeitsprozess – um und mit einem Stoff, sei er dramatischer, epischer oder thematisch collagenhafter Natur – die eigentliche Bedeutung beikommen muss. Und dass dieser Prozess, um dem zu verhandelnden Stoff überhaupt ‚gerecht' werden zu können, Zeit braucht. Zeit vor allem auch für die Konflikte unter den sich mit ihm auseinandersetzenden Personen, welche ich als fruchtbar und konstruktiv erlebte. So dachte ich.
Es gibt ein anderes Denken, eine andere Praxis: Der/die Dramaturg*in als Denkstätte, als *thinktank* für die sich selbst rechtfertigen wollenden ‚CIs' der Theater, welche die daraus resultierenden Projekte mit der Hälfte der erforderten Zeit, (Wo-)Manpower und Geld oft gerade noch übers Knie gebrochen kriegen.
Dies in einer Zeit, in der sich ‚die' Gesellschaft als Mehrzahl erlebt, in der wir erleben müssen, dass simple Antworten einer Verhandlung von Komplexität vorgezogen werden, in der interkulturelle Öffnung von Theatern gefordert und gefördert werden soll und sich auch das Bestreben einer Umorientierung der Theater abzeichnet, sowohl im Hinblick auf ein neues Bewusstwerden des eigenen Publikums als auch die Hinterfragung des Spielplans. Ist es da nicht umso notwendiger, sich einer Gründlichkeit zu verschreiben, die auch heißt, zeitintensiver (auch außerhalb des Theaters) zu suchen und zu erfahren? Wäre (und war?) das in Theatern nicht auch Aufgabe des/der Dramaturg*in?

Der formale Frust: sich dem Zwang einer Ökonomie von Arbeit unterworfen zu sehen, welche einen räsonierten konzentrierten Umgang mit Themen grundlegend unterläuft und jegliche ernstzunehmende Auseinandersetzungen (damit auch gemeint: Reibungen) schlichtweg verhindert. Damit sieht sich der/die Dramaturg*in einem abverlangten Verhaltensmuster unterworfen, wie man es in der Politik nach Anschlägen und Attentaten wiederfindet: Statt sich mit genügend Zeit *besonnen* die Situation zu vergegenwärtigen, muss sofort reagiert, das Symptom bekämpft, Feuerherde gelöscht und Tränen getrocknet werden. Kurz: dem Anspruch an die eigene Arbeit nicht gerecht werden zu können.
Der inhaltliche Frust: Den fundamentalen Widerspruch zu leben zwischen der eigenen Reproduktion dieser ‚Werte' der Leistungsgesellschaft und dem Wissen, dass dieser den Menschen zu einer Life-Work-Balance-Maschine machende, jegliche Kreativität vernichtende Leistungs-Profilierungs-Profit-Druck eigentlich das Ende künstlerischen Schaffens bedeutet, wenn es nicht zu einer metaphorischen Floskel verkommen will und sich ihm nicht entgegenstellt.[3]

Mögliches Fazit:
Im Licht der sich verändernden Arbeitsweise des/der Dramaturg*in schlage ich die Verkürzung des Begriffs der „Postdramaturgie" in das Präfix „Post" vor – in Anlehnung an den Film *Jour de Fête* von Jacques Tati, der eine passende Metapher für die Arbeit vieler Kolleg*innen abgibt.

Von: Felizitas Stilleke
Betreff: Aw: Let's talk about ... POSTDRAMATURGIEN
Datum: 3. April 2017 10:38:07 MESZ

Wenn ich die Dramaturgie als eine Kumpanin beschreiben sollte, die mit mir unterwegs im Feld der Freien Darstellenden Künste ist, würde ich ihr ad hoc folgende Eigenschaften zuschreiben: Sie ist paradox, sie stört, sie beflügelt, sie macht abhängig, sie ist abhängig, sie ist widerspenstig, sie macht euphorisch, sie ist unstet, sie sucht die Harmonie, sie ist naiv, sie zweifelt, sie weiß immer alles besser, sie nervt, sie liebt und sie ist unzuverlässig verlässlich. Aber das alles kann ich nur bis zu diesem Zwischenstopp hier beschreiben – als

3 Wohl wissend, dass dies nicht nur Dramaturg*innen betrifft!

flüchtige Beobachtung. Denn es liegt ja noch ganz viel Weg vor uns, Frau Kumpanin. Warum also fragen „Was ist …?"? Weil wir uns am Ende doch immer wieder nach Orientierung auf unseren Um- und Abwegen sehnen. Dabei schickt uns die Dramaturgie doch genau dorthin: ins Offene.

Ein Versuch ist es dennoch wert:
Kunst positioniert sich in der Gegenwart – in einem Gefüge aus Kontexten, Sichtweisen, Beweggründen. Diese Schöpfung und Einbettung in Gegenwart konstituiert sich im gemeinsamen Prozess des Konzeptionierens, Probens und Befragens. Im Kollektiv. Im Dialog. In der Auseinandersetzung. Darin öffnet Kunst einen Raum der Gegenwart, der für mich dann in Form des Theaters ausagiert wird. (Wobei sich hier die Gegenwart des Theaters in eine Gemeinschaft aus Musik, Tanz, Philosophie und vielen anderen Freiheiten begibt.) Darin bewegt sich Dramaturgie. Für mich. Jetzt.

Um der Flüchtigkeit dieser Gegenwart an dieser Stelle kurz zu entkommen, die folglich eine permanente Um- und Neudefinition als der Dramaturgie inhärent generiert, seien ein paar historische Ursprünge zur Verankerung im steten Weiterdriften benannt:
Dramaturgie ist **Religion, Kuration, Profession und Kritik**. Und zwar, indem meine Tätigkeiten als Dramaturgin rückverbinden (*religare*), sich sorgen (*curare*), öffentlich bekennen (*professio*) und beurteilen (*kritike*). Aber ob meine Kumpanin dieser Zuschreibung zustimmen würde, wage ich zu bezweifeln.

Von: Johanna-Yasirra Kluhs
Betreff: Aw: Let's talk about … POSTDRAMATURGIEN
Datum: 5. April 2017 00:18:50 MESZ

Zur Erscheinung betrachten
Für mich ist jede Dramaturgie ein Versuch. Ein Ringen um die richtige Form für das, was sich da mit einem versammelt. Die die spezifische Qualität in Menschen, Dingen, Räumen, Klängen, Gedanken begreift und in eine Konstellation fügt, die ganz eigene Konditionen ästhetischen Gelingens produziert. Und die notwendigerweise ergänzt wird durch das ständige Hinzukommen diverser Betrachter. Das Außen ermöglicht sich dadurch, dass eine

Gemeinschaft sich über eine lange Zeit weit nach innen begeben kann. Die Dramaturgie gehört dazu. Und hat den Bohrer in der Hand.

Von: Daphne Ebner
Betreff: Dramaturgie-Text
Datum: 5. April 2017 15:02:00 MESZ

Wo die Dramaturgin früher häufig als Anwältin des Texts bezeichnet wurde, könnte man heute vielleicht sagen, dass wir Fürsprecherinnen und Vermittlerinnen neuer Theaterformen und Ästhetiken sind. Denn entgegen der allgemeinen (zunächst auch meiner eigenen) Erwartung, habe ich beispielsweise in drei Jahren Staatstheater gerade mal zwei Klassiker betreut. Der Rest waren Stückentwicklungen, O-Ton-Theater und Live-Hörspiele, Romanadaptionen, partizipative bzw. immersive Spielformate oder tänzerische und performative Projekte, die den Spielerinnen völlig neue Spielweisen und Techniken abverlangten und oftmals ihr Selbstverständnis als Schauspielerinnen zu grundlegend neuen Definitionen herausforderten. Mehrmals pro Spielzeit sehen wir uns somit oftmals unbekannten Theaterformen (nicht mehr nur Bühnenästhetiken!) gegenüber. Die Qualitäten, die diese neuen Formen neben anfänglicher Verunsicherung mit sich bringen und die manchmal auf den ersten Blick nicht leicht zu erkennen sind, gilt es zu antizipieren und nach innen wie nach außen zu vermitteln. Hier kommen verstärkt wir Dramaturginnen ins Spiel. Denn im Gegensatz zum dramatischen Text, der zu Beginn der Proben bereits abgeschlossen ist, sind diese Ästhetiken wie ein verlockendes Versprechen, das zunächst noch unsichtbar ist und nur erahnt werden kann. Der alten, aber sehr treffenden Metapher von der Dramaturgie als Hebammenkunst folgend, versuche ich, aus dieser Ahnung heraus einen kollektiven künstlerischen Prozess mit anzuregen, um der jeweiligen, möglicherweise so noch nicht dagewesenen Form in die (Theater-)Welt zu verhelfen.

Von: Nadine Vollmer
Betreff: Aw: Let's talk about … POSTDRAMATURGIEN
Datum: 5. April 2017 15:15:48 MESZ

Liebe Felizitas,
auf einer Seitenfassade nicht weit weg von meinem Wohnhaus, dort, wo eigentlich mal ein Nachbarhaus gestanden haben muss und bevor sie von einem internationalen Sportartikelhersteller übermalt wurde, stand lange dieser Satz: Die Grenze verläuft nicht zwischen oben und unten, sondern zwischen dir und mir. Der erste Teil des Satzes wirkt zynisch, ein naiver Wunsch, der zweite Teil erinnert mich daran, dass es um das ‚zwischen' (dir und mir) geht, was oder wer auch immer das ‚du' oder das ‚ich' im jeweiligen Moment ist. Immerhin ist das eine einleuchtende Einsicht über Theater, die sich auf Gesellschaft erweitern lässt.
An anderer Stelle dieser Stadt gab es mal ein Haus, dessen Funktion irgendwann abgelaufen war, stattdessen zogen Künstler*innen ein und auf dem Dach prangte in großen Lettern: Zweifel. Inzwischen steht da ein neues altes Schloss und meine Augen sehen darüber immer noch diesen Schriftzug.
Übrigens hab ich vorgestern gelernt, wie man mit zwei Muttern eine Schraube kontert, um das Brett, in dem sie steckt, zumindest vorläufig zu befestigen.
Warum ich dir das schreibe? Vielleicht ist es eine Ablenkung, um einerseits unsere Vereinbarung einzuhalten, dass wir hier neben unseren Mitautor*innen auftreten, und um andererseits wieder an den Punkt zu kommen, an dem wir im Kontext dieser Publikation gemeinsam schon waren und den es ausnahmsweise offenzulegen gilt: Dass Dramaturgie auch ein Gespräch ist, eine Korrespondenz mit offenem Ausgang, jetzt noch von mir zu dir, bald in größerer Runde, in der nicht nur die Antwort und die Übereinstimmung steckt, sondern genauso das Auslassen, Auswählen, Zweifeln, Einwenden, Kontern, Verschieben, Driften, Hinzufügen, Vervielfältigen; dass dramaturgisches Denken und Tun, also das, was wir auch hier machen, Bedingungen (auch ökonomische) mitproduziert, weitergibt, andere mit reinzieht und sich zwar angleichen, aber nicht gleichmachen kann. Dennoch glaube ich daran, dass wir, auch wenn das ‚zusammen' und das ‚co-' schon längst neoliberalen Bedingungen entsprechen, es unbedingt weiter suchen müssen, um das ‚zwischen', die Grenzen, Lücken und Bindestriche weiter verhandeln zu können.
Lotte van den Berg hat diesen schönen Titel erfunden: *building conversation*. Lass uns nicht zu lange damit warten. Die Räume werden schließlich enger, die Luft dünner und es gibt viel zu tun –
Deine Nadine

Von: Heike Albrecht
Betreff: Aw: Let's talk about ... POSTDRAMATURGIEN
Datum: 5. April 2017 um 15:54:11 MESZ

„a little knowledge can go a long way"
„you must know where you stop and the world begins"
Jenny Holzer – Truisms[4]

Mit dem sich wandelnden Verständnis, was ein Kunstwerk oder eine künstlerische Arbeit ist, erweitern sich die Kategorien, durch die Kunst entwickelt/befürwortet/behauptet wird. Diese können in der Einübung wie Aneignung einer dynamischen Beziehung zur Gegenwart als zeitgenössisch verstanden werden. Eine neue Arbeit als ein Werk, eine Position oder Praxis hervorzubringen, schließt immer Behauptungen mit ein oder kann erst durch diese sichtbar werden. Dramaturgie, in diesem Sinne, befürwortet den Wandel, die Entwicklung einer künstlerischen Arbeit in seiner Positionierung wie in der künstlerischen Praxis und kann Praktiken der Mitgestaltung als *best practice* definieren. Im Praktizieren/Aushandeln von Zeit und Zeitlichkeit bleiben diese Vorhaben wiederum überprüfbar, um sie in der entwickelten Form zu reflektieren und diese in ihren vielfältigen Beziehungen vergleichbar zu halten. Die so entstandenen Kategorien erlauben kritische Beurteilungen und Einordnungen, die eine Selbstbestimmtheit in der künstlerischen Praxis oder in einem Werk memorieren.
Interessant bleibt es, mit der begrifflichen Befragung über das *Ins-Werk-Setzen* hinaus auf Bewegungs- und Verhaltensmuster einer Handlung und deren Beziehungen von Nähe und Distanz innerhalb künstlerischer Arbeitsprozesse zu fokussieren und die eigene Praxis zu reflektieren – oder anders gesprochen, diese herauszufordern, gleich einem Perpetuum mobile. Dieses Beziehungsgeflecht zu verdeutlichen, interessiert mich in der Arbeit mit somatischen Wahrnehmungstechniken, in Verbindung mit Fragestellungen und Aspekten der Körpergeschichte. Es ist eine Arbeit im Umgang mit Präsenz und Zusammenspiel von Bild/Abbild und Bewegung, die Spuren für den Prozess der Befragung bildet und die Wahrnehmung präzisiert bzw. den notwendigen Prozess einer Herleitung provoziert. Es entsteht eine Gewichtung für eine künstlerische Praxis, die sich durch eine ständige inhaltliche Überprüfung in der Form den Vergleich zu einer bewussten Handlung erhält.

4 https://mfx.dasburo.com/art/truisms.html (Zugriff am 15.10.2019).

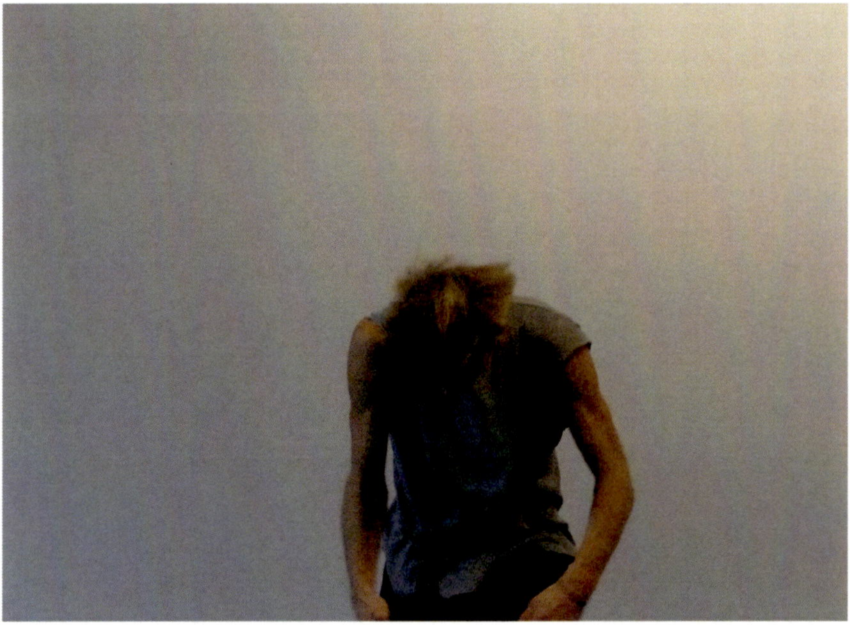

Abb. 1: Andrius Mulokas in *Boom Bodies*, Choreografie von Doris Uhlich, 2016.

Von: Friederike Thielmann
Betreff: Text
Datum: 7. April 2017 12:12:32 MESZ

Nach meiner Erfahrung als Produktionsdramaturgin gefragt, ist zunächst zu sagen: Produktionsdramaturgie ist eine Praxis, die in hoher Dynamik steht zum Prozess des künstlerischen Vorhabens und den beteiligten Künstler*innen. Diese Position schaut und hört zu, beschreibt, gibt Impulse, sortiert, hinterfragt, verstärkt – – – je nachdem. Als solche bin ich als Dramaturgin eine künstlerisch gestaltende Position im Prozess der Probenarbeit. Ich prüfe, denke weiter und entwickle Konzept, Umgang mit dem Material und Arbeitsweise. Dabei verstehe ich mich nicht allein als Korrektiv von außen, als Ratgebende im Sinne einer Diskursabsicherung – sei es im Blick auf inhaltliche oder formale Fragen –; ebenso arbeite ich mit Fantasie, Spinnerei und vertraue darauf, wenn es etwas in mir bewegt.
Die Dramaturgie bleibt in der freien Projektarbeit oftmals personell unbesetzt, die Position wird zuweilen von einzelnen Personen aus dem Team oder

in einem oder mehreren Besuchen von Gästen eingenommen. In dem einen Fall bleibt die Dramaturgie eine von innen, im anderen ist sie eine von außen. Die personelle Besetzung dieser Stelle ermöglicht jedoch, was dramaturgischer Arbeit eigen ist: zugleich Teil des Teams zu sein und außerhalb zu stehen. Es ermöglicht zugleich, sich einzulassen und aus einer Distanz zu sprechen. Aus der Wechselwirkung dieser hybriden Stellung heraus, ist die analytisch zerlegende wie die öffnend verstrickte Position der Dramaturgie ein Gegenüber für das Team zur Prüfung und Entwicklung der Theaterarbeit und andersherum der Probenstand ein Gegenüber für meine Position.

49% 07:51

heddalicious91

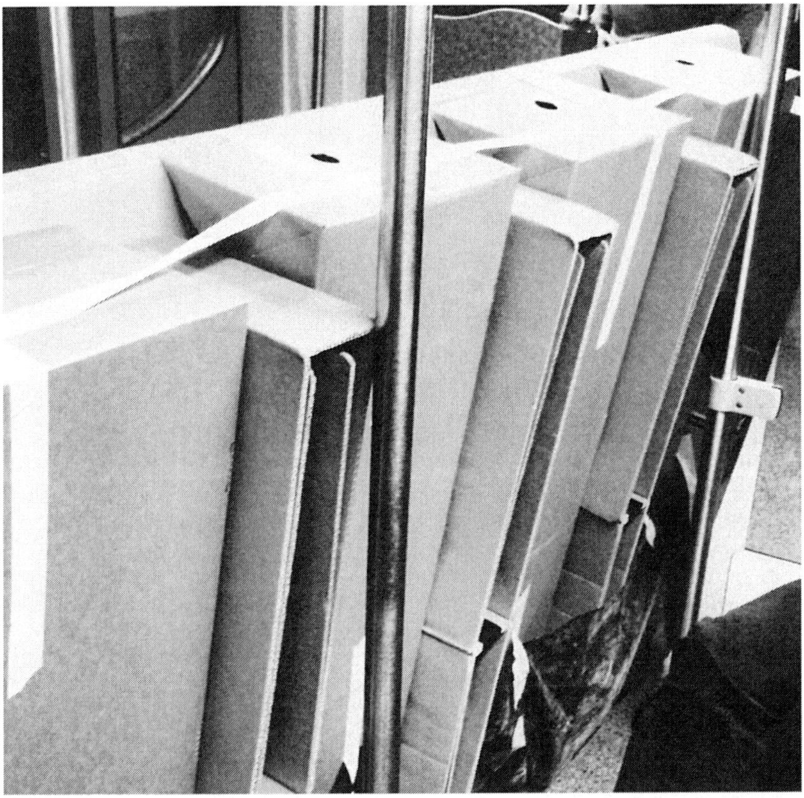

heddalicious91 Nun, #etwas hab ich jedenfalls, womit ich mich in der #Zwischenzeit #vergnügen kann.

VOR 6 TAGEN

Azadeh Sharifi

„Providing what is missing"

Postmigrantisches Theater und Interventionen

Die Notwendigkeit von Interventionen

Als Ende 2012 Plakate zu der Inszenierung von Herb Gardners Theaterstück *I am not Rappaport* (Schlosspark Theater Berlin, 2012) mit dem ‚schwarz' geschminkten Schauspieler Joachim Bliese auf öffentlichen (und virtuellen) Plätzen zu sehen waren, begannen viele Menschen, gegen das Blackface[1] von weißen Schauspieler*innen zu protestieren. Die Proteste formierten sich zunächst digital auf Facebook und später mittels konkreter Aktionen in

1 Blackface beschreibt eine theatrale Praxis, die auf US-amerikanische Minstrel Shows des 19. Jahrhundert zurückgeht, die als Teil von Vaudeville Shows bis in die 1930er Jahre aufgeführt wurden. In diesen malten sich weiße Performer*innen ihre Gesichter und Körper schwarz an, um Schwarze Figuren in stereotyper und abschätziger Art darzustellen. Joy Kristin Kalu verweist darauf, dass Vaudeville Shows Ende des 19. Jahrhunderts, also nach Abschaffung der Sklaverei (1865), an Popularität gewannen. Vgl. Joy Kristin Kalu: On the Myth of Authentic Representation: Blackface as Reenactment. In: *Textures. Online Platform for Interweaving Performance Cultures*, 29.10.2012. http://www.textures-platform.com/?p=2616 (Zugriff am 09.01.2019). Sandrine Micossé-Aikins hat die historische Dimension von Blackface und seine Funktion als Ort des Imaginären in Deutschland herausgearbeitet: „From the mid-19th century on, advertisement, a domain that relies more than any other on the power of imagery, began to play an important role in the way that black people were seen in Germany." (Sandrine Micossé-Aikins: Not Just a Blackened Face. In: *Textures. Online Platform for Interweaving Performance Cultures*, 29.10.2012. http://www.textures-platform.com/?p=2616 (Zugriff am 09.01.2019).) Sie betont in diesem Artikel darüber hinaus, dass Minstrel Shows, gemeinsam mit Völkerschauen (*Human Zoos*), auch in Europa tourten und sich mit ihrer machtvollen Praxis der Hervorbringung und Propagierung von abwertenden Bildern von „den Afrikanern" und anderen PoC in die eurozentristische Bilderwelt einschrieben. Den größten Einfluss hatten nicht jedoch die Shows selbst, sondern die Plakate, die diese bewarben. Ihr besonderer Stil wurde von Künstler*innen und Musiker*innen aufgegriffen und hat damit auch Einzug in die deutsche Kulturproduktion gehalten.

den deutschen Theatern. Schließlich führten diese Proteste zur Gründung von Bühnenwatch, einer Vereinigung von People of Color, weißen Künstler*innen sowie Kulturschaffenden, die sich und ihre Arbeit in einem aktivistischen Raum verorten. Jenseits des Internets trat Bühnenwatch zum ersten Mal durch eine Intervention bei einer Vorstellung von Dea Lohers *Unschuld* (2011) am Deutschen Theater Berlin in Erscheinung. In der Inszenierung von Michael Thalheimer waren zwei weiße Schauspieler ‚schwarz' geschminkt, und zwar so, dass es explizit an Darstellungsformen der Minstrel Shows erinnerte: Die schwarze Farbe zeichnete sich klar ab, der Mund war rot übermalt, die Augen weit aufgerissen. Auch begannen die Schauspieler im Verlauf der Aufführung, Affengeräusche von sich zu geben oder die Bewegungen von Affen zu imitieren.

Für eine der Aufführungen verabredeten sich ca. 40 Aktivist*innen, kauften Eintrittskarten und verteilen sich im Publikum, um beim Auftritt der ‚schwarz' geschminkten Schauspieler stumm aufzustehen und wortlos den Theatersaal zu verlassen. Das von der damaligen Chefdramaturgin Sonja Anders kurzfristig organisierte Publikumsgespräch mit den Aktivist*innen verdeutlichte die Abwehrmechanismen gegen eine offensichtlich fundierte Kritik an historisch bedingten und unaufgearbeiteten Darstellungsformen nicht nur aufseiten der Theatermacher*innen des Deutschen Theaters Berlin, sondern auch der restlichen Theaterszene.[2] Nur wenige bemühten sich um eine tatsächlich differenzierte Diskussion. Eine Ausnahme war z. B. der Theaterwissenschaftler Ulf Schmidt. Doch auch in seiner kritischen Auseinandersetzung mit Blackface auf *nachtkritik* blieb die historische Dimension einer solchen Tradierung, nämlich eine kolonialen Machtfantasien sowie realen Verhältnissen entnommene Stereotypisierung von Schwarzen Menschen, aus.[3]

2 Sharon Dodua Otoo, die auch beim Publikumsgespräch anwesend war, hat sowohl die Intervention von Bühnenwatch als auch die bereits im Stücktext angelegten kolonialen Machtverhältnisse diskutiert in: (Ab)using Fadoul and Elisio: Unmasking Representations of Whiteness in German Theatre. In: *Textures. Online Platform for Interweaving Performance Cultures*, 27.05.2014. www.textures-platform.com/?p=3216 (Zugriff am 09.01.2019).

3 Ulf Schmidt: Die Kunst der Unterschiede. In: *nachtkritik*, 12.02.2012. https://www.nachtkritik.de/index.php?option=com_content&view=article&id=6615:die-blackfacing-debatte-oder-das-politische-im-aesthetischen&catid=101:debatte&Itemid=84 (Zugriff am 09.01.2019).

So sind bis heute die Reaktionen vieler weißer Theatermacher*innen und Theaterkritiker*innen abwehrend und de-historisierend und sprechen den Aktivist*innen die Relevanz ihrer Kritik, wenn nicht sogar ihre Fähigkeit zur Kritik schlichtweg ab.[4] Nicht nur hinter vorgehaltener Hand wird Bühnenwatch gern als „Bühnenpolizei" tituliert.[5] Diese abschätzige Bezeichnung offenbart vor allem die Verkennung der tatsächlichen Machtverhältnisse im deutschen Theater sowie die fehlende Reflexion der eigenen Macht- und Handlungsposition. Im Verhältnis zu dem Anteil von People of Color in der deutschen Gesellschaft sind Schwarze Menschen und Künstler*innen of Color im deutschen Theater bis heute unterrepräsentiert. Und Blackface wird weiterhin von weißen Theatermacher*innen eingesetzt.[6]

Die Hinterfragung der herrschenden Ordnung (Hegemonie) von Kunst, von künstlerischen Resultaten und ausführenden Subjekten wird als aufoktroyiertes Diktat der Aktivist*innen aufgefasst, denen man unterstellt, es gehe ihnen eher um ‚polizeiliche' Kontrolle als um eine konstruktive Kritik an der deutschen Theaterwelt. Genau diese Debatte exemplifiziert, wie notwendig eine postkoloniale Kritik nicht nur am Theater, sondern auch an der gesamtdeutschen Gesellschaft ist. Sie zeigt, in welchem Maß sich diese Auseinandersetzung noch in den Kinderschuhen befindet. In einer Gesellschaft, in der eine Aufarbeitung der kolonialen Vergangenheit noch kaum stattgefunden hat und in der bis heute Zuschreibungen und Beschreibungen der ‚Anderen' eine postkoloniale Fortschreibung bedeuten, können eigene Narrative, Bilder und Selbstbeschreibungen von People of Color nur mittels Interventionen eingebracht werden.

4 So schrieb Gerhard Stadelmaier: „Am Berliner Schlossparktheater spielt ein Weißer einen Schwarzen. Das soll rassistisch sein. Warum fordern wir nicht gleich, dass Hamlet von einem Dänenprinzen gespielt wird? [...] Und wer den venezianischen Mohrengeneral Othello spielt, muss kein Schwarzer sein, um, schuhwichsenverschmiert unter tollsten Schweißfontänen wie einst der große Ulrich Wildgruber (Hamburg, 1976) den dunkelsten Super-Außenseiter hinzulegen. [...] Denn wer fordert, dass nur Schwarze Schwarze spielen dürfen und man folglich einem Schwarzen auch verbieten müsste, einen Weißen zu spielen – wäre der dann nicht der wahre Rassist." (Gerhard Stadelmaier: Angeschwärzt. In: *Frankfurter Allgemeine Zeitung*, 10.01.2012. https://www.faz.net/aktuell/feuilleton/theatralischer-rassismusvorwurf-angeschwaerzt-11600238.html (Zugriff am 09.01.2019).)

5 Vgl. stellvertretend Doris Meierhenrich: Wer spricht? In: *Berliner Zeitung*, 07.10.2012. https://www.berliner-zeitung.de/kultur/ballhaus-ost-wer-spricht--6044622 (Zugriff am 09.01.2019).

6 Immer wieder wird Bühnenwatch mit dem Verweis auf neue rassistische Vorfälle oder eben Blackfacing auf deutschen Bühnen angeschrieben.

Ich vertrete die These, dass im deutschen Theater aus einem kolonialen und imperialen Blickregime inszeniert wird. Um aus dieser Logik auszubrechen, um diese Orte quasi zu dekolonisieren, sind Interventionen von Vereinigungen wie Bühnenwatch nötig, damit Räume für postkoloniale Kritik entstehen können. Die Hervorbringung von Wissen und Expertise, die nicht innerhalb künstlerischer Produktionsprozesse abläuft, für die Genese dekolonialer Ästhetik, Narrative und Repräsentation auf deutschen Theaterbühnen aber fundamental ist, möchte ich Postdramaturgien nennen. Zunächst ist es meiner Ansicht nach allerdings notwendig, diese in ihren historischen und gesellschaftlichen Kontext einzuordnen.

Postmigrantisches Theater als Intervention im deutschen Theater

In der jüngsten deutschen Theatergeschichte können das postmigrantische Theater und seine Begründer*innen als die größte Intervention im deutschen Theatersystem angesehen werden. Mit der Gründung und Eröffnung des Ballhaus Naunynstraße im Jahr 2008 brach die Diversität und Realität der Migrationsgesellschaft, die Deutschland seit Jahrzehnten bereits war, in die deutsche Theaterlandschaft ein. Ein kurzer Rückblick auf die Geschichte des ‚migrantischen' Theaters in Deutschland lohnt sich, weil er verdeutlicht, wie sehr die Künstler*innen of Color darum bemüht waren, Teil der deutschen Theaterlandschaft zu werden, und dennoch immer wieder an eurozentristischen Vorstellungen von Theater scheiterten.

So haben sich bereits früh nach den sogenannten Anwerbeabkommen in den 1960er Jahren auch Theatermacher*innen in Deutschland angesiedelt. Erol M. Boran beschreibt in *Eine Geschichte des türkisch-deutschen Theaters und Kabaretts*[7], wie Yüksel Pazarkaya in den 1960er Jahren in Deutschland nicht nur Theater machte, sondern auch sozialkritische Theaterstücke schrieb. Sein Stück *Ohne Bahnhof* (1966), das am 9. Mai 1968 im Theater der Altstadt in Stuttgart uraufgeführt wurde, handelt von einem ‚Gastarbeiter', der zwar permanent auf der Bühne präsent ist, aber kein Wort spricht. Alle anderen Figuren sprechen über ihn, er jedoch kann oder will nichts sagen. In seinem Essay *Wie viel Sprache braucht der Migrant?* erklärt Pazarkaya, warum er die Trope des Schweigens verwendet hat: „Oft ist das Schweigen eine universelle Sprache wie die Poesie und so ein besseres Kommunikationsmittel als die gesprochene

7 Erol M. Boran: *Eine Geschichte des türkisch-deutschen Theater und Kabaretts.* Columbus, OH: Ohio State UP 2004.

Sprache."[8] Das Schweigen oder eben die Sprachlosigkeit verweisen aber auch auf die Entmündigung und Unsichtbarkeit, die nicht nur die Gastarbeiter*innen in Deutschland erlebten, sondern auch die Theatermacher*innen. Ihre Theaterarbeit wurde damals weder von deutschen Kolleg*innen noch von der deutschen Kulturpolitik unterstützt.

Mitte der 1970er Jahre begannen die Theatermacher*innen, eigene Häuser und also eigene Produktions- und Präsentationsstätten zu gründen, die in vielen westdeutschen Städten bis heute existieren. So sind in dieser Zeit u. a. das Theater an der Ruhr, das Arkadas Theater Köln, das Theaterhaus Stuttgart oder das Tiyatrom Theater Berlin entstanden. Die Gründung eigener Theaterhäuser entstand aus der Sachlage, dass Einwanderung bereits seit mehreren Jahrzehnten fortdauerte und die migrantische Bevölkerung ein immer sichtbarerer Teil Deutschlands wurde. Trotzdem blieben die migrantischen Künstler*innen als ,Ausländer*innen' von vielen gesellschaftlichen Bereichen, wie u. a. den Kulturinstitutionen und kulturellen Produktionen, ausgeschlossen. So ist es für die Geschichte der migrantischen Theaterkünstler*innen in Deutschland signifikant, dass ihre Arbeiten an den Rändern und Peripherien stattfanden, dass sie in den jeweiligen städtischen, migrantischen Gesellschaftsgruppen auf reges Interesse stießen und in Austausch mit internationalen Kolleg*innen standen – und gleichzeitig keinen Zugang zum deutschen Theater, seinen Stadt- und Staatstheatern und zu seinen Finanzierungsmöglichkeiten hatten. Erst mit der Gründung des Ballhaus Naunynstraße hat sich diese Situation erheblich verändert.

Ein wichtiger Moment dabei war, dass die exkludierten und als ,qualitätslos' markierten[9] Künstler*innen ihrer künstlerischen Arbeit und Praxis eine eigene Bezeichnung gaben, nämlich postmigrantisches Theater. Diese Selbstbezeichnung war einerseits selbstermächtigend, da sie den markierten Theaterschaffenden endlich die Möglichkeit bot, ihre Theaterarbeit selbst zu definieren und mit eigenen Inhalten, Narrativen, Formen und Ästhetiken zu füllen. Andererseits war diese Selbstbezeichnung interventionistisch, da sie durch

8 Yüksel Pazarkaya: Wieviel Sprache braucht der Migrant? In: *Zeitschrift für Erwachsenenbildung*, 10/2001. http://www.diezeitschrift.de/42001/positionen2.htm (Zugriff am 09.01.2019).

9 Fatima El-Tayeb hat die Unterscheidung „markiert" / „nicht-markiert" eingeführt, um zu verdeutlichen, dass es eine Gruppe von Personen in Deutschland gibt, die diskursiv markiert werden, egal ob sie Migrant*innen oder migrantisiert sind. Vgl. Fatima El-Tayeb: *European Others. Queering Ethnicity in Postnational Europe (Difference Incorporated).* Minnesota: U of Minnesota P 2011.

die gläserne Wand des strukturellen Rassismus stieß und migrantischen wie migrantisierten Theatermachenden nach Jahrzehnten endlich Sichtbarkeit verlieh. Dies geschah jedoch nicht, weil die Miss- und Machtverhältnisse von den weißen Theatermacher*innen, Kritiker*innen und Wissenschaftler*innen als problematisch anerkannt wurden. Dass das degradierende Synonym „Migrantenstadl" das Ballhaus Naunynstraße lange begleitete, erzählt beispielhaft von der Art und Weise des Umgangs mit marginalisierten Perspektiven und Positionen.[10] Oder wie Gayatri Spivak es beschreiben würde: Die epistemologische Gewalt, welche konstant durch eurozentristische Hegemonie reproduziert wird, blieb weiterhin unhinterfragt.[11] Trotz dieser epistemologischen Gewalt konnte sich das postmigrantische Theater mit seiner künstlerischen Arbeit durchsetzen, weil Orte (*spaces*) wie das Ballhaus Naunynstraße, mit Stuart Hall gesprochen, „a very powerful and creative force in emergent forms of representation amongst hitherto marginalised peoples"[12] sind. Und weil Theatermacher*innen, die aus marginalisierten und peripheren Perspektiven der Gesellschaft ästhetische Positionen auf die Bühne bringen, eine gesamtgesellschaftliche und damit eben auch postmigrantische Anschauung sichtbar machen.[13]

Es gibt viele Beschreibungen, was postmigrantisches Theater ist, und diese Beschreibungen sind in ihren vielen Facetten und Perspektiven alle

10 So werden beispielsweise im Ankündigungstext der Publikation *Theater und Migration. Herausforderungen für Kulturpolitik und Theaterpraxis* (Bielefeld: Transcript 2011) von Herausgeber Wolfgang Schneider spezifische Theater für Migrant*innen als „Migrantenstadl" bezeichnet. (https://www.transcript-verlag.de/978-3-8376-1844-0/theater-und-migration/ (Zugriff am 09.01.2019).)

11 Gayatri Chakravorty Spivak: Can the Subaltern Speak? In: Cary Nelson / Lawrence Grossberg (Hrsg.): *Marxism and the Interpretation of Culture*. London: Macmillan 1988, S. 66–111.

12 Stuart Hall: Cultural Identity and Cinematic Representation. In: *Framework* 36 (1989), S. 68–81, hier S. 69.

13 Wie ich bereits in anderen Texten dargelegt habe, werden im Ballhaus Naunynstraße die Themen Migration und Displacement als Metaphern der deutschen Gesellschaft auf die Bühne gebracht. Die Theatermacher*innen und Kulturschaffenden of Color haben sich für postmigrantische Perspektiven im Theater eingesetzt, für Perspektiven, welche die deutsche Gesellschaft als eine von Migration in unterschiedlichen Arten und Weisen geformte Gesamtgesellschaft betrachten. So haben sie ermächtigende Geschichten geschaffen und großen Einfluss auf ästhetische Diskurse im deutschen, aber auch im europäischen Theater genommen. Vgl. Azadeh Sharifi: Theater und Migration. Dokumentation, Einflüsse und Perspektiven von Migration im europäischen Theater. In: Manfred Brauneck (Hrsg.): *Das Freie Theater im Europa der Gegenwart. Strukturen – Ästhetik – Kulturpolitik*. Bielefeld: Transcript 2016, S. 336–440; dies.: Postmigrantisches Theater. Eine Neue Agenda für die deutschen Bühnen. In: Schneider (Hrsg.): *Theater und Migration*, S. 35–46.

notwendig, denn genau um Vielschichtigkeit und Mehrdeutigkeit geht es. Es gibt nicht ein einziges Narrativ und nicht die eine Ästhetik des postmigrantischen Theaters. Es gibt Eckpfeiler und Kriterien, die eine Art Fundament des postmigrantischen Theaters bilden: (Re-)Präsentation von migrantischen und migrantisierten Künstler*innen, Hinterfragung von rassistischen Blickregimen auf der Bühne sowie die Produktion von theatralen Bildern und Geschichten für ein migrantisches ebenso wie ein migrantisiertes Theaterpublikum. Für eine Dramaturgie des postmigrantischen Theaters heißt dies, beim Theaterspiel und der Performance eine Übersetzungsleistung aus einer postmigrantischen Perspektive in der Herangehensweise und Umsetzung zu leisten. Aber gerade weil in mehrheitlich weißen Räumen – der deutschen Theaterszene und der deutschen Gesellschaft – diese ästhetische und narrative Positionierung immer noch nicht anerkannt wird bzw. immer noch nicht Norm ist oder als normal gilt, brechen diese Inszenierungen mit ihren postmigrantischen Dramaturgien in die Räume und Diskurse ein. Sie haben den Charakter von Interventionen.

Interventionen im theatralen Kontext verstehe ich mit Matthias Warstat, Joy Kristin Kalu, Julius Heinicke, Janina Möbius und Natascha Siouzouli als „Praktiken der Unterbrechung", die „ein bestehendes politisches, soziales oder kulturelles System anhalten, suspendieren oder sogar vollständig außer Kraft setzen können."[14] Dabei beziehen sich die Autor*innen auf Ernesto Laclaus und Chantal Mouffes Rede von den gegenhegemonialen Praktiken, die *als* Interventionen eine wirkliche Unterbrechung diskursiver Prozesse bedeuten.[15] Sie charakterisieren Interventionen als eine ambivalente Struktur, die – in jeweils unterschiedlichen Gewichtungen – auf der Kombination einer Narration und deren Unterbrechung beruht.[16] Im Rahmen künstlerischer Praxis steht die Performativität der Intervention im Vordergrund. Postmigrantische Dramaturgien können als Interventionen angesehen werden, da sie beinahe disruptiv in theatrale Räume einbrechen, in denen kolonial-rassistische Ästhetiken und Narrative re-produziert werden, und diese Hegemonie nicht anders als durch Interventionen unterbrochen werden kann.

14 Matthias Warstat / Joy Kristin Kalu / Julius Heinicke / Janina Möbius / Natascha Siouzouli: Applied Theatre. Theater als Intervention. In: Dies. (Hrsg.): *Theater als Intervention. Politiken ästhetischer Praxis*. Berlin: Theater der Zeit 2015, S. 6–27, hier S. 11.

15 Ernesto Laclau / Chantal Mouffe: *Hegemonie und radikale Demokratie. Zur Dekonstruktion des Marxismus*. Wien: Passagen 2006.

16 Warstat / Kalu / Heinicke / Möbius / Siouzouli: *Applied Theatre. Theater als Intervention.*

Interventionen als postmigrantische (Post)Dramaturgien

Nun ist es nicht so, dass alle postmigrantischen Theaterproduktionen und Performances interventionistisch sind oder als Intervention angelegt. Aber wenn postmigrantisches Theater nicht nur im Blick auf die Aufführungen, sondern auch auf öffentliche Räume wie Foyers, Auditorien, Plätze vor den Theatern oder eben auch das Internet etc. gedacht wird, dann sind ihm zahlreiche Interventionsformen zuzurechnen. Ich möchte vorschlagen, diese Interventionsformen, die nicht auf einer Theaterbühne stattfinden, die jedoch als notwendige Ergänzungen ein fehlendes (oder unsichtbar gemachtes) Wissen für den theatralen Raum herstellen, als postmigrantische Postdramaturgie zu verstehen.

Diese Interventionsformen stehen im Kontext des postmigrantischen Theaters und dessen Suchbewegung. In ihnen wird die postmigrantische Realität der Gesellschaft reflektiert und sichtbar gemacht. Sie bedienen sich der postkolonialen Kritik. Sie stellen historische, kulturelle und theoretische Bezüge zu Kämpfen der Migration sowie zu Aktivist*innen, Künstler*innen und Akademiker*innen aus dem postkolonialen Widerstand her. Interventionen von Vereinigungen wie Bühnenwatch, aber auch dem Bündnis kritischer Kulturpraktiker*innen wollen nicht nur den Diskurs unterbrechen, sie wollen ihn grundlegend transformieren.[17] In den hegemonial fixierten Räumen theatralen Wissens und theatraler Erfahrungen, in denen es vor allem darum geht, bestehende Strukturen zu erhalten, kann marginalisiertes Wissen nur durch ein Ein-, Unter-, Durchbrechen sicht- und hörbar werden.[18] Gerade durch die Disruption und Störung des machtvoll besetzten Raums reihen diese Interventionen sich in die Strategien des postkolonialen Diskurses ein – im Sinne von Homi Bhabhas Trope der *mimicry*: „[T]he menace of mimicry [...] is its double vision which in disclosing the ambivalence of colonial discourse also disrupts its authority."[19] In diesen Störungen manifestiert sich aber auch das Begehren, als Teil der deutschen Gesellschaft und Geschichte angesehen zu werden.

17 Azadeh Sharifi: „Sie haben uns nicht nur nicht eingeladen, wir sind trotzdem gekommen". Diversity im deutschsprachigen Theater. In: Karim Fereidooni / Antonietta P. Zeoli (Hrsg.): *Managing Diversity. Die diversitätsbewusste Ausrichtung des Bildungs- und Kulturwesens, der Wirtschaft und Verwaltung.* Wiesbaden: Springer VS 2016, S. 231–243.

18 Jacques Derrida: Marx, das ist jemand. In: *Zäsuren – Césures – Incisions* 1 (2000), S. 58–70.

19 Homi K. Bhabha: Of Mimicry and Men. The Ambivalence of Colonial Discourse. In: *October* 28 (1984), S. 125–133.

Tatsächlich haben all diese Interventionen zu einer Veränderung und Verschiebung im Diskurs um rassistische Zeichen auch außerhalb des deutschen Theaters geführt.[20] So wurde Ende Dezember 2013 in der beliebten Fernsehshow *Wetten dass..?* bei der Saalwette das lokale Publikum aufgefordert, als Jim Knopf und Lukas der Lokomotivführer zu erscheinen. Die Anweisung lautete „Jim sollte natürlich schwarz geschminkt sein – Schuhcreme, Kohle, was auch immer"[21]. Diesmal kam die Kritik nicht bloß vonseiten der antirassistischen Aktivist*innen, wie etwa von der Initiative Schwarzer Menschen in Deutschland (ISD). Auch in den Mainstreammedien wurde dieser Fall nicht einfach nur abgetan, sondern mit dem Verweis auf Bühnenwatch diskutiert.[22]

Schlussbemerkung

Interventionen – gerade wenn sie von marginalisierten Subjekten und von marginalisierten Vereinigungen wie Bühnenwatch oder Bündnis kritischer Kulturpraktiker*innen ausgeführt werden – als Unterbrechungen oder Störungen mit postmigrantischen (Post)Dramaturgien innerhalb des künstlerischen Diskurses zu verorten, würde meines Erachtens dazu führen, dass postkoloniale Diskurse nicht mehr nur als akademisch-theoretisches Konstrukt und Wissen verstanden werden, sondern auch in den Theaterräumen und -strukturen ernsthaft und nachhaltig reflektiert und eingebunden werden. Das würde bedeuten, dass Subjekte und Gruppen als Produzent*innen von

20 Bühnenwatch ist beispielsweise sehr prominent beim Berliner Theatertreffen 2013 aufgetreten. In Sebastian Baumgartens Inszenierung von Bertolt Brechts *Die heilige Johanna der Schlachthöfe* wurde die Figur der Frau Luckerniddle von einer weißen Schauspielerin in Blackface und einem „fatsuit", durch den insbesondere das Gesäß betont wurde, dargestellt. Nach Protesten wurden Stellungnahmen von Bühnenwatch auf dem Blog des Theatertreffens veröffentlicht und einige seiner Mitglieder zum Gespräch eingeladen. Vgl. Henrike Terheyden: Kunstmittel oder Beleidigung? Vier Stimmen zum Blackfacing in der „Heiligen Johanna der Schlachthöfe". In: *Theatertreffen Blog*, 14.03.2013. https://theatertreffen-blog.de/tt13/2013/05/14/kunstmittel-oder-beleidigung-vier-stimmen-zum-blackfacing-in-der-heiligen-johanna-der-schlachthofe / (Zugriff am 09.01.2019).

21 Siehe Initiative Schwarzer Menschen in Deutschland (ISD): Offener Brief an die ZDF-Wetten dass...? Redaktion. Schockiert über die Saalwette der Sendung in Augsburg (14.12.2013). In: *ISD Online*, 17.12.2013. http://isdonline.de/offener-brief-an-die-zdf-wetten-dass-redaktion-schockiert-ueber-die-saalwette-der-sendung-in-augsburg-14-12-2013 / (Zugriff am 09.01.2019).

22 Marie-Sophie Adeoso: Rassistisch auf mehreren Ebenen. In: *Frankfurter Rundschau*, 18.12.2013. http://www.fr.de/kultur/wetten-dass-in-augsburg-rassistisch-auf-mehreren-ebenen-a-634622 (Zugriff am 09.01.2019).

Kunst/Diskursen und als Künstler*innen angesehen und akzeptiert werden müssten, auf deren Wissen und Wissensproduktion rekurriert wird, ohne sie als ‚Störende' oder als ‚Polizei' aus der deutschen Theaterszene heraushalten zu wollen.

48% 07:50

heddalicious91

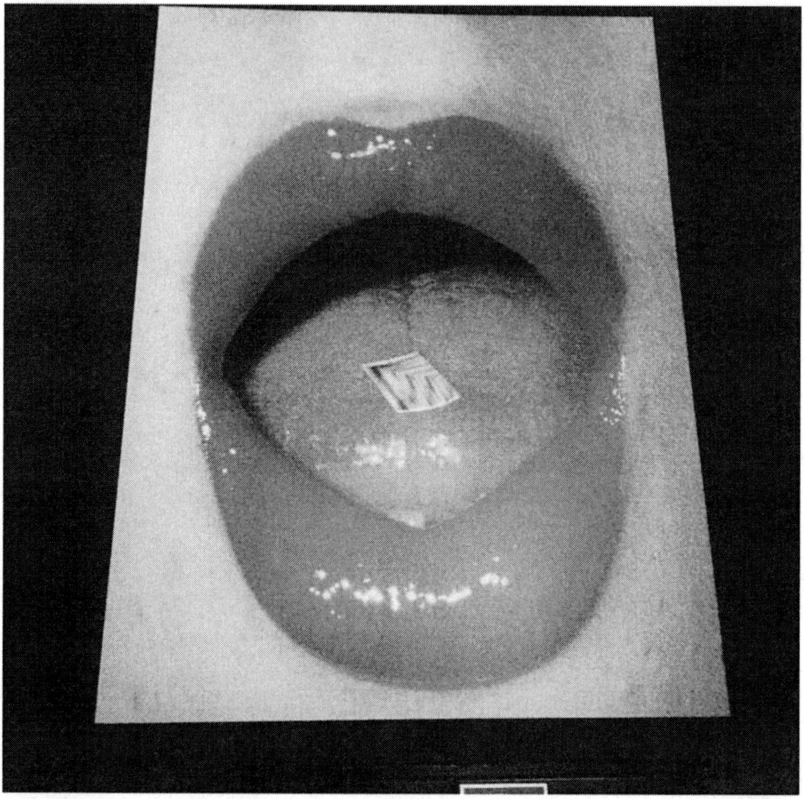

Gefällt **nadved** und **1 weitere Person**

heddalicious91 Und je früher Du es tust, desto #besser . Am #besten gleich auf der #Stelle

VOR 5 TAGEN

Benjamin Wihstutz / Milo Rau

Antagonistische Dramaturgie

Ein Gespräch

Das erste Mal befasste sich das von Milo Rau gegründete International Institute of Political Murder (IIPM) *mit einem Gerichtsprozess im Winter 2009/2010 im Rahmen von* Die letzten Tage der Ceauşescus, *einem Reenactment des 1989 weltweit im Fernsehen übertragenen Schauprozesses gegen das ehemalige rumänische Diktatorenehepaar. Waren es hier noch Schauspieler*innen, die möglichst exakt die Fernsehbilder des Prozesses auf der Bühne wiedererweckten, veranstaltete Rau im Frühjahr 2013 mit* Die Moskauer Prozesse *erstmals einen dreitägigen Gerichtsprozess mit offenem Ausgang unter Einbeziehung echter Zeug*innen und Rechtsexpert*innen sowie einer siebenköpfigen Jury. Neu verhandelt wurden die Urteile dreier Schauprozesse gegen russische Künstler*innen und Ausstellungsveranstalter*innen, u. a. der Prozess gegen die Punkband Pussy Riot. Bei den darauffolgenden* Zürcher Prozessen *wurde die rechtsnationale Schweizer Wochenzeitschrift* Die Weltwoche *u. a. wegen Rassendiskriminierung verklagt. Im Sommer 2015 inszenierte Rau schließlich in Bukavu und Berlin das* Kongo Tribunal, *ein Volkstribunal zur Verwicklung der internationalen Minenfirmen, der kongolesischen Regierung, der UNO, der EU und der Weltbank in den Bürgerkrieg im Ostkongo. Der Dokumentarfilm* Das Kongo Tribunal *kam im Herbst 2017 in die Kinos.*

Benjamin Wihstutz: Als Theaterautor und -regisseur sowie als Filmemacher sind dir dramaturgische Fragen vertraut. Mich würde interessieren, welchen Stellenwert Dramaturgie für dich und deine Arbeit hat. Gerade bei deinen Gerichtsprozessen scheint der vorgeschlagene Begriff der Postdramaturgie ja durchaus zu passen, handelt es sich doch um eine Form, die das dramatische

Theater hinter sich lässt, aber dennoch seiner Tradition, vielleicht sogar einer antiken Dramaturgie, verhaftet bleibt. Was bedeutet aus deiner Sicht Dramaturgie, z. B. im *Kongo Tribunal?*

Milo Rau: Zunächst stellt sich ja die Frage, was die Arbeit eines Autors auszeichnet. Wenn wir z. B. das Buch für *Das Kongo Tribunal* zusammenstellen und den Film schneiden, sind daran viele verschiedene Autor*innen beteiligt. Auch während der Gerichtsverhandlung wird nicht ein von mir verfasster Text inszeniert, sondern die Beteiligten schreiben ihre Texte selbst. Das bedeutet, dass viele meiner Projekte, gerade die Gerichtsprozesse, innerhalb eines dramaturgischen Rahmens funktionieren, der eine Abfolge festlegt, nach der die unterschiedlichen Autoren zu ihrem Auftritt kommen. Natürlich beachte ich dabei auch eine Steigerungsdramaturgie. Wenn man sich das *Kongo Tribunal* anschaut, haben wir fünf Sitzungen, fünf Akte. Das hat etwas mit der Gleichursprünglichkeit von Theater und Gerichtsprozess zu tun: Beide sind in der Form des Antagonismus begründet. Das klassische Drama führt zwei Figuren zusammen, so wie Hegel das anhand von Kreon und Antigone beschreibt. Eine repräsentiert das traditionelle Recht, die andere das moderne Recht, doch es gibt keine Einigung, weil es nicht geht. Das hat dialektische Gründe. Genauso ist es bei meinen Prozessen: Im *Kongo Tribunal* lasse ich ebenfalls das traditionelle Recht, also die Minenarbeiter, die Landarbeiter usw., gegen das moderne Recht der Weltbank und der UNO antreten und schaue, was passiert. Wichtig ist mir, einen Zusammenhang abzubilden, der eigentlich nicht darstellbar ist, weil er zu komplex ist. Diese Komplexität betrifft den Bürgerkrieg mit sechs Millionen Toten ebenso wie die sogenannte globalisierte Weltwirtschaft. Wie lässt sich so etwas in einem beschränkten Bühnenraum zeigen?

BW: Gibt es denn einen Grund, warum deine Gerichtsprozesse immer drei Tage dauern?

MR: Das hat natürlich etwas mit der Fünf-Akt-Struktur zu tun. Es beginnt mit einem Eröffnungsabend, wo alles ausgebreitet wird; am nächsten Tag werden zwei Fälle verhandelt, und am dritten Tag gibt es dann einen weiteren Fall sowie als fünften Akt die Schlussplädoyers und die Urteilsverkündung. Darüber hinaus spielen logistische Gründe eine Rolle – gerade wenn wirklich prominente Leute an dem Projekt beteiligt sind wie beim *Kongo Tribunal*, muss das Ganze einen gewissen Rahmen haben. Einerseits kann man die Leute nicht wochenlang festsetzen, andererseits dauert allein die Anreise aus der Hauptstadt in den Ostkongo drei Tage, das machen die nicht für einen zweistündigen Theaterabend.

BW: Gibt es darüber hinaus dramaturgische Gründe?

MR: Tatsächlich haben wir diese Form das erste Mal bei den *Moskauer Prozessen* ausprobiert, und sie hat sich einfach bewährt – sowohl auf der Argumentationsebene des Prozesses als auch in Bezug auf die Geduld der Zuschauer*innen und die Konzentration aller Beteiligten. Das ist schon seltsam, dass sich immer wieder die klassischen Strukturen durchsetzen, gerade bei so komplexen Themen wie dem Bürgerkrieg im Kongo. Natürlich könnte ich das *Kongo Tribunal* auch in 752 oder 17.000 Akten durchführen, die Themen würden uns nie ausgehen. Aber wenn die Auswahl der verhandelten Fälle ohnehin arbiträr ist, wenn ich das überbordende Material irgendwie bändigen muss, dann entscheide ich mich lieber für eine klassische, tragische Form von fünf Akten. Da kommt mein konservativer Geist zum Tragen. Würde ich eine offene Struktur lieben – total wirr, 17 Stunden lang, ohne Ahnung, wie es ausgeht – wäre das sicherlich möglich, aber das liegt mir einfach nicht. Wenn wir also über die Dramaturgie meiner Gerichtsprozesse sprechen, dann müssen wir die geheimen Gründe aufspüren, weshalb Strukturen mit drei oder fünf Teilen als stimmig wahrgenommen werden. Niemand wird sagen: „Hä, warum fünf und nicht 17?" Jeder wird drei oder fünf Akte akzeptieren, das hat etwas Autoritäres.

BW: Du erwähntest gerade, dass du bei deinen Theatertribunalen auf eine Steigerungsdramaturgie achtest. Nun hat ja ein Gerichtsprozess ohnehin eine Art Dramaturgie – der dramatische Handlungsverlauf wird gewissermaßen zum Verlauf der *Ver*handlung – und auch das Ende eines Prozesses mit der Urteilsverkündung kann sowohl einen Höhepunkt als auch ein tragisches Ende darstellen. Du machst aber noch etwas anderes daraus, indem das Ganze gefilmt wird. Aus jedem Gerichtsprozess wird ein Dokumentarfilm gemacht, der noch einmal eine ganz eigene filmische Dramaturgie hat. Kannst du erläutern, wie diese beiden Dramaturgien interagieren, wo sie sich überschneiden und wo sie voneinander abweichen?

MR: Die beiden Seiten des Projekts, Bühne und Film, hängen für mich unmittelbar zusammen. Zunächst einmal haben wir die dreitägige Performance, die zugleich der Dreh ist und auch als solcher inszeniert wird. Man sieht als Zuschauer*in die Kameras, der Prozess findet in einer Art Studio statt. Wir müssen dann aber anschließend aus drei Tagen Drehmaterial – oder im Fall des *Kongo Tribunals* sogar zweimal drei Tagen (Bukavu und Berlin) – eine 90-Minuten-Geschichte bauen, mit vielen Außenaufnahmen, die selbst nicht Teil des Prozesses sind. Das erfordert natürlich eine ganz andere Dramaturgie als die des Gerichtsprozesses, wo es lediglich eine Abfolge von Zeugenvernehmungen gibt. Dramaturgie und Regie kommen also beim Film viel später rein – vieles wird erst am Schneidetisch entschieden. So ist die Reihenfolge der Zeugenaussagen im Film komplett neu arrangiert. Besonders krass ist dieser Unterschied im *Kongo Tribunal*, wo wir Szenen aus den Prozessen in Berlin und im Kongo, die ja einen Monat auseinanderlagen, nacheinander geschnitten haben. Im Vergleich zu einem Spielfilm hat die Dramaturgie eines Dokumentarfilms wiederum viel weniger Gestaltungsmöglichkeiten, da der Dokumentarfilm der Wahrheit entsprechen muss.

BW: Aber nehmen wir beispielsweise die Szene aus den *Moskauer Prozessen*, wo die Verhandlung erst von der Einwanderungsbehörde und dann von demonstrierenden Kosaken unterbrochen wird. Ein glücklicher Zufall möchte man meinen. Der Spannungsverlauf im Film scheint regelrecht auf diese Szene zuzulaufen, die eine Art Kippmoment darstellt, eine dramaturgische Wendung, die kaum hätte besser inszeniert werden können. Dieses Ereignis einer Unterbrechung, die ja erfreulicherweise dann doch nicht zum Abbruch des Prozesses führt, stellt für die Zuschauer*innen im Saal etwas ganz anderes dar als für dich später im Schneideraum oder noch später für die Filmzuschauer*innen. Wie gehst du mit solch einem Material um? Ist es da nicht verlockend, die Szene mit dramaturgischen Mitteln im Nachhinein für die Filmfassung zuzuspitzen? Oder vielleicht sogar eine solche Szene mit Hilfe von ein paar Statist*innen als *fake* einzubauen?

MR: Den Moment, wo die Einwanderungsbehörde erscheint, den kann ich nicht ändern. Dramaturgisch gesehen wäre der Moment früher besser gewesen, aber es ist, wie es ist. Unser Glück war ja nur, dass sie den Durchsuchungsbefehl für einen Raum hatten, in dem der Prozess gar nicht stattfand. Nur weil den am Prozess beteiligten Jurist*innen dieses Detail aufgefallen ist, konnten wir überhaupt weitermachen. Tatsächlich gibt es jedoch viele andere Szenen, die im Grunde sehr viel unwahrscheinlicher sind. Für russische Augen passiert da im Saal derart viel Undenkbares, dass die Einwanderungsbehörde eigentlich noch das Normalste ist. Einmal sieht man beispielsweise im Film, wie der schwule Künstler und der orthodoxe Priester – zwei Personen, die als Zeugen auftreten – nebeneinander sitzen und in einem Katalog schwuler Kunst blättern. Diese Szene ist auf der Absurditätsskala natürlich viel weiter oben angesiedelt als die Unterbrechung durch die Einwanderungsbehörde oder die Kosaken. Das können wir aus unserer westeuropäischen Sicht oft nicht nachvollziehen. Auch im *Kongo Tribunal* ist es so, dass schon allein das Aufeinandertreffen von bestimmten Personen vor Gericht, die Aussagen bestimmter Zeug*innen, das eigentlich Außergewöhnliche darstellt; allein die Tatsache, dass bestimmte Dinge auf der Bühne des Tribunals ausgesprochen werden können.

BW: In deinen Gerichtsprozessen treten keine Schauspieler*innen auf, sondern Expert*innen der jeweiligen Rolle wie z. B. ein Anwalt vom Internationalen Strafgerichtshof aus Den Haag als Vorsitzender des *Kongo Tribunals*. Werden diese Rollen geprobt? Oder dramaturgisch gefragt: Inwiefern gehen diese Bühnenrollen über die sozialen Rollen der Expert*innen hinaus; kann man hier vielleicht sogar von dramatischen Figuren sprechen?

MR: Ja, ich denke schon. Ich inszeniere meine Gerichtsprozesse so, dass ich die Leute auswähle, ihre Frisuren, ihre Kleidung, mit ihnen probe, sogar die Blicke übe, um dann irgendwann die Kontrolle komplett abgeben zu können. Bei den *Moskauer Prozessen* musste ich einige Figuren von Null aufbauen. Der eine war so ein junger Anwalt, mit dem man ganz oft proben musste, bis er den Leuten in die Augen guckte und überhaupt eine Präsenz vor der Kamera hatte. Ich konnte ihn ja nicht einfach mit irgendeinem Schauspieler besetzen, der ohnehin eine gute Kamerapräsenz hat – es musste dieser Anwalt sein.

BW: Ist die Arbeit mit diesen Theaterlaien vergleichbar mit deiner Arbeit mit Kindern wie bei *Five Easy Pieces* oder mit geistig behinderten Schauspieler*innen wie bei *Die 120 Tage von Sodom*?

MR: Nein, sie ist ganz anders. Die Kinder sind am Anfang wahnsinnig mühsam zu bändigen und auf einmal lernen sie megaschnell, und dann ist es schon fertig. Für mich war das spannend. Ich habe das erste Mal Bücher über Schauspielregie, über Improvisation, über Kinder, über all diese Sachen gelesen – denn ich habe ja nie Regie studiert. Ein halbes Jahr so ein Hardcore-Kursus. Und bei den geistig behinderten Schauspieler*innen von Theater HORA ist es wieder anders. Da musst du einfach genau wissen, was du mit ihnen machen willst. Wie hat das der Schauspieler Robert Hunger-Bühler genannt? „Du musst die Winterreifen aufziehen." Wenn die mal aufgezogen sind und der Wagen fährt, beginnen sie auf einmal, verrückte Sachen zu machen. Im Moment der Premiere geht es erst richtig los, dann werden die Stücke richtig gut. Die kennen dann einfach den Fahrplan und können durchrasen. Und wenn das gelingt, werden sie auch wirklich als Schauspieler*innen wahrgenommen.

BW: Um auf die Performer*innen in den Gerichtsprozessen zurückzukommen: Mich würde der Auswahlprozess der Protagonist*innen – oder besser Antagonist*innen – interessieren. Von welchen Faktoren ist dieser Prozess abhängig? Ich nehme an, dass dein Netzwerk, d.h. die Frage, an welche Personen du überhaupt herankommen kannst, für das Casting keine unwesentliche Rolle spielt. Wenn, wie in den *Moskauer Prozessen*, die Möglichkeit besteht, jemanden wie Katja Samusewitch von Pussy Riot als Angeklagte zu gewinnen, dann muss man diese Chance nutzen. Aber vermutlich existieren noch ganz andere Kriterien. Gibt es beispielsweise für dich beim Casting so etwas wie ein Rollenfach? Mit anderen Worten: Kommt es darauf an, ob die jeweilige Person als Figur in den Gerichtsprozess passt? Und ist es dann entscheidend, wie die Anwältin oder der Richter aussieht und auf welche Weise sie oder er auftritt?

MR: Alle drei Aspekte, die du genannt hast, sind relevant. Für mich spielt es zunächst einmal eine große Rolle, was die Person im wirklichen Leben macht. So war für mich in Moskau klar, dass ich versuche, den echten Anwalt von Pussy Riot zu bekommen. Dann haben sich allerdings Pussy Riot mit ihm gestritten, was dazu führte, dass ich schließlich die Anwältin von zwei Vorgängerprozessen ausgewählt habe. Bei der Beisitzerin gab es viel mehr Auswahl, am Ende musste ich mich zwischen der Kunsthistorikerin Katja Degot und einer anderen entscheiden, die eher religiös argumentieren konnte. Letztere kam mir dann für ein westliches Publikum weniger interessant vor, da diese orthodoxen Glaubensdebatten doch sehr spezifisch sind. Zweitens gibt es beim Casting eine bestimmte Dynamik, die dazu führt, dass von 100 Leuten am Ende eigentlich immer nur zwei übrigbleiben. Auf jeder Position springen Kandidat*innen ab, teilweise entstehen ganze Kettenreaktionen. Das ist eigentlich immer eine Top-Down-Geschichte, d. h. wenn du den Chef der orthodoxen Kirche überzeugen kannst, hast du natürlich auch alle Priester dabei, umgekehrt gilt das nicht: Nur weil ich alle Priester überzeuge, habe ich noch lange nicht die orthodoxe Kirche hinter mir. Und der dritte Punkt ist das Charisma. Ich versuche natürlich Leute auszuwählen, die ein bestimmtes Charisma haben, und zwar sowohl für die Kamera als auch im Umgang mit den anderen Beteiligten im Prozess. Ob jemand ein guter Gerichtsredner ist, z. B. Das ist bei den russischen Anwälten gar nicht so einfach, da sie daran gewöhnt sind, dass der Verlauf des Prozesses eigentlich allein vom Richter abhängt und das Urteil häufig von Anfang an feststeht. Im Film sieht man das deutlich: Da tritt der Journalist Maxim Schewtschenko als wirklich guter Gerichtsredner der echten Anwältin gegenüber, die leider eine extrem schlechte Rednerin ist und ihm dadurch im Prozess fast unterliegt.

BW: Zugleich müssen die Beteiligten, um den Prozess antagonistisch anzulegen, mehr repräsentieren als eine Bühnenfigur. Sie stehen für eine bestimmte politische Richtung oder für eine Ideologie. So wie Schewtschenko in Moskau das konservativ-nationalistische Russland vertritt, gab es bei den *Zürcher Prozessen* einen Vertreter der rechts-nationalistischen Schweizer Volkspartei (SVP).

MR: Da es sich um politische Projekte handelt, geht es mir in der Tat darum, die politische Motivation dieser Leute zu gewinnen. Das ist die Voraussetzung für das Casting: Es wird bei mir grundsätzlich niemand gegen seine politische Überzeugung besetzt. Das wäre gegen das Konzept, denn es geht um einen Kampf der Meinungen. Da kann ich nicht einfach hingehen und jemanden besetzen, der intelligent genug ist, um das Gegenkonzept zu übernehmen. Zwar habe ich mich ab und zu von dem Gedanken verführen lassen, wie das wohl wäre; gemacht habe ich es dann aber doch nicht. Deshalb ist das Casting immer auch mit einer großen Recherche verbunden bzw. das Casting *ist* zugleich die Recherche – nicht nur bei den Prozessen, auch bei anderen Stücken von mir. Für *Empire* sind wir z. B. einmal quer durch Griechenland gefahren. Wir waren in fünf verschiedenen Städten und haben gecastet. Beim *Kongo Tribunal* mussten wir alle Fälle im Vorfeld recherchieren, mit Zeug*innen sprechen, sie überzeugen, auszusagen – das hat insgesamt eineinhalb Jahre gedauert. Deshalb sind diese Projekte von Anfang an sehr klar aufgebaut, mit bestimmten Expeditionen und Begegnungen, in die ich sehr viel Hoffnung setze. Sie sind schon absurd aufwendig.

BW: Das ist sicherlich insgesamt eine zu beobachtende Entwicklung: Dramaturgie ist heute nicht mehr auf einen Text oder eine Inszenierung beschränkt, sondern bezieht häufig längere Recherchen oder sogar Forschungsreisen mit ein. Deine Arbeit ist in dieser Hinsicht besonders breit angelegt, denn die Ergebnisse der Recherchen kommen ja in der Regel nicht nur einem Theaterabend oder einem produzierten Film zugute, sondern auch einem Buchprojekt, das jeweils zur Premiere erscheint. Das erinnert ein wenig an die Berliner Volksbühne unter Castorf, die bereits zur Jahrtausendwende damit anfing, anlässlich zahlreicher Produktionen jeweils ein von den Dramaturg*innen herausgegebenes Buch zu publizieren, das weit mehr war als ein Programmheft. Was steckt in deinem Fall hinter dieser Entscheidung: für jede Inszenierung ein Buch?

MR: Dahinter steht natürlich zunächst einmal die Idee, dass man alle Stücke, die wir gemacht haben, nebeneinander ins Regal stellen kann. Das Problem ist, wenn du einmal damit anfängst, dann verpflichtest du dich gewissermaßen, immer weiter zu machen, immer im selben Verlag, im selben Format. Das ist dann wie die Gesamtausgabe der *Lustigen Taschenbücher*. Zudem hat diese Entscheidung natürlich auch ökonomische Gründe, obwohl man mit diesen Büchern kaum etwas verdient. Ich sage immer, das ist wie mit den Stücken von Pollesch: Die lesen ich und Pollesch und noch irgendein*e Dramaturg*in. Wenn wir aber bei einem Filmstart oder einer Premiere 1.000 Exemplare verkaufen, dann hat sich das schon gelohnt. Und nicht zuletzt kommt es natürlich dem Projekt zugute, wenn wir die Materialien der Recherche zur jeweiligen Produktion auch in einer Buchform zugänglich machen können.

BW: Das geschieht ja teilweise auch mit den Webauftritten, die zumindest alle Gerichtsprozesse von dir begleitet haben, aber nicht von euch selbst designt werden. Wie sieht da die Dramaturgie aus? Achtest du auf bestimmte Aspekte, auf ein bestimmtes Design beim Aufbau dieser Webseiten, etwa von den *Zürcher Prozessen* oder vom *Kongo Tribunal*?

MR: Also für die Website der *Zürcher Prozesse* haben wir viel Lob bekommen, das ist ein so zugängliches Archiv mit Gerichtszeichnungen, allen Zeug*innenaussagen und Plädoyers sowie einigen Extras. Für das *Kongo Tribunal* gibt es ein riesiges dreidimensionales Webding, bei dem man sich frei durch die Räume des Tribunals bewegt und die Protagonist*innen treffen und die Orte der Massaker aufsuchen kann. Da nehmen wir ehrlich gesagt kaum Einfluss, abgesehen davon, dass ich darauf achte, dass sie unseren Schriftzug für *Das Kongo Tribunal* verwenden. Das Ganze ist eigentlich ziemlich verrückt, denn die Leute, die sich das *Kongo Tribunal* anschauen, interessieren sich ja nicht unbedingt für kleine Spielereien mit der Maus in irgendeinem virtuellen 360-Grad-Raum. Ich habe das den Verantwortlichen auch gesagt. Ich habe gesagt: „Das ist ja, wie wenn man *Krieg und Frieden* von Tolstoi lesen möchte und dann zuerst mit der Maus irgendwelchen Kanonenkugeln ausweichen und jemand anderem den Dreispitz runterschießen muss, bevor man die erste Seite aufschlagen kann." Ich habe deshalb eine Kampagne vorgeschlagen, die als eine Petition verpackt ist, wo der politische Trigger darin besteht, zu unterschreiben, um dann das ‚wahre *Kongo Tribunal*' zu ermöglichen. Das hat die aber weniger interessiert. Außerdem muss ich sagen: In den letzten 20 Jahren, seitdem das Internet genutzt wird, hat es entgegen aller Erwartungen nie das große Webkunstwerk gegeben. Es war immer nur eine Sekundärform für etwas, was bereits in der Realität stattfindet.

BW: Du hast vorhin vom Konzept deiner Arbeiten gesprochen und deine Bevorzugung klassischer Formen erwähnt. Das führt mich zu einem letzten Aspekt von Dramaturgie, die eine Konsistenz in deinen Arbeiten betrifft. Du bevorzugst ja nicht nur Drei- oder Fünfakter, sondern arbeitest fast immer mit Trilogien. Auch die Betonung des Antagonismus ist etwas, das man nicht nur in deinen Gerichtsprozessen wiederfindet. Könnte man das als eine Art Metadramaturgie deines Œuvres bezeichnen? Gibt es also eine Form oder Struktur, die sich immer wiederholen, die man wiedererkennen muss?

MR: Ich würde schon sagen, dass ich meine Formen immer wieder stark verändere. Es ist ja bei mir nicht so wie beispielsweise bei Jérôme Bel, der da irgendwo hinkommt und einfach sein Konzept einsetzt, und es ist dann im Endeffekt immer das Gleiche. Das ist ja vielleicht auch das Schöne an Bel: ob behindert oder nichtbehindert, ob alt oder jung, Künstler*in oder nicht – es ist immer die gleiche Frontale, das gleiche Licht, es ist immer alles gleich. Aber bei uns ist es so, dass wir eben in Trilogien arbeiten, die sehr unterschiedlich sind. Dass z. B. die Prozess-Trilogie und die Europa-Trilogie (*The Civil Wars* (2014), *The Dark Ages* (2015), *Empire* (2016)) von derselben Person sind, würde ja niemand auch nur im Entferntesten vermuten, weil es gar keinen inneren Zusammenhang zwischen beiden Projektreihen gibt. Gut, vielleicht eint beide eine tragische Weltsicht, aber es sind schon sehr unterschiedliche Konzepte. Auch die dramaturgische Form unterscheidet sich, je nach Trilogie, sehr. In der Trilogie über Repräsentationsmöglichkeiten geht es vor allem um sehr viel szenische Arbeit. *Five Easy Pieces* und *Die 120 Tage von Sodom* sind eigentlich alle auf der Bühne entstanden. Das sind Bühnenstücke, die natürlich auf viel mehr verschiedenen Ebenen gebaut sind als die Europa-Trilogie, die einen extrem einfachen Duktus hat, der nie durchbrochen wird. Da gibt es keine Tempowechsel, es gibt nichts. Nur gute Schauspieler*innen, die minimalistisch die Texte spielen, die sie erzählen. In *Five Easy Pieces* gibt es dagegen ständig Tempowechsel, ständig wechselnde Arten des Spiels. Es ist eine Reflexion über verschiedene Arten des Spiels. Und die Gerichtsprozesse gehen am weitesten dahin, dass ich nur die Struktur entwerfe und die Figuren inszeniere, um anschließend die Kontrolle abzugeben. Andererseits hast du natürlich recht, dass auch ich rekurrent bin. Unabhängig vom Format, ob Theater oder Film oder was man auch immer tut, ist die Selbstähnlichkeit krass. Man bemerkt das, wenn man Kinder hat: Wie sehr wir das Rekurrente lieben. Es kommen immer die gleichen Antworten auf die gleichen Fragen. Und das ist einem gar nicht mal so bewusst. Ich habe vielleicht vor zehn Jahren mit diesen Trilogien angefangen, weil ich irgendwie gemerkt habe, dass das gut funktioniert und dass ich nach drei Arbeiten wieder einen Wechsel brauche. Das Prozessformat etwa ist für mich nach dem *Kongo Tribunal* jetzt abgeschlossen. Genauso mit der Europa-Trilogie. Ich kann dazu einfach nichts mehr sagen. Aber natürlich gibt es eine Langweile, man selbst zu sein und das zu tun, was man tut, weil man ist, wer man ist, und deshalb versucht man dann, Brüche einzubauen, die von außen betrachtet vermutlich klein sind, aber von innen betrachtet etwas ganz Anderes, etwas Neues bringen.

50% 07:53

heddalicious91

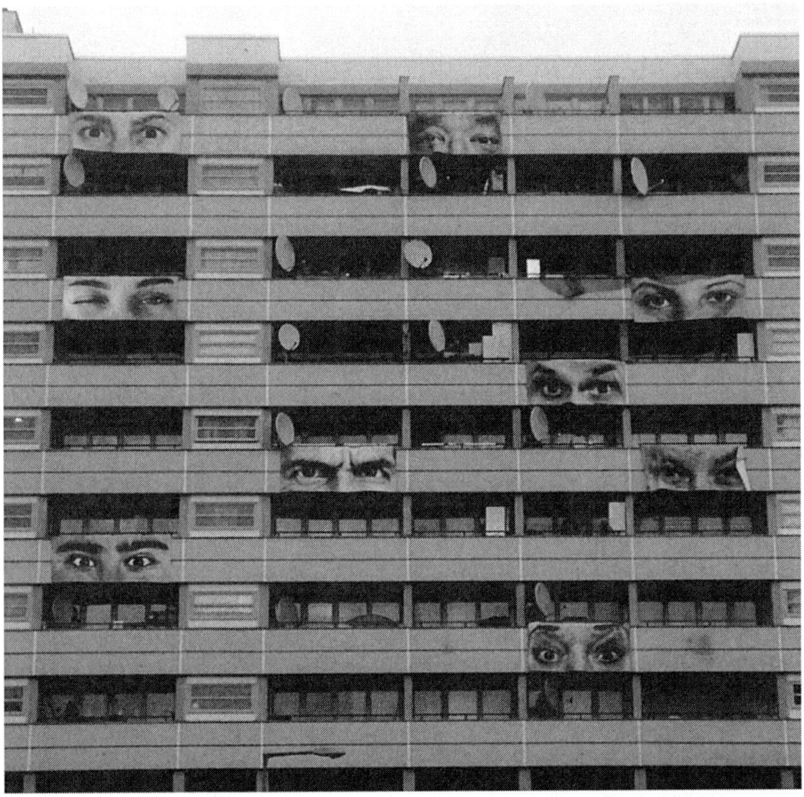

Gefällt **nadved**, **micklucha_macklay** und **3 weitere Personen**

heddalicious91 Schließlich war abgesprochen, dass wir ein #offenesHaus führen wollten. Mit viel #Leben um uns herum.

29. OKTOBER

Gerhild Steinbuch

Hinter den Räumen

(Schreiben, trotz allem)

1. Drama, Baby? (And I'll cry 'cause I want to)

Im Sommer 2017 erscheint ein Text von Moritz Rinke in der *Süddeutschen Zeitung*, der unter dem Titel „Drama, Baby!"[1] für die Rückkehr der Theaterautoren[2] ins Theater ein- und dabei ordentlich zutritt: Aus der dem Publikum zugeschriebenen Sehnsucht nach Stücken wird die Sehnsucht nach Geschichten, Repräsentanz und Darstellung abgeleitet, Schauspieler[3] wären Menschendarsteller[4] und Menschen das, wonach das Theater und sein Publikum verlangten, allerdings in Form von Figuren, die ihr Menschsein innerhalb der geschlossenen Dramenwelt entfalten. Denn Sehnsucht nach Stücken heißt hier, dass diese Sehnsucht als erzählendes Theaterstück bedient werden muss, heißt außerdem, sich auf tote Autor*innen rückzubesinnen, von deren nachhaltiger Strahlkraft man sich als noch lebendes Exemplar so einiges abschauen könne. Bzw. könnte, denn dem Vorschlag werde ungern Folge geleistet, der Text dürfe im 21. Jahrhundert nicht mehr die Welt abbilden, beklagt Rinke, wobei von ihm weder danach gefragt wird, welche Welt hier gemeint ist, wer (nicht) abgebildet werden darf und wer wen abbilden muss, noch berücksichtigt wird, dass der Text nur ein Bestandteil der Aufführung ist, also nicht allein gedacht werden kann. Auch was die Rückbesinnung auf die toten

1 Moritz Rinke: Drama, Baby! In: *Süddeutsche Zeitung*, 21.06.2017. http://www.sueddeutsche.de/kultur/theater-drama-baby-1.3552600 (Zugriff am 26.02.2018).

2 Rinkes Text benutzt ausschließlich die männliche Form.

3 Vgl. ebd.

4 Vgl. ebd.

Vorgänger*innen betrifft, steht hier vor allem der Dreisatz Figur, Psychologie, Konflikt im Zentrum der düsteren dramatischen Bestandsaufnahme, denn sich als Autor*in an den Vorgänger*innen zu orientieren, um z. B. über den Chor nachzudenken,[5] würde in andere Richtungen führen als jene, die Rinkes Text einschlägt, weg von Menschendarstellern, hin zu Körpern. Aber die Körper kommen später, weil Körper immer später kommen und meistens gar nicht, sie treten verformt auf, nein, geformt, als Bild, scharfe Unschärfe. Und diese Unschärfe ist es auch, die an Rinkes Text interessant ist und gleichzeitig irritierend: Die Unschärfe, die das Erzählen ins Drama schiebt, bis man sie deckungsgleich meint, die Argumente wegwischt und die Emotion dagegenhält als irgendwie schönere, weil wirkmächtigere Größe. Was ist also die Welt? Eine Welt der Gefühle, des Einfühlens, Hineinversetzens – oder doch eher des Hineinprojizierens der eigenen Befindlichkeit in die Figurenhülle zugunsten einer Geschichte, die als geschlossenes Drama laufen soll wie geschmiert? Wo dramatische Geschlossenheit proklamiert wird, suppt die Welt von draußen durch die Ritzen – allerdings als andere Welt als die hier vom Autor intendierte. Vielleicht ist diese Unschärfe im Sprechen / Schreiben zugunsten des großen Gefühls, das Behaupten einer Eindeutigkeit, wo Widerspruch herrscht, einer Abgeschlossenheit, wo keine gewährleistet werden kann, eines Möglichkeitsraums, der durch seine Konstitution an sich schon ziemlich begrenzt ist, vielleicht ist das So-tun-als-ob das, was diesen Text Rinkes mehr zur sogenannten Weltdarstellung macht, als ihm lieb wäre.

2. Scharfe Unschärfe

Apropos Welt: Im selben Sommer 2017 bricht ein Grüppchen Rechtsextremer auf zur Rettung des Abendlandes. Schon wieder! Eins, zwei, drei: Wir kommen in Frieden. Auf ihrem Kreuzzugsschiff der Nächstenliebe (wobei der Nächste hier immer den in derselben schönen, braunen Erde Verwurzelten meint) schippern sie munter drauf los, um das zu tun, was NGOs im Mittelmeer bereits tun – nur effektiver und weniger korrupt und auch sonst

5 So schreibt Thomas Köck: „das ist nämlich das interessante am theater, dass dort sprache auf körper trifft. oft vergisst man das ja. man spürt dieses momentane, radikal gegenwärtige aufeinandertreffen nicht mehr. dieser moment, in dem eine verdichtete sprache in ihrer seltsamkeit und fremdheit mit einem sich vielleicht sogar weigernden körper kollidiert." (Thomas Köck: der körper, die wörter, das ereignis. In: *Logbuch Suhrkamp*, o. D. http://www.logbuch-suhrkamp.de/thomas-koeck/der-koerper-die-woerter-das-ereignis / (Zugriff am 26.02.2018).)

irgendwie richtiger. Flüchtende Menschen, in Seenot befindlich, sollen gerettet – und dann postwendend zurückgeschickt werden. Die Mission scheitert bzw. treibt – je nach Quelle, Tag und Geistesverfassung der*s Erzählenden – ohne klaren Ausgang dahin, steht doch bei allen Aktionen der selbsternannten Identitären Bewegung, um die es sich hier handelt, weniger das Erreichen eines Ziels im Vordergrund als das Abhalten der Aktion an sich. Oder anders: Zur Heldenerzählung reicht die proklamierte Heldentat, das Ziel der Reise ist ihr Antritt, so er (medial) rezipiert wird. Die Geschichte schreibt sich also quasi von selbst, und sie schreibt sich immer weiter: Denn es handelt sich bei der unter dem Titel „Defend Europe" abgehaltenen munteren Bootsfahrt um bloß eine weitere Aktion in einer Reihe der vielen, der vielen ähnlichen, die im deutschsprachigen Raum mit der „Gegenbesetzung" der Wiener Votivkirche als „Reconquista" eröffnet[6] und durch die Störung einer Aufführung von Elfriede Jelineks *Die Schutzbefohlenen* – das die Vorfälle rund um die Votivkirche wieder aufgreift – fortgesetzt wurde.[7]

Reconquista als Retraumatisierung. Die Identitäre Bewegung unterscheidet sich hier also nicht von anderen, traditionelleren, rechtsextremen Gruppierungen – allerdings versteht sie sich per Eigendefinition als gewaltfrei. Es wird nicht angegriffen, sondern in Situationen eingegriffen, interveniert unter Zuhilfenahme situationistischer, zweckentfremdeter Praktiken.

> Während die rechtspopulistischen Politiker_innen einen Kult des Mittelmaßes etablieren, um Niedrigschwelligkeit zu signalisieren, setzen die Identitären auf elitäre Eloquenz, Hippness und Spektakel, Hass als Happening, Faschismus als Flashmob, auf den roughen Charme der Revolte. Dabei gehen sie gezielt und mit bestechendem PR-Konzept vor. Professioneller als dieser Protest kam lange schon keiner daher. Wie auch?[8]

6 2013 drang die rechtsextreme Identitäre Bewegung in die von geflüchteten Menschen als Schutzraum in Anspruch genommene Wiener Votivkirche ein, um eine „Besetzung der Besetzung" vorzunehmen.

7 2016 stürmte die Identitäre Bewegung eine Aufführung von *Die Schutzbefohlenen* der österreichischen Autorin Elfriede Jelinek im Wiener Audimax (Konzept & Regie: Tina Leisch / Bernhard Dechant). Laut einer Pressemitteilung der Österreichischen Hochschüler*innenschaft an der Universität Wien wurden mehrere Menschen aus dem Publikum sowie Teile des Ensembles (Schutzsuchende aus Syrien, Afghanistan und dem Irak) geschlagen, gestoßen und verletzt.

8 Jörg Albrecht: Der Perser (von Aischylost). In: *Nazis & Goldmund*, 02.08.2017. http://www.nazisundgoldmund.net/blog/der-perser / (Zugriff am 26.02.2018).

Jede Bewegung braucht einen Gründungsmythos, der sie so trägt, dass sie einen sicheren Stand hat, dass sie Bestand hat und kein Weltwind sie umwehen kann; eine Geschichte also, die jeder Wahrheit trotzt, besser noch, die sie sich selbst schreibt: Das Lambdazeichen der Identitären soll dem Zeichen auf dem Schild der Spartaner entsprechen. This is Sparta! Aber welches? Als einflussreichste Quelle kann hier die Graphic Novel *300* von Frank Miller herangezogen werden, die sich ihrerseits sehr vage an bereits Vorhandenem bediente: Ein Grüppchen Supersoldaten unter Spartas König Leonidas trotzt im Jahre 480 v. u. Z. am Thermopylenpass der überlegenen „Multikulti-Streitmacht“[9] von Perserkönig Xerxes, um Zeit zu gewinnen für weitere Verteidigungsversuche im Landesinneren. Selbstopferung zur Bewahrung des Abendlandes also, von Regisseur Zack Snyder 2006 als Blue-Screen-Spektakel bildgewaltig in Szene gesetzt – und sofort mit Protesten gegen die eindimensionale Darstellung der Perser bedacht.

> Ja, und, sorry, sagt Zack Snyder, Regisseur des Films, „[i]ch habe in der Tat viel recherchiert, allerdings davon dann wenig verwendet. Wenn man sich auf das Buch von Frank Miller einlässt, muss man sich ganz darauf einlassen. Es ist eine Sage, die sich eine unmoralische Gruppe Männer am Lagerfeuer erzählt.“ ACH SO! Jetzt verstehe ich auch, warum die persische Armee in bester Game-Of-Thrones-vor-Games-Of-Thrones-Manier Seite an Seite mit Monstern kämpft. Das hier ist FIKTION. Ja! So spricht in einem weiteren Interview dann auch die ~~basalste~~ banalste Regel des Creative Writing aus Art House Director Snyder: „Die Wahrheit kann eine gute Geschichte ruinieren.“[10]

Aber weder Snyder noch Miller waren die ersten, die sich der glorreichen Spartanergeschichtsschreibung annahmen, darf doch die von Friedrich Schiller ins Deutsche übersetzte Thermopylen-Inschrift immer dann zwangsoptimistisch auftreten, wenn es darum geht, sich auf den großen Kampf einzuschwören, so auch durch Hermann Göring in den letzten Tagen von Stalingrad.[11] Einheitlichkeit wird fingiert, um den eigenen Standplatz zu legitimieren, das Recht, zu sprechen, für sich beansprucht und benutzt, um die Fiktionenbildung voranzutreiben – das Recht, zu sprechen, oder das Recht, zu schlagen, die, wenn

9 Volker Weiß: *Die Autoritäre Revolte. Die Neue Rechte und der Untergang des Abendlandes.* Stuttgart: Klett-Cotta 2017, S. 106.

10 Albrecht: Der Perser.

11 Weiß: *Die Autoritäre Revolte*, S. 107.

man von Gewalt und Gehalt der gewählten Worte ausgeht, ohnehin schwer zu unterscheiden sind. Neben der Behauptung einer Geschichte, die so nie stattgefunden hat, treten auch deren Protagonist*innen als das auf, was sie nicht sind. Aber als das, was in den Augen der konsumorientierten Anhängerschaft ziemlich gut aussieht. Denn auch wenn die US-amerikanische Massenkultur als Feind nationaler Identität abgelehnt wird, dürfen ihre Zeichen trotzdem dabei behilflich sein, sich als interessante, jugendliche Marke zu etablieren, der nichts Ewiggestriges anhaftet, als *corporate identity*. Aber die Marke hält nicht, was sie verspricht, werden doch letztendlich ausschließlich klassische rechtsextreme Themen propagiert, die mit der popkulturellen Jugendlichkeit nicht ganz zusammenpassen wollen. Egal. Der „Große Austausch“, ein von dem französischen Rechtsdenker Renaud Camus geprägtes Konzept,[12] das das Verschwinden des europäischen „Volkes“ durch bewusst forcierte Zuwanderung vorangetrieben sieht, wird von der Nouvelle Droite also gewissermaßen auch selbst veranstaltet: Durch die Aushöhlung popkultureller Symbole, durch die falsche Verwendung und Rekontextualisierung postmoderner Texte und situationistischer Praktiken, die nun als neuer Mantel die tradierte Erscheinung der Rechten tarnen. Einheitlichkeit wird behauptet, wo keine ist, die mühsam zusammengeflickte Identität hochgehalten. Der Protest muss sicher sein, die Identität darf nicht wanken. *„Sei professionell! Sei deine Identität!“*[13]

Wie steht es also um die Darstellbarkeit einer Welt, deren Protagonist*innen selbst Geschichte(n) schreiben, neu schreiben, in denen sie permanent als etwas anderes auftreten, und immer als etwas, das sie nicht sind, als etwas Eindeutiges, und doch durch ihre Auftritte eindeutig scheinen und unglücklicherweise für einige Augen auch eindeutig zu sein beginnen? Dass das geschlossene Drama, die Figur, die Psychologie hier fehl am Platz sind, liegt auf der Hand, operiert doch die Rechte selbst in ihrer Eigendarstellung mit eindeutigen Erzählungen (der „Große Austausch“) und vermeintlich klaren Figuren (hier die Täter, dort die Opfer), um von Verdrehungen, Falschdarstellungen, Ambivalenzen abzulenken sowie klare, aber fiktive Feindbilder (und rechte Helden) zu konstruieren. Ein Theatertext, der abbildet, was zu sein scheint, und außer Acht lässt, was ist, der die Komplexität von Sachverhalten

12 Vgl. Stefanie Panzenböck: Revolte gegen den Großen Austausch. In: *Der Falter*, 17/2016. https://www.falter.at/falter/rezensionen/buch/628/9783944422237/revolte-gegen-den-grossen-austausch (Zugriff am 14.11.2018).

13 Albrecht: Der Perser (Herv. G. S.).

verkennt, der verkennt auch die Strategien der Neuen Rechten oder reproduziert sie im schlechtesten Fall noch selbst. Zudem ignoriert das Festhalten an der Darstellbarkeit der sogenannten Wirklichkeit durch den Theatertext allein, dass Geschichten nicht von Körpern zu trennen sind, dass sie auf Körpern ausgetragen und in diese eingeschrieben werden (auch hier findet sich eine unglückliche Parallele zur Rechten, die die toten Körper verleugnet, auf die sich ihre sogenannte Heldenerzählung gründet), dass Körper Biografien haben, dass sie sprechen – und dass ein Theatertext Raum bieten muss für dieses Sprechen, für ein anderes Sprechen als das seiner Sätze: durch Lücken, Risse, durch seine vermeintliche Unfertigkeit. Der Text ist nicht die Welt, denn der Text ist vielleicht schlauer als die*der Autor*in, aber trotzdem begrenzt in seiner Weisheit, die, wenn überhaupt, nur zwischen den Wörtern, den Worten liegen kann, in den Rissen, durch die etwas in die Sprache hineinsuppt, die der*die Autor*in zu verwenden und lenken gedenkt – hineinsuppt und den Sprachfluss verschiebt, woandershin, ins Nicht-Intendierte. „Was steht da, was heißt das, ist das, was das Geschriebene bedeutet, das Gemeinte, ist es das, was man hatte sagen wollen?", fragte Rainald Goetz 2012 in seiner Antrittsvorlesung zur Heiner-Müller-Gastprofessur an der Freien Universität Berlin:

> Die Differenz zwischen Text und Gedanke ist die Essenz dieser dauernd praktizierten Übung des Schreibens, das Lesen der eigenen Schrift. Und das ist die Grunderfahrung des Schreibens: Dass das, was da steht, nicht das sagt, was man hatte sagen wollen, dass der Eigensinn der Schriftlichkeit, der Fixierung, der textlichen Verbalität, sich dauernd vordrängt. Sehr stark sagt der Text, was er will, nicht, was er nach dem Willen des Schreibers sagen sollte.[14]

Die Schnittstelle zwischen Welt und Text liegt also in der Frage nach der Sprache, die gesprochen wird – und in der Frage danach, was aus der Sprache herausspricht. Ein ‚unfertiger', fragmentarischer Theatertext beansprucht im Gegensatz zum geschlossenen Drama nicht für sich, zu wissen, abzubilden, sagen zu können, ‚wie es ist', er stellt das eigene Sprechen infrage, setzt die Sprache als etwas Fremdes, als eine Sprache, die unvollständig ist, nicht zuletzt, weil sie Raum lässt für Körper, Körper, die überschrieben wurden und werden, Körper mit Geschichte und Geschichten, mit Biografien, die sich in

14 Rainald Götz: Antrittsvorlesung zur Heiner-Müller-Gastprofessur an der FU Berlin 2012. https://youtu.be/tJk2_Yopxcw (Zugriff am 26.02.2018).

sie eingeschrieben haben, Körper, die nicht zuletzt durch Sprache zugerichtet wurden – und die von etwas anderem erzählen könnten, als es der Sprache möglich ist. Ein Theatertext, dessen Sprache verleugnet, was aus ihr und ihren Lücken herausspricht und was aus ihr heraussprechen könnte, lähmt den theatralen Prozess, in den er eingebracht wird. Er ist problematisch, weil er Körper überschreibt, nicht zuletzt jene der Spieler*innen, weil er in seiner Behauptung der Einheitlichkeit von Sprechenden und Sprache manipulativ ist wie die NLP-geschulte Rhetorik rechtsextremer Politiker*innen. Und er ist letzten Endes auch kein Text für das Theater, weil er nicht danach fragt, wer spricht, weder in Bezug auf seine Quellen noch die Personen betreffend, die den Text auf einer Bühne vor sich hin zu sagen haben.
Wenn Moritz Rinke in „Drama, Baby!" schreibt, dass Schauspieler Menschendarsteller wären, könnte man ihm ebenso gut entgegenhalten, dass Schauspieler und auch Schauspieler*innen vor allem Menschen sind, Menschen mit Biografien und Körpern, und als diese auf einer Bühne allemal interessanter als eine vom Autor ersonnene Menschendarstellung, die sie zu erfüllen haben. Dass ein Autor meint, die Welt aus seinem naturgemäß begrenzten Horizont so begreifen zu können, dass er Welt tatsächlich abbilden kann, und zwar besser als alle anderen am theatralen Prozess Beteiligten, ist zwar in jeder Hinsicht ein politisches Statement, aber keines, das vorhandene Machtstrukturen aufbricht, aufzeigt oder kritisch befragt. Im Gegenteil. Als österreichische Autorin, als Autorin also, die in einem Land geboren wurde, in dem sich das Unmenschliche gerne und seit der Nationalratswahl im Oktober 2017 auch wieder besonders vehement als ‚Allzumenschliches' präsentiert, irritiert die Aussage, dass Menschen das seien, wonach das Theater und sein Publikum verlange: Denn mit Blick auf Politiker wie Norbert Hofer, Heinz-Christian Strache, Mario Kunasek oder Herbert Kickl, die durch ihre unverhohlene Nähe zur bzw. ihre direkte Verankerung in der rechtsextremen Szene mit einer Demokratie nicht vereinbar sind, dieser aber nun als Staatsoberhäupter vorstehen und sich dabei so präsentieren, wie es das Publikum eben verlangt, nämlich ‚mit Fehlern, weil menschlich', erscheint mir ein Theater der menschelnden Menschen, die geschlossene Geschichten erzählen, wo eine behauptete Geschlossenheit der Geschichte historisch mit Verdrängung, Verleugnung und Auslöschung einhergeht, mehr als fragwürdig. Ich möchte vielmehr für eine andere Art des Theatertextes eintreten, der einer Dramaturgie des Zweifelns folgt, des Schweigens, der Risse, der sich im Unterschied zum geschlossenen Drama postdramaturgisch als fragmentarisch, als unvollständig versteht, der nicht Text ist, weil er aus Wörtern und Sätzen besteht, die

etwas zu sagen haben, sondern dessen Wörter und Sätze etwas anderes meinen, als sie sagen, etwas anderes sind, als sie zu sein scheinen – und die etwas *nicht* sagen können, deren Anordnung und Arrangement genau darauf verweist. Ich möchte für einen Theatertext eintreten, der seine eigene Sprache befragt und infrage stellt, der ihre und seine Grenzen anerkennt, der Körper nicht überschreibt und der sich der Zuschreibungen, die er vornehmen kann, bewusst ist. Ich werde deswegen im Folgenden auf zwei mir diesbezüglich wichtige Punkte eingehen, den der Zeugenschaft und – daran anschließend – die Figur des Archivs.

3. Zeugen oder: „Auf das Opfer darf sich keiner berufen. Es ist Mißbrauch. Kein Land und keine Gruppe, keine Idee, darf sich auf ihre Toten berufen. Aber die Schwierigkeit, das auszudrücken."[15]

Einen Schritt zurück: Was tun wir, wenn wir uns durch Sprechen beglaubigen, und wie tun wir das? Das Sprechen braucht eine Legitimation, „ich als" darf etwas sagen, das auch gehört werden muss, weil es das zur Sprache bringt, *bezeugt*, was in den Körper eingeschrieben wurde. Oder was dem Körper erst durchs Sprechen zugeschrieben wurde? Wenn der Text mit Welt arbeiten soll, dann muss auch danach gefragt werden, ob er es bewusst tut oder ob er gesellschaftliche Erfahrungen, Verletzungen, Grenzüberschreitungen, Übergriffe reproduziert und legitimiert. Denn relevanter als der Ruf nach Geschichten, in denen es menschelt, statt zu theoretisieren, scheint es doch, zu fragen, und zwar wieder und wieder und obwohl die Frage mehr als bekannt ist, welche Geschichte eigentlich erzählt wird und von wem, welche Geschichte zwischen den Worten erzählt wird, in ihrer Auswahl, in ihrem Arrangement – wie Sprache angeordnet wird, um den Sprechenden als Mensch zu maskieren, um die Schreibende als Mensch zu maskieren, die das Material zu ihren Gunsten bearbeitet.

Täter, die sich als Opfer titulieren, die anstelle der Opfer als Opfer sprechen, damit diese nicht mehr gehört werden. Die Geschichte mit Geschichten überschreiben, bis die, die überschrieben werden, nicht nur aufhören, zu existieren, sondern, wie Hannah Arendt schreibt, nie existiert haben.[16] Das

15 Ingeborg Bachmann: Auf das Opfer darf sich keiner berufen. In: Dies.: *Werke*, Bd. 4: Essays, Reden, Vermischte Schriften, Anhang, hrsg. v. Christine Koschel / Inge von Weidenbaum / Clemens Münster. München / Zürich: Piper 1993, S. 335–336, hier S. 335.

16 Hannah Arendt: *Elemente und Ursprünge totaler Herrschaft*. Frankfurt am Main: EVA 1958, S. 1099.

Fotografieverbot der Nationalsozialisten in den Konzentrationslagern, um der Nachwelt ihre Version von Geschichte aufzudrängen, um zu verhindern, das bezeugt werden konnte, wovon es nach dem Willen der Nationalsozialisten kein Zeugnis geben durfte, ist ein prägnantes und schreckliches Beispiel jener Art von Geschichtsüberschreibung, die sich gegenwärtig in der Rhetorik gruppenbezogener Menschenfeindlichkeit und des Rechtspopulismus fortsetzt, wenn Rechtsextreme und Rassist*innen sich als Opfer, als die „neuen Juden"[17] gerieren. Sie wird jedoch auch unauffälliger weitergetragen, und die Verschiebung setzt hierbei immer an denselben zwei miteinander verknüpften Punkten an: an sicherer Sprache und am sicheren Standplatz. Denn wie lässt sich die Grenze ziehen zwischen ‚Sprechen für jemanden' und dem absichtlichen, unabsichtlichen, in Kauf genommenen Überschreiben der Geschichte mit der eigenen Version der Geschichte, wenn die eigene Position als gesetzt begriffen wird, wenn die Sprache, die man spricht, sich nicht entzieht, wenn sie alles sagen kann? Was passiert mit Zeugnissen, wenn sie nicht geschützt werden?

Folgt man Giorgio Agambens Begriff des Zeugen, so bleiben jene, die Zeugen sind, vollständige Zeugen, immer stumm, sie verstummen gerade dadurch, dass sie Zeugen von etwas sind.[18] Und das Unsagbare manifestiert sich als Lücke im Zeugnis der Überlebenden, als Unmöglichkeit, es, das Unsagbare, zu sagen. Aber die Lücke macht das Zeugnis der Überlebenden nicht irrelevant oder nimmt ihm die Berechtigung, im Gegenteil. Wenn es also Zeugnis nur dort gibt, wo es eine Unmöglichkeit zu sagen gibt, wie kann die Sprache überhaupt Zeugnis ablegen, wie kann sie über das sprechen, wovon sie nicht sprechen kann? Und wie kann ich als Autorin nun mit diesen Zeugnissen umgehen, die ich quasi aus zweiter Hand wiedergebe? Wie lässt sich das eigene Sprechen infrage stellen?

In ihrem Essay „Paläste der Erinnerung"[19] schreibt die Filmemacherin und Autorin Hito Steyerl mit Bezug auf Michel Foucault vom Dokument und seinen unterschiedlichen Verwendungsweisen. Während die historische Methode das Dokument als Spur von Vergangenem versteht, durch die

17 Strache auf WKR-Ball: „Wir sind die neuen Juden". In: *Der Standard*, 29.01.2012. https://derstandard.at/1326504047903/STANDARD-Bericht-Strache-auf-WKR-Ball-Wir-sind-die-neuen-Juden (Zugriff am 14.11.2018).

18 Giorgio Agamben: *Was von Auschwitz bleibt. Das Archiv und der Zeuge*. Frankfurt am Main: Suhrkamp 2003, S. 30.

19 Hito Steyerl: Paläste der Erinnerung. In: Dies: *Die Farbe der Wahrheit. Dokumentarismen im Kunstfeld*. Wien: Turia + Kant 2015, S. 27–45.

erinnert wird, interpretiert die archäologische Methode nicht, sie arrangiert, ordnet neu an: als Archiv.[20] Das Archiv schafft durch Anordnung des Materials neue Kontexte, es erinnert und vergisst gleichermaßen.[21] Ein negatives Beispiel jener Neuordnung von Fakten, Statistiken, Zeugnissen als Ausdruck kollektiver Paranoia lässt sich im Europa der Gegenwart, in dem rechte Parteien und Gruppierungen rasenden Zulauf erhalten – und darüber hinaus, siehe die „alternative facts" der Trump-Administration –, problemlos finden.
Steyerl benutzt zum Verständnis der Bauweise der Informationsanordnung durch das Archiv die Figur des „Palasts der Erinnerung"[22]: das Archiv als Monument. Das Monument als Spektakel. Das Archiv macht also Politik, durch Anordnung des Materials schafft es neue Kontexte. Folgt man Moritz Rinkes Forderung nach geschlossenen Dramentexten zur Abbildung der Welt, lässt sich diese Art von Theatertext als Archiv im negativen Sinn verstehen: Zeugnisse werden darin rekontextualisiert und neu angeordnet, ohne diese Anordnung gleichzeitig offenzulegen. Ich möchte deswegen vielmehr, Hito Steyerl folgend, für den Theatertext als ein Archiv plädieren, das nicht Fiktionen als Wahrheiten tarnt – sondern das Wahrheiten als Fiktionen enttarnen kann. Für einen Theatertext, der Verankerungen löst und unerwartete Verbindungen herstellt, der Lücken aufweist, aus denen etwas anderes gehört werden kann. Für die Ansammlung unterschiedlicher Stimmen, die zu Gehör gebracht werden, auch wenn sie einander vielleicht widersprechen, auch wenn sie aus den Körpern sprechen, auch wenn sie aus dem kollektiven Schweigen sprechen, dem der Text Raum gibt. Ich möchte für einen kritischen Umgang mit dem Begriff der Autorschaft plädieren und für das Autor*innenkollektiv, für eine offene Plattform Schreibender und Theaterschaffender, hinter der die Autor*innenindividuen verschwinden; für ein Kollektiv, das bei der Sprache ansetzt, die ihm nicht gehört, die es von sich weglaufen lassen muss, um sie aus der Distanz betrachten zu können; und für ein Kollektiv, das bei der Sprache ansetzt, die auch den Rechten nicht gehört, das über das Schreiben den Austausch mit Menschen sucht und Dramaturgien aus dem Aufeinandertreffen von Körpern und zurichtender / zugerichteter Sprache entwickelt. Für ein Archiv also, das von einer nicht klar definierten Menge an Autor*innen mit vorgefundenem Sprachmaterial befüllt wird, das sich ständig weiter-, um- und überschreibt, das durchlässig ist und sich selbst ständig infrage stellt.

20 Ebd., S. 27.
21 Ebd., S. 29.
22 Ebd.

Natürlich bleibt auch hier immer noch das Dilemma des Sprechens für andere, des Erzählens der fremden Geschichten und Zeugnisse, als wäre man dabeigewesen, das sich zwangsläufig in der Textproduktion einstellt, auch wenn sie in den kollektiven Arbeitsprozess eingebettet ist. Ich möchte deswegen abschließend noch einmal auf die Frage des Bezeugenkönnens am Beispiel von George Didi-Hubermans *Bilder trotz allem* zurückkommen: Dem Argument der Nichtdarstellbarkeit von Auschwitz und der Furcht, dass etwas nicht Darstellbares auf diese Bilder reduziert werden könnte, hält Didi-Huberman die „Bilder trotz allem" entgegen, als Akt des Widerstands, als Zeugnisse, als Versuch, das Unvorstellbare zu bezeugen, aber auch als die Existenz von etwas, von dem es nach dem Willen der Nationalsozialisten kein Zeugnis geben durfte. Ein Bild ansehen heißt demnach nicht ein Bild sehen, es heißt, genau hinzusehen, die Entstehungsbedingungen zu rekonstruieren. Vielleicht könnte man analog dazu versuchen, die Möglichkeit eines Sprechens und Schreibens trotz allem zu denken. Und es als Aufgabe der*s Autor*in andenken, dieses ständige Dilemma im Text sichtbar zu machen: durch Verschiebungen, Stottern, durch Pausen, durch Schweigen, aus dem etwas anderes als der schreibende Mensch heraussprechen kann. Im Vorbeirauschen wird Material gesammelt, gekaut, auseinandergenommen, abgebrochen, neu zusammengeklebt, wieder ausgespuckt, das Reden geht immer weiter, das geht durch die Körper durch, und mit dem Reden geht die Welt immer weiter, die der Text sampelt, die entstellt ist, versehrt, deren Versehrtheit durch die Schweißnähte der Redemaschine durchwill, sich in ihrem Stottern zeigt, in der Atemlosigkeit, darin, wie das Sprechen auf den Körper wirkt, der spricht, im Schweigen.

4. Epilog: Der Raum hinter den Räumen

In ihrem Text *Ritterin des gefährlichen Platzes*[23] schreibt Elfriede Jelinek – bezugnehmend auf u. a. die Filme *Alien* (US/GB 1979), *Aliens* (US 1986) und *Alien*^{3} (US 1992) – von den Räumen hinter den Räumen. Ripley und ihren Mitstreiter*innen fällt es schwer, überhaupt etwas zu tun, der Raum, in dem sie sich befinden, ist vollgestellt mit Geschichte, in der das erscheint, „was je schon da war, was ‚auf Zelluloid gebannt ist', um uns auf unsere Plätze im Davor zu verweisen."[24] Das Monster muss also aus der Welt geschafft werden,

23 Elfriede Jelinek: Ritterin des gefährlichen Platzes. In: *elfriedejelinek.com*, 1997. www.elfriedejelinek.com/falien.htm (Zugriff am 26.02.2018).
24 Ebd.

um selbst sichtbar zu werden, der Ort freigeräumt, hinter dem sich allerdings andere, gefährlichere Orte befinden, in denen die Geschichte eigentlich abläuft, hinter jeder Macht eine weitere Macht, Orte, „mit denen man uns drohen kann und die, da sie nicht mehr geräumt werden können, weil man nicht hineinkommt, in letzter Konsequenz auch nicht mehr zu benennen, nicht einmal zu zeigen sind.“[25]
Ich stelle mir das Schweigen, das aus dem Text heraussprechen soll, das mir beim Schreiben ständig entgleitet, als *final girl* vor, das im Raum hinter den gezeigten Räumen wartet, am Heizkörper, an den es sich vermutlich selbst gekettet hat, um nicht ständig gegen Monster kämpfen zu müssen, die ohnehin immer wiederkommen als Ablenkungsmanöverplot, und es wartet ab, was da jetzt aus ihm herausbricht, wenn es einmal nicht der Geschichte des Kampfes folgt, wartet, mit seinem ziemlich versehrten Körper, denn schließlich hat es ja so einigem an Geschichte und Tat getrotzt, wartet und ist das Schweigen und das Scheitern und das Schreien gleichzeitig. Falls etwas herausbricht, wenn etwas herausbricht aus dem Körper, dann nicht als unzugehöriges, feindliches Etwas, das es zu bekämpfen gilt, sondern als Verlängerung, als neues Körperteil, Prothese, mit dem dann ordentlich geschossen wird, durch Tür, Leinwand, weiße Fläche, Sprache, Geschichte.

25 Ebd.

48% 07:50

heddalicious91

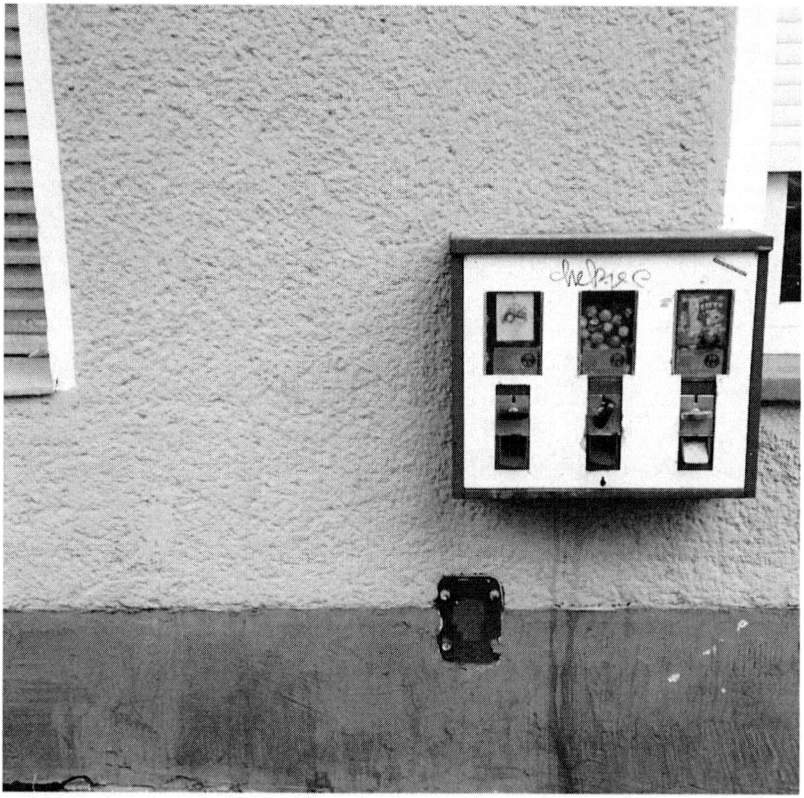

Gefällt **nadved**

heddalicious91 Den #Diener in #Livree werde ich wohl fürs Erste auch nicht kriegen.

VOR 6 TAGEN

Herbordt / Mohren

Dramaturgie als gesellschaftliches Handeln

Werden die großen Theaterinstitutionen verlassen (oder zumindest mit anderen Schauplätzen in vielgestaltige Verflechtungen manövriert), neue Konstellationen von individuellen wie institutionellen Kooperationspartner*innen entworfen (oder zumindest erprobte neu verstanden), schwindet die in manchen institutionellen Kontexten immer noch nur korrigierend verstandene Funktion von Dramaturgie an den Schnittstellen von Programmplanung und Einzelinszenierung, Kanon und Interpretation, Hausleitung und Regie, Regie und Darsteller*innen, Inszenierung und Publikum. Eine große Chance! Für die Dramaturgie als Profession. Und mehr noch: Für die Dramaturgie als gesellschaftliches Handeln. Unser Verständnis von Dramaturgie geht notwendigerweise mit der Vervielfältigung ihrer Praktiken und einem – hinsichtlich verwandter Formate, Schauplätze und Beteiligungsstrukturen – erweiterten Verständnis von Theater einher.
Neue Dramaturgien werden tätig. Nicht nur, indem sie konventionelle Lesarten von Bildern, Texten und Kunstwerken verschieben oder gängige Definitionen von Begriffen reformulieren. Sie handeln, indem sie die Migration von Aussagen und die performative Kraft von Sprechakten vorbereiten und inszenieren. Sie kommen dadurch zu sich selbst – als wesenhaft transdisziplinäre und kollaborative Tätigkeiten –, dass sie tatsächliche und mögliche, regionale und internationale Öffentlichkeiten von Theater verweben und orchestrieren, dass Dramaturgie als eine Praxis des gemeinsamen Denkens begriffen wird, die ihre Virtuosität aus überraschenden Verschränkungen von Rede und Gegenrede, Öffentlichkeit und Gegenöffentlichkeit gewinnt. Dann können

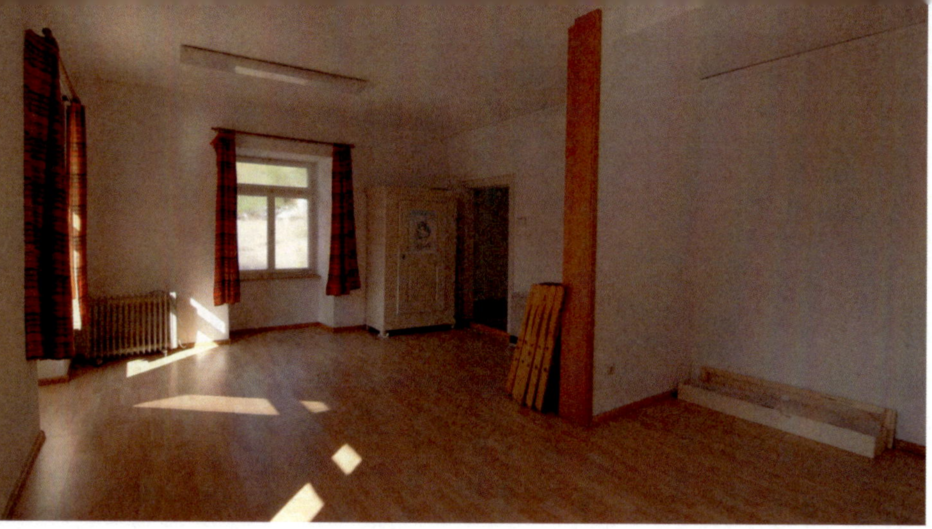

Abb. 1: Herbordt / Mohren: *Der Monolog*, 2017.

unerwartete Nachbarschaften sichtbar, Formate transformiert und gesellschaftliche Andersmöglichkeiten belegt werden.

Was das bedeuten kann, möchten wir am Beispiel unserer mehrteiligen Arbeitsreihe *Die öffentliche Probe* skizzieren. Mit Textauszügen, Szenenbeschreibungen, Fotografien. Und einem Exkurs zum Entwurf einer kritischen Raumpraxis, vorgelegt durch den Architekten Markus Miessen.[1] Als „neue Grundlage für Reflexion und eine Rekontextualisierung, die gleichzeitig etwas Neues zu Tage fördert“[2], möchte diese Praxis „einen Raum für das Denken jenseits der normativen Zwänge des territorialisierten Denkens“[3] eröffnen. Sie kann somit als Spekulation über eine Dramaturgie *nach* der Dramaturgie gelesen werden. Wenn Dramaturgie nicht mehr allzu störrisch als Kanoninterpretation und zielgruppengerechter Verwaltungsakt verstanden wird; wenn den Partikularinteressen eines einzelnen Berufsfelds ein kollaborativer Prozess der Einrichtung, Kritik und Korrektur von Infrastrukturen des Wissens entgegensetzt wird. Auf dieser konzeptionellen Grundlage können dann Brücken zwischen unterschiedlichen Öffentlichkeiten und Wissenskorpora verschiedener Ursprünge und Formate verräumlicht, verlautbart, verkörpert und verhandelt werden: nicht-hierarchisch, prozessual und transdisziplinär.

1 Markus Miessen: *Crossbenching. Towards Participation as Critical Spatial Practice*. Berlin: Merve 2016.

2 Ebd., S. 62.

3 Ebd., S. 63.

Guten Abend, herzlich willkommen. Mein Name ist Armin Wieser und ich bin Schauspieler. Ich habe in den letzten 39 Jahren auf 121 verschiedenen Bühnen gestanden und 146 Rollen oder Personen gespielt, darunter immer wieder Personen meines Namens.

Und auch heute werden Sie noch anderen Personen begegnen: einer Künstlerin, einem, der eine Institution gegründet hat, einem Rechtswissenschaftler, einem Autor – um nur einige zu nennen. Dazu später mehr.

Das Bild, welches Sie hier im Hintergrund sehen, wurde in einem seit 1974 leerstehenden Rathaus aufgenommen. In den vergangenen Jahren habe ich unzählige solcher Institutionen und Gebäude besucht und dokumentiert, darunter zum Teil mehrere jahrzehntelang leerstehende Gästehäuser, Jugendherbergen, Theater, Parlamente, Kliniken, Bibliotheken. Allesamt ihrer ursprünglichen Funktion beraubt, erscheinen diese verwaisten Institutionen wie akribisch archivierte Bühnenbilder einer anderen Zeit.

In Beschäftigung mit der Frage, was an Stelle dieser ursprünglichen Funktionen treten könnte, habe ich an ihren ehemaligen Schauplätzen immer wieder eine neue Institution zwischen internationalem Gästehaus, Museum, Theater und Akademie vorgestellt. Immer wieder wurden an unterschiedlichen Orten einzelne Bestandteile dieser neuen Institution realisiert. Nach und nach hat sich so ein weit verzweigtes Netz um die ganze Welt ergeben, dessen Ausmaß kaum zu überblicken ist.

Ich werde Ihnen ‚Die Institution' heute vorstellen. Ich werde unterschiedliche Zeitebenen miteinander verweben, unterschiedliche Orte zueinander in Beziehung setzen, unterschiedliche Personen sprechen lassen.[4]

Es spricht hier der Schauspieler Armin Wieser. Auf einer Theaterbühne. Wie zuvor in einem leer stehenden Rathaus irgendwo auf dem Land, in einem Gasthof vor Gemeinderäten, Tourismusexpert*innen, Wissenschaftler*innen und Mitarbeiter*innen eines Ministeriums für ländlichen Raum, in einer Mehrzweckhalle vor Studierenden einer transdisziplinären Sommeruniversität zu architektonischen und kulturwissenschaftlichen Neuerungen in abgelegenen Regionen oder in einer ehemaligen Hofbibliothek, vor den Besucher*innen eines überregional bedeutenden Festivals für Neue Musik.

4 *Der Monolog* (UA: 27.04.2017, Theater Rampe Stuttgart, R: Herbordt / Mohren).

Vor ein paar Monaten stand ich bereits an dieser Stelle und habe gesagt: Guten Abend, herzlich willkommen. Mein Name ist – *er räuspert sich* – und ich habe eine Institution gegründet.

Kurz darauf, während das Publikum und ich gemeinsam Südtiroler Tirtlen – ein altes Rezept meiner Familie – zubereitet und Spinatfüllungen auf dem Teig ausgebreitet haben, verlas eine Künstlerin einen Text: ‚Wir sind die Institution. Es ist die Frage, welche Art Institution wir sind, welche Werte wir institutionalisieren, welche Praktiken wir belohnen und welche Belohnungen wir anstreben. Denn Institutionen werden von Individuen verinnerlicht, verkörpert und ausgeführt.'[5]

Wir sind heute die Institution. So wie wir jetzt hier alle sind. Und wenn Sie mich fragen, wo die Verbindung zwischen Institutionen und Individuen liegt, würde ich vermutlich mit den eben gehörten Worten der Künstlerin antworten.

Allerdings würde ich wahrscheinlich hinzufügen, wie beunruhigend diese Beziehung von Institution und Individuum derzeit ist. Da plötzlich wieder alte Herrschaftsbilder durch sie legitimiert werden. Da plötzlich verteidigt werden muss, was bis vor kurzem noch selbstverständlich schien. Gegenüber einer immer größer werdenden Zahl von patriarchalischen Despoten, die denken, dass sie die Zeit einfach zurückdrehen können. Die über Generationen aufgebaute und gewachsene gemeinsame Errungenschaften, Ziele und Visionen einfach aufzugeben bereit sind.

Noch bevor das Essen beendet war, verschwand sie wieder. Es war übrigens Andrea Fraser. Erst beim Aufräumen entdeckte ich an ihrem Platz eine weiße Mappe, darin einige lose, kopierte Seiten des Textes, den sie eben verlesen hatte. Später werden Sie Gelegenheit haben, diese Mappe und andere Dokumente selbst in Augenschein zu nehmen.[6]

Seit einigen Jahren reist Armin Wieser als Repräsentant von ‚Die Institution' von Theater zu Theater, Dorf zu Dorf und Vortrag zu Vortrag. Immer berichtet er von seiner Arbeit, eröffnet Zweigstellen einer – nicht immer ganz realen, aber immer weiter wachsenden – Institution, begleitet – nicht immer ganz reale, aber immer unerwartete – Begegnungen und performt – nicht immer

5 Andrea Fraser: Von der Kritik der Institutionen zu einer Institution der Kritik. In: Sabine Breitwieser (Hrsg.): *Andrea Fraser*. Ostfildern: Hatje Cantz 2015, S. 51–59, hier S. 57.
6 *Der Monolog*.

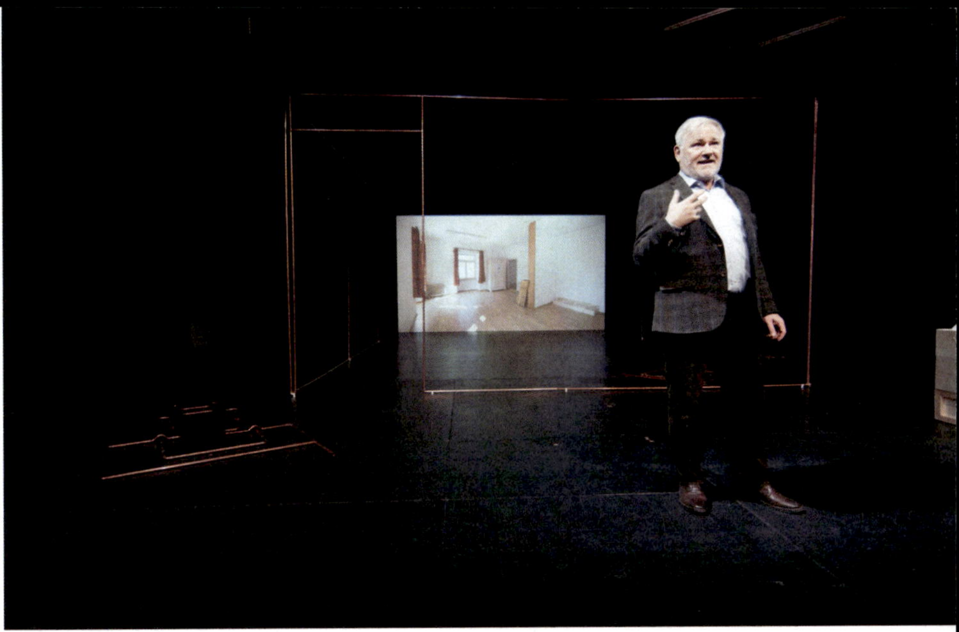

Abb. 2: Herbordt / Mohren: *Der Monolog*, 2017.

ganz reale, aber immer transdisziplinäre – Werkstattgespräche mit Nachbar*innen, Künstler*innen und Wissenschaftler*innen.[7]

> Eine mehrfach verschachtelte Folge von Sälen und Séparées. Sitzgruppen in einigen Ecken, kleinteilig gemusterte Teppiche, unzählige Türen und Durchgänge zu angrenzenden Räumen. Einige Fenster und Rollläden lassen sich lange nicht mehr öffnen, dunkle Flecken an den Wänden tiefgehenden Schimmelbefall vermuten. Auf Klappstühlen, an Wände gelehnt oder in losen Gruppen stehend: circa 70 Personen. Es ist das Ende eines langen Konferenztages kurz vor dem Abendessen. Die Luft ist schon etwas stickig. Ich erinnere mich an grau melierte Herren in dunklen Anzügen, Damen in offiziell wirkenden Kostümen, aber auch an wissenshungrige Studierende und nonchalante Professor*innen. Die Stimmung ist gespannt. Ich treffe letzte Vorkehrungen, ‚Die Institution' in einem Vortrag vorzustellen, und beginne mit den Worten:

7 *Die öffentliche Probe* (UA: 22.07.2016, Ehemaliges Rathaus Kirnbach / Sommeruniversität Update Wolfach-Kirnbach, Jahrestagung des Ministeriums für ländlichen Raum und Verbraucherschutz Baden-Württemberg, Donaueschinger Musiktage, Theater Rampe Stuttgart, Urbane Künste Ruhr Dortmund, R: Herbordt / Mohren).

Verstärkt, zu einem nicht anwesenden Vortragspublikum auf der Bühne, mit dem Rücken zum tatsächlich anwesenden Publikum: Vielen Dank für die freundliche Einführung. Vielen Dank für die freundliche Einladung, heute hier sprechen zu dürfen. Allerdings muss ich Sie gleich zu Anfang leider ein wenig enttäuschen. Mein Name ist nicht Armin Wieser. Auch ‚Die Institution' gibt es nicht. Aber das haben Sie sicher längst vermutet.

Vom Mitglied des Gründungsbeirates von ‚Die Institution' Emanuel Towfigh, einem Rechtswissenschaftler, den es übrigens tatsächlich gibt, habe ich gelernt, dass es eigentlich überhaupt keine Rolle spielt, ob es etwas gibt oder nicht. Zumindest können höchst fiktive Konstruktionen höchst reale Auswirkungen haben. Und nicht nur in der Rechtswissenschaft. Grenzen zum Beispiel. Die gibt es streng genommen nicht. Die sind erfunden. Und doch gibt es Schlagbäume und sterben Menschen beim Versuch, sie zu überqueren oder zu umgehen.

Nicht verstärkt, zum tatsächlich anwesenden Publikum gewendet: Während des Vortrags wurde an dieser Stelle eine Folie eingeblendet, auf der in schwarzer Schrift auf weißem Grund ‚www.die-institution.org' zu lesen war.

Während er sich wieder an das nicht anwesende Vortragspublikum wendet, seine Stimme aus dem Off: ‚Die Institution' gibt es also nicht. Und doch arbeiten viele Menschen seit vielen Jahren daran, ihre Fiktion aufrechtzuerhalten. Und doch hat ihre Nicht-Existenz bereits ganz reale Auswirkungen gezeitigt. Davon möchte ich Ihnen heute ein wenig erzählen. Und ich möchte Ihnen ein paar Dokumente zeigen, die das, was ich erzähle, belegen. Videos, Texte, Fotografien und ein Architekturmodell.

Zum tatsächlich anwesenden Publikum, nicht verstärkt: Vielleicht werden Sie am Ende zu dem Schluss kommen, ‚Die Institution' gibt es doch. Und dann verzeihen Sie mir vielleicht auch, dass ich gar nicht Armin Wieser bin, oder doch, und nur immer wieder behaupte, es nicht zu sein.

Es spielt keine Rolle, ob es ‚Die Institution' tatsächlich gibt oder nicht. Sie beteiligt sich an der Neugestaltung von Dorfplätzen und bringt Nachbar*innen zusammen, die vorher nichts voneinander wussten (oder wissen wollten); sie begleitet Initiativen bei ihrer Arbeit und gründet Theater, Kinos und Museen (in denen z.B. Künstler*innen angrenzender Dörfer selbstorganisiert zeitgenössische Kunst ausstellen); sie stößt kulturelle Umnutzungen leerstehender Gebäude an, unterstützt Studierende unterschiedlicher

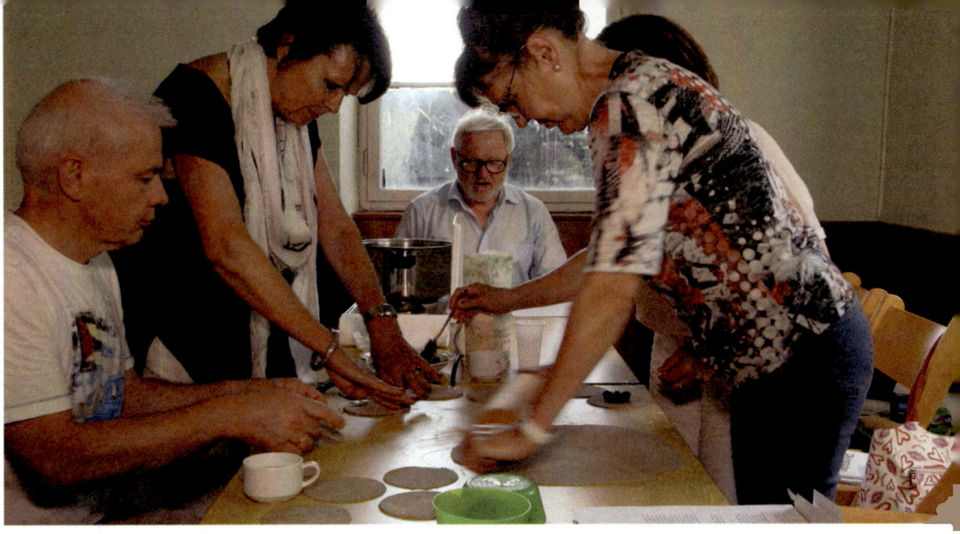

Abb. 3: Herbordt / Mohren: *Die öffentliche Probe*, 2016.

Fachrichtungen bei ihrer Feldarbeit in ländlichen Regionen, interveniert in Fachtagungen mit Entscheidungsträger*innen ebendieser Regionen und inszeniert Rituale neuer Dorfgemeinschaften. In der Verflechtung von vorgestellten und vorgefundenen Kontexten, in deren gleichzeitiger, tätiger Überschreitung und der Installierung von Kommunikationsplattformen für Beteiligte unterschiedlichen Alters, verschiedener sozialer und professioneller Herkunft, kann sich so eine dramaturgische Praxis als gesellschaftliches Handeln begründen.

Immer wieder ist ‚Die Institution' auch zu Gast in Theaterinstitutionen. Dann treffen sich z. B. tatsächlich existierende Gruppierungen – der Chaos-Computer-Club, ein Repair-Café, ein freies Radio, Debattier-Clubs oder Geschichtsvereine – und ‚spielen' Stadt. Mit Parlament, einem System alternativer Ökonomie, Geschichte und eigener Berichterstattung. Aber streng genommen spielen sie gar nicht, sondern tun, was sie sonst auch tun: kaputte Alltagsgegenstände reparieren, Geschichte erzählen, Dinge teilen und tauschen, Radioreportagen senden usw. Mittendrin drehen Performer*innen einen Dokumentarfilm. Was gefilmt wird, wird live auf die Zuschauertribüne übertragen. Und am Ende in einer zwölfminütigen Filmschnittfassung gemeinsam zur ersten und einzigen Aufführung gebracht – mit live gespieltem Soundtrack, durch einen örtlichen Flötenkreis geprobt und interpretiert.[8]

8 *Das Publikum* (UA: 29.04.2015, Theater Rampe Stuttgart, R: Herbordt / Mohren).

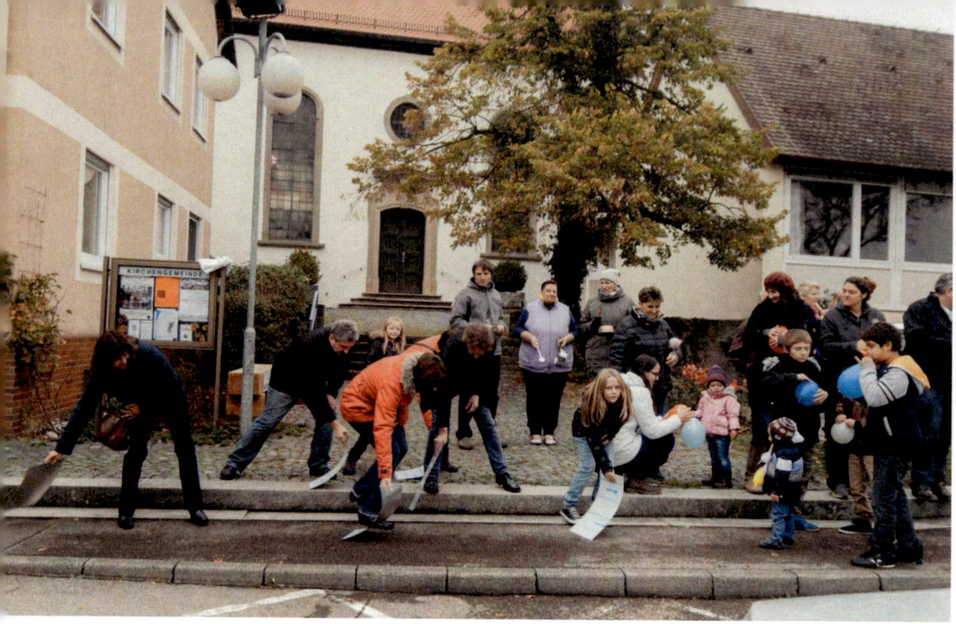

Abb. 4: Herbordt / Mohren: *Das Theater*, 2015–2017.

In Kraft gesetzt wird eine Dramaturgie als kollaborativer und nicht vorhersehbarer Prozess zwischen Akteur*innen teils widerstreitender Profession und Motivation. Hoheiten der Beschreibung werden vom Geschehen unterlaufen, ein ordnender Zugriff bleibt vorübergehend und wird immer als solcher markiert, Erzählungen reißen an einer Stelle ab und tauchen, transformiert, an ganz anderer Stelle wieder auf – bei wechselnden Autorschaften und Ausdrucksformen –, kleinere und größere Publikumsgruppen durchstreifen den Raum und verteilen ihre Aufmerksamkeit nach eigenem Dafürhalten. Wenn auch ein zeitliches Gerüst, veräußert in Licht-, Klang- und Bewegungsrhythmen, alles, was geschieht, zu rahmen versucht, bleibt die Verstrickung von Einzelereignissen letztlich doch flüchtig und unter den einzelnen Akteur*innen immer umstritten. Ganz wie die Infrastrukturen der Stadt das Leben in ihr rhythmisieren, aber nicht deuten können. Der dramaturgische Zugriff – als Akt der Verwaltung von Zusammenhängen – steht hier noch aus. Stattdessen wird ‚Die Institution' zum Bild einer städtischen (Nicht-)Ordnung. ‚Die Institution' erprobt eine Dramaturgie, die u. a. Unterscheidungen von künstlerischen und nicht-künstlerischen, materiellen und nicht-materiellen, sprachlichen und nicht-sprachlichen, wissenschaftlichen und nicht-wissenschaftlichen Prozessen gezielt übergeht.

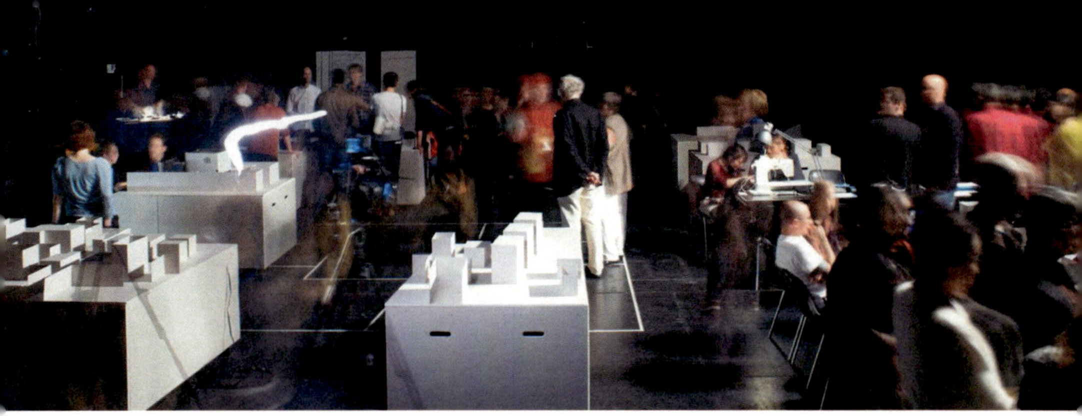

Abb. 5: Herbordt / Mohren: *Das Publikum*, 2015.

‚Die Institution' stellt auf Theaterbühnen das Theater in seinen architektonischen, organisatorischen und inhaltlichen Voraussetzungen selbst zur Disposition, sie gründet unentwegt neue Teilinstitutionen und zeitigt in ihnen, wie oben beschrieben, tatsächliche Auswirkungen. Ganz egal, ob es sie und ihre weiten Verzweigungen tatsächlich gibt oder nicht.

Kommen Sie. Kehren wir kurz zum Salon zurück. *Er lädt einige Zuschauer*innen ein, mit ihm an einem als ‚Salon' markierten Tisch Platz zu nehmen.* Hier endet gerade die konstituierende Sitzung des international besetzten, künstlerisch-wissenschaftlichen Beirats. Das Wort hat Prof. Dr. Emanuel Towfigh:

*Zu den eingeladenen Zuschauer*innen, nicht verstärkt:* Also, wir haben es hier mit einer realen Institution zu tun. Dass sie temporär ist, rettet sie nicht ins Universum der Unschuld oder in die Sphäre der Nicht-Verantwortlichkeit, denn wir wissen, dass alle Institutionen sich ändern (wie oft haben sich über die Zeitalter schon Grenzen verändert!) und schließlich vergehen.

Das bedeutet noch nicht, dass der Beirat dieser Institution auch real sein muss, jedenfalls nicht, wenn wir von den Wirkungen ausgehen. Allerdings lauschen Sie hier der Rede eines Beiratsmitglieds, einer real existierenden Person (wirklich – vielleicht haben Sie mich ja schon gegoogelt), eines Rechtswissenschaftlers; eine gewisse Wirkung zeitigt der Beirat also, selbst wenn die Rede inhaltlich, wie Sie unschwer erkennen, mit innerem Abstand geschrieben ist und die Repräsentation (was für ein scheußliches Konzept, meinen Armin und Emanuel einmütig!) durch einen Schauspieler es darauf anlegt, auch äußeren Abstand herzustellen.

Wir spielen hier Institution – alle. Es ist alles ausgedacht, ganz fiktiv. Und doch sind wir alle hier, ganz real. Also gibt es diese Institution doch. Sie ist verwirklicht. Unvollkommen, wie jede Institution, temporär, auch wenn sie das Gegenteil behaupten muss. So wie viele Institutionen nicht real werden, indem sie als real behauptet werden, so wird diese Institution nicht dadurch fiktiv, dass sie stets betont, fiktiv zu sein.

In diesem Sinne danke ich Ihnen, dass Sie mir und dem Beirat Ihre Aufmerksamkeit für diese Gedanken geschenkt haben. Sie haben es in der Hand, ob es den Beirat gibt, und vielleicht, ganz konsequent gesprochen, auch, ob es Armin Wieser und Emanuel Towfigh gibt. Wenn Sie weitergehen, als wäre nichts geschehen, verpuffen wir, wie imaginierte Grenzen. Dankeschön![9]

Das ist das Ende der konstituierenden Beiratssitzung. Vielen Dank, Prof. Dr. Emanuel Towfigh.

*Zu vorher eingeladenen Zuschauer*innen am Tisch und dem tatsächlichen Publikum:* Vielen Dank für Ihre Aufmerksamkeit. Ich werde nun ‚Die Institution' ganz offiziell für eröffnet erklären.[10]

Wenn der Schauspieler Armin Wieser ‚Die Institution' gleich mit einer Rede eröffnet haben wird, wenn anschließend auch die tatsächlich anwesenden Zuschauer*innen die Bühne betreten haben werden, sie mit ihm schlussendlich Südtiroler Tirtlen zubereiten, in Dokumenten aus der Vergangenheit, Gegenwart und Zukunft von ‚Die Institution' stöbern, alle gemeinsam eine eigens für ein leerstehendes Rathaus geschriebene Komposition von Bill Dietz aufführen und so eine erste Veranstaltung von ‚Die Institution' tatsächlich stattfindet, wird durch Armin Wieser Dramaturgie als gesellschaftliches Handeln und ein erweiterter Begriff von Theater vorgestellt und praktiziert worden sein: Das Theater wird seine angestammten Räume (nicht nur, aber auch) verlassen haben; es wird den Kreis seiner Beteiligten radikal vergrößert und ganz neue Formate der Begegnung erfunden haben; die Dramaturgien dieser Begegnungen (verstanden als die Inszenierung ihrer Voraussetzungen, die Orchestrierung ihrer Öffentlichkeiten und Gegenöffentlichkeiten) werden gesellschaftliche Transformationsprozesse begleitet und hervorgerufen haben.

9 Emanuel Towfigh: Beiratsstatement für *Der Monolog.*

10 *Der Monolog.*

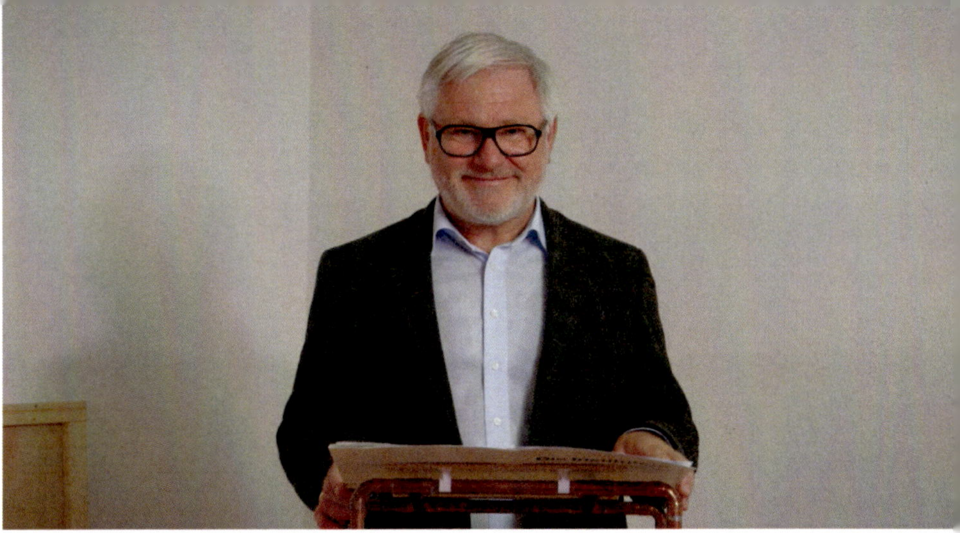

Abb. 6: Herbordt / Mohren: *Die öffentliche Probe*, 2016.

Sehr geehrte Frau Ministerin,
sehr geehrte Frau Staatssekretärin,
sehr geehrter Herr Bürgermeister,
liebe Vertreter*innen der Akademie,
liebe Vertreter*innen des Gründungsbeirats,
liebe Nachbar*innen,
liebe Künstler*innen,
liebe Freund*innen,
liebe Gäste,

guten Abend, herzlich willkommen. Mein Name ist – *Räuspern* – und ich habe eine Institution gegründet.

Gleich schließe ich diese erste kleine Eröffnungsfeier mit dem entscheidenden Satz des heutigen Abends. Allerdings nicht ohne vorher noch einmal zu betonen: Diese Institution ist Ihre Institution. Sie haben in der Hand, ob es das alles hier gibt. ‚Die Institution' gibt es nur, weil es Sie gibt. Eigentlich, aber das nur am Rande, gibt es also überhaupt keinen Unterschied zu allen anderen Institutionen, großen wie kleinen, politischen wie sozialen, Gemeinderäten, Schulen, Finanzsystemen oder Organisationsstrukturen zur Produktion von Kunst: Es ist ein Spiel mit Behauptungen, erfüllten und enttäuschten Erwartungen, vereinbarten Spielregeln und unserem Erfindungsreichtum, diese Regeln immer neu zu deuten.

Vor kurzem hat – 621 Kilometer nordwestlich von hier – eine Kollegin mit folgenden Worten ihre Vorstellung einer fantastischen Institution umschrieben: ‚Ich fordere Institutionen, die immer auch Kunst sind. Orte, so radikal verschieden, so mächtig in ihrer Überlagerung von Wirklichkeiten, dass diese politische Geste ihres Arbeitens die Menschen nachts schlaflos zurück und tagsüber an der Welt, in der sie leben, zweifeln lässt. Vielleicht werden sie sich dann eines Tages aus ihrem traumlosen Schlaf erheben und beschließen: Jetzt ist der Moment gekommen, alles zu ändern.‘[11]

Wir brauchen eine neue Erzählung. Von schrankenloser Gastfreundschaft, nachbarschaftlicher Teilhabe und dem Wunsch, gemeinsam zu lernen. Heute mehr denn je. Vielleicht ist dieses Haus dann eine Metapher dieser Notwendigkeit. Und unseres Vermögens, immer neue Erzählungen zu erfinden, die sich in der Lage zeigen, diese Notwendigkeit zu erfüllen.

Oder, wenn ich das nochmal in einem Satz aus meiner persönlichen Arbeitsgeschichte zusammenfassen darf: ‚Wenn wir Schatten euch beleidigt / O so glaubt – und wohl verteidigt / Sind wir dann –: ihr alle schier / Habet nur geschlummert hier / Und geschaut in Nachtgesichten / Eures eignen Hirnes Dichten.‘[12]

Und jetzt, endlich, vielen Dank für Ihre Geduld: ‚Die Institution‘ ist eröffnet!

Zwischen Bühne und Dorfplatz, Museum und Gebäudereaktivierung, Sommerakademie und fiktivem Gästehaus vervielfältigen sich die dramaturgischen Praktiken – in Form geteilter Autorschaften, neuer Beteiligungsstrategien, dem Durchschreiten künstlerischer und nicht-künstlerischer Wissensräume, multiperspektivischen und transdisziplinären Erzählformen – und wird ein radikal erweiterter Theaterbegriff auf die Probe gestellt. Die (institutionellen) Grundlagen des Entstehens von Kunst, von bürgerlichem Engagement und gesellschaftlicher Transformation werden dabei immer mitverhandelt. Der Rahmen ihrer Betrachtung wird kontinuierlich verschoben sowie ein gestaltender Zugriff auf das, was durch sie beobachtet werden kann, in Szene

11 Agnes Quackles: The Moment to Change. In: *Vooruit,* 14.03.2017 (Übers. Herbordt / Mohren). http://vooruit.be/en/magazine/detail/2361/De_BLAUWDRUK_statement_van_Agnes_Quackels (Zugriff am 29.05.2017).

12 William Shakespeare: *Ein Sommernachtstraum,* aus d. Engl. v. August Wilhelm Schlegel. In: *Projekt Gutenberg.* http://gutenberg.spiegel.de/buch/ein-sommernachtstraum-2169/10 (Zugriff am 29.05.2017).

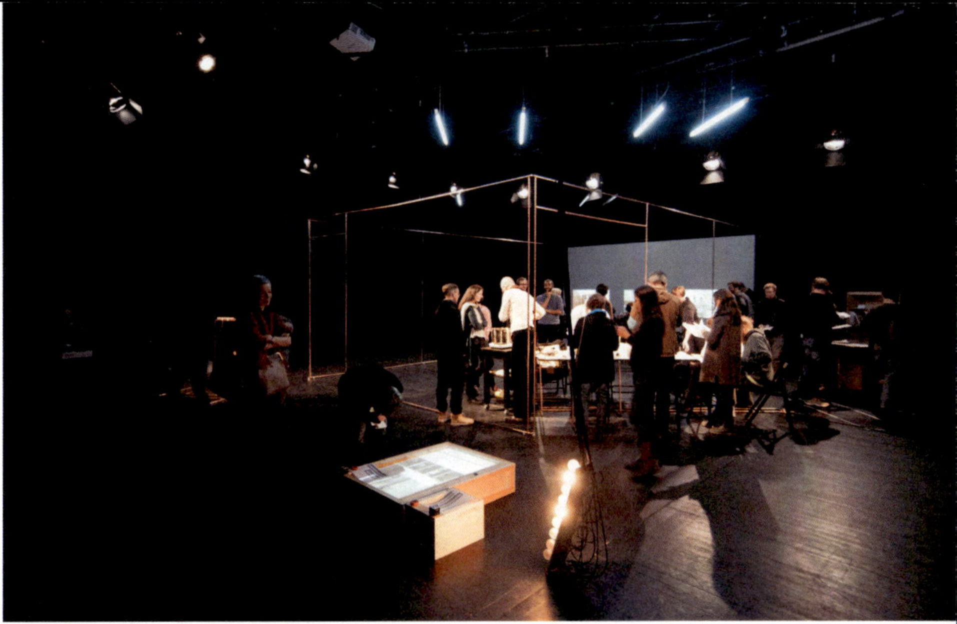

Abb. 7: Herbordt / Mohren: *Der Monolog*, 2017.

gesetzt. Andersmöglichkeiten von bestehenden Gesellschaftsstrukturen werden vorgestellt.

Aber was kann das alles für die Position und Praxis der Dramaturgie in einem allzu arbeitsteiligen Stadt- und Staatstheaterbetrieb heißen? Vielleicht gar nichts – weil sich die in diesem Text exemplifizierten Praktiken zu sehr von denen der großen Institutionen unterscheiden oder weil deren viel beschworenes Kerngeschäft keinen Raum für Umwege in entferntere Arbeits- und Wissensgebiete zulässt. Vielleicht kann aber auch ein Exkurs in die Architekturtheorie, zum Entwurf einer kritischen Raumpraxis von Markus Miessen, einen produktiven Neuanfang der Standortbestimmung ‚Dramaturgie', die Notwendigkeit solcher Umwege gerade an Stadt- und Staatstheatern herausfordern:

> Was heute gebraucht wird, ist eine erneute Einführung der kritischen Infragestellung des Wertes, der Positionen und der vergänglichen Natur des politischen Engagements, die im Inneren der Institution und gegen sie unternommen wird. Im Laufe dieses Weges sollte eine alternative Lesart der Partizipation und dessen, was mit ihr zusammenhängt, skizziert werden, eine Lesart, die sich vom Performer zum proaktiven Enabler bewegt, jenseits der von Event angetriebenen Realitäten einer

> bestimmten Kunstproduktion rund um gesellschaftliche Situationen, hin zu einem direkten und persönlichen Engagement und zur Stimulierung spezifischer Realitäten in der Zukunft. Das kann nur dadurch erreicht werden, dass man die Falle vermeidet, in einem Milieu, wie etwa in der Kunstwelt, oder einem einzigen politischen Projekt stecken zu bleiben. Menschen haben Füße, um sich zu bewegen und nicht um stehenzubleiben. Sonst wären sie Bäume. Das muss auch zu einer vom Inhalt und von der Agenda angetriebenen nomadischen Praxis, die von kritischen Untersuchungen getragen wird, und zu einer außer-diskursiven Position führen, bei der man ein Milieu verlässt, damit man es auf andere Weise wieder betreten kann.[13]

Es könnte also um Migrationsbewegungen zwischen den Schauplätzen, Milieus, Diskursen und Wissensgebieten gehen. Darum, wie ein *crossbencher* – so heißen parteiunabhängige und nur dem eigenen Gewissen verpflichtete ‚Querbänkler' in einigen Parlamenten englischsprachiger Nationen, dort auch räumlich zwischen den Bänken von Regierung und Opposition verortet – agieren zu können: unabhängig, keinem vorgegebenen Protokoll oder zu erzielenden Konsens verpflichtet.[14] Theater (und ihre Repräsentant*innen) können das, sobald sie ihr eigenes Milieu verlassen und z. B. gemeinsam mit einer ortsansässigen Bürgerinitiative den zentralen Platz eines kleinen Dorfs gestalten.[15] Dramaturg*innen (und ihre Praktiken) können das, sobald sie grundlegende Handlungsfreiheiten in ihren Institutionen wieder entdecken, sobald sie beginnen zu nomadisieren, zwischen den Kontexten und Gruppeninteressen, innerhalb wie außerhalb ihrer Institutionen. „It proposes a way of acting, in other words a practice, which operates on the basis of alternative and self-governing political parameters"[16], führt Markus Miessen aus. Auf Grundlage eines alternativen, selbstentworfenen Verständnisses von Dramaturgie, jenseits von Kanonverwaltung und standardisierter Vermittlung, könnte im Sinn der hier vorliegenden Überlegungen ergänzt werden. Armin Wieser: „Wagen wir, was wir noch nicht beherrschen. Lernen wir

13 Markus Miessen: *Albtraum Partizipation*. Berlin: Merve 2012, S. 205–206.

14 Markus Miessen baut seine alternative Lesart der Partizipation auf der Beobachtung der *crossbencher* auf. Vgl. Miessen: *Crossbenching*.

15 *Das Theater* (UA: 25.10.2015, Michelbach an der Lücke / Theater Rampe Stuttgart, R: Herbordt / Mohren).

16 Federica Bueti: Crossbenching – Interview with Markus Miessen. In: *Common. Journal für Kunst und Öffentlichkeit*, 18.07.2013. http://commonthejournal.com/journal/konjunktur-und-krise-no-2/crossbenching-interview-with-markus-miessen / (Zugriff am 29.05.2017).

voneinander! Und, was vielleicht noch wichtiger ist, ver-lernen wir miteinander, was wir allzu sicher zu beherrschen glauben! Fangen wir noch einmal von vorne an."[17] Es geht darum, die strukturelle Verfasstheit von Theaterinstitutionen (und die Position der Dramaturgie darin) zu befragen und eine dramaturgische Praxis zu entwerfen, die nicht zögert, ihr angestammtes Handlungsrepertoire, die Architekturen, in denen es sich entfaltet, Bestimmtheiten ihrer Formate und Ausschlussmechanismen zu hintergehen, um gleichzeitig das Medium Theater als vielsprachige Schnittstelle zwischen Individuum und Gesellschaft zu stärken. Hier können Dramaturgien tätig werden, auch wenn – vielleicht in Fortschreibung der ‚Querbänkler' – die Bezeichnung ihrer Praktiken zumindest vorübergehend neu erfunden werden müsste.

17 *Die öffentliche Probe.*

51% 07:55

heddalicious91

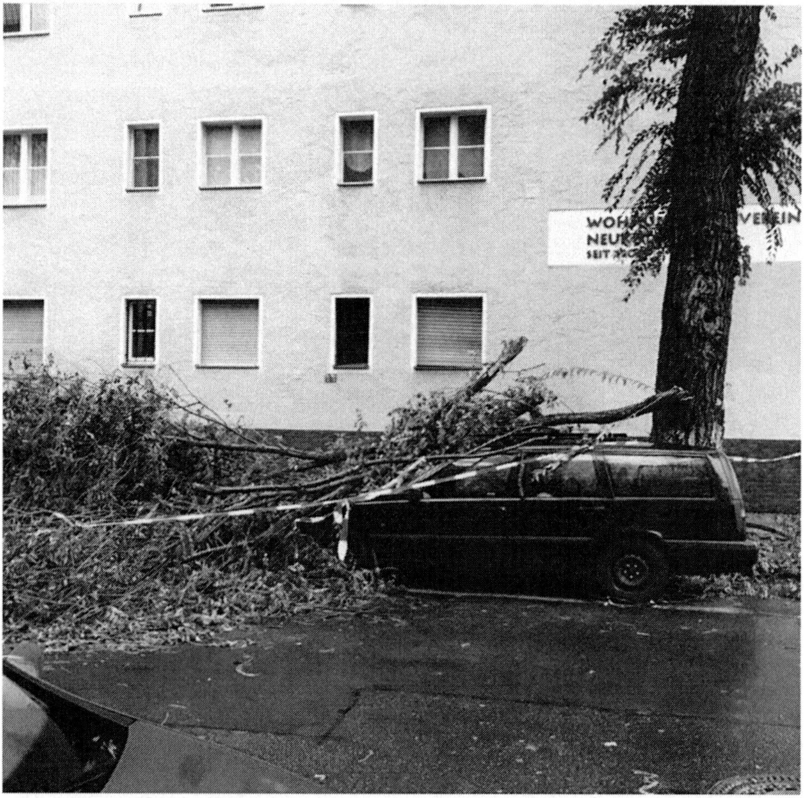

Gefällt **lina.mareike**, **nadved** und **1 weitere Person**

heddalicious91 Schließlich muss man sich erst einmal an alles #neue gewöhnen, nicht wahr? So #nachundnach .

26. OKTOBER

Hofmann&Lindholm

Durchgangszimmer mit offenem Ausgang

Ein Stuhl. Ein Tisch,
darauf eine Schale mit Obst,
eine Tasse
oder ein Aschenbecher.
Daneben das aufgeschlagene Buch,
dessen Silhouette im Halbdunkel an einen Koffer denken lässt.
Man erahnt: eine Kammer
mit einem großen Herd,
der zugleich als Ofen dient.
An der einen Wand, rechts vom Betrachter, steht ein Bett
und unter dem Fenster eine Kommode mit breiten Schubladen.
1967. Ein Arbeitszimmer.
In der Schreibmaschine klemmt ein Blatt Papier.
Straßengeräusche sind zu hören.
Die über die Stuhllehne geworfene Jacke lässt vermuten,
dass sich jemand in der Nähe aufhält,
den Raum kurz zuvor verlassen hat
oder sich ebenfalls im Zimmer befindet.
Von der Zigarette im Aschenbecher zieht Rauch auf.
Oder es ist der Dampf eines warmen Getränks.
An der Wand ein Bücherregal,
das an die 700 Werke –
überwiegend naturwissenschaftliche Schriften – versammelt.
Ölgemälde. Porträtfotografien.

Die Mutter. Der Vater.
Die Kollegin, der die Lehrbefugnis entzogen wurde
und die 1938 nach Schweden emigrierte.
Linker Hand: Ein dunkler Ledersessel.
Man meint in dem Raum eine Art Labor zu erkennen,
Apothekerschränke, Tische mit Reagenzgläsern,
ein Bakteriologe,
der sich 1929 zum Selbstversuch entscheidet.
Man erahnt einen Saal,
der jenem zu gleichen scheint,
in dem sich 1993 die Mitglieder einer Sekte,
das Ende der Zeit vor Augen, belagert von der Polizei,
in die Luft sprengen:
schlicht, schmucklos, leer – abgesehen von den Schlafsäcken vor den Wänden.
Man vermutet einen Raum,
hell und durchlässig wie das Flugkontrollzentrum in Ramstein 1988,
kurz vor dem Aufprall.
1959. Eine Stallung,
an der Decke hängt ein Ventilator
und gleichmäßig daran verteilt: drei Fliegenfänger.
Eine Mansarde, 1930.
Am Tisch sitzt der Autor
und beschreibt die „einmalige Erscheinung einer Ferne, so nah sie sein mag".
Ein Behandlungszimmer,
in dem 1918 ein Lazarettarzt bei einem oberösterreichischen Gefreiten,
der sich während einer Schlacht in Flandern eine Senfgasvergiftung zuzog
und bei Bekanntwerden der deutschen Kapitulation in Depression verfiel,
eine sogenannte hysterische Erblindung diagnostiziert
und mit Hilfe von Hypnose behandelt.
Den Hintergrund dominiert ein Fenster, vor dem das Nachbargebäude aufragt.
Eine Fabrik. Ein Wohnhaus. Die Staatskanzlei.
Man erahnt ein Wohnzimmer,
ein Ensemble aus Sesseln, Stühlen und einem Couchtisch,
davor die Frau des Altbundeskanzlers,
die 1998 hinter dem geschlossenen Fenstervorhang steht

und sich an den Bombenangriff auf Dresden erinnert.
Ein Tisch. Ein Stuhl, ein Heizkörper,
auf dem Fenstersims stapeln sich Zeitungen
oder Briefe. Man erahnt:
ein Durchgangszimmer mit mehreren Zugängen.
Durch eine offene Tür im Hintergrund links
meint man einen Hausflur zu erkennen,
ein Treppenhaus,
die angrenzende Küche oder Vorratskammer,
das Amtszimmer, das 1985 der Personenüberwachung dient.
Gegenüber der Tür hängt ein Schlüsselbrett,
daneben steht ein Sekretär
oder die Dame des Hauses.
Die Lampe wirft einen schwachen Schein auf den Linoleumboden.
Und auf eine Tasche,
die in einer Ecke des Raumes abgestellt wurde.
Zur Linken: ein Spiegel, der den Betrachter zeigt.
Straßengeräusche sind durch das Fenster zu hören.
Und der Klang von quietschenden Sohlen.
Man erahnt die Garderobe einer Turnhalle in München,
in der sich 1972 ein israelischer Sportler auf den nächsten Tag vorbereitet.
Ein Labor in Petersburg.
Man hört 1905 eine Glocke schlagen
und Hunde, die aufspringen.
1940. Der Klang der Blutzirkulation eines Komponisten
im schalltoten Raum der Universität Harvard.
In der Mitte befindet sich ein einfacher Schreibtisch,
links und rechts davon: Regalbretter.
Das Mobiliar aus unbehandeltem Holz und einige ausgewählte Bücher
erinnern an die Hütte des Philosophen in Todtnauberg,
während dieser im Dezember 1927 am Fenster steht,
einer Mondfinsternis beiwohnt
und die eigene Abwesenheit bedenkt.
Man vermutet einen Raum,
konturlos und zuverlässig wie das Büro
der Autobahnmeisterei Overath, 1973,
während des ersten Sonntagsfahrverbots in der BRD.
Ein Raum, in dem ein Feldmarschall 1919 die Dolchstoßlegende in die Welt
setzt

und 1983 der Meter in Paris neu definiert wird.
Im Vordergrund ein geknüpfter Teppich,
auf dem sich 1912 ein kapitaler Käfer in Gregor Samsa verwandelt.
Linker Hand: Ein niedriger Schrank. Zweitürig.
Eine Glasvitrine. Mit unzähligen Präparaten.
Zur Erinnerung.
Eine Sammlung von Dingen, die Staunen hervorrufen
oder Entsetzen
und deren Herkunft bis zum heutigen Tag ungeklärt ist.
Versteinerungen. Reste.
Ein Wolpertinger.
Ein Steinboden. Keramikfliesen.
Oder Dielen, die von der Stirnseite auf den Betrachter zulaufen.
Ein Tisch, ein Stuhl,
eine über die Lehne geworfene Jacke,
ein Bett.
Decken und Kissen.
Man erahnt: einen Schlafraum,
Flügeltüren und einen Kleiderschrank.
An der Wand rechts hängt ein großformatiges Bild,
gegenständlich gemalt,
man meint, es bereits gesehen zu haben,
1925, andernorts.
Links steht ein Paravent, der den rückwärtigen Bereich verdeckt.
Schemenhaft zeichnet sich hinter dem Raumteiler eine Lampe ab.
Eine Garderobe. Ein stummer Diener.
Man denkt an ein Apartment.
Mit Küchenzeile und Einbauschrank.
An ein Hotelzimmer.
Durch die geöffnete Tür
– zur Rechten –
entdeckt man 1987 eine geflieste Badewanne in Genf.
Eine Krawatte.
Im Vordergrund steht ein Beistelltisch,
eine Flasche, ein Glas, die Blumenvase.
Ein dunkler Ledersessel,
in dem 1946 eine ältere Dame den ersten künstlich herbeigeführten Schneefall im Bundesstaat New York bewundert.

In dem ein Physiker 1952 ein Telefonat entgegennimmt,
in dem der Satz „Es ist ein Junge“ fällt,
der ihm zu verstehen gibt,
dass wenige Minuten zuvor die von ihm entwickelte Wasserstoffbombe erfolgreich gezündet wurde.
Eine breite Glasfront gibt den Blick auf die Bühne frei.
Technische Geräte. Ein Pult, ein Mikrofon.
Man erahnt einen Raum,
der der Inspizientenkabine der Deutschen Oper gleicht,
während der Schah und seine Frau 1967 in Berlin der *Zauberflöte* lauschen
und ein junger Mann, keine 500 Meter entfernt, auf einen Polizisten trifft.
Eine Gefängniszelle.
Das schlichte Ensemble besteht aus einem Bett
und zwei ungleichen Stühlen,
auf denen 1983 der „Stellvertreter Christi“ und sein Attentäter einander gegenüber sitzen.
Eine Galerie.
Vor dem Fenster links,
vor Zeichnungen und einigen Skizzen,
erklärt ein Mann in weißem Hemd 1964 dem Hasen die Bilder.
An der Wand rechts eine Tafel,
auf dem Boden die Kreidespuren.
Der Raum ähnelt jenem Zeichensaal der Wiener Akademie,
in dem 1907 das Talent eines 18-jährigen Bewerbers aus Braunau
auf die Probe gestellt wird
und an den Prüfungsaufgaben –
„Mondnacht“, „Landsknechte“, „Kain erschlägt Abel“
– scheitert.
Den Hintergrund dominiert ein Fenster ohne Ausblick: Der zweite Weltkrieg.
Im Vordergrund die Wendeltreppe,
weiß getünchte Wände,
ein Spind, eine Nische, ein Beichtstuhl 1963.
Ein Matratzenlager.
Eine Umkleidekabine.
Eine Dunkelkammer. Ein Heim,
dessen Atmosphäre an die Zwillinge erinnert.
Ein Tisch, ein Stuhl,
eine Plastiktüte.

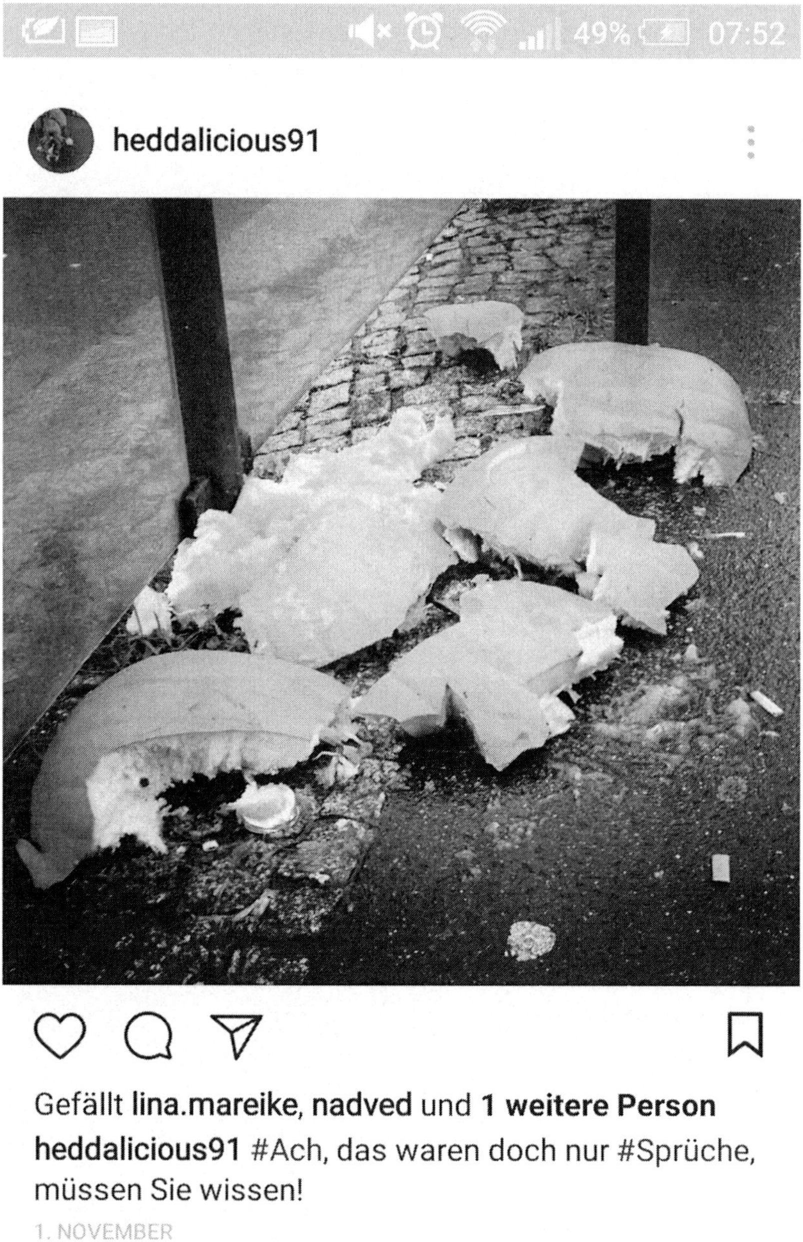
49%
07:52
heddalicious91
Gefällt lina.mareike, nadved und 1 weitere Person
heddalicious91 #Ach, das waren doch nur #Sprüche, müssen Sie wissen!
1. NOVEMBER

Jan Deck

Dramaturg*innen als Amateur*innen zwischen Nicht-Perfektem und Fürsorge

Begriffe wie Dilettant*in, Laie, Amateur*in sind in den darstellenden Künsten seltener Beschreibungen als Beschimpfungen. Bestimmte künstlerische Positionen charakterisiert man damit als unzureichend, schlecht gemacht, unprofessionell oder auf sonstige Weise unterhalb eines scheinbar feststehenden Niveaus an künstlerisch-praktischer Bühnenkompetenz. Selbst wenn man davon ausgeht, dass es Qualität von Kunst jenseits subjektiver Geschmacksurteile gibt – interessant an solchen Verunglimpfungen ist die damit einhergehende Behauptung eines objektiven Kriterienkatalogs, der keiner Rechtfertigung bedarf, sondern einfach als das ‚Richtige' vorausgesetzt wird. Professionalität scheint den wichtigsten Stellenwert zu besitzen, zumindest zur Schau gestellte Professionalität, bei der das sogenannte handwerkliche Können des Theaterspiels im Mittelpunkt steht, denn nicht immer ist der Darbietung genau zu entnehmen, ob es sich um Berufskünstler*innen handelt. Schon oft habe ich die Verwirrung von Zuschauenden wahrgenommen, die nicht zu wissen scheinen, ob auf der Bühne Profis stehen oder nicht.

Doch was sind Kriterien für Professionalität? Zunächst einmal, dass die Person von dem Beruf, den sie gewählt hat, leben kann. Das ist jedoch ein zweifelhaftes Kriterium, denn selbst sehr gut ausgebildete, erfolgreiche Künstler*innen können nicht immer von ihrer Kunst leben. Nicht selten müssen sie andere, kunstferne Tätigkeiten ausüben, um nicht gezwungen zu sein, vordergründig massentaugliche Kunst zu machen. Ein zweites Kriterium ist die professionelle Ausbildung an einer Akademie oder Hochschule. Doch auch hier dürfen Zweifel angemeldet werden, nicht alle Personen ohne Schauspielausbildung an einer staatlichen Hochschule sind unprofessionell. Und nicht selten prägen die Sichtweisen der Auswählenden Kriterien des 19. Jahrhunderts, man sucht ‚jugendliche Helden' oder ‚Gretchen'. Deshalb haben es People of Color noch immer schwer, dort angenommen zu werden, müssen auf private Schulen ausweichen, die per se einen schlechten Ruf in der Szene haben. Auch entscheiden oft eher subjektive Eindrücke als objektive Kriterien. Und die unglaublich große Zahl an Autodidakt*innen unter etablierten Künstler*innen scheint der Notwendigkeit künstlerischer Ausbildung ohnehin die Legitimität zu entziehen. Ein drittes Kriterium ist die Beherrschung eines sogenannten künstlerischen Handwerks – vielleicht auf den ersten Blick das logischste Kriterium. Denn muss man nicht etwas ‚können', um als Künstler*in gelten zu dürfen? Tatsächlich beginnt der Unterricht in den meisten Kunstsparten mit dem Erlernen ‚handwerklicher' Fähigkeiten. Doch liegt der Unterschied zwischen Handwerk und Kunst nicht letztendlich genau darin, diese Fähigkeiten wie einen flexibel nutzbaren Werkzeugkasten zu behandeln, mit dem man immer Neues ausprobieren kann, statt sie wie in einer Handwerkszunft patentieren zu lassen und damit zu zementieren? Ist nicht die Qualität zumindest zeitgenössischer Kunst darin zu finden, diese als Handwerk bezeichneten Fähigkeiten immer wieder in Frage und zur Disposition zu stellen, ein Spiel mit ihnen zu veranstalten, sie mit außerkünstlerischen Praktiken zu vermischen, sie bewusst zu ignorieren und vieles andere, statt einem Reinheitsgebot zu huldigen? Und ist es nicht gerade der Charakter von sogenanntem Amateurtheater bzw. Laienspiel, einem Ideal des handwerklich gut gemachten, klassischen Theaters so nahe wie möglich zu kommen und daran elegant zu scheitern?

Die Frage nach der Professionalität hat sich mir immer wieder gestellt. Zum einen als Künstler, der immer wieder mit zeitgenössischen Theaterformen experimentiert, ohne jemals eine künstlerische Ausbildung gemacht zu haben. Ich selbst bin also ein klassischer Autodidakt. Zudem arbeite ich seit einigen Jahren als Dramaturg an Projekten, in denen Nicht-Profis in einem professionellen Kontext auf der Bühne stehen. Und nicht zuletzt beschäftigt ich mich in den vergangenen Jahren ziemlich viel mit Theaterprojekten, bei denen Kinder und Jugendliche von zeitgenössischen Künstler*innen als Expert*innen ihres Alltags inszeniert werden. In all diesen Bereichen erschien mir die Abwesenheit künstlerischer Ausbildung nicht als Mangel, sondern eher als Qualität. Dennoch stellt sich die Frage, wie diese Erkenntnis mit dem Anspruch professionellen Arbeitens in Einklang zu bringen ist.

Professionalität als Ideal von Theater ist aber auch an sich eine zweifelhafte Kategorie. Dies bereits deshalb, weil die Profession Berufsschauspieler*in noch ziemlich jung ist. Eine staatliche Ausbildung gibt es in Deutschland erst seit dem 20. Jahrhundert, davor war *learning by doing* der gängige Weg. So war es auch in anderen Ländern, selbst beim einflussreichen russisch-sowjetischen Schauspieltheoretiker Konstantin Stanislawski.[1] Doch wie wird im zeitgenössischem Theater ein professioneller Anspruch geltend gemacht, wenn nicht Handwerk, Ausbildung und finanzielle Auskömmlichkeit als Kriterien geltend gemacht werden können? Dieser Text stellt dem gängigen Verständnis drei Gegenthesen entgegen. Erstens: Entscheidend dafür, ob Kunst im zeitgenössischen Sinne als professionell betrachtet werden kann, ist die künstlerische Haltung. Zweitens: In den darstellenden Künsten, in denen nicht der dramatische Text im Zentrum steht, wird die künstlerische Haltung durch ein verändertes Verständnis von Dramaturgie repräsentiert. Und drittens: Gegensätze von Professionalität und Laien/Amateur*in/Dilettant*innen sind dabei nicht nur unbrauchbar, sondern kontraproduktiv.

Ein populäres Missverständnis von zeitgenössischer Kunst ist, dass es um die ausschließliche Kreation von ‚Neuem' ginge, um beständige Innovation. Hinter diesem Kunstverständnis verbirgt sich das moderne teleologische Weltbild, dem zufolge historische Prozesse durch beständige, logische Weiterentwicklung gekennzeichnet sind. Mein Verständnis von zeitgenössischer Kunst fokussiert hingegen die Widersprüchlichkeit. Die Tradition und die Erneuerung gehen paradoxe Bindungen ein. Alle existierenden Formen sind prinzipiell miteinander kombinierbar, aufeinander verweisbar oder in potenziellem Dialog, manchmal kann eine Verwendung traditioneller künstlerischer Mittel in einem anderen Zusammenhang Innovationseffekte erzeugen. Das hat auch mit meinem Verständnis gesellschaftlicher Verhältnisse zu tun. Statt einer Geschichtslogik Glauben zu schenken, verstehe ich sie als Produkt eines bestimmten temporären Kräfteverhältnisses, das sich immer wieder verändern kann. Unterschiedliche Akteur*innen mit eigenen Interessen und Positionierungen im gesellschaftlichen Diskurs befinden sich in einem Kampf um Macht, Vorherrschaft über materielle Ressourcen und Diskurshoheit. Kunst ist ein Faktor in diesem Feld, denn die sogenannte kulturelle Hegemonie, also die Deutungshoheit über die Gesellschaft, ist durchaus auch von künstlerischen Positionen geprägt und findet sich in ihnen wieder. Nun scheinen

1 Jens Roselt: In Erscheinung treten. Zur Darstellungspraxis des Sich-Zeigens. In: Miriam Dreysse / Florian Malzacher (Hrsg.): *Experten des Alltags. Das Theater von Rimini Protokoll.* Berlin: Alexander 2007, S. 46–64, hier S. 48–49.

Zweifel an der Wirkmächtigkeit von Theater natürlich mehr als angebracht. Aber auch das kann sich immer verändern, denn selbst wenn das Konzept von Theater als Aufklärung derzeit eher keine politische Brisanz besitzt, haben die darstellenden Künste als Institutionen, als Ort von Arbeit und Gemeinschaft oder als Raum mit bestimmten Regeln und Möglichkeiten durchaus politischen Charakter. Denn sie produzieren wie andere gesellschaftliche Formen der Kommunikation historisch spezifische Dispositive, also Regelwerke und Ordnungsweisen, die wiederum mit den gesellschaftlichen Dispositiven ihrer Zeit verknüpft sind. Deshalb kann die virtuose Verwendung künstlerischen Handwerks kein ausreichendes Kriterium sein, vielmehr ist wichtig, wie sich Kunstwerke und ihre Akteur*innen im Kampf um kulturelle Hegemonie positionieren, wie die von ihnen hervorgebrachten Regelwerke, Raumanordnungen, Arbeitsverhältnisse, Ein- und Ausschlüsse in Beziehung zu diesen gesellschaftlichen Verhältnissen stehen. Diese Positionierung bezeichne ich als künstlerische Haltung. Dazu kommt, dass sich zeitgenössische Kunstwerke im Kontext der eigenen Zeit sehen und sich auf alle künstlerischen Formen bis zu dem Zeitpunkt, an dem sie produziert wurden, beziehen. Danach gehen sie selbst ins Verweissystem Kunst ein und werden Bezugspunkte für alle weiteren künstlerischen Produktionen. Die künstlerische Haltung reflektiert also gleichermaßen den zeitlichen, diskursiven, politischen und ökonomischen Kontext ihrer Arbeit, der sie implizit oder explizit beeinflusst, wie auch den Kontext der eigenen künstlerischen Mittel. Die künstlerische Haltung positioniert in diesem Verständnis das Kunstwerk in diesem Kontext. Diese Positionierung meint nicht eine aufklärerische Kritik, sondern eine Wahl der eigenen Mittel, Praktiken, Arbeitsweisen und Materialien.

Bei zeitgenössischen Theaterformen jenseits der Fokussierung auf einen dramatischen Text nimmt Dramaturgie die Rolle der künstlerischen Haltung ein in dem Sinne, dass dramaturgisches Denken die Regeln des Theaters immer wieder neu zur Disposition stellt, da alle Theatermittel erstmal als Werkzeug betrachtet werden. Das war nicht immer so, denn die Qualitäten klassischer Dramaturgie sind charakterisiert durch die intellektuelle Einordnung eines Dramas in seinen zeithistorischen Kontext, um aus dieser Bezugnahme Ideen für dessen aktuelle Inszenierung zu generieren.[2] Dramaturgisches Denken

2 So betont beispielsweise Christel Weiler, der Begriff Dramaturgie ziele auf das „Wissen um und die Kenntnis der semantischen Dimension wie auch der strukturellen Gesetzmäßigkeit und Regelhaftigkeit von Texten", die dazu geschaffen seien, in eine Bühnenhandlung transformiert zu werden. (Christel Weiler: Dramaturgie. In: *Metzler Lexikon Theatertheorie*, hrsg. v. Erika Fischer-Lichte / Doris Kolesch / Matthias Warstat. Stuttgart / Weimar: Metzler 2005, S. 80–83, hier S. 80.)

war demnach beschränkt auf die Zuarbeit zu Regie und Text und konnte sein Potenzial nicht ausschöpfen. In zeitgenössischen Theaterformen zirkuliert dramaturgisches Wissen und Denken zwischen allen an einem künstlerischen Prozess Beteiligten. Postdramaturgische Dramaturgie, abgekürzt Postdramaturgie, reflektiert die Situiertheit performativer Arbeiten im Rahmen gegebener Arbeitsweisen, künstlerischer Methoden und ästhetischer Konzepte genauso wie im Rahmen gesellschaftlich-wissenschaftlicher Diskurse oder zeithistorischer Kontexte. Dabei meint Postdramaturgie im Gegensatz zur klassischen Dramaturgie nicht das Primat einer Ordnung, sondern vielmehr die Reflexion von ordnenden oder nicht-ordnenden Prinzipien. Es gibt deshalb nicht die eine Postdramaturgie, sondern verschiedene Dramaturgien des Postdramaturgischen.

Zurück zur Frage der Professionalität: Jens Roselt weist darauf hin, dass der heutige Berufsschauspieler ein Kind des literarisierten Theaters sei, bei dem der Dienst am Text im Mittelpunkt der schauspielerischen Arbeit stehe.[3] Meine These führt diesen Gedanken weiter: Postdramaturgien sind in besonderem Maße durch den Einbruch der Nicht-Professionalität auf die Bühne beeinflusst. Dieser Text versucht diese These zu erläutern. Zwischen 1995 und 2005 hat sich diesbezüglich viel getan. In der Freien Theaterszene Deutschlands sind andere Figuren auf den Bühnen erschienen: Professionelle Laien, Dilettant*innen und Amateur*innen. Sie haben Theaterkonventionen auf den Kopf gestellt.

I. Nicht-Profis als Laien

Nicht-Profis im Theater nennt man nicht selten Laien. Dieser Begriff, der aus dem christlich-kirchlichen Umfeld stammt, scheint mir für das Verständnis treffend zu sein. Laien sind in der römisch-katholischen Kirche alle Gläubigen ohne Priesterweihung. Sie können in der Amtskirche bestimmte Aufgaben übernehmen, beispielsweise Lektoren-, Kantoren- oder Ministrantendienste, die Verkündung der kirchlichen Lehre oder Seelsorge und Kirchenverwaltung. Aus dem heiligen Alltagsgeschäft der Priester werden sie jedoch ausgeschlossen, da ihnen der göttliche Segen der Priesterweihe fehlt.[4] Ähnliche Haltungen gegenüber Nicht-Profis findet man auch im klassischen Theater.

3 Roselt: In Erscheinung treten, S. 50.

4 Georg Bier: Partner oder Helfer? Strukturen der Mitwirkung in der römisch-katholischen Kirche. In: *Wir sind Kirche*, Februar 2016. https://www.wir-sind-kirche.de/files/002497_GR_Laien_Bier_Silber.pdf (Zugriff am 16.07.2017).

Wenn sogenannte Laien die Bühne betreten, bleiben ihnen bestimmte Rollen, meist die der Statisterie, sie dürfen eher Dekors als Mittelpunkt sein, bestenfalls Stichwortgeber*innen, sozusagen Ministrant*innen im Theater.
Für viele war es daher fast ein Sakrileg, als in den letzten 20 Jahren Laien die Bühne eroberten und die heiligen Kathedralen des Theaters entweihten. Vor allem, weil sie plötzlich im Zentrum der Aufmerksamkeit standen und damit die klaren Grenzen zwischen Professionalität und Nicht-Professionalität grundsätzlich infrage stellten. Als Rimini Protokoll in den meisten ihrer Arbeiten darauf verzichteten, mit Schauspieler*innen zu arbeiten, folgte das einer bestechenden Logik. Ihre Recherchen zu gesellschaftlichen Fragestellungen machten es notwendig, auf Expert*innen des Theaters weitestgehend zu verzichten und stattdessen Expert*innen des Alltags zu präsentieren: Expert*innen für „bestimmte Erfahrungen, Kenntnisse, Fähigkeiten"[5]. Es ging und geht darum, so Florian Malzacher, die Protagonist*innen von Rimini Protokoll nicht an dem zu messen, was sie nicht können (schauspielen), sondern an dem Grund, warum sie auf der Bühne stehen: Sie sind Profis in dem Bereich, um den es geht.[6] Damit stellten Rimini Protokoll das Verständnis der Rollen von Laien und Profis auf den Kopf. Ein Theaterprofi hätte nur dilettantisch über das Thema der Produktion sprechen können. Der Status des Theaterlaien ist also eher eine Stärke als Schwäche. Das Nicht-Können in Bezug auf die Rituale des Theaters wurde bei Rimini Protokoll, zumindest in ihren frühen Arbeiten, nicht überspielt, sondern geradezu ausgestellt. Da die Expert*innen des Alltags keine klassischen Schauspieltechniken beigebracht bekamen, kennzeichnete ihre Auftritte das Nicht-Perfekte. Denn auf der Bühne standen ja gerade keine Akteur*innen, die sich ungebrochen in den theatralen Rahmen des Dispositivs Theater einfügen. Doch diese Auftritte von Nicht-Profis wurden nicht dem Zufall überlassen, sondern exakt dramaturgisch reflektiert und inszeniert. So entstanden Dramaturgien des Nicht-Perfekten, die ständige Suche nach neuen Möglichkeiten, das Nicht-Perfekte performativ zu nutzen, um das Dispositiv Theater immer wieder neu herauszufordern.
Doch auch wenn die Nicht-Profis mit ihrem Wissen und Nicht-Können ausgestellt werden, geht es nicht darum, sie lächerlich zu machen oder zu benutzen. Dramaturgien des Nicht-Perfekten brauchen deshalb ein Pendant: Dramaturgien der Fürsorge. Dabei geht es nicht darum, bestimmte Themen oder

5 Florian Malzacher: Dramaturgien der Fürsorge und der Verunsicherung. Die Geschichte von Rimini Protokoll. In: Ders. / Dreysse (Hrsg.): *Experten des Alltags*, S. 14–43, hier S. 23.
6 Ebd.

Darstellungsformen auszuschließen, um die Nicht-Profis in einem möglichst günstigen Licht zu zeigen. Es kann auch nicht darum gehen, ihre performativen Fähigkeiten und Kompetenzen in den Fokus zu rücken. Das würde nicht nur der Logik von Talent- und Superstarshows entsprechen, sondern auch auf viel stärkere Weise den Unterschied zu Theaterprofis markieren. Dramaturgien der Fürsorge ermöglichen Dramaturgien des Nicht-Perfekten. Es geht dabei nicht darum, sie davor zu bewahren, ausgestellt zu werden, sondern dieses Ausstellen erst zu ermöglichen, ohne die Nicht-Profis dabei als mangelhafte Akteur*innen dastehen zu lassen. Man kommt ihren Persönlichkeiten, ihren Schwierigkeiten mit der Situation oder ihren persönlichen Grenzen durch dramaturgische Tricks entgegen. So ermöglicht man, dass sie sich umso mehr auf das einlassen, was man wirklich von ihnen zeigen möchte. Nach Florian Malzacher haben Rimini Protokoll Dramaturgien der Fürsorge bereits bei ihrem Projekt *Kreuzworträtsel Boxenstopp* (2000) entwickelt. Bei diesem Projekt arbeiteten sie mit vier älteren Damen und erforschten die Ähnlichkeiten zwischen Formel-1-Rennen und Altersheimen: Geschwindigkeit, Verschmelzung von Körper und Technik oder Sicherheitsmaßnahmen garantierten in beiden Fällen den reibungslosen und unfallfreien Ablauf. Auch bei der Performance brauchten die Damen um die 80 Unterstützung, um unfallfrei durch den Abend zu kommen. Auch wenn die Probezeiten wegen der vielen Aktivitäten im Seniorenheim limitiert waren und die Belastbarkeit der Damen altersgemäß reduziert war, fanden Rimini Protokoll künstlerische Antworten, die sicherstellten, dass die Akteur*innen agieren konnten, ohne defizitär zu wirken:[7]

> Flaggensignale beispielsweise, die Helgard Haug aus dem Souffleusekasten gab, waren einerseits ein Fundstück aus der Formel-1-Narration des Stückes, andererseits ermöglichten sie klare Anweisungen auf der Bühne für die buchstäblich nächsten Schritte. Die vorgelesenen Protokolle von Frau Falke waren Text-, aber auch sichtbares Logbuch des Rennens, in das die Alten [...] geschickt wurden; der kleine Treppenfahrstuhl ein spielerischer Verweis auf motorisierte Technik ebenso wie konkrete Bewegungshilfe. Notwendigkeiten diktieren Bühnengeschehen und Requisiten und ermöglichen so neue Formen der Sinnproduktion und des Erzählens.[8]

7 Ebd., S. 28–29.
8 Ebd., S. 29.

Dramaturgien der Fürsorge ermöglichen erst bestimmte Formen der künstlerischen Auseinandersetzung. Sie sind von einer Ethik der Verantwortung getragen, die Grenzen setzt und kreative Lösungen erzwingt, aber nicht die künstlerischen Ambitionen schwächt, sondern sie vielmehr herausfordert. Dramaturgien der Fürsorge verhindern dabei keinesfalls das Nicht-Perfekte, sie stellen es in einen künstlerischen Kontext, der Nicht-Perfektes selbst zu einem dramaturgischen Element macht. Risiko, Scheitern, Überforderung und ähnliche Phänomene können durch Dramaturgien der Fürsorge künstlerischen Charakter bekommen, ohne die Akteur*innen als unzulänglich zu disqualifizieren.

Das hier gewählte Beispiel soll jedoch nicht bedeuten, dass Dramaturgien der Fürsorge karitativen Charakter haben. Die Logik des Karitativen ist geprägt durch eine gönnerhafte Haltung, welche die anderen zu Fürsorgeempfänger*innen macht und damit die Distanz zu diesen Personen eher vertieft. Was Dramaturgien der Fürsorge stattdessen auszeichnen muss, ist eine größtmögliche Gleichheit. Eine Gleichheit, die nicht Differenz negiert, aber alle Denkweisen, Fähigkeiten, Möglichkeiten als gleichermaßen wichtig erachtet. Mein Begriff der Fürsorge speist sich aus soziologischen Begriffen von „affektiver Arbeit" und „Care-Beziehungen"[9]. Wie in vielen anderen gesellschaftlichen Bereichen besteht ein großer Teil der Tätigkeiten bei der Produktion von Kunst in affektiver Arbeit, also der „Herstellung von zwischenmenschlichen Kontakten und Interaktionen", von sozialem Kitt.[10] Kollektive Fürsorge ist die Basis für künstlerische Kollaboration, für die gemeinsame Verantwortung für das Ganze in einem künstlerischen Prozess, damit Gelingen und Scheitern nicht von Einzelnen abhängt.

Logiken des Nicht-Perfekten und der Fürsorge scheinen zunächst gegeneinander zu stehen: Der Geist des Nicht-Perfekten zielt auf Risiko, die Fürsorge auf Sicherheit. Jedes für sich wäre bei Projekten mit Nicht-Profis problematisch. Sie auf das Nicht-Perfekte zu reduzieren, macht die Nicht-Profis zum Spielball der Ambitionen der Künstler*innen. Sie auf die Fürsorge zu reduzieren, macht Projekte risikoarm, brav und reduziert Verantwortung auf *correctness*. Aber die Spannung zwischen beiden kann im günstigen Fall interessante Ergebnisse produzieren: Das Projekt muss etwas wagen und scheitern können, nicht die Einzelnen.

9 Michael Hardt: Affektive Arbeit. In: Thomas Atzert / Jost Müller (Hrsg.): *Immaterielle Arbeit und imperiale Souveränität*. Münster: Westfälisches Dampfboot 2004, S. 175–189.
10 Ebd., S. 181.

Hans-Thies Lehmann charakterisiert postdramatisches Theater durch Ästhetiken des Risikos und der Verantwortung. Doch nimmt er in seinem Verständnis von Verantwortung vor allem das Verhältnis zwischen Performance und Zuschauer*innen in den Blick.[11] Miriam Dreysse überträgt dieses Verständnis von Verantwortung auf Projekte mit Nicht-Profis, indem sie die Eigenverantwortung der Expert*innen des Alltags bei Rimini Protokoll oder Kompliz*innen bei Hofmann & Lindholm hervorhebt: Im Gegensatz zum klassischen Regietheater verantworten die ‚echten Menschen' auf der Bühne das, was sie sagen, selbst. Gleichzeitig wird Dreysses Ansicht nach bei solchen Projekten von allen Beteiligten Verantwortung für die Gemeinschaft übernommen, „diejenige der Regisseure für die Darsteller, derjenige zwischen Darstellenden und Zuschauenden und diejenige zwischen den Akteur*innen untereinander"[12]. Auf der anderen Seite hält Lehmann es im „Zeitalter der Rationalisierung" für die Aufgabe des Theaters, durch Tabubrüche, unmoralische, asoziale oder zynische Situationen extreme Affekte heraufzubeschwören.[13] Bei Projekten wie *Five Easy Pieces* von Milo Rau (2016) oder *Sorry* von Monster Truck und Segun Adefila (2016) wurden in den letzten Jahren genau solche Situationen mit Nicht-Profis erarbeitet. Es ist nur wenig sinnvoll, hier allein von Eigenverantwortung oder von Verantwortung für die Gemeinschaft zu sprechen. Es ist notwendig, Verantwortung dramaturgisch zu denken, sie in den Theaterprozess zu integrieren, nach Formen zu suchen. Für Projekte mit Nicht-Profis, die an Dramaturgien des Nicht-Perfekten experimentieren, heißt das: die dramaturgische Suche nach Formen, welche die Akteur*innen ausstellen, ohne sie bloßzustellen.

Im Zeitalter der Laienclubs und Bürgerbühnen sind solche Projekte ohnehin keine Randerscheinungen mehr. Neben dem Theater mit Expert*innen des Alltags gibt es mittlerweile weitere, unterschiedliche Ambitionen, Menschen ohne professionelle Ausbildung auf die Bühne zu holen. Und jenseits des klassischen Amateurtheaters, in dem Menschen ohne künstlerische Ausbildung den Posen und Sprechweisen des klassischen Literaturtheaters nacheifern und auch an diesem Maßstab gemessen werden wollen, steht beim zeitgenössischen Theater mit Nicht-Profis entweder das Interesse an diesen Menschen selbst im

11 Hans-Thies Lehmann: *Postdramatisches Theater*. Frankfurt: Verlag der Autoren 1999, S. 471–472.

12 Miriam Dreysse: „Was tue ich hier eigentlich?". Eigenverantwortung im zeitgenössischen Theater. In: Jens Roselt / Christel Weiler (Hrsg.): *Schauspielen heute: Die Bildung des Menschen in den performativen Künsten*. Bielefeld: Transcript 2011, S. 125–136, hier S. 135.

13 Lehmann: *Postdramatisches Theater*, S. 472.

Mittelpunkt, oder es geht um ein Interesse an einer ganz spezifischen gesellschaftlichen Gruppe. Als Beispiel für die erste Kategorie könnte man Jérôme Bels Performance *Gala* (2015) heranziehen. Hier wird an jedem Spielort ein lokales Ensemble aus Nicht-Profis und Profis, Jungen und Älteren, Menschen mit und ohne Behinderung zusammengestellt:

> Zuerst tritt jeder einzeln auf und absolviert Ballett-Exercises wie Drehungen oder einen Jeté-Sprung. Später stehen Walzer, Improvisation und der Moonwalk von Michael Jackson auf dem Programm. Danach ist jeweils einer der Vortänzer und die anderen versuchen zu folgen. Die 18 Tänzer geben Bewegungen weiter und tauschen auch die Klamotten, was ein lustiges Gender-Crossing zur Folge hat.[14]

Diese Performance versucht, Dramaturgien des Nicht-Perfekten und Dramaturgien der Fürsorge zusammenzudenken. Ganz entscheidend an *Gala* ist die Individualität der einzelnen Akteur*innen. Jede*r hat seine eigene Weise, die geforderte Tanzbewegung zu performen. Genau das macht den Abend aus, denn würden 18 Tanzprofis versuchen, die jeweiligen Bewegungssequenzen möglichst ohne Differenz zu performen, wäre der Abend wahrscheinlich relativ eintönig. Der Begriff der Perfektion vom klassischen Ballett bis zur Performance von Popstars wird im ersten Teil zum Thema gemacht. Es gibt ein klares Ideal: Tanzstile mit fixen Regeln und Bewegungsabläufen und einem trainierten Körper. Wie so oft bei den Arbeiten von Jérôme Bel geht es hier um Wiederholungen, die das Original hinterfragen, die sein Ideal von Perfektion unterlaufen und damit zur Disposition stellen. Im zweiten Teil, wenn einzelne Akteur*innen eigene Tanzbewegungen für alle zur Imitation vortanzen, wird der Übung in Reproduktion von normiertem Tanz die Schwierigkeit von perfekter Nachahmung an sich entgegengestellt. Die Akteur*innen werden gleichzeitig in ihrer Individualität ausgestellt, die Differenz ihrer Bewegungsweisen steht im Mittelpunkt. Scheitern, Fehler, Überforderung etc. sind Teil der Inszenierung, sind kalkulierte Brüche mit dem Original. Aber wie gelingt es, die Akteur*innen auszustellen, aber nicht bloßzustellen? Denn schließlich gibt es Profis auf der Bühne, die in puncto Tanztechnik und Körperideal dem Original des klassischen Tanzes ziemlich nahe kommen. Bel versucht, das zu verhindern, indem er im ersten Teil Tänze wählt, bei denen

14 Sandra Luzina: Haltung bewahren. „Gala" von Jerome Bel im HAU. In: *Der Tagesspiegel*, 24.06.2015. http://www.tagesspiegel.de/kultur/gala-von-jerome-bel-im-hau-haltung-bewahren/11964348.html (Zugriff am 23.07.2017).

unterschiedliche körperliche Fertigkeiten benötigt werden. Beim Moondance à la Michael Jackson sehen zeitgenössische Tänzer*innen auch nicht ausschließlich gut aus. Allerdings sieht man auf der Bühne auch untrainierte, alte oder behinderte Körper, die keinem Tanzideal entsprechen. Bel versucht, die zufällig gefundenen Akteur*innen als Gemeinschaft zu inszenieren, als Team, das gemeinsam imitiert, ohne in Konkurrenz zu stehen. Das ist vor allem im zweiten Teil sichtbar, in dem sie gemeinsam auf der Bühne stehen. Die Bühnengemeinschaft soll die Einzelnen schützen. Die Frage ist natürlich, ob ein kurzes gemeinsames Proben in jeder Stadt tatsächlich ein schützendes Kollektiv entstehen lässt. Und sind nicht auch ein paar Akteur*innen durch die Aussicht verführt, sich auf die Bühne zu stellen und sich notfalls lächerlich zu machen, um mit einem Starchoreografen zu arbeiten? Und auch wenn das Lachen über das Nicht-Perfekte einer Imitation eher ein Lachen über das Original sein mag, ist die Frage, ob es für Akteur*innen nicht manchmal auch schwierig ist. Die Presse feierte den Abend vielfach als Lob der Unterschiedlichkeit und des Scheiterns.[15] Ob Bels Dramaturgien der Fürsorge für die einzelnen Akteur*innen funktionieren, bleibt jedoch eine Frage. Dass wir uns das aber fragen – im Gegensatz zu Darbietungen, bei denen wir uns unfreiwillig fremdschämen, ist in jedem Fall ein Verdienst dieser Produktion. Was sie ebenfalls schaffen kann, ist Identifikation mit den Menschen auf der Bühne. Vor allem, weil fast jede*r die Erfahrung, nach Vorbildern zu tanzen (und daran zu scheitern), selbst kennt, ist sie doch ein wichtiges Prinzip von Ballett, Gesellschaftstanz oder der Popkultur.

Für das künstlerische Interesse an einer speziellen gesellschaftlichen Gruppe lassen sich einige Beispiele finden. Projekte mit Kindern und Jugendlichen werden beispielsweise kreiert, nicht um diese zu bilden oder zu erziehen, sondern um das Erziehungssystem selbst auf der Bühne zu verhandeln oder um sich kritisch mit Konzepten von Kindheit auseinanderzusetzen.[16] Z. B. beim Projekt *Die Natur der Kinder oder wie wir Eure Herzen treffen* von Kim

15 Vom „Lob der Differenz" schreibt beispielsweise Dorion Weickmann: Lob der Differenz. In: *Süddeutsche Zeitung*, 26.06.2015. https://www.sueddeutsche.de/kultur/tanztheater-lob-der-differenz-1.2537190 (Zugriff am 28.10.2019). Und Michael Laages bemüht „Becketts berühmtes Wort ‚Wieder scheitern, besser scheitern'". (Michael Laages: Untersuchung der Machtlosigkeit. In: *Deutschlandfunk*, 24.06.2015. https://www.deutschlandfunk.de/jerome-bels-gala-im-hau-untersuchung-der-machtlosigkeit.691.de.html?dram:article_id=323543 (Zugriff am 28.10.2019).)

16 Vgl. Patrick Primavesi / Jan Deck (Hrsg.): *Stop teaching! Neue Theaterformen mit Kindern und Jugendlichen*. Bielefeld: Transcript 2014.

Willems und Meret Kiderlen, das 2016 in Frankfurt am Main im Studio Naxos Premiere hatte. Dort hatte das Regieteam verschiedene sogenannte Kinderexpert*innen interviewt, von Ärzt*innen über Werbefachleute und Pädagog*innen bis zum Clown. Ausgewählte Texte von ihnen wurden im nächsten Schritt Kindern in den Mund gelegt, welche die Statements auf der Bühne performten, zunächst sprachen sie die Texte, die ihnen per Kopfhörer zugespielt wurden, nach, später dann auswendig. Immer mehr wurde im Laufe des Abends sichtbar, wie die Kinder sich die teilweise sehr komplizierten Texte angeeignet und interessante Formen der Nachahmung mit Stimme und Körper gefunden hatten. Es gab viele choreografierte Szenen und schwierige Texte, was den Kindern offensichtlich nicht immer leicht fiel. Doch im Mittelpunkt stand die Absurdität, dass Kinder Betrachtungen Erwachsener über Kinder nachsprechen. Der erwachsene Blick auf Kindheit, die Reflexion über ihr Konsumverhalten oder ihre Rolle in der gegenwärtigen Gesellschaft verloren ihre scheinbar objektive Distanz, manche wirkten sogar lächerlich, andere eher überheblich, wenn man dabei Kinder beobachtete, wie sie mehr oder weniger mühevoll Worte sprachen, die offensichtlich nicht zu ihrem Wortschatz gehörten. Jeder Versprecher oder Hänger, sogar technische Pannen passten deshalb erstaunlich gut und markierten eher Brüche in der Logik des erwachsenen Denkens, das Kinder gerne zum Gegenstand von Beobachtung macht, ohne deren eigene Perspektive wahrzunehmen. Die Dramaturgie des Nicht-Perfekten erzeugte genau das Gegenteil wie bei der Performance von Bel. Sie vermied Identifikation und schuf eher Brüche zwischen Bild und Text, die Nachahmung der Kinder erzeugte eher Fremdheit als Authentizität. Gleichzeitig war es gerade die Tatsache, dass Kinder Erwachsene auf kindliche Weise imitierten und dabei offensichtlich Texte sprachen, die nicht ursprünglich aus ihrem Munde kamen, welche die jungen Akteur*innen davor schützte, an Theatermaßstäben gemessen zu werden.

Man könnte noch viele andere Beispiele aufzählen, in denen Dramaturgien des Nicht-Perfekten und der Fürsorge nebeneinanderstehen. Natürlich gelingt das Zusammenspiel nicht immer, denn es geht immer um ein extremes Risiko, wenn man Nicht-Profis Situationen aussetzt, in denen sie ausgestellt werden. Nicht selten wird daher den Akteur*innen ein Mindestmaß an performativen Grundkenntnissen vermittelt wie Körpertechniken oder Sprechtraining, um zumindest souverän auf der Bühne agieren zu können. Die Formel lautet: So viel Training wie nötig, soviel Freiheit wie möglich. Das Verhältnis von Dramaturgien des Nicht-Perfekten und Dramaturgien der Fürsorge muss immer neu austariert werden. Dann kann das Arbeiten mit Theaterlaien neue Formen, Sichtweisen und Haltungen provozieren, denn dadurch, dass sie die heiligen Rituale des Theaters infrage stellen, können sie auch andere Heiligtümer unserer Gesellschaft dekonstruieren.

II. Von genialen Dilettant*innen zu dilettantischen Kollektiven

Es gibt außer dem Laien eine weitere Figur, die die Logik des klassischen Theaters unterminiert: die Dilettant*innen. Vielleicht ist die dilettantische Haltung für die Gralshüter des klassischen Literaturtheaters eine noch größere Provokation. Während Laien die Theaterbühnen nur temporär betreten, meist für ein bestimmtes Projekt, nehmen sich Dilettant*innen die Unverschämtheit heraus, als Künstler*innen arbeiten zu wollen. Ohne professionelle Ausbildung in klassischem Bühnenhandwerk wagen sie sich in ein Feld, in das sie vor allem ihre Leidenschaft für die Sache führt – eigentlich gar kein schlechter Antrieb für künstlerisches Arbeiten.

Der Begriff ist historisch zunächst positiv konnotiert. Das italienische Wort *dilettante* bezeichnet ursprünglich Kunstliebhaber der Oberschicht, die sich mit Künstlerischem nur zum Vergnügen und aus Gründen der Bildung und der sozialen Distinktion beschäftigen.[17] Im deutschen Sprachgebrauch wird zunächst aufgrund der bürgerlichen Kritik an adliger Kunstliebhaberei der Begriff „Dilettant" zum Schimpfwort. Eine eher ästhetische Kritik an „Dilettanten" formuliert Karl Philipp Moritz, bei dem die radikale Trennung von empfindsamen Kunstproduzierenden und bildungswilligen Kunstrezipierenden für die Gegenüberstellung von genialen Künstlern und nachäffenden Dilettanten sorgt.[18] Der Höhepunkt der Verachtung wird in der Fragmentesammlung „Über den Dilettantismus" von Johann Wolfgang Goethe und Friedrich Schiller erreicht, wo es heißt: „Der Dilettant verhält sich zur Kunst wie der Pfuscher zum Handwerk". Das Gegenkonzept von Goethe und Schiller ist die Orientierung an „strengsten Regeln".[19] Erst Ende des 19. Jahrhunderts wird im Kontext der literarischen Décadence der Dilettantismus positiv besetzt und in die Nähe des Dandys gerückt.[20] Zur vollständigen

17 Georg Stanizeck: Poetologien des Dilettantismus – ironisch? In: Karl-Heinz Bohrer (Hrsg.): *Sprachen der Ironie, Sprachen des Ernstes*. Frankfurt am Main: Suhrkamp 2000, S. 404–414, hier S. 405.

18 Ebd., S. 407–408.

19 Ebd., S. 408.

20 Ebd., S. 410.

programmatischen Selbstbeschreibung wird Dilettantismus jedoch erst in der deutschen Subkultur seit den 1970er Jahren, als eine im musikalischen Bereich entstehende Punkszene alle anderen Kunstsparten beeinflusst. Im Herbst 1981 gibt es im Berliner Tempodrom die sogenannte *Große Untergangsshow* mit dem Untertitel *Festival der Genialen Dilletanten* – die unkorrekte Schreibweise, das Wortspiel Dille-Tanten, war Programm. Vordenker Wolfgang Müller beschreibt das „Geniale" an diesem Dilettantismus als „intensive Intensität bei der Auseinandersetzung mit dem Stoff".[21] Ihm geht es um eine Symbiose von musikalischen Experimenten der Vergangenheit und „do-it-yourself-Versuchen" zu einem Stil „genialen Un-Wissens, bzw. Wissens"[22] statt eines blinden Glaubens an Fortschritt und rein technische Innovation in der Kunst. Sein Verständnis von Dilettantismus zeigt, warum diese Haltung für die künstlerische Haltung subkultureller Kontexte so interessant und wichtig war:

> Dilletantismus *[sic!]* auf musikalischen (aber auch allen anderen möglichen) Bereichen hat nichts mit Stillstand durch Nicht-Professionalität zu tun – ganz im Gegenteil – Entwicklung unter Einbeziehung aller möglichen und angeblich unmöglichen Bereiche, kann ein [*sic!*] universellen Ausdruck finden, dem die Profis hilflos unterlegen sind.[23]

Dilettantismus war sicher einerseits eine Antwort auf die aufwendige Technik, die zu dieser Zeit die Aufnahmen und Auftritte der Mainstreamrockmusik charakterisierte. Nach Diedrich Diederichsen sprach für die dagegen gesetzte technische Simplizität

> das demokratisch-egalitäre Argument der größeren Zugänglichkeit billiger und einfacher Gerätschaften, dann aber auch das ästhetische Argument des von Kontingenz geküssten rauen Klangs der Lo-Technology. Andererseits ging es um einen Angriff auf die ‚bürgerlich-hochkulturelle Anbetung des Virtuosentums'.[24]

21 Wolfgang Müller: Die wahren Dilettanten. In: Ders. (Hrsg.): *Geniale Dilletanten*. Berlin: Merve 1982, S. 9–16, hier S. 10.

22 Ebd., S. 10–11.

23 Ebd., S. 11.

24 Diedrich Diederichsen: Genies und ihre Geräusche. Deutscher Punk und neue Welle 1978–1982. In: Leonhard Emmerling / Mathilde Weh (Hrsg.): *Geniale Dilletanten. Subkultur der 1980er-Jahre in Deutschland*. Ostfildern: Hatje Cantz 2015, S. 10–22, hier S. 13–14.

Von dieser künstlerischen Haltung des *Genialen Dilletantismus* ging in jedem Fall ein Impuls zur künstlerischen Selbstermächtigung aus, ein egalitärer, zeitbezogener DIY-Geist als Gegenpol zur ausdruckslosen, zeitlosen Hoch- und Mainstreamkultur.

Genialer Dilletantismus beeinflusste auch die darstellenden Künste. Absolvent*innen der Gießener Angewandten Theaterwissenschaften experimentierten mit Dramaturgien des Nicht-Perfekten, im Gegensatz zu den Dilletanten kreierten sie jedoch auch Dramaturgien der Fürsorge. Um die Jahrtausendwende entstand deshalb nicht zufällig eine Bewegung, die gerade darauf hinarbeitete, andere Formen des Gemeinsamen auszuprobieren. Gruppen wie She She Pop, Gob Squad oder Showcase Beat Le Mot arbeiten in kollektiven Strukturen ohne künstlerische Leitung oder andere Formen der Hierarchie. Sie agieren als Performer*innen. Annemarie Matzke, selbst Mitglied von She She Pop, ist eine der ersten, die die Arbeitsweise dieser Kollektive einer systematischen Analyse unterzieht. In ihrer 2005 erschienenen Dissertation *Testen Spielen Tricksen Scheitern* untersucht sie Formen szenischer Selbstinszenierungen im zeitgenössischen Theater anhand der Kollektive Gob Squad, Forced Entertainment, She She Pop und der Arbeiten von Christoph Schlingensief und dessen „Familie". Ihr Fokus liegt dabei auf der Inszenierung von Subjektivität und Authentizität, was die Arbeiten dieser Kollektive von klassischem Theater und der Performance Art unterscheide, denn es gehe ihnen weder um das Kreieren einer von der Persönlichkeit distanzierten Theaterrolle noch um das uninszenierte Präsentieren einer vermeintlich unmittelbaren Persönlichkeit. Sie vergleicht die Bühnenpräsenz der Kollektive mit Figuren in einem Spiel, die für jede Spielrunde neu erfunden werden müssen. Es gibt klare Spielregeln, die das Verhalten limitieren, die das Bühnensubjekt zum Handeln, ständigen Improvisieren oder zum Unterlaufen der Regeln durch Tricks zwingen. Die jeweilige Spielidentität muss sich jeden Abend neu behaupten. Egal ob die Performerinnen von She She Pop bei *Warum tanzt Ihr nicht* mit dem Publikum flirten oder bei *Live* in einem Wettbewerb gegeneinander antreten, egal ob Forced Entertainment bei ihren *durational performances* stundenlang Geschichten erzählen. Immer reagieren die Spielidentitäten auf sich ändernde Regelsysteme.[25] Besonders interessant daran ist, dass sich diese Kollektive nach Matzke der Strategie des Dilettantismus bedienen, wobei man sich auch eine Zuschreibung von außen aneignet:

25 Annemarie M. Matzke: *Testen Spielen Tricksen Scheitern*. Hildesheim: Olms 2005, S. 241–243.

> Das Fehlen fixierten Textes, improvisiertes Spiel im Moment der Aufführung oder das Scheitern an der Darstellung als Authentifizierungstrick lassen die Spielweise im Vergleich zu anderen Formen oft dilettantisch erscheinen. Dilettantismus wird auch in der Theaterkritik und in der Theaterwissenschaft zu einer der bestimmenden Kategorien, um diese Formen zu beschreiben. [...] Es fällt auf, dass der Begriff des Dilettantismus oft gebraucht wird, um ein besonderes Verhältnis zum Publikum zu beschreiben. Die Theatermacher selbst erklären dieses Unterlaufen der Standards schauspielerischer Darstellung zum Arbeitsprinzip.[26]

Matzke beschreibt hier, wie Dilettantismus bereits im Theaterdiskurs Ende der 90er Jahre als dramaturgische Strategie anerkannt wurde. Gerade die von ihr beschriebenen Selbstinszenierungen werden als Versuchsanordnungen verstanden. Wichtig ist dabei für Matzke auch, dass eine solche künstlerische Haltung andere Kompetenzen braucht als eine klassische Schauspielausbildung. Die Darstellung der Performer*innen darf und soll dilettantisch wirken, weil man sich bewusst als Nicht-Spezialist*innen der Darstellung präsentiert. Stattdessen zeigt man die Darsteller*innen im Moment des Auswählens, Denkens, Scheitern, Überfordertseins. Dilettantismus ist auch hier die Basis von Dramaturgien des Nicht-Perfekten, denn gerade die Momente, in denen auf der Bühne die Spielfigur sichtbar unter Druck steht, markieren den Bruch in der Inszenierung der Subjektivität. Die Performer*innen müssen sich herauswinden, durchhalten, Tricks anwenden, im richtigen Moment reagieren oder virtuos scheitern. Solche Dramaturgien des Nicht-Perfekten haben sich bis heute erhalten, man könnte sie auch als professionellen Dilettantismus bezeichnen. Denn der Dilettantismus versteht sich in erster Linie nicht als Inkompetenz, sondern als hochprofessionelle künstlerische Strategie mit bestimmten Zielen, die sich je nach Künstler*innen oder Produktionen unterscheiden.

Im Unterschied zum genialen Dilletantismus stehen bei Performancekollektiven die Dramaturgien des Nicht-Perfekten neben Dramaturgien der Fürsorge. Das Prinzip des dilettantischen Selbermachens im Kollektiv trainiert die Performer*innen und ermöglicht Virtuosität im spontanen Umgang mit den Spielsituationen. Zudem schafft das Kollektiv ohne Spezialistentum die Voraussetzung für eine Mitgestaltung aller Beteiligten an den Produktionen, deshalb bestimmen alle die Regeln und ihren Kontext mit. Annemarie

26 Matzke: *Testen Spielen Tricksen Scheitern*, S. 231–232.

Matzke erklärt anhand der Produktion *Room Service* von Gob Squad (2003), wie ein Außenblick ohne Regie funktionieren kann:

> Die Inszenierung wird mit sieben Darstellern erarbeitet, von denen allerdings nur vier in der konkreten Aufführung spielen. So übernehmen immer wieder andere Mitglieder der Gruppe den ‚Außenblick' des Regisseurs, betrachten das Geschehen, kommentieren und kritisieren die Darstellung der anderen. Diese Aufteilung wird auch innerhalb der Aufführungen beibehalten: immer vier Darsteller spielen, während ein anderer von außen die Regieposition übernimmt und den dramaturgischen Verlauf des Abends bestimmt. Für den jeweiligen Abend ‚inszeniert' dieser ‚Zeitregisseur' die Aufführung und seine Mitspieler.[27]

Das Kollektiv wird zum Produktionsprinzip und gleichzeitig zum Schutzraum. Man spielt miteinander und füreinander, man kreiert gemeinsam ein Projekt und schützt sich gegenseitig. Auch die temporäre Regiefunktion kreiert keine ‚einsamen Genies', die zu den Personen auf der Bühne eher ein instrumentelles Verhältnis hätten. Die im Zitat beschriebenen „Zeitregisseure" schützen die Performer*innen ohne sie zu schonen, indem sie die Abende der Situation anpassen. Gleichzeitig gilt das Prinzip, dass Performer*innen nur das sagen, was sie sagen wollen, wofür sie dann aber gleichzeitig Verantwortung übernehmen. Der Schutzraum Kollektiv soll das Risiko des Abends für die einzelnen Performer*innen nicht minimieren, sondern absichern. Denn der Rückhalt im Kollektiv schafft verschiedene Spielvarianten und gibt den Einzelnen die Autorität, die sie für die Improvisation ihrer Spielfigur an jedem Abend brauchen.

Seit dieser Zeit haben sich unterschiedlichste Formen des Kollektiven gebildet mit sehr unterschiedlichen Arbeitsweisen. Bei einigen steht ausgestellter Dilettantismus nicht mehr im Vordergrund, Dramaturgien des Nicht-Perfekten sind wesentlich filigraner vorhanden. Die kollektive Arbeit bleibt jedoch diejenige Arbeitsweise, die als wesentlicher Teil von Dramaturgien der Fürsorge zulässt, dieses Suchen nach dem Nicht-Können auf eine geschützte Weise zu erproben. Das Kollektive schützt gleichzeitig als selbstgemachte Institutionalisierung vor dem Zugriff von Institutionen der Theaterszene. Manche, wie die Performancegruppe She She Pop, haben sogar alternative kollektive Ökonomien kreiert, die die Mitglieder basal absichern. Annemarie Matzke war es bereits 2005 wichtig, dass die Selbstversuche der Kollektive

27 Ebd., S. 226.

keine rein selbstreflexiven Feedbackschleifen sind, wie erstaunlicherweise sogar heute noch fälschlicherweise behauptet wird. Sie machen laut Matzke das Theater zu einem Ort des gesellschaftlichen Diskurses:

> Durch den Versuch sich der theatralen Situation, dem Dialog mit dem Publikum und den Wirklichkeits- und Medienerfahrungen im Selbstversuch auszusetzen, deren Wirklichkeitsmechanismen zu erfahren und damit die Funktionsmechanismen der Wirklichkeitsinszenierungen auszustellen und zu hinterfragen. Die szenischen Selbst-Inszenierungen eröffnen der Diskussion gesellschaftlicher Themen im Theater (und dort nicht nur auf der Bühne) neue Möglichkeiten.[28]

Dem könnte man hinzufügen, dass Kollektive durch die Kreation eines solidarischen Schutzraums eine politische Art der Zusammenarbeit erfunden haben, um Risiko im Theater erproben zu können.

III. Professionelle Amateur*innen

Die von Rimini Protokoll ausgehende Erforschung des Laienhaften im Theater und die Ende der 90er Jahre begonnene Erforschung kollektiven performativen Dilettantismus sind Anzeichen für die Transformation des Dramaturgischen, wie zu Beginn beschrieben. Dramaturgische Kompetenzen haben sich vom dramatischen Text und seiner Umsetzung auf der Bühne gelöst, weil nicht mehr ein literarischer Text, sondern andere Fragestellungen im Vordergrund standen. Da man sich weder bei Laien noch bei Dilettant*innen einfach auf das Handwerk verlassen konnte, mussten viele Parameter des Theaters neu und anders reflektiert werden. Spielprinzipien, Bühnenformate und Arbeitsweisen wurden zur Disposition gestellt, erforscht, immer wieder neu ausprobiert. Und da es nicht immer Dramaturg*innen gab – vor allem bei kollektiven Leitungsteams –, wurden dramaturgische Fragen von allen in den Blick genommen. Ästhetische Fragen und Arbeitsweisen waren nicht mehr voneinander zu trennen, da bestimmte Ästhetiken bestimmte Praktiken erforderten und bestimmte Praktiken wiederum bestimmte Ästhetiken hervorbrachten. Auch die Notwendigkeit, sich durch andere Arbeitsweisen neu zu institutionalisieren und sich nicht nur auf der inhaltlichen Ebene, sondern auch ganz praktisch zu gesellschaftlichen Institutionen zu positionieren, wurde zur dramaturgischen Frage. Postdramaturgien halten Inhalt und Form zusammen,

28 Matzke: *Testen Spielen Tricksen Scheitern*, S. 247.

Arbeitsweisen und Institutionalisierung werden mit den ästhetischen und inhaltlichen Fragen der Produktionen verknüpft. So ergeben sich unzählige künstlerische Möglichkeiten im Rahmen der gegebenen Verhältnisse.
Etwa 15 Jahre später sind viele davon ausprobiert worden, aber dennoch scheint das Potenzial unerschöpflich, denn es tauchen weiterhin überraschende Varianten auf. Hier läuft der Begriff der Innovation komplett ins Leere, denn es geht nicht um die Kreation von komplett Neuem, eher um eine Arbeit am Risiko, die Bekanntes bis zu dessen Grenzen und darüber hinaus zur Disposition stellt. Dafür ist die Idee von Künstler*innen als visionäre Genies eher hinderlich. Heiner Goebbels fasst dies treffend zusammen:

> Es gibt Künstler, die Visionen haben, und sie leiden darunter – wie ihre Mitstreiter –, weil es so schwer ist, diese Visionen gegen alle Widerstände umzusetzen. Überall hakt es, es fehlt das Geld, die Traumbesetzung, die Probenzeit. Und es gibt Künstler, die eher zuschauen, beobachten, Möglichkeiten entdecken und versuchen, diese in etwas Nicht-Vorhergesehenes zu verwandeln. Das kann glücklich machen, weil das Ergebnis für alle über die Erwartungen hinausgeht und überraschend ist. [...] Das Theater braucht keine Künstler mit Visionen. Es ist nicht einmal wichtig, was wir wirklich auf der Bühne zeigen, sondern eher, was wir verbergen – um das Publikum in den Stand zu setzen, selbst zu entdecken.[29]

Das Dilettantische und das Laienhafte sind deshalb Gegenbilder zum visionären Genie. Es ist gerade nicht die zur Schau gestellte Professionalität, die Unvorhergesehenes produziert. Nicht-Wissen und Nicht-Können sind dagegen nicht selten Antrieb zum Forschen, Entdecken und Ausprobieren. Es ist deshalb kein Zufall, dass zeitgenössische Theaterformen und ihre Dramaturgien sich auch durch Einflüsse entwickelt haben, die durch die Entdeckung von Laien und Dilettant*innen als Kollaborateur*innen in die Theaterszene eingeflossen sind.
Hier zwei Beispiele, um zu erläutern, wie aktuellere Produktionen mit dem Dilettantischen und Laienhaften umgehen. Die Arbeiten von Quast & Knoblich erforschen theaterferne Milieus, ohne Nicht-Profis als Protagonist*innen allein auf die Bühne zu stellen. Sie machen sich selbst zu Semiprofis, indem

29 Heiner Goebbels: Forschung oder Handwerk? Neun Thesen zur Zukunft der Ausbildung für die Darstellenden Künste. In: Ders.: *Ästhetik der Abwesenheit. Texte zum Theater.* Berlin: Theater der Zeit 2012, S. 128–134, hier S. 133–134.

sie oft durch Workshops oder Coachings praktische Fertigkeiten erlernen. Ihnen geht es um das scheinbar Banale und Nebensächliche, vor allem erproben sie das Theatrale, das (Selbst-)Darstellerische an nicht-theatralen Praktiken. Beispielsweise eröffneten sie im Kontext der Performance *Nagelneu* (2017) ein Nagelstudio im Theater, in dem sie Kund*innen zu einer speziellen Maniküre empfingen. Die Zuschauer*innen beobachteten sie dabei, wie sie Nägel bearbeiteten, mit den Kund*innen über Kinofilme, Katzen oder Surfen ins Gespräch kamen, unterbrochen durch Gesangseinlagen, Märchenlesungen, Männerstriptease und den Besuch einer seltsamen Katzenfigur, bis irgendwann eine ausgelassene Schlagerparty ausbrach. Als Dramaturgie des Nicht-Perfekten wählten Quast & Knoblich ein gesellschaftliches Feld, dessen Handwerk sie zumindest rudimentär erlernen konnten, in dem es aber vor allem um die individuelle Performance der milieuspezifischen Subjektivität samt Wissen und Weltsicht ging. Ihre Theatralisierung machte diese reflektierbar, genau wie die bewusst reproduzierten Klischees, die Theaterbesucher*innen über entsprechende Milieus haben. Wie bei Dragshows stand die Frage im Raum, wie ‚real' die Performance von Quast & Knoblich ist, also wie nahe sie einer perfekten Authentizitätsinszenierung kommt. Dabei stand ganz besonders im Fokus, was bei solchen Projekten gefragt ist: Sich selbst zu performen, aber nicht, indem man eine ungebrochene, scheinbar authentische Persönlichkeit auf die Bühne stellt, sondern indem die artifizielle Authentizitätsinszenierung gerade von der eigenen Persönlichkeit wegführt. Das erinnerte an das, was Annemarie Matzke als szenische Selbstinszenierung beschrieben hat, doch ging es hier nicht nur um eine Spielsituation mit den Zuschauer*innen, sondern darum, über längere Zeit eine Situation aufrechtzuerhalten, die von Improvisation lebte. Das kann man als eine Facette einer Dramaturgie der Fürsorge verstehen. Und auch wenn es seltsam klingen mag: Dramaturgie der Fürsorge kann auch bedeuten, sich dafür zu entscheiden, Expert*innen des Alltags nicht allein auf die Bühne zu stellen und sich selbst zu Dilettant*innen des Alltags zu machen, denn die Theatralisierung eines Milieus könnte sonst schnell in Voyeurismus umschlagen, der in der reinen Reproduktion von Klischees steckenbleibt. Die Selbstinszenierung war bei *Nagelneu* zudem immer gebrochen: Die mal mehr, mal weniger erreichte *realness* der Performer*innen wurde durch Phänomene wie die bei der Performance präsente Katzenfigur ins Überaffirmative gesteigert. Das kann durchaus als Dramaturgie des Nicht-Perfekten verstanden werden, weil die Überaffirmation gerade durch scheinbar alltägliches Sprechen erreicht wurde. Da Erfolg oder Misserfolg eines Nagelstudios stark von der Performance der

Mitarbeiter*innen abhängen, da scheinbar belangloses Sprechen oder regionaler Gossip viel mit Kundenbindung zu tun haben, war *Nagelneu* zudem eine interessante Arbeit über die Ökonomie dieses Berufszweiges.
Ein zweites Beispiel ist die Performance *Ibsen:Gespenster* der Performancegruppe Markus & Markus (2015). Die Gruppe orientiert sich stark an Haltungen des *Genialen Dilletantismus*, denn beide Protagonisten enthalten sich demonstrativ jeden Versuchs einer virtuosen Schauspielkunst. Die Qualität ihrer Arbeit liegt gerade im kalkulierten Scheitern am klassischen ‚Handwerk' der Bühnenkunst, während sie im professionellen Setting und in dramaturgisch perfekt durchdachten Performances agieren. Die Arbeiten ihrer Ibsen-Trilogie erzählten aus dem Leben von Menschen, die mit den in den Ibsen-Dramen bearbeiteten Themen zu tun haben. Im Gegensatz zu den Expert*innen des Alltags bei Rimini Protokoll, bei denen es überwiegend um deren Arbeitsalltag geht, stehen hier persönliche Situationen mit existenzieller Bedeutung im Mittelpunkt: Eine Sterbehilfe-Kandidatin, ein Messie und ein Demenzkranker waren die Protagonist*innen. Bei *Ibsen:Gespenster* ging der Bezug zu der Alltagsexpertin Margot von der Ibsen-Figur Osvald aus, der im Drama seine Mutter um Sterbehilfe bittet. Margot nahm wirklich Sterbehilfe in der Schweiz in Anspruch. Markus & Markus verbrachten mit ihr den Alltag in ihren letzten Monaten, unterstützten sie und begleiteten sie bis zu ihrem Tod. All das wurde auf Video festgehalten und partiell in die Bühnenperformance eingespielt. Was die beiden dann auf der Bühne zwischen den Einspielungen veranstalteten, war eine eigenwillige Mischung aus einer Hommage an die Verstorbene und einem nachträglichen Requiem. Deren Kritik, dass es hierzulande keine Rituale des Umgangs mit dem Tod gebe, setzten sie ihren ganz eigenen bildreichen Versuch entgegen. Materialien waren von der Verstorbenen eigens dazu ausgewählte persönliche Gegenstände und eine große Festtafel. Sie erkundeten Gespenster- und Sterbedarstellungen zu Film- und Opernsoundtracks, verlasen feierlich die Krankheitsliste der Verstorbenen, arbeiteten wichtige Ereignisse ihrer achtzig Lebensjahre auf, von Suizidzversuchen bis zur DDR-Flucht. Alles in allem kreierten sie mit einer sehr persönlichen, würdevollen Erinnerung an eine Frau, für die der Tod eine Erleichterung war, eine Feier des Lebens. Dabei war ihre Form des künstlerischen Dilettantismus von einfachen Spielweisen und dem respektlosen Umgang mit Theaterkonventionen geprägt. Sie zeigten so mit spielerischer Leichtigkeit, wie einfach es sein könnte, einen anderen Umgang mit dem Tod in der Gesellschaft zu finden, während sie als Gegenpol ihre Korrespondenzen mit privaten Organisationen verlasen, die ihnen das Projekt ausreden

wollten. Zudem befragten sie den Umgang von Kunst mit dem Tod, denn im Vergleich zu dem, was Markus & Markus machen, wirken psychologisch-realistische Sterbeszenen im Theater (und teilweise im Film) eher unfreiwillig komisch und wie eine Vermeidung einer wirklichen Auseinandersetzung damit. Gleichzeitig gab es einen sichtbar fürsorglichen Umgang mit der Verstorbenen, ihren Dingen und ihrer Geschichte.

Was diese beiden Beispiele eint, ist, dass die Theatermacher*innen in diesen Projekten zwar Theater-Nicht-Profis und ihre Perspektiven erforschten, aber sie nicht unbedingt live auf der Bühne ausstellten. Sie haben andere Dramaturgien des Nicht-Perfekten entwickelt: Quast & Knoblich erschlossen sich die Welt ihrer Alltagsexpert*innen selbst, um als Nicht-Profis in den von ihnen erforschten Milieus zu agieren. Markus & Markus dokumentierten den Alltag von Nicht-Profis per Video. Auf der Bühne agierten sie dann alleine, während sie im Geist von Ibsens *Gespenster*-Drama ein dilettantisches Trauerritual vollzogen. Das Milieu in einem Nagelstudio und das Leben einer alten Frau stehen selten im Fokus des Theaters in einer Zeit, in der politische Aufklärung wieder *en vogue* zu sein scheint. Dennoch wirkten beide Welten nicht lächerlich, sie wurden nicht voyeuristisch ausgeschlachtet, um Authentizität zu behaupten. Je weniger die Künstler*innen Theaterkonventionen bedienten, je weniger Künstler*innenhabitus ihre Performances beinhaltete, desto geschützter schienen diejenigen zu sein, um die es ging. Dennoch blieben sie als Künstler*innen mit ihrem spezifischen Blick auf das Thema im Mittelpunkt, womit der künstlerische Rahmen der Performance immer sichtbar blieb. So gelang es ihnen, den scheinbar kleinen Welten ihrer begrenzt oder nicht sichtbaren Protagonist*innen grundlegende gesellschaftliche Themen zu entlocken. In Kontinuität mit den zuvor beschriebenen Phänomenen um die Jahrtausendwende zeigt sich einerseits, wie wichtig Dramaturgien des Nicht-Perfekten und der Fürsorge geblieben sind, wie gut sie zusammenwirken können, und andererseits, dass diese immer wieder genauso überraschende Formen wie grundlegende Reflexionen ermöglichen.

Die Entwicklung zeitgenössischer Theaterformen hängt eng damit zusammen, wie stark Künstler*innen die eigene *déformation professionelle* in Richtung einer *formation nonprofessionelle* transformieren. Statt einer Zurschaustellung ‚handwerklicher' Fähigkeiten beginnt die künstlerische Suche nach dem Zeitgenössischen dort, wo die Konventionen enden und die eigenen Grenzen beginnen. Die im positiven Sinne naive Haltung von Amateur*innen liegt dieser Suche zugrunde: Und zwar im Sinne jener, die sich aus Liebe zum Gegenstand und ohne Besitz einer formalen Ausbildung neue Tätigkeiten erschließen, nicht selten autodidaktisch. Es geht dabei nicht um das Feiern der Freizeit- oder Hobbykunst oder darum zu sagen, Künstler*innen sollten kein Geld verdienen bzw. nicht in professionellen Kontexten arbeiten. Ganz im Gegenteil: Gerade Menschen, deren Lebensinhalt und Arbeitsalltag in künstlerischer Produktion besteht, haben die Möglichkeit, die Haltung von Amateur*innen zu kultivieren. Meiner Ansicht nach macht das auch Professionalität aus, zumindest wenn die künstlerische Haltung ihren gesellschaftlichen Kontext und das Verweissystem Kunst reflektiert. Auch in anderen Berufszweigen heißt ja Professionalität nicht das Immergleiche zu praktizieren, sondern das eigene Arbeiten auf dem Stand des gegenwärtigen Wissens und der zeitgemäßen Praktiken zu halten. Kunst hat demgegenüber den Vorteil, ein Experiment, ein Wagnis sein zu können, die eigenen Grenzen neu auszuloten. Und sich dabei sich immer wieder verändernden gesellschaftlichen Verhältnissen von anderen Seiten zu nähern, das Wissen und die Praktiken der Gegenwart zu erforschen und auf die Probe zu stellen. Dramaturgien des Nicht-Perfekten und der Fürsorge sind ein wichtiges Instrument des postdramaturgischen Werkzeugkastens, also des Theaters jenseits der Textzentralität. Dieses ist gekennzeichnet durch die Neugier der Amateur*innen und die Selbstermächtigung der Dilettant*innen, also die Bereitschaft, auf unbekanntem Terrain das auszuprobieren, was man noch nicht kennt. Postdramaturgisches Denken und Handeln sind dagegen gekennzeichnet durch die künstlerische Haltung professioneller Amateur*innen.

50% 07:53

heddalicious91

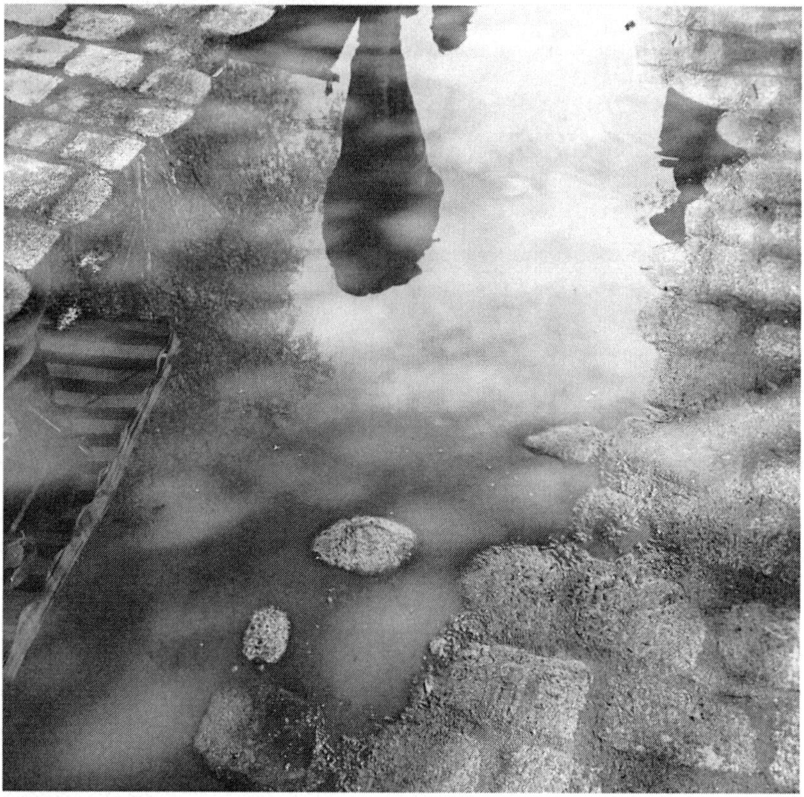

Gefällt **nadved**

heddalicious91 Ach, die #Gedanken - die lassen sich nicht so einfach zügeln.

30. OKTOBER

Jan Willem Dreier

Dramaturgie als systemische Praxis

0. Ausblick

> Das indoeuropäische Urwort für *Scientia* ist ein Wort, das heißt *Scy* und das ist in *Science* und *Scientia* und in *Schizophrenie* und in *Schisma*. Das ist das Wort für trennen. Also unterscheiden, separieren. Das wesentliche von *Scientia* ist, dass man unterscheidet. Dass man Kamele von Elefanten unterscheidet, dass man Atome von Molekülen unterscheidet, dass man Unterscheidungen macht. Und dieser Erfolg der Unterscheidung hat sich irgendwie zu Ende gelaufen, in meinem Gefühl. Und jetzt beginnt man zu verbinden [...]. Man integriert. Man separiert nicht, man integriert. Und dieses Integrieren hat ja das Wort *Sýn* [von *Synthese*; J. W. D.] drinnen. Das sind zwei komplementäre Haltungen, die Welt zu betrachten. Und eben *Systemics* ist genau eine parallele Entwicklung, nur das Gegenteil von *Science*. Es integriert. Wo *Science* unterscheidet, sagen die Leute: Was ist ähnlich? Wo und in welcher Weise beziehen sich die Sachen? [...]. Also von *Science* zu *Systemics* sehe ich die heutigen Schritte.[1]

1. Einblick

Im Herbst 2014 nehme ich ein Masterstudium im Fach Dramaturgie auf. Mit dem Theater und der Theaterkultur habe ich bis zum Zeitpunkt der Aufnahmeprüfung kaum Berührungspunkte. Aus einem human- und

1 Heinz von Foerster im Gespräch mit Lutz Dammbeck in dem Film *Das Netz* (D 2005, R: Lutz Dammbeck).

sozialwissenschaftlichen Blickwinkel interessiere ich mich für inner- und zwischenmenschliche Dynamiken, Strukturen und Prozesse und für künstlerische Ausdrucksformen, in denen sich derartige Phänomene ereignen und sichtbar werden. Bei Peter Brook lese ich, dass man jeden leeren Raum nehmen und ihn eine nackte Bühne nennen kann.[2] Mir gefällt der Gedanke, und wahrscheinlich gibt er mir den Anstoß, mich, nachdem ich die Zusage zum Studium erhalten habe, auf etwas Neues und Unbekanntes einzulassen. Bevor das Semester offiziell startet, sind alle Erstsemester der unterschiedlichen Fachrichtungen zu einer institutsübergreifenden Bewegungswoche gebeten, die Raum bietet, sich schon einmal gegenseitig zu beäugen. Die Ausbildung soll uns bestmöglich auf das Theatersystem bzw. den Stadt- und Staatstheaterbetrieb vorbereiten. Es ist also nicht ganz abwegig, wenn ich annehme, dass bereits in der Ausbildung bestimmte Prozesse und Ordnungen des Theaterbetriebs simuliert werden oder dass zwischen der Ordnung des Stadttheaterbetriebs und der Ordnung der Hochschule eine gewisse Korrelation besteht. In den Tanzstudios der Choreografieabteilung finden sich angehende Puppenspieler*innen, Choreograf*innen, Schauspieler*innen und Regisseur*innen zusammen. Den angehenden Dramaturg*innen ist indes etwas anderes vorbehalten. Anstelle der Bewegungswoche sollen wir uns für eine Lesewoche am Regieinstitut einfinden. Die erste Lektion scheint zu lauten, dass der adäquate Platz für Dramaturg*innen abseits der ‚Herde' ist. Während ‚die anderen' sich kennenlernen und auf Socken über den Tanzboden turnen, konzentrieren wir uns andernorts zu einem kleinen, exklusiven Kreis. Vom Feldherrenhügel aus beobachten wir unsere Umwelt durch Aussichtsfernrohre und werden mit den ‚Gruppengeheimnissen' der Hochschule vertraut gemacht. Erving Goffman definiert solche Gruppengeheimnisse als Formen des Wissens mit vermeintlich objektivem Gehalt, die denjenigen, der sie besitzt, als Mitglied einer Gruppe charakterisieren, und „die es der Gruppe ermöglichen, sich als anders und getrennt von denen zu fühlen, die ‚nicht Bescheid wissen'. Die Gruppengeheimnisse geben einem subjektiv empfundenen sozialen Abstand objektiven geistigen Gehalt."[3] Auf der Anhöhe ist es üblich, vielleicht auch durch irgendeine Notwendigkeit begründet, das Innere durch eine gewisse Abschottung vor misstrauischen Blicken,

2 Vgl. Peter Brook: *Der leere Raum. Möglichkeiten des heutigen Theaters.* München: dtv 1975, S. 19.

3 Erving Goffman: *Wir alle spielen Theater. Die Selbstdarstellung im Alltag.* Berlin: Piper 2016, S. 130.

möglichen Angriffen und vermeintlichen Turbulenzen im Außen zu schützen. Durch die Räume zieht ein kühler Hauch. Die Hochschule bildet ein relativ geschlossenes Mikrosystem. Zugleich erzeugen die Systemgrenzen ein Vakuum im Inneren, in dem die innere Ordnung konserviert und als Tradition an die Studierenden weitergereicht wird.
Als Dramaturg*innen sollen wir innerhalb der Ordnung des Theaters aus einer Beobachterposition auf das uns umgebende Geschehen oder ausgearbeitete Inszenierungen blicken. Es scheint Bestandteil der dramaturgischen Haltung zu sein, entrückt und nüchtern wie ein Satellit um ein anderes Objekt zu kreisen. Mit unserer Berufsbezeichnung wird uns der *locus observandi* aufs Auge gedrückt. Zugleich knüpft sich an Dramaturgie die Erwartung, Informationen und Neuigkeiten fluide zu halten. Immer wenn es im fakultätsübergreifenden Unterricht eine offene Frage oder ein Problem gibt, schielen Augenpaare zu uns herüber. Fast so, als gehe man davon aus, dass Dramaturg*innen auf jede Frage eine Antwort wüssten und für jedes Problem eine Lösung parat hätten. Dramaturgische Kompetenz können wir durch einen Wissensvorsprung unter Beweis stellen und indem wir Erklärungen ausbreiten. Auf die Nachfrage, warum für uns anstelle der Bewegungswoche eine Lesewoche anberaumt wurde, teilt man uns mit, dass das Gehirn eines Dramaturgen der primär zu trainierende Muskel sei. Der Aufbau eines sachlichen Wissensreservoirs stelle das Äquivalent zum athletischen Zirkeltraining dar. Was macht einen ‚guten' Dramaturgen aus? Die Antwort lautet, dass man mehr als die anderen weiß. Was es mit dieser Idee auf sich hat und wie tief sie im Theatersystem verankert ist, wird mir im Verlauf der Ausbildung immer deutlicher vor Augen geführt.

2. Rolle

Bei meinem ersten Probenbesuch in der Rolle des Dramaturgen wird es gespenstisch still, als ich den Saal betrete. Ich blicke mich um und das Ensemble blickt auf mich. Die Regie gibt hastig von sich, dass jetzt ein Dramaturg anwesend ist. Dieser Sprechakt lädt die Rolle der Dramaturgie für alle Anwesenden noch einmal bedeutungsvoll auf, auch für mich. Im Zusammenhang mit Sozialisierungsprozessen bezeichnet der amerikanische Soziologe Charles Horton Cooley den Impuls eines Menschen, der Welt einen besseren oder idealisierten Aspekt von sich zu zeigen, als Phraseologie.[4] Der aus

4 Ebd., S. 35.

der Sprachwissenschaft entlehnte Begriff deutet darauf hin, dass Menschen in solchen Fällen dazu neigen, sich an festen bzw. feststehenden Sinnverbindungen zu orientieren. Goffman führt darauf bezugnehmend aus, dass sich der Einzelne in seiner Selbstdarstellung vor anderen darum bemühe, die offiziell anerkannten Werte der Gemeinschaft zu verkörpern und zu belegen und zwar in stärkerem Maße als in seinem sonstigen Verhalten.[5] Welchen Wert misst diese Gruppe der Dramaturgie zu? Und was erwartet sie von ihr?
Ich betrachte mich und bemerke, dass sich an der Stelle, wo meine Fragen und Unsicherheiten liegen, nun besagte Phraseologie verselbstständigt. Mehr oder weniger bewusst rufe ich ab, was ich während der Ausbildung über Dramaturgie erfahren habe. Eine nicht unbeträchtliche Menge an Autorität beginnt sich in einem diffusen Gemisch aus Erwartungen, Projektionen und Sinnverbindungen auf meine Rolle zu übertragen. Niklas Luhmann differenziert Macht und Autorität im Kontext der klassischen Machttheorie folgendermaßen: Macht beruhe auf dem Prinzip, dass sich der sich Fügende am möglichen *künftigen* Handeln des Machthabers ausrichte, wohingegen sich Autorität aus einer *vergangenen* Bewährung speise, also auf Geschichte beruhe. Auf der Grundlage einer positiven Vorerfahrung können einzelne Äußerungen des Senders vom Empfänger deshalb kritiklos als richtig oder maßgebend angenommen werden. Autorität wird dann zu einem relativ stabilen Einflusswert.[6]
Während ich überlege, wie ich die auf mich projizierte Autorität verkörpern könnte und welche vergangene Bewährung hier wohl etwas zählt, dämmert mir, dass der offiziell anerkannte Wert innerhalb dieser Gemeinschaft das vielbeschworene (Fach-)Wissen sein muss: das höchste Gut dramaturgischer Autorität. Meine zunehmende Unsicherheit (Was passiert wohl als nächstes? Was kann ich wissen? Was soll ich tun?) manifestiert sich in einer zurückgenommenen, abwartenden, etwas steifen Unbeweglichkeit. Irgendetwas daran scheint nun wiederum den von allen erwarteten Typus zu repräsentieren: den Habitus eines Dramaturgen oder jedenfalls einen der möglichen. Keine*r der Anwesenden scheint daran zu zweifeln, dass Dramaturg*innen Autorität verkörpern müssen – keine*r außer dem Dramaturgen selbst. Da es gilt, einen Probenplan einzuhalten, bleibt für weiterführende Überlegungen keine Zeit.

5 Goffman: *Wir alle spielen Theater*, S. 35.

6 Vgl. Niklas Luhmann: *Macht im System*, hrsg. v. André Kieserling. Frankfurt am Main: Suhrkamp 2013, S. 65.

Ohne Umschweife setzt sich das Ensemble angespannt in Bewegung. Die Bühne wird eingerichtet, die Regie nimmt im Zuschauerraum hinter ihrem Regiepult Platz. Die Bühne bildet nun gewissermaßen die Hypotenuse eines Dreiecks, von der aus die Katheten schnurstracks zur Spitze, dem frontal zur Bühne stehenden Pult laufen. Konsterniert stehe ich vor dem Gebilde zwischen Bühne und Pult. Die Frage, wo ich hingehöre, erübrigt sich durch einen flüchtigen Blick der Regie. Der adäquate Platz für Dramaturg*innen scheint am Kopf der Pyramide, am entferntesten Punkt zu den Schauspielenden zu liegen. Das sich abzeichnende Bild zeigt eine vertikale Achse, auf der die Dramaturgie von oben, vom Kopf aus, als denkende und beobachtende *Autorität* und die Regie als handelnde *Macht* agieren.

3. Kontinuität

Vom Kopf der Pyramide aus blicke ich aus der Ferne auf die Bühne. Seit der Zeit des Weimarer Hoftheaters um 1800 ist es Teilen des Theatersystems augenscheinlich gelungen, einige zentrale Konventionen zu konservieren. Es kommt mir jedenfalls so vor, wenn ich das, was ich sehe, mit den anekdotischen Erzählungen von Schauspieler*innen des Hoftheaters in Verbindung bringe, die Annemarie Matzke in einer Topografie des Probens zusammenstellte.[7] Matzke schreibt, dass sich die Probe damals als „spezifische Beobachtungskonstellation“[8] um einen ordnungsstiftenden Funktionsträger anordnete. Über eine Distanz zwischen dem dunklen Zuschauerraum und der erleuchteten Bühne wird ein Arbeitsverhältnis inszeniert, „das sich um die Frage von sehen und gesehen werden organisiert“[9]. Ohne selbst gesehen zu werden, beobachtet ein Goethe oder Schiller die Bühne aus der Dunkelheit. Auf Michel Foucault bezugnehmend beschreibt Matzke diese Anordnung als Panoptikum.[10] Eine Stimme aus dem Off, „deren Körper unscheinbar bleibt, die jederzeit erhoben werden kann und mit der immer eine Kontroll- und Befehlsfunktion verbunden ist“, bringt alle auf der Bühne zum „Aufhorchen“.[11]

7 Annemarie Matzke: *Arbeit am Theater. Eine Diskursgeschichte der Probe*. Bielefeld: Transcript 2012, S. 129–145.

8 Ebd. S. 134.

9 Ebd., S. 135.

10 Vgl. Michel Foucault: *Überwachen und Strafen. Die Geburt des Gefängnisses*. Frankfurt am Main: Suhrkamp 2010, S. 220–330.

11 Matzke: *Arbeit am Theater*, S. 135.

Während der Regie in ihrer Funktion als Exekutive Dynamik zugesprochen wird, bleibt die Beobachterposition der Dramaturgie als Judikative statisch. Für sie ist die Probe kein schöpferischer Prozess, sondern Prüfung. Verläuft die Probe ohne ‚Fehler', gibt es auch keinen Grund einzugreifen.

> Die Notwenigkeit [ihrer; J. W. D.] Präsenz wird damit über ein Defizit – in der Ordnung oder der Umsetzung des dramatischen Ideals – erklärt. Damit wird auch ein soziales Gefälle inszeniert, und die Probe bekommt noch eine weitere Erziehungsfunktion: Durch den Umgang mit dem sozial Überlegenen sollen sich auch die sozialen Umgangsformen der Schauspieler entwickeln, nicht in einer Form der direkten Interaktion, sondern allein durch die ordnende Funktion der Anwesenheit.[12]

Bezogen auf die Dramaturgie zeichnen solche Implikationen häufig das bekannte Bild einer Instanz „as an observer, the one who is in the know, someone who spends most of the time sitting in the darkness of the stalls with a view of critical distance"[13]. Seiner *Informellen Einführung in die Ethnographie* gab der Anthropologe Michael H. Agar nicht ganz frei von Ironie den Titel *The Professional Stranger*. Eine zentrale Herausforderung und Problematik seines Berufs sieht Agar darin, dass sich aus der reinen Beobachtung der Ethnografin im Regelfall keiner der Observierten einen Reim machen könne. Es sei für die Observierten äußerst schwierig herauszufinden, worin die Absicht der Beobachtenden besteht.[14] Eine Blickordnung, die einen Raum in zwei Bereiche aufteilt und bei der die beobachtende Instanz unbeteiligt bleibt, kann also, folgen wir Agar, Verunsicherungen und Unsicherheit hervorrufen. Wann wird aus dem scheinbar naiven Beobachter, der oft in die Ziele der Regie eingeweiht ist und im Sinne dieser Ziele agiert, ein Agent? Wann wird aus dem Agenten ein Kontrolleur? Wie können die Beobachteten etwas über den Beobachter erfahren? Daran knüpft sich die Frage, wie Dramaturg*innen überhaupt, über die reine Anwesenheit hinaus, teilhaben und in Erscheinung treten können. Wie lässt sich die dramaturgische Arbeit vor den Augen anderer darstellen? Wie lassen sich unsichtbare Arbeitsprozesse sichtbar machen? Wie gestaltet und vermittelt die Dramaturgie ihre eigene Rolle und Profession?

12 Matzke: *Arbeit am Theater*, S. 136.

13 Bojana Kunst: The Economy of Proximity. Dramaturgical Work in Contemporary Dance. In: *Performance Research* 14,3 (2009): On Dramaturgy, S. 81–88, hier S. 83.

14 Vgl. Michael H. Agar: *The Professional Stranger. An Informal Introduction to Ethnography*. San Diego: Academic Press 1996, S. 9–11.

4. Funktion

Ein Mensch steht vor einer Gruppe von Menschen und verteilt angestrengt Kommandos. Der Produktionsprozess ist zum Erliegen gekommen. Offensichtlich befinden sich die Regie und das Ensemble auf der Bühne in einer Sackgasse. Die Regie lässt die Szene inzwischen zum achten Mal wiederholen. Über mir justiert eine Lichttechnikerin den ein oder anderen Scheinwerfer und lehnt sich dann an ein Geländer. Wie ich lässt sie ihren Blick schweifen und wartet. Irgendwann wandern die Blicke von der Bühne erwartungsvoll und hilfesuchend durch den Saal und kommen im Zuschauerraum an dem Punkt, an dem ich sitze, zum Stehen. Ich werde unruhig. Der erlösende Geistesblitz bleibt aus. Die missmutigen und enttäuschten Blicke lassen mich wissen, dass meine Performance als Dramaturg ins Straucheln gerät. Als ich zu beschreiben beginne, was ich gesehen habe, lässt die Anspannung in den Gesichtern nach und verformt sich zu einer misstrauischen Skepsis. Die Blicke verlieren den Fokus, sacken immer tiefer in eine fast enttäuschte, müde Leere. Irgendjemand beginnt in seinen Taschen zu kramen, ein anderer wischt gelangweilt über sein Handydisplay. Was ich von mir gebe, scheint den Erwartungen nicht zu entsprechen. Autorität scheint innerhalb der Währungsordnung dieses Ortes an thematische oder enzyklopädische Exkurse, Erklärungen, Antworten, normative Bewertungen und diskursive Urteilsketten gebunden zu sein, die gewissermaßen als dramaturgischer Goldstandard fungieren. Es wird danach gefragt, ob die Umsetzung und Darbietung der Stückfassung ‚richtig' oder ‚falsch', ‚gut' oder ‚schlecht', ‚relevant' oder ‚belanglos' ist. Was anders gemacht werden soll, damit es ‚besser' wird. Wo ‚der Fehler' liegt und wie er sich beheben lässt. Die Funktion der Dramaturgie liegt u. a. darin, als Expert*in der Produktion Lösungen für etwaige Probleme parat zu haben – und zur Durchsetzung meiner Antworten und Lösungen hatte mir die Gruppe eingangs formale Autorität übertragen.

5. Klassische Prämissen der Machttheorie

> Macht bedeutet jede Chance, innerhalb einer sozialen Beziehung den eigenen Willen auch gegen Widerstreben durchzusetzen, gleichviel worauf diese Chance beruht.[15]

> A has Power over B to the extent that he can get B to do something that B would not otherwise do.[16]

> A person may be said to have power to the extent that he influences the behavior of others in accordance with his own intentions.[17]

Zur Lösung berufsbedingter Pattsituationen wurde während der Ausbildung immer wieder an unser Durchsetzungsvermögen appelliert, das neben einem starken Gehirnmuskel als weiteres zentrales Attribut im Theatersystem gilt. Das Phänomen der Macht ist allen sozialen Systemen inhärent und soll an dieser Stelle weniger bewertet als daraufhin befragt werden, wie es in seiner jeweiligen Ausformung Aufschlüsse über bestimmte Systemordnungen geben kann. Niklas Luhmann definiert Macht zunächst einmal funktional: zum einen als „Generalisierung der Relevanz individueller Entscheidungsleistungen“[18], zum anderen als Instrument zur Bewältigung und Entlastung von Komplexität.[19] Über die Prämissen der klassischen Machttheorie schreibt Luhmann, dass sie ihre Plausibilität und Popularität dem Umstand verdankten, einem praktischen Bedürfnis nach Vereinfachung entgegenzukommen.[20] Vereinfachungen kommen etwa durch die Annahme und Konstruktion von Monokausalitäten zustande.
In der klassischen Machttheorie wird unter dem Begriff Kausalität im Regelfall eine Beziehung von Ursache und Wirkung gefasst. Dabei wird

15 Max Weber: *Wirtschaft und Gesellschaft. Grundriss der verstehenden Soziologie.* Tübingen: Mohr 1980, S. 28.

16 Robert A. Dahl: The Concept of Power. In: *Behavioral Science* 2 (1957), S. 201–215, hier S. 202–203.

17 Herbert Goldhamer / Edward A. Shils: Types of Power and Status. In: *American Journal of Sociology* 45 (1939), S. 171–182, hier S. 171.

18 Luhmann: *Macht im System*, S. 54.

19 Vgl. ebd., S. 51–54.

20 Ebd., S. 40.

angenommen, dass bestimmte Ursachen Auslöser bestimmter Wirkungen sind. Macht über fremdes Verhalten wäre demnach gegeben, wenn bei ihrem Ausbleiben das Verhalten der adressierten Person anders abliefe. Das eine Verhalten wird somit als Ursache, das andere als Folge oder Reaktion ausgelegt. Die Kausaltheorie der Macht geht davon aus, dass Macht *wirkt*. Aus dieser Logik folgt ein Machtkalkül, also die Annahme des Machtvollen zu wissen, wie sein Adressat handeln bzw. nicht handeln würde, wenn er unbeeinflusst bliebe. Die klassische Machttheorie ist mit anderen Worten vom Handeln her konzipiert, wobei Kontingenz, Emergenz und der „eigene Beitrag zum gemeinsamen Spiel“[21] in dieser Betrachtungsweise meistens nicht mitbedacht werden.

Nach Luhmann lassen sich Machtsysteme als geschlossene Systeme konstruieren, sofern die Voraussetzung erfüllt ist, dass A gegenüber B Forderungen durchsetzen kann, ohne auf den Willen von B Rücksicht nehmen zu müssen (weil er diesen beispielsweise durch Zwang brechen kann). Dieser Mechanismus wird durch das sogenannte Transitivitätsprinzip sichergestellt. Macht ist transitiv, wenn die Macht von A über B und diejenige von B über C auch die Macht von A über C sicherstellt. Dadurch werde die Auswirkung von Macht auf das Handeln berechenbar. Luhmann bezeichnet dieses Transitivitätsprinzip als „inhärent hierarchische Struktur“[22]. Sie gleicht dem Kastensystem, in dem jeder Machthaber seinen festen Platz hat und die Untenstehenden weniger Macht haben als die Obenstehenden. Einer Machtausübung von unten nach oben wird so effektiv entgegengewirkt.[23] Die Geschlossenheit des Systems kann neben dem Transitivitätsprinzip auch durch die Machtsummenkonstanzprämisse behauptet werden. Ihr zufolge ist die Quantität der Macht in einem System invariant. Ereignisse, etwa aus der Umwelt, können höchstens die interne Verteilung von Macht beeinflussen. Der Gewinn von Macht für den einen ist nach dieser Prämisse mit dem entsprechenden Verlust an Macht für den anderen verbunden, woraus folgt, dass alle Beteiligten diejenigen Machtänderungen zu verhindern versuchen, die nicht ihre eigene Macht stärken. Luhmann erkennt in dieser Logik einen Spielzwang mit der Regel: „Wer nicht aufpaßt, verliert.“[24]

21 Vgl. Friedemann Schulz von Thun: *Miteinander Reden*, Bd. 1: Störungen und Klärungen. Reinbek: Rowohlt 1996, S. 85.

22 Luhmann: *Macht im System*, S. 34.

23 Vgl. ebd., S. 33–35.

24 Ebd., S. 36.

Wieder sitze ich im Zuschauerraum und blicke auf die Bühne. An einigen zentralen Prämissen der klassischen Machttheorie als Denkfigur der Moderne und dem didaktischen Ordnungsprinzip des Weimarer Hoftheaters hat sich in Teilen der Theaterlandschaft nicht viel verändert. Aber inwieweit ist das alles noch zeitgemäß und für die Beteiligten als Modus Operandi erträglich?
In einer von der Hans-Böckler-Stiftung in Auftrag gegebenen Studie aus dem Jahr 2016 wird neben den Arbeitsbedingungen in den Darstellenden Künsten und der Musik das Arbeitsumfeld und der zwischenmenschliche Umgang mit und unter Künstler*innen analysiert. Als grundsätzliche Missstände werden unbezahlte Leistungen, die Unvereinbarkeit von Familie und künstlerischem Berufsleben, schlechte Proben-, Unterkunfts- und Aufführungsbedingungen, die Nichteinhaltung arbeitsrechtlicher Gesetze und Schutzvorschriften sowie ein Mangel an Mitbestimmung bei der Arbeitsgestaltung angeführt. Missstände im zwischenmenschlichen Miteinander manifestierten sich in der Nichteinhaltung vertraglicher Regeln, unlauterer Vorteilsgewährung bei der Auftrags- und Stellenvergabe, Machtmissbrauch und Willkür der Vorgesetzten, respektloser Umgang und vereinzelt auch sexuelle Belästigung.[25]
Mir fallen Sätze ein wie: „Die Vorstellung, dass irgendwo zentral geplant wird und weiter unten nur umgesetzt wird, ist schon lange an ihre Grenze gekommen."[26] Oder: „Die *Autorenschaft*, das *Pathos* des einen Gestalters, das *Gott-Vater-Modell* der Planung hat sich theoretisch aufgelöst und ist auch in der Praxis nur noch wenig Erfolg versprechend."[27] Mein Blick wandert von der Bühne durch den andächtig ruhenden Theatersaal, bis er am Regiepult, dem Kopf der Pyramide, ins Stocken gerät. Wie ist es um die Forderung an die Künste bestellt, Wege aufzuzeigen, „den Konstruktionen der Moderne in Planung, Gestaltung und Entwicklung zu entkommen und veränderte Handlungspraktiken sichtbar [zu] machen"?[28]

25 Vgl. Maximilian Norz: *Faire Arbeitsbedingungen in den Darstellenden Künsten und der Musik?! Eine Untersuchung zu Arbeitsbedingungen, Missständen sowie Vorschlägen, die zu besseren Arbeitsbedingungen beitragen können*. Düsseldorf: Hans-Böckler-Stiftung 2016.

26 Arist von Schlippe / Jochen Schweitzer: *Lehrbuch der systemischen Therapie und Beratung. Das Grundlagenwissen*. Göttingen: Vandenhoeck & Ruprecht 2016, S. 139.

27 Armin Chodzinski: *Kunst und Wirtschaft. Peter Behrens, Emil Rathenau und der dm-drogerie markt*. Berlin: Kadmos 2007, S. 248 (Herv. i. Orig.).

28 Ebd.

6. Systemtheoretische Prämissen der Machttheorie

> Wer die Hypothese ernst nimmt, daß Macht eine bestimmte Ursache bestimmter Wirkungen sei, muß bei sorgfältiger Überprüfung zu dem Ergebnis kommen, daß die Machttheorie für komplexe soziale Systeme nicht taugt.[29]

Niklas Luhmann entwickelt Ansätze systemtheoretischer Prämissen einer Machttheorie, die den Grundbegriff der Handlung durch den des Systems ersetzt. Luhmann erhofft sich davon ein höheres Potential für eine Theorie, „die speziell dafür geschaffen ist, Komplexität zu erfassen und den Vorgang der Reduktion von Komplexität zu begreifen."[30] Als System wird gemäß der systemtheoretischen Basisdefinition eine beliebige Gruppe von Elementen bezeichnet, die durch Beziehung bzw. Kommunikation miteinander verbunden und von ihren Umwelten abgrenzbar sind.[31] Das Wesen oder die Konstitution dieser Elemente ist dabei erst einmal von geringerer Bedeutung, so sie Organismen, Gegenstände, Zahlen, Buchstaben, Begriffe, Ereignisse oder irgendwelche anderen Gegebenheiten sein können.[32] In der systemisch-konstruktivistischen Theorie wird davon ausgegangen, dass sich Systeme ihrer Betrachterin nicht präsentieren, sondern von ihr *erkannt* werden.[33]

Die Luhmannschen systemtheoretischen Prämissen der Machttheorie verstehen Systeme als eine selektive Ordnung der Informationsverarbeitung in einer weniger geordneten, komplexeren Umwelt. Differenzierung und Generalisierung sind komplementäre Mechanismen, durch die soziale Systeme die Anforderungen steigender Komplexität kompensieren können. Soziale Systeme reduzieren Komplexität durch Generalisierung und erzeugen durch den Prozess der Generalisierung gleichsam Macht und Sinn, um menschliches Erleben und Handeln in Anbetracht der potentiellen Möglichkeiten zu gewährleisten. Differenzierung kann demnach als Komplementärwert und Korrektiv von Macht und Sinn verstanden werden. Nach der klassischen

29 Luhmann: *Macht im System*, S. 44.

30 Ebd., S. 115.

31 Von Schlippe / Schweitzer: *Lehrbuch der systemischen Therapie und Beratung*, S. 31.

32 Vgl. Paul Watzlawick / John H. Weakland / Richard Fisch: *Lösungen. Zur Theorie und Praxis menschlichen Wandels*. Bern: Huber 2005, S. 21.

33 Vgl. Humberto Maturana: *Erkennen. Die Organisation und Verkörperung von Wirklichkeit. Ausgewählte Arbeiten zur biologischen Epistemologie*. Braunschweig: Vieweg 1982, S. 175.

Machttheorie gibt es Macht nur innerhalb eines Systems. Da es aber unendlich viele Systeme gibt, stehen Systeme notwendigerweise systemrelativ und in Bezugssystemen zueinander. Die von der Systemtheorie geleitete Betrachtung löst sich deshalb „von der traditionellen Beschränkung auf systeminterne Verhältnisse (auf Beziehungen von ‚Teilen' zueinander oder zum ‚Ganzen')" und versucht, alle internen Strukturen und Prozesse als Lösung von Problemen in den System-Umwelt-Beziehungen zu begreifen.[34] Für die systemtheoretische Machttheorie ist demnach nicht die durchsetzende Kraft und die Beherrschung dieser Kraft problematisch, sondern Selektivität. Sie interessiert weniger, *dass* etwas Gewolltes bewirkt wird, sondern stattdessen, *wie* ausgewählt wird, *was* bewirkt werden soll und wie die Auswahl des Gewollten zwischen allen Beteiligten konstant gehalten werden kann. Damit gewinnen Selektoren und Selektionsmechanismen an Bedeutung. Während für die klassische Machttheorie insbesondere die Generalisierung von Einfluss und Entscheidung bedeutsam ist, interpretiert die Systemtheorie vornehmlich unter der Maßgabe von Differenzierung und Reflexivität. Luhmann fasst als reflexiv solche Prozesse, „die auf sich selbst oder auf Prozesse gleicher Art angewandt werden"[35]. So wird beispielsweise zunächst das eigene Denken bedacht, bevor losgedacht wird, oder erst das Lernen gelernt, bevor man sich mit den zu lernenden Inhalten beschäftigt. Die so erzeugten Metaverhältnisse sind in der Lage, Systeme stabil zu halten und Veränderungen innerhalb eines Systems herbeizuführen.[36] Durch Reflexivität wird sichergestellt, dass Macht sich dezentralisiert bzw. nicht mehr von der Spitze eines Machthabers A abgeleitet wird. Luhmanns Systemtheorie wendet sich dabei nicht gegen die Kausalkategorie als solche, sondern gegen die Interpretation der Kausalität „und damit zugleich gegen sehr tief sitzende Denkgewohnheiten"[37]. Zur Erinnerung: In der klassischen Machttheorie wird Kausalität als eine Beziehung von Ursachen und Wirkungen gefasst, in der bestimmte Abläufe nach eigener Sicht oder eigenem Interesse interpunktiert bzw. strukturiert werden. In dieser Logik wird angenommen, dass eine bestimmte Ursache eine bestimmbare Wirkung auslöst. Macht wird in diesem Zusammenhang als besitzbares Gut und diejenige Ursache angenommen, die den Ausschlag gibt und damit das

34 Luhmann: *Macht im System*, S. 48.

35 Ebd., S. 90–91.

36 Vgl. Watzlawick / Weakland / Fisch: *Lösungen*, S. 28.

37 Luhmann: *Macht im System*, S. 116.

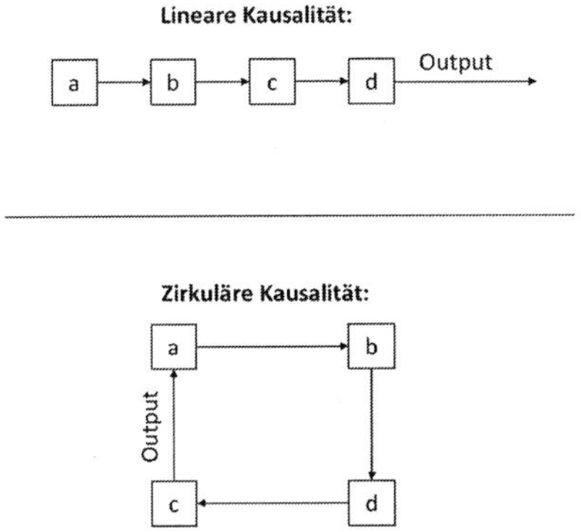

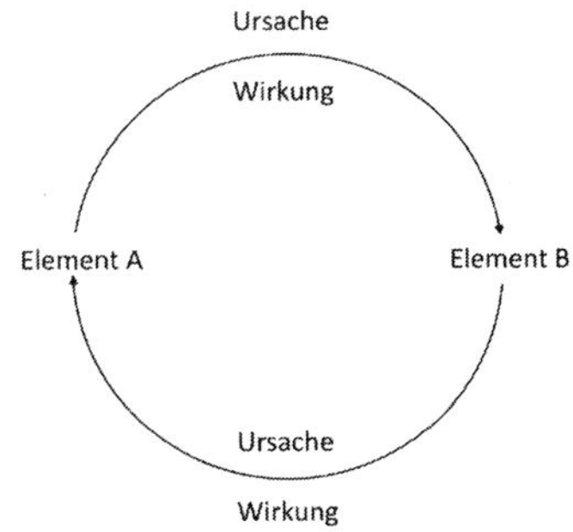

Geschehen beherrscht.[38] Systemisch betrachtet, lässt sich solch ein Vorgang auch kreisförmig beschreiben.
Ob Handlung a die Ursache oder die Folge von Handlung b ist, rückt in dieser Struktur in den Hintergrund.[39] Das Augenmerk richtet sich nunmehr auf die „Wechselbeziehung zwischen dem eigenen Verhalten und dem Verhalten anderer Systeme"[40] bzw. auf den „konstitutiven Prozess der Wechselwirkung zwischen dem *erfahrenden System* (Beobachter) und dem *zu erfahrenden System*"[41]. Es geht folglich darum, dass Systeme eine Eigengendynamik, eine Art Surplus entwickeln, das sich nicht aus der Summe der Anteile der einzelnen Elemente allein erklären lässt. Dieses Phänomen wird auch als Emergenz bezeichnet und durch die übersummative Gleichung 1+1=3 versinnbildlicht.[42]
Für Luhmann liegt die Problematik der klassischen Machttheorie also auf der Achse Komplexität-Einfachheit und in der Auslegung und Verwendung der Kausalkategorie. Mit dem zirkulären Denkmodell wird eine Problemsituation als Wechselwirkungskreislauf interpretiert, in dem es nie nur eine bzw. *die* eine Ursache gibt.

38 Ebd., S. 16.

39 Vgl. Watzlawick / Weakland / Fisch: *Lösungen*, S. 36.

40 Sonja Radatz: *Beratung ohne Ratschlag. Systemisches Coaching für Führungskräfte und BeraterInnen*. Wien: Systemisches Management 2002, S. 67.

41 Von Schlippe / Schweitzer: *Lehrbuch der systemischen Therapie und Beratung*, S. 146.

42 Vgl. Schulz von Thun: *Miteinander Reden*, S. 87.

7. Wandel

Jede Produktion entwirft ihre eigene Methode.[43]

Folgen wir der Dramaturgin Marianne Van Kerkhoven in dieser Beobachtung, so gibt es in der zeitgenössischen künstlerischen Praxis „keine feststehenden Verhaltensregeln oder im voraus gänzlich definierbare Aufgaben, auch nicht für den Dramaturgen."[44] Irena Staudohar plädiert deshalb für eine Erweiterung des monokausal-dramatischen Dramaturgieverständnisses, nicht zuletzt vor dem Hintergrund postdramatischer Ästhetiken.

> In contemporary theatre practice, this 'cybernetic machine' functions primarily as an exhibition of the elements of the theatre, such as the actor, space, design, sound, costumes [...] which enter into shared relationship and establish communication [...].[45]

Theorien und Ästhetiken, die traditionelle Dramaturgien transformieren, lassen sich mit Katalin Trencsényi und Bernadette Cochrane im Wesentlichen durch drei Merkmale charakterisieren: „[T]hey are *post-mimetic*, they embrace *interculturalism* and they are *process-conscious.*"[46] Wo eine rein dramatische Dramaturgie obsolet geworden ist und projekt- sowie prozessorientierte Arbeitsweisen etabliert wurden, heißt Dramaturgie: „Puzzeln, mit Komplexität umgehen lernen."[47]

> Therefore new dramaturgical forms and skills are needed, in terms of a practice that no longer reinforces the subordination of all elements under one [...], but rather a dynamic balance to be obtained anew in each performance.[48]

43 Marianne Van Kerkhoven: Sehen ohne den Stift in der Hand. In: *Theaterschrift* 5–6 (1994): Über Dramaturgie, S. 140–150, hier S. 140 (Herv. i. Orig.).

44 Ebd.

45 Irena Staudohar: New Dramaturgy. In: *Theaterschrift* 5–6 (1994), S. 187–189, hier S. 187.

46 Katalin Trencsényi / Bernadette Cochrane: New Dramaturgy. A Post-Mimetic, Intercultural Process-Conscious Paradigm. In: Dies. (Hrsg.): *New Dramaturgy. International Perspectives on Theory and Practice.* London / New York: Bloomsbury 2014, S. xi–xxi, hier S. xii (Herv. i. Orig.).

47 Van Kerkhoven: Sehen ohne den Stift in der Hand, S. 146.

48 Hans-Thies Lehmann / Patrick Primavesi: Dramaturgy on Shifting Grounds. In: *Performance Research* 14, 3 (2009): On Dramaturgy, S. 3–6, hier S. 3.

Zugleich bildet sich daraus die Herausforderung an Dramaturgie, eigene Arbeitsweisen und Handschriften zu entwickeln.

> Dramaturgie ist in diesem Falle nicht mehr Mittel, um in einer Aufführung die Bedeutungsstruktur der Welt zum Ausdruck zu bringen, sondern (das Suchen nach) einer vorläufigen/möglichen Ordnung [...]. In einem solchen Weltbild verlieren Kausalität und Linearität ihren Wert, werden Erzählstruktur und psychologisch erklärbare Figuren in Frage gestellt, gibt es zwischen den verwendeten künstlerischen Bausteinen keine Hierarchie mehr [...].[49]

Die Komplexität im Berufsfeld der Dramaturgie erfordert laut Bojana Kunst die Fähigkeit, sich in Zwischenräumen zu bewegen: „[T]he affective ability to move between theoretical reflection and practical knowledge, to be an external eye and an involved participant at the same time."[50] Innerhalb der zeitgenössischen Produktion von Ereignissen moderiere Dramaturgie den Austausch von Ideen, Empfindungen, Aufmerksamkeiten und Wahrnehmungen. „In this sense, contemporary dramaturgy differs from the modern project of audience cultivation and critical discourse formation, which has shaped audience taste and collective identification."[51] In dem Versuch, der Dramaturgie in unserer durch heterogene Wahrnehmungs- und Erfahrungshorizonte geprägten Gegenwart den Status einer beobachtenden Autorität zu erteilen, die wissend und mit kritischer Distanz aus der Dunkelheit des Zuschauerraums blickt, darum bemüht, eine anonyme Vielzahl möglicher Zuschauerblicke zu simulieren, offenbart sich für Bojana Kunst ein Anachronismus. Hingegen bestehe in der zeitgenössischen künstlerischen Praxis Bedarf „for proximity and embodiment of dramaturgical work [...]; the opportunity to create the right circumstances for working and the possibility of presenting a work within a context that meets the artist's criteria."[52]

49 Marianne Van Kerkhoven: Über Dramaturgie. In: *Theaterschrift* 5–6 (1994), S. 8–36, hier S. 20.

50 Kunst: The Economy of Proximity, S. 86.

51 Ebd.

52 Barbara Van Lindt: *DasArts and Its Dramaturgy of Learning*. https://www.ahk.nl/fileadmin/download/theaterschool/DasArts_Mission.pdf (Zugriff am 17.04.2018).

8. Gruppen

> Wann immer im Arbeitsleben der Output von Gruppen unbefriedigend ausfällt, fällt vielen Beteiligten das Eingeständnis ‚Wir haben uns nicht genug angestrengt' häufig leichter als die Vermutung, ‚Vielleicht ist unsere Art des Miteinanders verbesserungswürdig'.[53]

In seinem Praxishandbuch *Dynamik in Gruppen* resümiert der Psychologe Eberhard Stahl, dass unser gesellschaftliches Gruppenleben bis weit ins 20. Jahrhundert in relativ festgefügten Verhältnissen und Sinnverbindungen stattgefunden hat. In vielen Gruppen sei implizit klar gewesen, „wer das Sagen hatte (General, Pastor, Vorgesetzter, Ehemann, Vater), und die Gruppenleiter wussten, welche Ziele sie durchzusetzen hatten (Vaterlandstreue, Gottesfurcht, Pflichtgefühl, Arbeitsamkeit, Treue, Gehorsam)."[54] Neben klaren Rollen- und Funktionsmustern sowie Normen und Zielen „waren auch die Umweltbedingungen (Technologie, Mobilität, Bildung) vergleichsweise konstant [...]"[55].

> Die Anforderung an Gruppen bestand deshalb im Wesentlichen darin, im Rahmen vorgegebener Strukturen vorgegebene Ziele auf vorgegebenen Wegen zu erreichen, während ihre Leiter die Ausführung überwachten. Das machte zielklärende Interaktion weitgehend entbehrlich.[56]

Inzwischen haben sich die Lebens- und Gruppenbedingungen in den modernen, pluralistischen Gesellschaften verändert. Sachliche und zwischenmenschliche Gegebenheiten sind in einem fortlaufenden Wandel begriffen. In Gruppen herrscht selten von vornherein Klarheit darüber, „wer das Sagen hat und wohin es gehen soll"[57]. Zudem steigen die Möglichkeiten und Bedürfnisse der Gruppenmitglieder, persönliche Ziele zu formulieren und zu verfolgen. Wir finden uns immer häufiger in neuen, unbekannten Gruppenzusammenhängen wieder. Dies verlangt von uns zugleich die Fähigkeit und Bereitschaft, uns

53 Eberhard Stahl: *Dynamik in Gruppen. Handbuch der Gruppenleitung.* Weinheim / Basel: Beltz 2007, S. 24.
54 Ebd., S. 25.
55 Ebd.
56 Ebd.
57 Ebd., S. 26.

in soziale Gebilde einzufügen und sie aktiv mitzugestalten. Beständigkeit oder lebenslange Mitgliedschaften werden hingegen seltener. Für den Umgang mit Unbeständigkeit und den Unwägbarkeiten des Miteinanders formuliert Stahl einen steigenden Handlungsbedarf für zielklärende Arbeit in Gruppen.[58]

9. Zielklärende Arbeit in Gruppen

> Was ich lehren will, ist: von einem nicht offenkundigen Unsinn zu einem offenkundigen übergehen.[59]

Zielklärende Arbeit hängt eng zusammen mit der Frage: *Warum* ist eine Gruppe? Eberhard Stahl gibt darauf eine einfache Antwort. Vorrangig seien es „persönliche Ziele, die uns den Schritt vom Ich zum Wir tun lassen"[60]. Diese Ziele können banal erscheinen oder hochbedeutend, konkret sein oder schwammig bleiben. Die hinreichende Voraussetzung, dass von einer Gruppe gesprochen werden kann, liegt im zielgerichteten Miteinander und dem Abstimmen des Handelns sowie der jeweiligen, dahinterliegenden Ziele. In einer Gruppe gibt es nämlich im Regelfall sehr unterschiedliche Zielvorstellungen und Partikularinteressen. Eine weit verbreitete Methode ist es, die heterogenen Zielvorstellungen totzuschweigen und möglichst galant, in kräftezehrenden Sprüngen, über die sich auftuenden Risse und Gräben zu hechten. Da die „Kunst der Metakommunikation [...] in vielen Fällen weder in der Schule, noch im Elternhaus, noch am Arbeitsplatz gelehrt wird"[61], tritt an ihre Stelle nicht selten Sprachlosigkeit oder Gutdünken. Vor diesem Hintergrund formuliert Stahl den Bedarf für eine Instanz, die als Katalysator des Gruppenprozesses – durch Beschreibungen gruppendynamischer Vorgänge, methodische Kenntnisse und sprachliche Ausdrucksfähigkeit – einen Überblick über die vielschichtigen sachlichen und zwischenmenschlichen Gegebenheiten anbieten kann und bei Abstimmungsprozessen unterstützt.[62] Dabei gilt es zu beachten, dass der Zielpool einer Gruppe „sowohl ein chaotisches

58 Vgl. ebd.

59 Ludwig Wittgenstein: *Philosophische Untersuchungen*. Frankfurt am Main: Suhrkamp 2015, §464, S. 217.

60 Stahl: *Dynamik in Gruppen*, S. 2.

61 Ebd., S. 26.

62 Ebd., S. 27.

als auch ein sich selbst organisierendes System“[63] ist. Es ist chaotisch, weil sich der Zielpool weder beliebig noch berechenbar entwickelt, und es ist sich selbst organisierend, weil sich die Ordnung in komplexen Systemen hauptsächlich durch Auseinandersetzungen zwischen den Beteiligten während ihres Tuns ergibt. Die Ziele innerhalb des Zielpools gliedert Stahl in sachliche Ziele (Inhalte der Gruppenaktivität: ‚Was?‘) und zwischenmenschliche Ziele (Qualität des Miteinanders: ‚Wie?‘) sowie in vordringliche und nachgeordnete Ziele. Die Motivation und das Engagement der einzelnen Gruppenmitglieder hängt davon ab, welche und wie viele persönliche Ziele in den Gruppenzielpool einfließen können. Lassen sich persönliche Ziele im Laufe der Zeit verwirklichen, „wächst unsere Zufriedenheit mit der Gruppe und die Bindung an sie. Umgekehrt verlieren wir die Lust an einer Gruppe, wenn entscheidende Ziele nicht oder nur unzureichend zu verwirklichen sind.“[64]

10. Postdramaturgien

It matters what ideas we use to think other ideas (with).[65]

Wie mein Probenbesuch weiterging, ist schnell erzählt. Irgendwann hat die Lichttechnikerin dem Treiben auf der Bühne ein Ende bereitet, indem sie die Scheinwerfer abschaltete und uns zurief, dass sie nach Hause geht. Eine Tür fiel ins Schloss. Der Saal lag im Dämmerlicht. Mein Blick wanderte durch den Raum, der voll von Spuren, Hinterlassenschaften und Formungsversuchen eher überfrachtet als leer erschien. Als ich aus der Pyramide in die Nacht trat, zog eine Kehrmaschine der örtlichen Stadtreinigung blinkend und hungrig Kreise auf dem Vorplatz. Ich winkte und machte mich mit drei zentralen Fragen im Kopf auf den Heimweg: Was kann ich erkennen? Wie kann ich beschreiben? Wie kann ich gestalten?

Systemisch ist ein erkenntnistheoretischer Begriff (Was kann ich erkennen?). Im Unterschied zu einer Epistemologie des Beobachteten (Was ist dort wirklich?) entwickelt der Konstruktivismus eine Epistemologie des Beobachtens und überwindet darin erstens die Trennung zwischen Beobachtendem und

63 Stahl: *Dynamik in Gruppen*, S. 13.

64 Ebd., S. 4.

65 Marilyn Strathern zit. n. Donna J. Haraway: *Staying with the Trouble. Making Kin in the Chthulucene.* Durham / London: Duke UP 2016, S. 12.

Beobachtetem. Zweitens unternehmen systemtheoretische Ansätze den Versuch, für gleichzeitig oder nacheinander ablaufende Prozesse innerhalb eines Systems und zwischen Systemen adäquate Beschreibungen zu finden. In der systemischen Praxis werden solche Beobachtungen und Beschreibungen drittens bewusst genutzt und gestaltend eingebracht. Hinsichtlich meines dramaturgischen Selbstverständnisses und meiner dramaturgischen Rolle sind es inzwischen weniger Wissen, Analyse, Autorität, Macht, Objektivität, Distanz oder Antworten, die für mich maßgeblich geworden sind. Vielmehr lasse ich mich von Unwissen, Synthese, Gleichrangigkeit, Neugier, Subjektivität, Nahbarkeit, Interaktion, Fragen und Fehlern leiten. Meine eigenen Fantasien nutze ich als Impulse und Brücken. Eine reflexive und differenzierte Wahrnehmung schafft Raum für neue Informationen. Auf dieser Basis kann ich im gruppendynamischen Prozess zielklärende Arbeit leisten und Metakommunikation etablieren. Ich kann Strukturveränderungen und Wandel beschreiben, anregen und begünstigen, um Ideen und soziale Gebilde konstant und dynamisch weiterzuentwickeln. Diese Offenheit und Haltung des Nichtverstehens, des Noch-nicht-Wissens, steht dabei im diametralen Gegensatz zu einem dramaturgischen Verständnis, das versucht, seine Identität aus dem Ideal der bereits wissenden Autorität zu schöpfen.

Dem Wortstamm gemäß richtet sich *Drama*turgie auf die *drama*tische Handlung und Darstellung. Dieser Gegenstand der Dramaturgie hat in den zeitgenössischen Künsten, der Performance und dem postdramatischen Theater zusehends an Kontur verloren. Von szenisch-dynamischen Gebilden ist die Rede, in denen es nicht mehr so sehr um Handlung, sondern um Zustände[66] oder Atmosphären[67] geht. Dabei ist die Kommunikation, Interaktion und Beziehung einer Vielzahl an Elementen bedeutsam, die in rekursiven Konstitutionsverhältnissen szenisch-dynamische Gebilde gleichsam konstituieren und erkennen.

Längst zeichnet sich Kunstproduktion vor allem durch trans- und interdisziplinäre Verbindungen und Bezüge aus. Damit steigt das Maß an Komplexität. Die Systemtheorie bietet sich hier als Epistemologie an, um, so erhoffte es sich zumindest Niklas Luhmann, Komplexität zu erfassen und Vorgänge begreifen und terminologisch benennen zu können, in denen sich

66 Vgl. Hans-Thies Lehmann: *Postdramatisches Theater*. Frankfurt am Main: Verlag der Autoren 2001, S. 168.

67 Vgl. Gernot Böhme: *Atmosphäre. Essays zur neuen Ästhetik*. Frankfurt am Main: Suhrkamp 2013; Erika Fischer-Lichte: *Ästhetik des Performativen*. Frankfurt am Main: Suhrkamp 2004, S. 13.

Reduktion von Komplexität vollzieht. Vor diesem Hintergrund zielt mein post-dramaturgischer Ansatz bzw. die Idee einer systemischen Dramaturgie auf die Erweiterung des Gegenstands der Dramaturgie: von Handlung hin zum System. Unwissen und Verständnislosigkeit bilden hier keinen Malus, sondern vielmehr die Voraussetzung dafür, sich eindringlicher auf den Prozess konzentrieren zu können.
Im Prozess geht es darum zu erkennen, welche Muster sich in unterschiedlicher Form wiederholen, was womit verknüpft ist, welchen Elementen welches Maß an Beachtung geschenkt wird und wie unterschiedliche Teile eines Problems im Sinne eines roten Fadens mit den dazugehörigen Lösungskriterien zusammenhängen.[68]

> Eine solche Art der Informationssammlung fragt nach *Beschreibungen* und nach *Mustern*, nicht nach Dingen. Ein Symptom, ein Problem, [...] sind keine Dinge, sondern *Prozesse*, gebildet durch Handlungen und Kommunikation verschiedener Personen.[69]

Durch Beschreibungen vermag es die systemische Praxis, verdeckte oder im Prozess vernachlässigte Informationen und Eigendynamiken bzw. Kommunikation sichtbar zu machen. Essentiell ist dabei eine Grundhaltung der Gleichrangigkeit, in der alle egalitäre Führungs- und Nichtführungsansprüche besitzen. Damit wächst die systemische Haltung und Praxis über die Prämissen der klassischen Machttheorie hinaus und wendet sich Kooperation, Differenzierung und Reflexivität zu. Bestenfalls entstehen so im Miteinander und innerhalb des jeweiligen Systems neue Informationen, Sichtweisen und Denkprozesse, die nicht von außen oktroyiert werden. So verlässt das *outside eye* seinen Außenposten oder Feldherrenhügel und lädt zu einer beweglichen Perspektive ein, zu der jede*r, der oder dem es sinnvoll erscheint, hin und wieder wegpendeln kann, die eingenommen und wieder verlassen werden kann. Da Kunstproduktion immer auch Interdependenz bedeutet (zwischenmenschliche Ziele) und es vor allem diese Interdependenz ist, die uns regelmäßig zu schaffen macht und Schwierigkeiten erzeugt, erscheint mir eine dramaturgische Praxis sinnvoll, die interpersonelle Prozesse und Dynamiken mit in den Blick nimmt und versprachlicht. Oder, um es mit Ludwig Wittgenstein zu

68 Vgl. Radatz: *Beratung ohne Ratschlag*, S. 113.
69 Von Schlippe / Schweitzer: *Lehrbuch der systemischen Therapie und Beratung*, S. 254 (Herv. i. Orig.).

sagen: Eine Praxis, die versucht, von einem nicht offenkundigen Unsinn zu einem offenkundigen überzugehen.
Es ist zu wünschen, dass sich Dramaturgie reflektiert, diversifiziert und von einer zuweilen limitierenden Subordination unter Funktionsträger*innen der klassischen Machttheorie löst. Fragen, die sich Dramaturg*innen in diesem Zusammenhang stellen können, betreffen die Rolle und Funktion, die sie in einem System und sozialen Gefüge innehaben (wollen): Wie möchten und können wir dazu beitragen, unsere sozialen Räume, unsere Rollen und Funktionen professionell zu gestalten? Auf welche Ideen beziehen wir uns dabei? Postdramaturgie als eine Art Biotop aus Fragen, Gedanken, Entwürfen, Geschichten, Verfahrensweisen und Methoden schafft eine begriffliche und praktische Spielwiese, die Dramaturg*innen dazu einlädt, sichtbarer zu werden und verstärkt nach eigenständigen Arbeitsweisen, Formen, Bezugssystemen und künstlerischen Handschriften zu suchen.

48% 07:50

heddalicious91

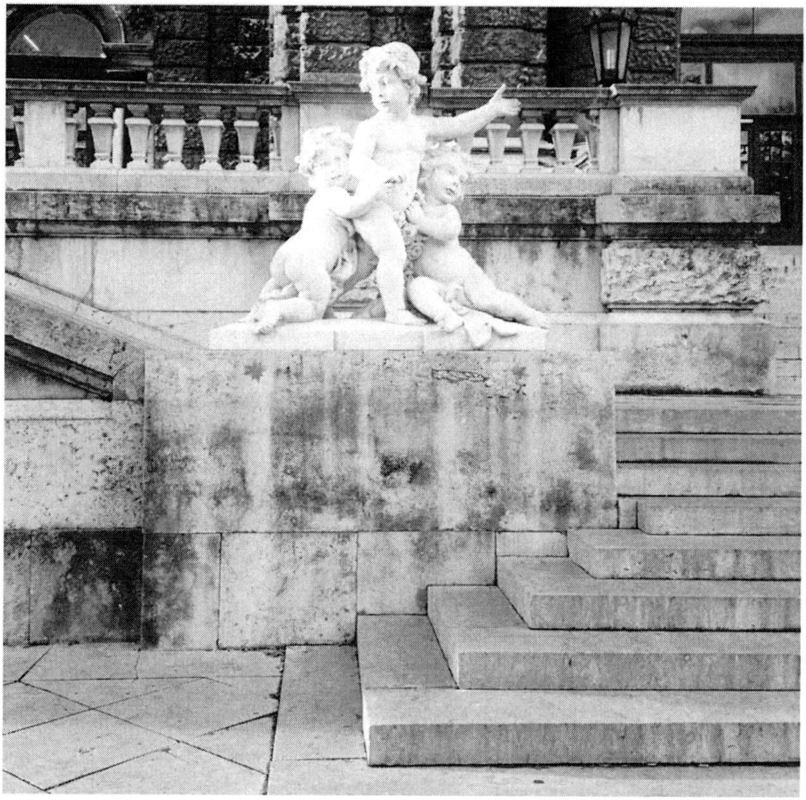

Gefällt **lina.mareike, nadved** und **5 weitere Personen**
heddalicious91 Ich habe nur zu #oft während der #Reise einen #Dritten #vermisst.

VOR 6 TAGEN

Kirsten Maar

P.S. – Postscriptum zur Post-Dramaturgie

zwischen choreografischer Praxis und der Reflektion von Produktionsverfahren (a Dialogue)

Hello, let me first introduce you to this kind of writing: when I was invited to contribute to this volume on post-dramaturgy, I immediately thought of the format of the self-interview – copying from the inspiring Everybodys[1] *series, which appeared to me to be a suitable approach for addressing the ambivalent position from which I could speak about dramaturgical work and trying to grasp such multi-layered processes.* Everybodys

> was set up as a data base and a library, a toolbox and a game creator, a publication house, a score container, a site for distribution and for long term investigatory discussions. It is a platform for the development of tools and content, for research and performance, for exchange and desire. Everybodys is a collective effort to develop the discourses that exist within the performing arts and to create a platform where this information can be accessed by a wider audience than the practitioners it involves.[2]

As such, it seems to mirror the manifold efforts of transition in these ever-changing processes.

1 *Everybodys Self Interviews*, published by The Danish Arts Council. www.everybodytoolbox.net (Zugriff am 12.03.2019). Die Webseite existiert heute in anderer Form, die Selbstinterviews sind aber auch als Buch publiziert: Everybodys / Mette Ingvartsen (Hrsg.): *Everybodys Self Interviews*. Raleigh: Lulu 2008.

2 Siehe www.everybodystoolbox.net (Zugriff am 12.03.2019).

Dieser Ansatz erscheint mir auch insofern passend, als du Dramaturgie als dialogische Praxis begreifst, als eine Praxis, die zu einem Großteil durch die Verflechtung divergenter Stränge bestimmt ist und mittels Gesprächen, Diskussionen und *oral histories* ein Netz interner und externer Referenzen webt. Diese mündliche, praxisbasierte Ausrichtung charakterisiert meiner Erfahrung nach die dramaturgische Arbeit wesentlich, vor allem da sie sich dank der unterschiedlichen Perspektiven aller Beteiligten stets neu konstituiert, verschiebt bzw. im Austausch überhaupt erst entsteht.

For me, the notion of displacement seems very apt here and this might also be a first approach to the notion of post-dramaturgy. I would like to ask what post-dramaturgy in the field of contemporary dance and choreography could be – as a practice that often works beyond narrative structures, but not without referential settings. From this position, we might ask what this "post" stands for. Does it mean moving beyond a certain level of how things were done before? Or leaving behind former perspectives about dramaturgy? Or does post-dramaturgy reflect on a specific mode of contemporaneity? The changes that have been accompanying the notion of the post-dramatic are not at the core of the field of contemporary dance and its self-understanding, since some of those procedures had already been established in postmodern dance. As such, it is quite challenging to frame post-dramaturgy in relation to contemporary dance and choreography. Finally, the notion of post-dramaturgy reminds me of how difficult it is to define the practice and the field of dramaturgy itself. So perhaps we'll start with the complex field of dance dramaturgy and then think about the post-...

Die Erfahrung, dass das Arbeitsfeld dramaturgischer Praktiken kaum eindeutig zu definieren ist, mache ich immer wieder. Zeitgenössischer Tanz und Performance, die Entgrenzungen der Künste wie auch die Produktionsbedingungen der Freien Szene erfordern andere Arbeitsweisen als die vorstrukturierten Arbeitsabläufe eines Stadttheaters (obwohl sich diese ursprünglich gegensätzlichen Produktionsformen mehr und mehr verändern). Tanz erfordert einen anderen Zugang als eine Inszenierung, die Bezug auf einen (Dramen-)Text nimmt. Auch wenn Tanz heute nicht mehr als ‚sprachlose Kunst' gelten mag, gestaltet sich die Bezugnahme auf einen Text anders als im Sprechtheater. Mehr noch als in der Performance rücken die Praktiken und Körpertechniken selbst dann in den Blick, wenn die Arbeiten eher konzeptuell angelegt sind. Postdramatische Merkmale sind dem zeitgenössischen Tanz, der sich in den meisten Fällen gerade nicht mehr als Tanztheater definiert (aber teilweise durchaus Elemente dessen verwendet), per se zu eigen. Doch vielleicht sind die Unterschiede für eine Neudefinition dramaturgischer Arbeit gar nicht bestimmend; vielleicht sollten wir eher danach fragen, inwiefern künstlerische und gesellschaftliche Veränderungen, z. B. Fragen nach institutioneller Kritik und deren Wandel oder Fragen nach Kollektivität, das choreografische Feld transformiert haben? Welche Rolle spielt die zunehmende Reflektion der Produktionsbedingungen in Analogie zu anderen Arbeitskontexten? Welche unterschiedlichen Fähigkeiten und Kompetenzen erfordert das choreografische bzw. das dramaturgische Arbeitsfeld, welche Praktiken haben sich jeweils herausgebildet? Hinzu kommt, dass wir alle aus verschiedenen Perspektiven unsere je eigene dramaturgische Praxis konstruieren, dass wir Erfahrungen aus heterogenen Tätigkeitsfeldern mitbringen,[3] etwa aus dem Bereich des Forschens, des Mentoring, des Unterrichtens, des Schreibens und Vortragens – und dass uns Choreograf*innen, Tänzer*innen und weitere Beteiligte immer wieder andere Erwartungen im Hinblick auf unsere Aufgaben entgegenbringen: divergierende Bedürfnisse zwischen Nähe und Distanz, Zuhören und Feedback geben, zwischen Versorgung mit erweiterndem Quellenmaterial, intellektueller Auseinandersetzung, Organisatorischem und psychologischer Betreuung usw.

... and then expectations are formulated differently in style and according to the different languages spoken by the dancers. This is another reason why I decided for the bilingual character of this dialogue. Dance studies are still quite a new discipline in Germany, and even if, as a dance scholar in Berlin, I mostly teach in the German language, most of the relevant literature is written in English. Furthermore, most US and Western European vocabulary about contemporary dance techniques was developed in the international dance community itself. English is the language we all share; regardless of whether we speak it more or less fluently. This constant switching between at least two or more languages as well as being in a constant mode of translation seems to characterize quite well the 'state' of the dramaturgical.

3 It is ambivalent speaking from the position of a jury member who feels responsible for what happens in the dance community, how structures develop for emerging artists as well as for a continuity and balance in this field between smaller and more established groups, between older and younger artists, between more conceptual or more dance-oriented, technical projects within a precarious funding situation, but it also seems the only possible position for me, since one field nourishes the other in a specific way.

Dramaturgie als offene Übersetzung

Was bedeutet es, wenn ich Dramaturgie als ein konstantes *shifting* zwischen verschiedenen Sprachen, aber auch zwischen verschiedenen Praktiken beschreibe? Als eine Tätigkeit, die andauernd zwischen unterschiedlichen Wissensformen übersetzt? In welchem Maß ist es möglich und wichtig, diesen Zustand des ‚Zwischen', des Offenen aufrechtzuerhalten? Und inwiefern könnte es erstrebenswert sein, diesen Zustand nicht nur für den Zeitraum des Probens und Ausprobierens, sondern auch bis in die Aufführungen hinein zu bewahren? Es ist eine große Herausforderung, diesen Zustand längere Zeit auszuhalten. Wie können wir lernen, damit umzugehen? Und wie entwickeln wir Formen oder Formate, innerhalb derer wir mit dem Unfertigen, dem Unpassenden, der Unsicherheit arbeiten können? Und schließlich: Warum könnte dies auch für den Austausch mit dem Publikum wichtig sein? Könnte Übersetzung hier weniger als vermeintlich erreichbare Eindeutigkeit verstanden werden, sondern eher als Hervorbringen eines Resonanzraums, als Mittel ohne konkreten Zweck, der die Zonen zwischen verschiedenen Sprachen (und Praktiken) durchlässig macht?

The way you describe dramaturgy itself – especially in the context of dance – makes it seem like an extremely hybrid practice, oscillating between different fields and obligations. So maybe dramaturgy is about continually asking and finding out: What is my role in this project? Should I accompany the whole process or just observe from time to time? Am I partly a sort of assistant to the choreographer or should I strictly deny this role? Should I write the application and all the other texts, from smaller dialogues or lecture parts to the program notes? Am I really the 'first audience'? To what extent am I responsible for the wellbeing of the participants? How can I be critical and at the same time close to the artists – without projecting my own desires onto the process? To what extent is the idea of critique already implicit in dramaturgy? And to what extent should the dramaturge be a sort of seismographic tool, always bearing in mind how the dance field changed, what the state of contemporary art and dance is right now, and how the dramaturgical practice is linked to our current situation? And how can this practice be described adequately?

Eine übergreifende Frage scheint mir die nach der Rolle der Versprachlichung innerhalb des vielschichtigen Arbeitsprozesses zu sein oder vielmehr danach, wie zwischen verschiedenen Aspekten – zwischen Körpersprache, einer spezifischen Tanzsprache mit ihrem je eigenen Vokabular, einer konzeptuellen und einer eher produktionsorientierten Ebene – übersetzt werden kann. Im Grunde verfolgt die Tanzwissenschaft ein verwandtes Problem: Wie sollen, wie können wir über Tanz sprechen, wie über ihn schreiben? Isa Wortelkamp erörtert in ihrer Studie *Sehen mit dem Stift in der Hand. Die Aufführung im Schriftzug der Aufzeichnung*, wie man eine so ephemere Kunstform in der Schrift entfalten kann, ohne sie zu arretieren und stillzustellen. In ihrem Aufsatz *Looking without Pencil in the Hand* zitiert Marianne Van Kerkhoven Paul Valery: „There is an immense difference between looking at something without pencil in the hand and looking at something while drawing it."[4] Das Aufzeichnen, das Beobachten verändert den Prozess. Van Kerkhoven situiert Dramaturgie daher in der „twilight zone between art and science"[5] und legt dar, wie jede Arbeitsweise ihre eigenen Methoden hervorbringt – „in a transformation from feeling to knowledge"[6]. Sie fährt fort:

> Dramaturgy is [...] being able both to affirm and to repudiate *at the right moment*: knowing what, when and how to say something.[7]

> Dramaturgy is a limited profession. The dramaturge must be able to handle with solitude; he/she has no fixed abode, he/she does not belong anywhere. The works he does dissolves into the production, becomes invisible. [...] The dramaturge is not (perhaps: not quite or not yet) an artist.[8]

This constant switching between different fields of art and scholarship, creating different forms of knowledge, may come close to what I understand by Van Kerkhoven's expression "from feeling to knowledge": a translation or mediating between different languages, between various levels of knowledge.

Krise und Kritik

Der prekäre Status von Dramaturg*innen, den Van Kerkhoven beschreibt, wird 16 Jahre später, 2010, von Bojana Cvejić in ihrem Essay *Dramaturgy:*

4 Marianne Van Kerkhoven: Looking without Pencil in the Hand. In: *Theaterschrift* 5–6 (1994): Über Dramaturgie, S. 140–146, hier S. 146. Diese sollen keinesfalls herkömmliche Dichotomien bestätigen, wonach die konzeptuelle Ebene auf dramaturgischer Seite läge.

5 Ebd., S. 141.

6 Ebd.

7 Ebd., S. 142 (Herv. i. Orig.).

8 Ebd., S. 144.

A Friendship of Problems reformuliert.[9] Cvejić schlägt Strategien vor, die sie unter dem Stichwort „choreographing problems" subsumiert. Sie beginnt mit der Infragestellung der Notwendigkeit einer*s Dramaturg*in. Vielfach würden, so Cvejić, andere, mehr oder weniger am Projekt Beteiligte deren Aufgaben übernehmen. Ist sie dennoch in ein Projekt involviert, so sei ihre Rolle am ehesten die eines „co-creator of problems in the creation of an experiment"[10]. *Choreographing problems* kann also als eine Art verstanden werden, zum einen Verschiebungen innerhalb des Probenprozesses zu markieren, zum anderen bestimmte Konflikte in ihn einzutragen bzw. ihn in einen Zustand der Krise zu versetzen, von der aus sich andere Fluchtlinien ergeben können. Kritik leitet sich vom griechischen *kritiké téchne* ab, von Kunst der Unterscheidung. Eine kritische Haltung kann also darin bestehen, Probleme zu kreieren oder aber Weisen eines „moving together"[11] zu erkunden. In Arbeiten, die auf Formen kollektiver Autorschaft angelegt sind, entfalten sich Verhandlungsprozesse oftmals entlang der Differenzen, die in Situationen von „rehearsing collectivity"[12] erst entstehen. So gesehen kann die Probe als idealer Ort gemeinsamen Lernens bzw. voneinander Lernens betrachtet werden.[13]

Therefore, the rehearsal reveals a most precarious state that challenges our subjectivity and creates precarious situations of trust and distrust. "The social choreographies of collaboration," as Rudi Laermans calls it – tracing and scoring conditions of artistic cooperation and 'commoning,' are at the same time closed by normative standards and are challenging the subject status of all people

9 Bojana Cvejić: Dramaturgy: A Friendship of Problems. In: *TkH* 18 (2010): Dance/Theories – Reloaded, S. 46–53.

10 Ebd., S. 46.

11 Rudi Laermans: *Moving Together. Making and Theorizing Contemporary Dance*. Amsterdam: Valiz 2015. Laermans nimmt die Probe in seiner Doppelrolle als Soziologe und Dramaturg in den Blick. Er beschreibt die komplexen Prozesse innerhalb kollaborativer Produktionen, d. h. die Schwierigkeiten, die sich durch die Arbeit an flachen Hierarchien ebenso ergeben wie durch die Übernahme von Verantwortung.

12 Elena Basteri / Emanuele Guidi / Elisa Ricci (Hrsg.): *Rehearsing Collectivity. Choreography beyond Dance*. Berlin: Argobooks 2012.

13 Eine Forderung, die Jacques Rancière für die Kunst generell aufstellt, vgl. ders.: *Der unwissende Lehrmeister. Fünf Lektionen über die intellektuelle Emanzipation*. Wien: Passagen 1995; ders.: *Der emanzipierte Zuschauer*. Wien: Passagen 2007.

involved.[14] *In a sort of quasi-intimacy*[15] *they are exposed to a vulnerable state, in which the micropolitics at work mirror macropolitics. Laermans describes it with the formula: "[T]rust and distrust in a blending of knowledge and ignorance."*[16] *He continues:*

> The biopolitical nature of the work imposes a new regime of time, with respect to both the working time and destroying the division between work-time and non work-time requiring workers not to work all the time, but to be constantly available for work.[17]

Those involved rely on the presumption that in exchange they would retrieve something of extraordinary, non-materialist value. Communication processes in this frame trigger the romantic idea driven by this desire. The fact that the processes of rehearsal are a sort of self-exploitation for all people involved is obvious, and it is clearly bound to the problem of immaterial, affective labour.

Ja, Proben mögen Zustände der Krise sein, aber ist es neben dem/der Choreograf*in oder dem/der Dramaturg*in nicht auch Aufgabe der Gruppe, für Struktur und für Verlässlichkeit zu sorgen, Verantwortung zu übernehmen, Spannungen abzubauen, die in den intimen Situationen entstehen und oft eher eine Illusion flacher Hierarchien suggerieren, als diese tatsächlich zu befördern?

Yes indeed, and in this way a critical dramaturgical attitude could infer strategies into a process, which would help to disseminate and serve to create

14 Vgl. Sabeth Buchmann / Constanze Ruhm: Subjekt auf Probe. In: *Texte zur Kunst* 90 (2013), S. 72–108; Jenny Nachtigall / Dorothea Walzer: The Rehearsal as Form. An Essay on Yvonne Rainer's *Lives of Performers*. In: Sabeth Buchmann / Ilse Lafer / Constanze Ruhm (Hrsg.): *Putting Rehearsals to the Test. Practices of Rehearsal in Fine Arts, Film, Theatre, Theory, and Politics*. Berlin: Sternberg 2016, S. 182–194. Das neuerlich auch in Tanz und Kunstwissenschaft zu beobachtende Interesse an der Probe und Praxis findet einen Vorläufer in Yvonne Rainers erstem Film *Lives of Performers* (USA 1970), der die Probe als Feld von eingeübten und improvisierten Verhaltensweisen innerhalb eines Kollektivs inszeniert. Der Film ist in einer essayistischen, offenen Form gehalten und veranschaulicht die vielschichtigen psychosozialen Konflikte sowie impliziten Hierarchien und Machtspiele, wie sie sich jenseits des eigenen Anspruchs gerade in kollaborativ-gemeinschaftlichen Arbeitsformen ergeben.

15 Laermans: *Moving Together*, S. 342.

16 Ebd., S. 339.

17 Ebd., S. 342.

microclimates – as zones of temporary withdrawal or as points of return within a flux of changing concepts. As an experience that cannot be separated from a situation. As an interventionist practice, as a queering practice, which shifts already known perspectives and unfolds new relations, switching between positions of being more or less outside or inside the process, which means being in a state of complicated complicity,[18] *being involved and critical at the same time.*

Die hier angedeutete Gegenüberstellung von Involvierung und Distanz, welche die Dramaturgin oftmals als reflexive Entität innerhalb gängiger *body-mind*-Dichotomien ausweist, birgt allerdings erneut die Gefahr, sie in die Position eines *master of knowledge* zu drängen, der in einer übergeordneten, pädagogischen Funktion auftritt. Hingegen stellt sich für mich in Bezug auf den Modus einer adäquaten Kritik die Frage, wie viel man überhaupt wissen muss, um sinnvolle Probleme produzieren zu können?

Not knowing: don't be an expert – dare to stutter and to fail![19]

The practices of dramaturgy could be also understood as modes of undoing, like p.ex., Deborah Hay's questioning practice of "what if"[20]*. She uses this structure as a specific format within the training, which implies how on the plane of production, during the rehearsal and on the level of presentation, we could create a space which helps to overcome behavioural patterns and enables an open exchange. Here improvisation would not merely be understood as a technique that is used in the rehearsal to generate new movement material, but also as a compositional tool on the level of dramaturgy, which opens up to the audience, which includes different modes of improvisation as stage practice. This means providing the performers with material and with tools, but especially with a strong self-esteem, which again enables them to cope with situations of the unforeseen, with uncertainty, and to preserve a specific kind of vulnerability on stage.*

18 Vgl. z.B. Gesa Ziemer: *Komplizenschaft. Neue Perspektiven auf Kollektivität.* Bielefeld: Transcript 2013.

19 Vgl. Christel Stalpaert: A Dramaturgy of the Body. In: *Performance Research* 14,3 (2009): On Dramaturgy, S. 121–125, hier S. 124.

20 Deborah Hay uses this questioning practice to destabilize habitual practices, see Deborah Hay: *Using the Sky. A Dance.* London / New York: Routledge 2016. Vgl. auch Kirsten Maar: Figure a Sea – Using the Sky. What if a tiny little glance would change the whole? An Interview with Deborah Hay. In: *Tanz im August – Magazine* (2016), S. 6–9.

Das war auch der Fall bei *Visible Undercurrent* (2014), einer Arbeit von Peter Pleyer, die die verloren gegangenen Spuren der 1980er und frühen 1990er Post-Judson-Generation in New York nachverfolgte: über die damals ersten Hochschulen für Choreografie in den Niederlanden, die School for New Dance Development in Amsterdam (SNDO) und das European Dance Development Center (EDDC) in Arnheim bis nach Berlin, wo sich nach dem Fall der Mauer die Berliner Tanzszene mit Choreograf*innen wie Sasha Waltz, Meg Stuart, später mit Jeremy Wade oder Peter Pleyer u. v. a. neu erfand. Die Idee bestand darin, sich innerhalb einer multigenerationellen Besetzung auszutauschen und jene ‚unsichtbaren Strömungen' durch Gespräche und Improvisationen einer breiteren künstlerischen Diskussion zugänglich zu machen. Zunächst in einer teils öffentlichen Improvisationswoche, später im Probenprozess arbeiteten wir mit Verfahren der *oral history*, mittels derer die jungen Tänzer*innen den Kontakt zu Choreograf*innen der älteren New Yorker Generation suchten und sich über einzelne Arbeiten bzw. Arbeitsweisen mit ihnen austauschten. Diese Erfahrungen wurden wiederum in Improvisationen, Lecture Performances und Formaten verarbeitet, die dokumentarisches, rekonstruiertes und improvisiertes Material aus den Recherchen in der Performance collagierten.[21]

Die Verbindung von Persönlichem und Politischem sowie von Theorie und Praxis war in den 1980er und 90er Jahren und auch für *Visible Undercurrent* essentiell. Queere Diskurse und Fragen, die mit der damaligen AIDS-Krise verbunden waren, wurden nun mit einer spezifischen Theatralität – oftmals zwischen Burleske und Kabarett und durch konkrete Adressierungen des Publikums – inszeniert. Zugleich griffen die Künstler*innen auf Strategien der Komposition und Improvisation (als ein Judson-Erbe) zurück und führten die Ausdifferenzierung somatischer Praktiken und Bewegungsstile wie *Release* oder *Contact Improvisation* weiter. In ihren unterschiedlichen Verschiebungen sind diese Aspekte und Verfahren wiedererkennbar in aktuellen Arbeiten des zeitgenössischen Tanzes. Insofern ermöglichte es die Arbeit, innerhalb des Probenprozesses unterschiedliche Formen des Wissens über Tanz zwischen Techniken und Stilen bzw. den *politics of choreography* zu konstellieren, verschiedene Ebenen miteinander zu verknüpfen und so das eigene

21 Vgl. Kirsten Maar / Peter Pleyer: *Visible Undercurrent* – New York Berlin 1980/90–2014: reconsidering dance history/ies – negotiating the now. In: Susanne Foellmer / Katharina Schmidt / Cornelia Schmitz (Hrsg.): *Performing Arts in Transition. Moving between Media.* London / New York: Routledge 2018, S. 195–209.

Tun stets zu reflektieren, es gegenüber einem vorhandenen Wissen zu positionieren und somit auch immer wieder in Frage zu stellen. Innerhalb dieses Prozesses wurde so auch deutlich, wie eng Ausbildung, Produktion, Präsentation und Vermittlung miteinander verflochten waren und inwiefern die Weitergabe von Tanzwissen auf unterschiedlichen Ebenen Werte-, Wissens- und Kanonfragen berührte.

Referring to Jacques Rancière, it is not only a question of dealing with different forms of knowledge, but even more the task of all artistic practices that are politically involved in the "distribution of the sensible". Their interventionist formats and scores are deeply involved in the legitimation of speech and the forms of visibility.[22] *The deconstruction of hierarchies, as Rancière suggests in* The Ignorant Schoolmaster, *does not define not-knowing as a minor position, but rather as a strong counterposition to the knowledge of an expert.*[23] *The common learning process is developed in a perspective on theater as a vital form of communal exchange, which allows for a negotiation of what is public. This collective doing enables a sort of self-reflection in contrast to a distant knowledge of representation, and this seems to be fundamental for any process concerning the formation of the self.*[24]

Aber denkst du wirklich, dass das Theater jemals ein solch utopischer Ort gleichberechtigten Lernens war? Oder ist es als Kunstraum nicht doch immer durch eine gewisse Exklusivität gekennzeichnet? Insbesondere mit Blick auf den zeitgenössischen Tanz, der vielen schwer zugänglich erscheint? Ist nicht Rancières Idee einer Gemeinschaft von Übersetzer*innen ein elitäres Modell, das der Kunst zu viel abverlangt und sie idealisiert und sich ohnehin eher auf sprachlich konstituierte Kunstformen bezieht? Wie geht man im Tanz, der immer wieder als ‚sprachlose' Kunst bezeichnet wird, damit um? Welche Eigenschaften zeichnen ihn jenseits verklärender Argumente aus und

22 Jacques Rancière: *Die Aufteilung des Sinnlichen. Die Politik der Kunst und ihre Paradoxien*. Berlin: b_books 2006.

23 Jacques Rancière: *The Ignorant Schoolmaster. Five Lessons in Intellectual Emancipation*. Stanford: Stanford UP 1991. Vgl. außerdem Ulrike Melzwig / Mårten Spångberg / Nina Thielicke (Hrsg.): *Reverse Engineering Education in Dance, Choreography and the Performing Arts*. Berlin: b_books 2005.

24 Diese und die folgenden Überlegungen beziehen sich zum Teil auf meinen Aufsatz: Mehr Auseinandersetzung wagen. Tanzspezifische Formate der Vermittlung. Ein Fragenkatalog. In: *tanzraumberlin*, Januar / Februar 2017. http://tanzraumberlin.de/Magazin-Artikel--435-1.html?id=840 (Zugriff am 16.04.2019).

befähigen ihn, einen Beitrag zur Verhandlung von Gemeinschaft oder Öffentlichkeit zu leisten?
In *City Dance Köln* (2016), einem Projekt von MOUVOIR/Stephanie Thiersch, das in Anlehnung an die Idee der Tanzpionierin Anna Halprin die Stadt Köln zu einem Ort kollektiver Verhandlungen und des Miteinanders werden ließ, haben wir versucht, Ansätze der Inklusion, die sich für andere Publika öffnen, zu ermöglichen. Vorausgegangen war dem eintägigen Ereignis ein einjähriger Prozess zwischen professionellen und nicht-professionellen Tänzer*innen, Musiker*innen und Bürger*innen, der mittels partizipativer Formate wie Workshops, Diskussionen, Stadtspaziergängen aktuelle Fragen der Stadtgesellschaft thematisierte.[25] Doch diese Öffnung warf selbst wiederum Probleme auf: Wie kann man als verantwortliche*r Choreograf*in, Künstler*in, Dramaturg*in einen Prozess dem Publikum gegenüber so öffnen, dass man weder die Position von Expert*innen einnimmt noch aber einer vereinfachenden Niedrigschwelligkeit nachgibt? Das Wagnis, ins Stottern zu verfallen und Fragen offen zu lassen, ist sicher eng mit solch partizipativen Ansätzen verbunden. Eine zentrale Rolle spielte hier auf jeden Fall die Vermittlung zwischen den verschiedenen Ebenen: zwischen Choreografin, Tänzer*innen, Bürger*innen, Aktivist*innen, Migrant*innen, zwischen Stadtverwaltung, bestimmten Orten in der Stadt und einzelnen Gruppen bzw. Gruppierungen sowie deren jeweiligen Interessen.

Wozu Vermittlung?
Von was, an wen, zu welchem Zweck, in welchem Kontext?

An dieser Stelle sollten wir zunächst fragen, warum seit etwa zehn Jahren ein derartiger Boom an Vermittlungsformaten zu verzeichnen ist – nicht nur im zeitgenössischen Tanz und in den Künsten.[26] Angesichts gesellschaftlicher Umbrüche fragt der Kunstwissenschaftler Helmut Draxler, warum in den vergangenen Jahren ein solcher Bedarf an Vermittlung zu beobachten ist. Ob als Mediation von psychischen, sozialen oder interkulturellen Konflikten, als Pädagogisierung von Kunst und Wissenschaft oder als Reform in Politik, Ökonomie oder Verwaltung spielen Praktiken des Mentoring, des Consulting, der Fürsorge, der Konfliktbewältigung und Konsensfindung eine wichtige

25 Siehe http://www.citydance-koeln.de / (Zugriff am 12.03.2019).
26 Carmen Mörsch: *Kunstvermittlung 2. Zwischen kritischer Praxis und Dienstleistung auf der documenta 12. Ergebnisse eines Forschungsprojekts*. Berlin / Zürich: Diaphanes 2009.

Rolle, die innerhalb einer auf Kommunikation ausgerichteten Gesellschaft stets noch zu optimieren ist. Doch an wen richten sich diese Bemühungen um Vermittlung? Mit welchen Zielen sind sie jeweils verbunden? Und wofür sind sie vielleicht ein Symptom?[27] Vermittlung zielt nach Draxler auf die vermeintliche Überwindung eines Mangels, auf ein Erreichen der Unmittelbarkeit und die Aufhebung von Differenz. Anstelle von starren Identifikationsmustern biete Vermittlung sozialen Akteur*innen flexible Orientierungsmuster. Sie vermöge es, je nach Bedarf, divergente Standpunkte miteinander abzugleichen oder normative Ziele zu formulieren.[28]

But what does the notion of mediation stand for, what does it replace, and what does it eventually also obscure? Which artistic, which social deficiencies should it compensate? Mediation seems to include the idea of a necessary improvement or enhancement of a given state – as if change would be a benefit in itself. A vocabulary of ubiquitous optimizing and reforms borrowed from marketing strategies has entered the spheres of politics, knowledge, the arts and self-relations. Considered in the frame of the "new spirit of capitalism"[29], these desires are directed onto innovation, creativity, originality, which promise an experience of immediacy. But does mediation always have to be judged by the assumed deficiencies, does it always have to have a balancing function? What if we didn't always search for mediating and for a common connection, which ultimately doesn't exist?
The loss of control of social operative processes and their coping strategies finally generate forms of social practice that manifest in diverse pedagogic, therapeutic, consulting or curatorial procedures, and that dislocate the imaginary loading of essentially political claims. Mediation should therefore not be misunderstood as a pedagogically necessary way to immediate, intuitive experience; rather it realizes itself in cultural practices and produces social spaces with their well-known institutions like the parliament, the market place, the theatre, the café or art spaces. But maybe sometimes it would also be helpful to understand mediation in the moments of failure, in the in-between space, the not yet of an unfinished

27 Helmut Draxler: *Abriß des Wollens. Eine Theorie der Vermittlung*. Wien: Turia & Kant 2016, S. 35. Draxler weist darauf hin, dass der Begriff der Vermittlung für ganz unterschiedliche reformistische, pädagogische, therapeutische, beratende, dramaturgische und kuratorische Praktiken innerhalb eines institutionalisierten Alltags stehe, in dessen Rahmen permanent reformiert, verändert, optimiert oder vermittelt werde.

28 Ebd.

29 Eve Chiapello / Luc Boltanski: *Der Neue Geist des Kapitalismus*. Konstanz: UVK 2009.

thought, which could be formulated only in differentiating dialogues and in a continuous exchange with others.

Was also wäre, wenn wir nicht nach etwas suchten, das uns verbindet, nach einem Gemeinsamen, sondern vielmehr nach Loslösung – und also Vermittlung im Sinne der Unterbrechung, der Trennung, der Aufteilung und Unterscheidung dächten, die sich wiederum auf etwas anderes hin öffnen? Die Idee des Mediums müsste als ein Dazwischentreten, als ein Mittel der Störung adressiert werden. Vermittlung könnte dann als ein Prozess verstanden werden, der in den Dissens einübt. Das Herstellen von Situationen, in denen dies innerhalb eines gegenseitigen Vertrauens und ohne zu große Verluste möglich ist, würde dabei nicht allein der Dramaturg*in oder der Choreograf*in obliegen, sondern der gesamten Gruppe. Vertraute Positionen zu verlassen und sich auf Unbekanntes, Unplanbares einzulassen, fällt innerhalb eines Ensembles, das auf eine gewisse Kontinuität in der Zusammenarbeit bauen kann, leichter als in Gruppen, die sich lediglich für ein Projekt zusammenfinden und danach wieder auflösen, was jedoch innerhalb der projektbasierten Arbeit und deren Förderstrukturen die Norm ist. Insofern könnten Elemente des Post-Dramaturgischen vielleicht darin bestimmt werden, Bedingungen, Möglichkeiten, Räume, Anlässe zu schaffen, bei denen die Freiheit zu einem nicht zielgerichteten Arbeiten besteht, bei denen das Scheitern und die Krise dem Prozess zugehörig sind und als notwendig erachtet werden.

The choreo-curatorial precarity

Fragt man nach dem Stellenwert, den die Kunst und insbesondere der Tanz in einer Wissensgesellschaft einnehmen, oder danach, wie sich bestimmte Wissensformen und Wissensprodukte im kognitiven Kapitalismus, in dem verschiedene Formen des Wissens als Ware gehandelt werden, wandeln – was muss dann Vermittlung jenseits der genannten Vorstellungen tatsächlich leisten?[30] *Networking, collaboration, evaluation, transdisciplinarity* werden nicht nur in Ausschreibungen, Anträgen und Ausbildung gefordert und verändern die Kunstproduktion fundamental. Angesichts veränderter Produktionsbedingungen, die dazu beitragen, dass interdisziplinäre und prozessorientierte Ansätze sich selbst stets als ‚innovativ' und ‚kreativ' darstellen müssen,

30 Vgl. Tom Holert: Art in the Knowledge Based Polis. In: *e-flux* 3 (2009). https://www.e-flux.com/journal/03/68537/art-in-the-knowledge-based-polis/ (Zugriff am 12.03.2019).

angesichts auch von postfordistischer, immaterieller Arbeit, die schon den sogenannten Conceptual Dance begleitet haben bzw. von denen der Conceptual Dance wesentlich mit hervorgebracht wurde, und angesichts zunehmender Forderungen nach Flexibilität wären Formen der Unterbrechung, des Stotterns, des Verfehlens oder der Desynchronisierung eine Möglichkeit, alternative Taktiken zu entwickeln. Auch hier ließen sich Aspekte des Post-Dramaturgischen verorten, insofern es darum geht, die Ineinanderverwobenheit von Produktionsdramaturgie und Befragungen des Felds sichtbar zu machen.

I would argue that dramaturgy has not only changed due to specific conditions that are different in dance, but also because dance or choreography are entering other fields of attention. In the past ten years, we have seen an increasing interest in presenting dance or choreography in the frame of exhibitions or the museum. In this way, the curatorial decisions become more and more important, but also choreography as a specific way of assigning and arranging,[31] *based on the use of instructions or rules, accentuates the regulating aspects. Choreographing and being choreographed within the apparatus of theater, performance, museum or exhibition always implies a disciplining dimension. This ultimately seems to be a question of specific choreographic impact – of choreography as the "art of command", its choreo-political and organizational capacities.*[32] *In André Lepecki's essay* "Choreopolice and Choreopolitics: or the Task of the Dancer" *it is "the task of the dancer" to break down the regime of prestructured governmentality, but I would rather ask if sustaining the dichotomy between choreography as the art of command and dance as a simply subordinated execution is really fruitful, or if we should rather think of it as a more reciprocal relationship, in which feedback relations are already implicit. For example, Anna and Lawrence Halprin's RSVP Cycles, which served as a tool for setting up an improvisational structure via a responsive framework: R stands for resources, for finding material, S stands for scores, V for valuaction – a mixture of evaluation and action, and P finally for performance. In my view, introducing questions or formats that trigger such responsive situations could also be a task of post-dance dramaturgy. But it is certainly this specificity of choreography, as structuring space and time, which*

31 Vgl. Maren Butte / Kirsten Maar / Fiona McGovern / Marie France Rafael / Jörn Schafaff (Hrsg.): *Assign & Arrange. Methodologies of Presentation in Art and Dance*. Berlin: Sternberg 2014.

32 André Lepecki: Choreopolice and Choreopolitics: or, the task of the dancer. In: *TDR* 57,4 (2013), S. 13–27.

places (dance) dramaturgy in a close relationship to curatorial strategies.[33] *Strategies of selecting, assembling, arranging, contextualizing and presenting determine the field of art production more and more.*[34] *These mainly conceptual and communication-oriented practices or so-called forms of immaterial labor perfectly – and in a fateful way – correspond with the discourses on the ephemeral character of dance, even if it materializes so strongly in our bodies as the daily use of specific techniques. With immaterial or affective labor we are facing a process of the precarization of the field of art production and as 'flexible and creative art workers' we all obey the changing biopolitical paradigms and standards. Alongside this development, the notion of choreography replaces the notion of performance:*

> Whereas performance denotes competence, ability to execute and achievement, choreography designates dynamic patterns of the complicated, yet seamless organization of many heterogeneous elements in motion. Choreography stresses the design of procedures that regulate a process.[35]

Choreopolitics in that way would also outline a set of dramaturgical practices. On a parallel level, the "de-skilling and re-skilling in art after the readymade"[36] *(or after conceptual art) informs our changing practices, which we could situate as a heritage in a complex frame of different discourses and their hegemonic interplay. Closely tied to these transformations is the emerging field of artistic research and its institutionalization, which places art as an economic factor in the "knowledge based polis"*[37].

Doch welche Verfahren könnten Wissensformen generieren, die nicht innerhalb des sogenannten *cognitive capitalism* auszubeuten wären? Evaluation, Monitoring, Regulation und (Selbst-)Kontrolle als Phänomene einer postfordistischen Formalisierung von Netzwerken, Kollaboration und

33 The following thoughts partly rely on a short unpublished essay written on the occasion of a meeting organized by the ITI and Silke Bake at Tanznacht 2016.

34 Beatrice von Bismarck: Relations in Motion: The Curatorial Condition in Visual Art and Its Possibilities for the Neighboring Disciplines. In: *Frakcija Performing Arts Journal* 55 (2010): Curating Performing Arts, S. 50–57.

35 Bojana Cvejić / Ana Vujanovic: *Public Sphere by Performance.* Berlin: b_books 2010, S. 72.

36 John Roberts: *The Intangibility of Form. Skill and De Skilling in Art after the Readymade.* New York: Verso 2007.

37 Holert: Art in the Knowledge Based Polis.

Transdisziplinarität scheinen auf der einen Seite Teil des Problems zu sein, auf der anderen Seite sind es gerade diese Netzwerkstrukturen, die einen Weg aus dieser Situation versprechen. Vielleicht aus diesem Grund verzeichnen wir in den letzten Jahren eine zunehmende Bedeutung des Diskurses um eine „Materialität der Praxis" oder einen *practice turn.*[38] Eng damit verbunden ist die Frage, wie diese Praktiken Wissen transformieren, wie explizites und implizites Wissen (*knowing how* und *knowing that*) einander informieren und so unsere Herangehensweisen an bestimmte Situationen verändern können. Welche Fertigkeiten, welches Handwerk sind hier vonnöten?

Wie wir arbeiten wollen: ethics of an open dramaturgy

Inwiefern sind wir als Dramaturg*innen in unterschiedlichen Funktionen also verantwortlich, nicht nur Arbeits*weisen*, sondern zugleich Arbeits*bedingungen* neu zu definieren? Die Frage, wie wir arbeiten wollen, richtet sich jeweils von Neuem an das gesamte Feld. Der sogenannte *practice turn*, der als Rückzug in den Bereich des nicht projekt- und produktorientierten Arbeitens keinen solipsistischen Rückzug bedeutet, sondern ein Teilen und Mitteilen umfasst, markiert ein solches Offenhalten des Zwischenraums, des Unvorhersehbaren – einerseits im Hinblick auf Formen des Feedbacks innerhalb des Arbeitsprozesses, andererseits in der Öffnung auf ein Publikum. *Praxis*, die im Gegensatz zur *poiesis* ihren Zweck in sich selbst hat und nicht auf ein abgeschlossenes Werk, ein Produkt oder Objekt, ein spezifisches Ziel hin ausgerichtet ist, wird in Hannah Arendts *Vita activa*[39] der Arbeit, den lebensnotwendigen Tätigkeiten des Privaten gegenübergestellt. Bereits *poiesis* als das Herstellen von Objekten impliziert Welthaltigkeit, jedoch allein die Handlung als das Mit-Teilen von Worten und Taten (*praxis*) ermöglicht es, sich inmitten einer Pluralität zu verorten, und lässt das Individuum im öffentlichen, auf Veränderung angelegten Raum des Politischen auftreten. Das Theater oder auch andere Situationen, die durch dieses Dispositiv gerahmt sind, können Defizite des Öffentlichen ausgleichen; nicht umsonst sind *theatron, agora und choros* an je unterschiedlichen Praktiken der Verhandlung von Gemeinschaft oder Öffentlichkeit orientiert. Als ein Ort, an dem das Handeln in der Öffentlichkeit eingeübt und erprobt werden kann, an dem das

38 Vgl. Marcus Boon / Gabriel Levine (Hrsg.): *Practice (Documents of Contemporary Art)*. London / Cambridge, MA: Whitechapel Gallery / MIT Press 2018.

39 Hanna Arendt: *Vita activa oder Vom tätigen Leben*. München: Piper 2007.

Publikum sich selbst aufführt, sich selbst betrachtet, ist das *theatron* zunächst ein Ort der *theorea*, des Schauens, das immer schon an eine sinnliche Erfahrung geknüpft ist und dieses Schauen zugleich theoretisierend reflektieren kann. Dies kann allerdings nicht allein Aufgabe einer*s Dramaturg*in sein.

Post-dramaturgy would therefore most adequately be resolved in an understanding that finishes with the explicit position of the dramaturge, which moves beyond the idea of a defined position as Cvejić, Janša[40] *and Van Kerkhoven have also argued. I would rather suggest that dramaturgy is never the occupation, the task or the practice of one singular person – the dramaturgical always seems to be the outcome of manifold conversations of shared experiences and emerges sometimes in forgotten aspects (though it is not a mere product of chance), it is a way of rehearsing collectivity, it is a manifold "ecology of practices"*[41].

40 Diese Versachlichung des Begriffs diskutiert auch Janez Janša: From Dramaturgy to Dramaturgical – Self-Interview. In: *Maska* 16,131–132 (2010): Practical Dramaturgy, S.54–61.

41 With this title I refer to a research and discussion series by Silke Bake, Alice Chauchat, Bettina Knaup, Siegmar Zacharias and guests, which took place at Tanzfabrik Berlin in 2016 and 2017.

48% 07:51

heddalicious91

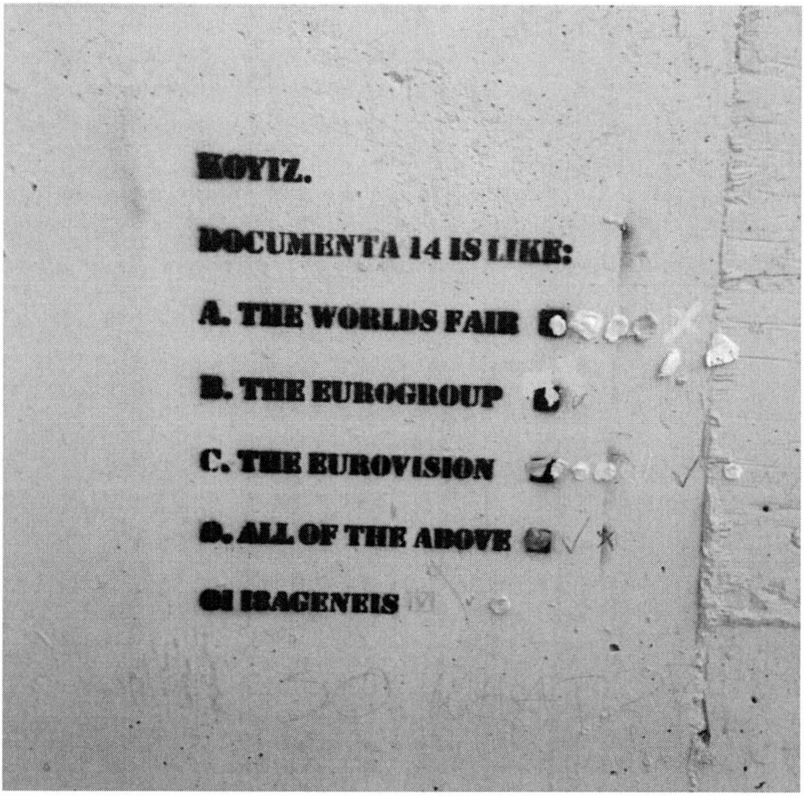

Gefällt **nadved** und **8 weitere Personen**

heddalicious91 Mit Fachgelehrten zu #reisen, das ist einfach #nichtbesonders #unterhaltsam. Zumindest nicht auf die Dauer.

VOR 6 TAGEN

Martina Ruhsam

Dramaturgie der (und als) Kollaboration[1]

Timing

Da sich die Bedeutung von Bewegungen, Aktionen und Worten abhängig von ihrer Dauer und ihrer Platzierung auf der Zeitachse einer Performance fundamental ändert, geht es der Dramaturgie um die raumzeitliche Evolution von Material, kurz: um die Zeitlichkeit von Ereignissen im Raum. Dramaturgie strukturiert Zeit, gibt Zeit, verdichtet oder komprimiert sie, zerteilt Zeit oder dehnt sie aus. Dramaturgie ist gleichermaßen endlos und abrupt. Dramaturgie unterbricht den Lauf der Zeit, relativiert sie; sie beschäftigt sich mit der Zeitlichkeit (dem *timing*) sich entfaltender Bewegungen. Stellen wir uns vor, ich hätte die bis hierhin geschriebenen Worte so langsam ausgesprochen, dass sie in ihrer Semantik nicht mehr zu verstehen gewesen wären. Das Aussprechen des Wortes „Bewegungen" hätte eine ganze Minute gedauert; das Wort wäre ein Klang geworden, es wäre auseinandergefallen. Sie hätten nicht den gleichen Text gehört, den Sie gelesen haben – selbst wenn der Textkörper unverändert geblieben wäre. Im Hinblick auf das Aufrechterhalten der Spannung können wir in alten Lehrbüchern über das Theater von der „richtigen Struktur" oder Komposition eines Stücks lesen. Nichts ist jedoch destruktiver für die Entwicklung einer Performance als die Orientierung an „Goldenen

1 Deutsche Übersetzung und Wiederabdruck des ursprünglich auf Englisch erschienenen Textes: Dramaturgy of and as Collaboration. In: *Maska* 16,131–132 (2010): Practical Dramaturgy, S. 28–35. Der Text basiert auf einem Vortrag, der am 13. Mai 2010 im Rahmen des Festivals UKREP in Ljubljana gehalten wurde. Die Erweiterung des ursprünglichen Titels „Dramaturgy of Collaboration" wurde aufgrund eines Kommentars von Janez Janša in der Diskussion nach dem Vortrag vorgenommen. Dank an Janez Janša.

Regeln", die Verlässlichkeit suggerieren und sich zuallererst für die Frage interessieren, wie die Aufmerksamkeit der Zuschauer*innen choreografiert und auf einen Höhepunkt in der Mitte oder am Ende des Stücks gelenkt werden kann. Dieses Verständnis einer „richtigen Dramaturgie" versucht Vorkehrungen zu treffen, damit die Zuschauer*innen weder einen Zustand der Langeweile erreichen noch überwältigt werden.

In zeitgenössischen Performances werden lineare Dramaturgien, die eine Performance in Richtung eines bestimmten Höhepunkts dirigieren und dadurch die Zeit der Performance in „wichtigere" und „weniger wichtige" Momente einteilen, immer häufiger von assoziativen Formen der Dramaturgie verdrängt, die Unterscheidungen in „weniger wichtige" und „wichtigere" Segmente der (Performance-)Zeit verunmöglichen. Indem die klassische dramaturgische Struktur negiert wird, sind relationale Dramaturgien nicht durch eine Abfolge von Bewegungen/Handlungen/Ereignissen charakterisiert, die zu einem bestimmten Abschluss oder Höhepunkt führen; sie zeichnen sich vielmehr durch einen Mangel an Kausalketten, Reaktionsmodellen und Narrationen aus. Oft exponieren zeitgenössische Performances Lücken, Brüche und Widersprüche. *Broken Time.*[2] Sie stellen Absonderlichkeiten und Leerstellen im Reich der allgemein bekannten Tatsachen, der Gemeinplätze des Wissens und in der Ordnung markttauglicher Verhaltensweisen aus. Dies ist nur möglich, wenn die Performance einer allzu offensichtlichen, unmissverständlichen Lesbarkeit widersteht und sich somit der Geschwindigkeit und Glätte der globalen ökonomischen Logik entgegenstellt. Das erfordert eine gewisse Resistenz gegenüber dem omnipräsenten Trend der Simplifizierung, der von Marketingstrategien vorgenommen wird, welche bestimmte Güter, Dienste, Körper, Meinungen, Aktionen, Tiere, Pflanzen, Organe, Medikamente, Orte, einen spezifischen Lifestyle oder eine spezielle Form der Sozialität im Hinblick auf deren Vermarktung anpreisen. Permanent ausgebeutet durch Marketing- und Werbeideologien erscheint der Körper in den Medien – die bereitwillig ihre Dienste anbieten, um das ökonomische Paradigma zu unterstützen – als Material, das geformt werden soll, und als Statussymbol der Fitness. Zeitgenössische Dramaturgien verschieben dagegen den Fokus

2 Zur Bedeutung von Zeitlichkeit in künstlerischen Praktiken in Opposition zur hegemonialen Konzeption von Temporalität im späten Kapitalismus vgl. Tomislav Medak / Goran Sergej Pristaš (Hrsg.): *Time and (In)Completion: Images and Performances of Time In Late Capitalism*. Zagreb: Badco 2014.

auf die Verletzlichkeit, Zerbrechlichkeit und Endlichkeit der Körper – auf Körper voller Geschichte, voller Erinnerungen, voller Missverständnisse. Innovative Dramaturg*innen sind nicht damit beschäftigt, eine Performance mittels semiotischer Analysen zu begreifen und den Rezipient*innen *die eine* Lesart zu erschließen. Sie erfinden vielmehr Methoden der Inszenierung, die einen Raum der Mehrdeutigkeit produzieren, in dem die paradoxe Dimension der zeitgenössischen Realität nachhallen kann. Da – im Sinne von Zeitökonomien – eine Diskrepanz zwischen dem Arbeitsprozess und der Dauer der Performance besteht, ist die Entwicklung einer Performance mit Verfahren der Verdichtung und der Auswahl verbunden sowie mit der Frage, in welchem Maß der Prozess, die Bedingungen der Arbeit und der Kontext der Performance in der Aufführung sichtbar werden können/sollen. Im 19. und 20. Jahrhundert versuchten Dramaturg*innen, die Bedeutung eines Textes zu (re-)konstruieren oder herauszuarbeiten, um sie anschließend in den zeitgenössischen soziopolitischen Kontext zu überführen. (Und es gibt viele Dramaturg*innen, die das noch heute machen.) Der Probenprozess sollte aus der finalen Präsentation des Stücks ausgeblendet werden, denn Proben wurden den Aufführungen gegenüber als minderwertig angesehen; sie hatten die schlichte Funktion notwendiger Vorbereitungen, die hauptsächlich aus der Verinnerlichung des literarischen Textes bestanden (oder beim Tanz: aus der Verinnerlichung einer Bewegungstechnik).

Performances ohne Gerüst

Heutzutage setzt sich Dramaturgie mit der Übersetzung konzeptioneller Anliegen in sinnliche Ereignisse (und umgekehrt) auseinander, bezieht sich dabei aber nicht notwendigerweise auf einen (dramatischen) Text oder eine (dramatische) Handlung (selbst wenn das Wort „Dramaturgie" immer noch eine Verbindung zum Drama suggeriert). Die Herausforderung besteht darin, über theatralen Symbolismus, metaphorische Präsentation und eine Repräsentation im Sinne einer Spiegelung der Realität hinauszugehen. Der Umstand, dass zeitgenössische Performances häufig hybride Formen aus Tanz, Theater, Film, Ausstellung, Vortrag, Medienkunst und Installation sind, erfordert neue Strategien der Inszenierung und noch wichtiger: neue Ästhetiken der Verbindung und der Beziehung – oder mit anderen Worten: neue Praktiken des Verwebens und des Verknüpfens. Folglich hat Dramaturgie im 21. Jahrhundert in den meisten Fällen nicht bloß mit der Organisation von (sprechenden) Körpern und Bewegungen in Raum und Zeit zu tun, sondern häufig auch mit der Sammlung, Schichtung, Interferenz und dem Ineinandergreifen von Klängen, Projektionen, Räumen, Bewegungen, Wörtern, Objekten, Filmen, Medientechnologien usw. Anstatt an der manipulativen Steuerung der Zuschauerblicke in bevorzugte Richtungen zu arbeiten, üblicherweise um sie den Perspektiven der Autor*innen so weit wie möglich anzupassen und so eine bestimmte Bedeutung oder Rezeptionsweise zu ermöglichen, geht es darum, die Zuschauer*innen potentiell dazu zu befähigen, Entscheidungen im Prozess der Wahrnehmung zu fällen und die Aufmerksamkeit auf ihre Rolle als Ko-Produzent*innen der Aufführung zu lenken. Die Zuschauer*innen nehmen Verbindungen, Differenzierungen und Beziehungen wahr und können das Gesehene/Gehörte/Empfundene in eine einzigartige, selbst (mit-)erschaffene sinnliche Textur verweben. Wie Jacques Rancière es formuliert hat:

> Sie [die Aufführung, MR] ist nicht die Übermittlung des Wissens oder des Atems vom Künstler zum Zuschauer. Sie ist eine dritte Sache, die niemand besitzt, und deren Sinn niemand besitzt, die sich zwischen ihnen hält und jede identische Übertragung, jede Identität von Ursache und Wirkung unterbindet.[3]

Während die Arbeit von Dramaturg*innen traditionell darin bestand, sich mit einem bereits existierenden Textgerüst auseinanderzusetzen und sich an ihm abzuarbeiten, basieren zeitgenössische Aufführungen häufig nicht auf einem gegebenen „Gerüst" – sei es ein Text, ein Stil oder eine Bewegungstechnik. Zeitgenössische Choreograf*innen, Regisseur*innen, Dramaturg*innen und Performer*innen (und oft werden mehrere dieser Funktionen von ein und derselben Person verkörpert) beginnen aus der Leere heraus, im Moment des Nicht-Wissens, und erschaffen Performances *ohne* Gerüst: Zerbrechliche Ereignisse, die die offensichtliche Textur der Realität unterbrechen, Zeitzonen, in denen Handlungen/Bewegungen/Welten offen gehalten werden für die Potentialität der (Bewegungs-)Stille. Im Vordergrund stehen das Erschaffen von Räumen für bestimmte Formen der Begegnung und das Experimentieren mit unkonventionellen Kommunikationsweisen. Diese signifikante Verschiebung betrifft auch die Arbeit von Dramaturg*innen, die nicht länger eine Art theoretisches Superhirn verkörpern, das die Performance aus der Entfernung betrachtet, um Rückmeldungen über das entwickelte Material oder einzelne Szenen zu geben und nachträglich Probleme gemäß hegemonialer Performancetheorien zu lösen – wie Klempner*innen, die sich durch

3 Jacques Rancière: *Der emanzipierte Zuschauer.* Wien: Passagen 2010, S. 25.

ein überlegenes Know-how auszeichnen und herbeieilen, um eine verstopfte Leitung zu reparieren.

Involvierung

Dramaturg*innen befinden sich in einer ambivalenten Position, stets oszillierend zwischen einem Wissen und dem Bewusstsein für das, was sich den Wissensregimen entzieht. Hans-Thies Lehmann und Patrick Primavesi haben dies so formuliert:

> The dramaturg has to learn that professionalism easily turns into normalization and routine. And that a sort of Heideggerian *Gelassenheit* may be an essential quality of dramaturgical practise – the calmness to let things happen without imposing one's own ready-made concepts on a work in progress. In order to handle conceptional knowledge efficiently, you must learn to refrain from concepts.[4]

Dramaturg*innen operieren inmitten eines Gefüges kollaborierender Personen. Dramaturgie ist mit Beteiligung verbunden oder zumindest mit einer konstanten Bewegung des Sich-Involvierens und Sich-Distanzierens. Da theoretisches Wissen dem körperlichen Wissen und den Erfahrungen der Performer*innen und Choreograf*innen nicht überlegen ist, geht es der Dramaturgie nicht um das Korrigieren oder Anpassen von Material, sondern um das (Mit-)Teilen von Ideen, Konzepten und Wahrnehmungen, um das Kombinieren, In-Beziehung-Setzen und Verhandeln verschiedener Arten von Wissen, sodass etwas aus der singulären Begegnung aller in den Arbeitsprozess Involvierten emergieren kann. Dramaturg*innen (so wie jede*r andere Beteiligte) bereichern den Arbeitsprozess und beeinflussen dessen Kern: die Modi des Zusammenarbeitens, die *Dramaturgie der Kollaboration*. Jede Kollaboration – nicht nur zwischen Choreograf*innen und Performer*innen, sondern auch zwischen Zuschauer*innen, Performer*innen, Kurator*innen, Choreograf*innen, Intendant*innen, Dramaturg*innen usw. – basiert auf (oft unausgesprochenen) Regeln oder Vereinbarungen und auf der Zuweisung von Rollen, die nicht *a priori* existieren, sondern Gegenstand und Resultat von Verhandlungsprozessen sind. Wenn ich hier den Begriff „Kollaboration“ verwende, dann beziehe ich mich auf Gruppen (zwei Personen oder mehr), in denen keine

4 Hans-Thies Lehmann / Patrick Primavesi: Dramaturgy on Shifting Grounds. In: *Performance Research* 14,3 (2009): On Dramaturgy, S. 3–6, hier S. 6.

fixierte und unbewegliche Hierarchie vorbestimmt, wer in der Lage ist, konkrete Vorschläge zu machen und wer nicht. Ich spreche von Menschen, die, in welcher Art auch immer, zusammenarbeiten, ohne die Heterogenität der Involvierten zu opfern, um den kleinsten gemeinsamen Nenner zu finden. Ich spreche von Gruppen, die sich nicht primär über ihre Gemeinsamkeiten definieren, sondern über ihre Differenzen; Gruppen, die nicht der illusorischen Idee einer absoluten und per se vorhandenen Gleichheit aller anhängen. Ich meine nicht Modelle, in denen allen freisteht, das zu tun, was sie möchten, während sie auf eine Gleichberechtigung der Rollen hoffen (die üblicherweise nicht existiert). Was ich in den letzten Jahren beobachtet habe, ist, dass innovative Performances häufig von Künstler*innen erarbeitet wurden, die Methoden der Zusammenarbeit entwickelt hatten, welche eine Zirkulation der Rollen innerhalb der Gruppe erlaubten – ein Prozess, der eine sehr präzise *Dramaturgie der Kollaboration* erfordert.

Virtuosität

Ich erinnere mich an Frans Poelstras Performance *Frans Poelstra, His Dramaturge and Bach* (2004), und an meine Überraschung, als Robert Steijn, der Dramaturg bei diesem Stück, anfing, auf der Bühne mit Frans Poelstra zu tanzen. Zu dieser Zeit war es ziemlich unkonventionell, dass ein Dramaturg plötzlich die Bühne betritt und eine dem Performer gleichgestellte Rolle einnimmt. In zeitgenössischen Kunstpraktiken ist es allerdings kaum noch ungewöhnlich, dass Performer*innen choreografieren, Choreograf*innen singen, Schauspieler*innen filmen, Dramaturg*innen tanzen und Tänzer*innen schreiben. Die Rolle in dem einen Projekt ist nicht notwendigerweise die gleiche wie in einem anderen Projekt. Auch wenn es heute nicht mehr verwundert, dass sich jemand in Disziplinen oder Aktivitäten außerhalb des Bereichs engagiert, in dem er oder sie professionell ausgebildet wurde, sollten wir nicht die signifikante Rolle der „Amateur*innen" herunterspielen, die sich aus Leidenschaft in ein ihnen fremdes Wissensgebiet begeben oder sich eine spezifische Praxis aneignen, die sie nicht als Expert*innen beherrschen. Immerhin verkörpern gerade sie den radikalen Zweifel an der Virtuosität als ausschließlichem Kriterium für Professionalität und als die einzig relevante Qualifikation von Performer*innen sowie jenen, die Performances entwickeln. Das Engagement von Künstler*innen jenseits ihrer Fachgebiete verringert keineswegs den Wert von spezialisiertem Wissen oder Fertigkeiten.

Ich würde vielmehr behaupten, dass bestimmte spezialisierte Wissensformen auf diese Weise geprüft, hinterfragt, angewandt und in andere Kontexte integriert werden können. Und da bereits anerkannt ist, dass im Grunde jede*r ein*e Expert*in ist, nämlich ein*e Expert*in in ihrer oder seiner jeweiligen Art zu leben, zu arbeiten und mit dem Alltag umzugehen, können wir eine gewisse Demokratisierung des Wissens und eine zunehmende Neugierde auf die Diversität von Erfahrungen beobachten.
In seinen Texten über unsere postfordistische Gesellschaft führt Paolo Virno aus, dass der *General Intellect* (der seiner Definition zufolge allererst Kommunikation, Abstraktion und Selbstreflexion ist) virtuose oder politische Akte verlangt:

> Der *General Intellect* setzt virtuoses Handeln voraus (oder, im weitesten Sinne, politisches Handeln), weil ein beträchtlicher Teil seines Tuns eben nicht im System der Maschinen aufgeht, sondern in Form sprachlicher Kommunikation als unmittelbare Tätigkeit innerhalb der lebendigen Arbeit erscheint.[5]

Der Intellekt und das Denk- wie Sprachvermögen sind seiner Meinung nach die heutzutage wichtigsten Fähigkeiten auf dem Arbeitsmarkt, wo sie von den postfordistischen Virtuosen wieder und wieder performt werden. Hier können wir ein vollkommen anderes Verständnis von Virtuosität erkennen. Wenn Paolo Virno über die postfordistischen Virtuosen schreibt, meint er nämlich nicht Menschen mit Expertenwissen oder hochspezialisierten Fähigkeiten, sondern genau das Gegenteil: Menschen, die in der Lage sind, die Sprache zu gebrauchen, weil sie ein generelles kognitives und kommunikatives Vermögen besitzen und imstande sind, zu denken und diese Gedanken zu artikulieren. Wenn mehrere postfordistische Virtuosen zusammenkommen, um etwas zu entwickeln, dann ist es ihre erste Aufgabe, einen Rahmen für ihre zeitlich begrenzte Zusammenarbeit und die Weisen ihrer Kommunikation zu setzen.

Streuung

Bei einer Kollaboration geht es nicht nur um ein glückliches Zusammensein und das (Er-)Finden von Formen, in denen jede*r sich selbst verwirklichen oder sich selbst ausdrücken oder zu seinem bzw. ihrem Moment im Scheinwerferlicht gelangen kann. Dies beschriebe eher das Anliegen zahlreicher

5 Paolo Virno: *Grammatik der Multitude.* Wien: Turia + Kant 2005, S. 89–90.

Fernsehsendungen, die versuchen, den Hunger nach Selbstdarstellung zu befriedigen sowie den Wunsch, (von der Kamera) gesehen zu werden, der so viele Menschen in unserer kapitalistischen Gesellschaft umtreibt. Schon 1968 hat Guy Debord, der erste große Kritiker des kapitalistischen Spektakels oder des spektakulären Kapitalismus, das Spektakel als eine spezifische Form der Kommunikation identifiziert, die zum Produkt geworden ist. Er hat darauf hingewiesen, dass der Kapitalismus nicht nur die Modi des Produzierens, sondern auch die Arten des Kommunizierens durchdringt.[6] Wie können Künstler*innen konventionelle Formen der Kommunikation herausfordern und dadurch neue, unspektakuläre Wege der Kommunikation ermöglichen? Es ist offensichtlich, dass sich der Fokus von der Produktion auf Akte der Kollaboration und der Kommunikation verschiebt – sowohl im Geschäftsleben als auch in der Kunst. Zu arbeiten, ohne ein finales Produkt herzustellen, zählt zu den Hauptmerkmalen der heutigen postfordistischen Arbeit. Wie Paolo Virno in seinem Buch *Grammatik der Multitude* herausstellt, versuchen Arbeiter*innen und Angestellte in vielen Professionen nicht länger, ein bestimmtes Ziel zu erreichen, sondern variieren und intensivieren Kooperationen durch Kommunikation.[7] Die Matrix des Postfordismus ist die Produktion von Kommunikation via Kommunikation. Dies war bereits für die Kulturindustrie signifikant, doch jetzt wird dieses Phänomen globaler. Was Virno in seiner Analyse der postfordistischen Multitude zuallererst beschreibt, ist die Sachlage, dass Arbeit in vielen Berufsfeldern zunehmend aus virtuosen Sprechakten und Kommunikationsformen besteht, aus dem Gebrauch von Sprache und dem *General Intellect*. Virno zufolge ist das menschliche Bedürfnis zu kommunizieren vollkommen im Begriff der Kooperation enthalten, und besonders gültig sei dies dort, wo Kooperation ein spezifisches ‚Produkt' der Arbeit darstellt, d.h. etwas, das von einer kollaborierenden Gruppe von Menschen entwickelt und verfeinert wurde.[8]

In künstlerischen Kollaborationsprozessen steht die Sehnsucht im Vordergrund, die eigenen Grenzen der Erfahrung und des Wissens zu überschreiten (was ein ziemlich selbstbezogenes Ziel ist), und ich denke, dass dies einer der Gründe ist, warum Künstler*innen Dramaturg*innen einbeziehen. Im Kontext der performativen Künste findet die von Virno dargelegte Dynamik ein Gegenstück in der Frage, ob künstlerische Kollaborationen im Bereich des zeitgenössischen Tanzes und der Performance in Zukunft überhaupt noch

6 Guy Debord: *Die Gesellschaft des Spektakels*. Hamburg: Nautilus 1978.

7 Vgl. Virno: *Grammatik der Multitude*, S. 136.

8 Ebd., S. 89.

etwas produzieren werden oder ob die tradierten Produkte von einer Ausstellung kollaborativer Praktiken verdrängt werden. Vielleicht ist es genau jene kollektiv produzierte Leerstelle, die das unmessbare und unberechenbare Potential von zeitgenössischen künstlerischen Kollaborationen ausmacht, die versuchen, sich dem permanenten Spektakel der Kommunikation zu widersetzen. Florian Schneider, ein Filmemacher, Autor und Initiator diverser Internetplattformen, Konferenzen und Festivals, beschreibt künstlerische Kollaborationen metaphorisch als die schwarzen Löcher unserer Wissensregime und erkennt ihre Stärke genau in deren Leere.[9] Durch die gesamte Tradition der Philosophie hindurch wurde Licht stets mit dem Geist oder dem Intellekt assoziiert. Man stellte sich das Bewusstsein als Lichtstrahl vor, der die Dinge aus ihrer Dunkelheit holt. Kollaborationen als schwarze Löcher von Wissensregimen zu denken, die Leerstellen in die Lichtzonen der allzu logischen, etablierten Denkweisen und damit auch der hegemonialen Handlungsweisen implementieren, wäre somit das Gegenkonzept zu den traditionellen Vorstellungen vom einsamen, solipsistischen Philosophen und seinen Ambitionen, mit Hilfe des Studiums von Texten und des eigenen Urteilsvermögens die Dinge „ins Licht“ zu rücken. Allerdings möchte ich kein binäres System aufstellen, in dem ein Konzept gegen das andere ausgespielt wird. Florian Schneider wählt die Metapher des schwarzen Lochs wahrscheinlich im Blick auf die Tatsache, dass es nahezu unmöglich ist, schwarze Löcher zu beobachten. Er regt Methoden der Kollaboration an, die von nur schwer kategorisier- und identifizierbaren Beteiligten entwickelt werden, und er favorisiert komplexe und undurchschaubare Kollaborationen zwischen heterogenen Involvierten im Verhältnis zu Kooperationen eindeutig identifizierbarer Subjekte, die üblicherweise in oder zwischen etablierten Institutionen stattfinden.

> As such they are not identifiable or subject to easy categories of identity, but defined out of an emergent relation between themselves. As such collaboration is extraordinary in so far as it produces a discontinuity and marks a point of unpredictability, however deterministic. Its unpredictability takes the form of not being able to entirely categorise the components of the collaborative process, even when its general aim or drive may be steering it in a particular direction.[10]

9 Vgl. Florian Schneider: Collaboration. Seven Notes on New Ways of Learning and Working Together. In: *Noema*, o. D. https://noemalab.eu/ideas/essay/collaboration-seven-notes-on-new-ways-of-learning-and-working-together / (Zugriff am 23.05.2017).

10 Ebd.

In diesem Sinne möchte ich für eine gewisse Auflösung der Idee des/der Dramaturg*in plädieren und vorschlagen, dass wir eher über dramaturgische Praktiken sprechen sollten, die nicht notwendigerweise mit der Expertise eines einzelnen Individuums zusammenfallen. André Lepecki hat bereits über *dramaturging* geschrieben und diese Aktivität als eine Form der Ko-Imagination bezeichnet.[11] Mir gefällt dieser Neologismus, weil er den Fokus auf die Tätigkeit verschiebt. Da Dramaturgie als eine zunehmend auf mehrere involvierte Akteur*innen verteilte Praxis zu denken ist, halte ich es für hilfreich, den Fokus auf *Dramaturgie als Kollaboration* sowie auf die *Dramaturgie der Kollaboration* zu legen und dramaturgische Praktiken zu erforschen, die hegemoniale Modi der Produktion und der Kommunikation herausfordern.

Aus dem Englischen von Johanna Schön

11 Vgl. André Lepecki: Dramaturging. A Quasi-Objective Gaze on Anti-Memory (1992–98). In: Meg Stuart / Jeroen Peeters (Hrsg.): *Are We Here Yet*? Paris: Les Presses du Réel 2010, S. 64–71. Zu Lepeckis Definition von Dramaturgie als aktiv-empirische und dialogische Praxis des Denkens siehe auch Larisa Crunteanu: The Power of 'Co' in Contemporary Dance. In: *Revista Arta*, 16.01.2016. http://revistaarta.ro/en/the-power-of-co-in-contemporary-dance / (Zugriff am 05.05.2017).

51% 07:55

heddalicious91

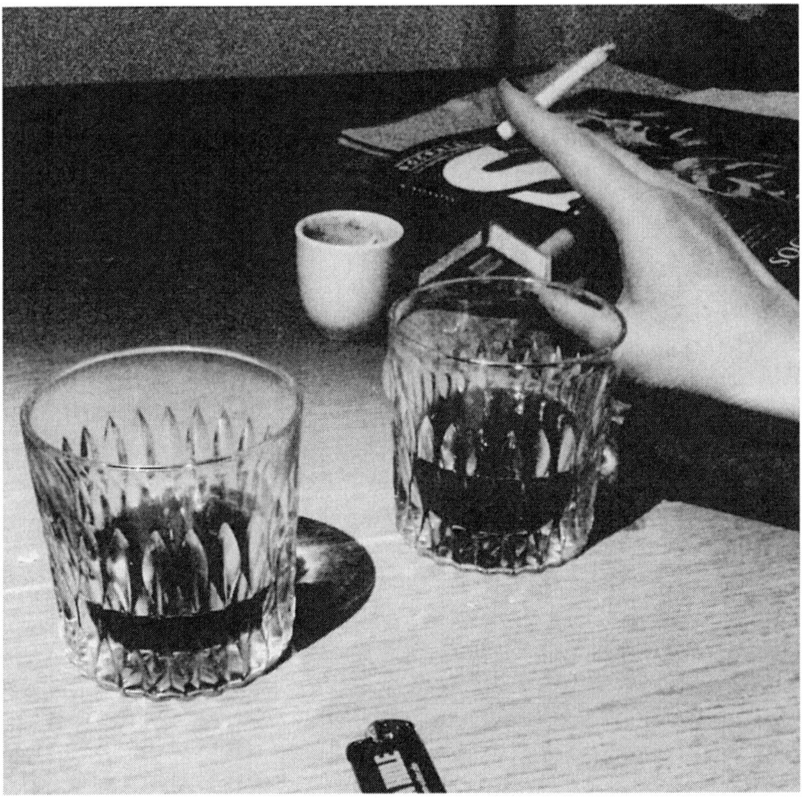

Gefällt **sophandglory**, **lina.mareike** und **2 weitere Personen**

heddalicious91 #FrischeLuft kann man hier wirklich gebrauchen, bei diesen Unmengen an #Blumen.

26. OKTOBER

Maximilian Haas

Theoretische Bemerkungen zu einer Dramaturgie der nichtmenschlichen Anderen (nach Haraway)

Die amerikanische Biologin und Philosophin Donna Haraway darf illustre Figuren zu ihren politisch-epistemischen Alliierten zählen: „gods, machines, animals, monsters, creepy crawlies", aber auch „women, servants and slaves", kurz: „noncitizens in general". Sie schreibt diesen eine besondere oppositionelle Kraft zu: „Outside the security checkpoint of bright reason, outside the apparatuses of reproduction of the sacred image of the same, these 'others' have a remarkable capacity to induce panic in the centers of power and self-certainty."[1] Die Anderen, von denen hier die Rede ist, sind keine idealen Anderen – weder im Sinne des ‚großen Anderen' der Lacanschen Psychoanalyse, d. h. der symbolischen Ordnung im Ganzen, noch im Sinne jenes ‚absolut Anderen' in der Ethik von Emmanuel Lévinas, das den Anspruch auf Verantwortung im Allgemeinen vertritt. Nein, es handelt sich um konkrete Andere in besonderen historischen Situationen, die sich allerdings in einem definitorisch entscheidenden Aspekt gleichen: Sie sind als die Anderen des weißen, bürgerlichen Mannes bestimmt, der jene moderne Rationalität (*bright reason*) repräsentiert, die auch und gerade dem klassischen Verständnis von Dramaturgie zugrunde liegt – und der sich dabei als Maßstab dessen installiert, was man demnach (vollumfänglich) als Mensch begreifen darf (*sacred image of the same*). Diese Anmaßung kommt im englischen *Man* (mit großem M geschrieben wie sein Ebenbild, *God*) besonders deutlich zum Ausdruck. Die moderne Rationalität ist nun im Kern eine *kritische*, wobei freilich nur ein Mensch als Subjekt einer solchen rationalen Kritik fungieren kann – ein

1 Donna Haraway: *When Species Meet*. Minneapolis / London: U of Minnesota P 2008, S. 9.

Mensch mit großem M. Wenn in diesem Artikel von nichtmenschlichen Anderen die Rede ist, dann auch in jenem herrschaftskritischen Sinn, den Haraway hier aufruft.

Der Philosophin gelingt es mit ihrem besonderen Begriff der Anderen, die Fallstricke eines reduktionistischen *Otherings* zu umgehen. Die Anderen, von denen sie spricht, sind nicht in der Beziehung auf ein Selbst gefangen, auch nicht in Beziehung auf die souveräne Macht des Einen, durch die sie zunächst bestimmt werden – eine Macht, die sie nämlich, Haraway zufolge, durch ihre bloße Anwesenheit bereits stören. Sie existieren letztlich überhaupt nicht als individuelle Andere, sondern stets als Andere unter Anderen. Sie sind viele und vielfältig. Die Andersheit, die sie auszeichnet, ist eine Eigenschaft der originären Relation zwischen ungleichen Partner*innen. Der ursprüngliche Ort dieser Andersheit ist weder der Eine noch der Andere, er ist ihr Dazwischen. Haraways Andere sind jedoch keine bloßen historisch-partikularen Gegebenheiten, sondern engagierte Figurationen, die diskursstrategische und poetische Funktionen ausüben – in Haraways Texten und in dem Diskussionszusammenhang, in den sie eingebettet sind. Damit kommt diesen Anderen aber keine andere Art und insbesondere kein geringerer Grad an Wirklichkeit zu als allen anderen Dingen oder Akteuren, darauf würde Haraway bestehen. Auf ihre je besondere Weise vermitteln auch sie zwischen materiellen und semiotischen Werten und bilden so einen Schauplatz, auf dem sich das historisch situierte Theater der Bedeutungsproduktion abspielt, wobei ‚Bedeutung' hier in einem zweifachen Sinn zu verstehen ist: als Material des (künstlerischen oder wissenschaftlichen) Wissens und als (politische) Relevanz.

In dramaturgischer Hinsicht sind diese theoretischen Bemerkungen insofern von Bedeutung, als sich Theater-, Performance- und Tanzproduktionen, insbesondere der Freien Szene, in den letzten Jahren vermehrt mit der Existenzweise und Handlungsmacht von Nichtmenschen befasst haben. Die Akteure sind heterogener geworden und der Kreis der Figuren breiter: Instrumente und Maschinen, Pflanzen und Tiere, mehr oder weniger materielle Objekte und Prozesse stehen hier im Fokus des ästhetischen Interesses. Dabei ist die Aufführungssituation oft so eingerichtet, dass diese Nichtmenschen eine eigene performative Handlungsmacht entfalten können sollen, die dem menschlichen Meinen und Machen gegenüber ein Stück weit indifferent bleibt. Diese Stücke scheinen ihrem Inhalt und ihrer Form nach naturwissenschaftlichen Experimenten näher zu stehen als dem Agoraprinzip, das oft für die Bühne in Anspruch genommen wird, und häufig verweigern sie sich einer einfachen politischen Agenda im Sinne einer identifizierenden Kritik.

Tatsächlich sind es infolgedessen vor allem epistemologische Begriffe naturwissenschaftlicher Provenienz, mit denen die dramaturgischen Herausforderungen, die mit solchen Performances verbunden sind, behandelt werden.
In humanistischer Tradition gilt das Theater als die Kunstform des Menschen. Auf der Bühne treffen Menschen auf Menschen und verhandeln die Gesetze ihrer Zwischenmenschlichkeit. Selbstverständlich und notwendig sitzen Menschen im Publikum und schauen ihnen dabei zu. Nichtmenschen können auch vorkommen: Als Dekoration, Requisit oder Attribut einer Figur dienen sie dem Handlungsverlauf. Sie können ihn aber nicht gestalten, insofern er sich vornehmlich in Sprechakten vollzieht, zu denen sie nicht fähig sind. Diese – freilich pauschalisierende – Charakterisierung trifft prinzipiell auch auf jene Bühnenkünste zu, die sich nicht um das gesprochene Wort organisieren, z. B. das Ballett. Nicht minder pauschal mag die Rückführung des humanistischen Menschenbilds auf das Selbstbild des weißen, bürgerlichen, rational urteilenden Mannes erscheinen. Und doch verweisen beide Ansichten auf wesentliche Aspekte einer Dramaturgie der nichtmenschlichen Anderen, wie sie im Folgenden mit Haraway umrissen wird. Dabei gehe ich zunächst von einem zentralen Anspruch im zeitgenössischen Theater aus, dem Anspruch der Kritik nämlich, der in seinem klassischen Verständnis einer Dramaturgie der nichtmenschlichen Anderen entgegenzustehen scheint. Mit Haraways Begriff der *Diffraktion*, den sie als einen Gegenbegriff zur Reflexion in die Debatten um die Politiken epistemischer Praktiken eingeführt hat, skizziere ich dann ein anderes Verständnis von Kritik, das weniger auf subjektiven Urteilen denn auf Krisen und Kontrasten im Zusammenhang des Materials beruht und sich daher mit einer Dramaturgie der nichtmenschlichen Anderen gut verbindet. Abschließend wird dieser Kritikbegriff zu einigen Entwicklungen im dramaturgischen Diskurs seit den 1990er Jahren, insbesondere im Feld des zeitgenössischen Tanzes, in Beziehung gesetzt.
Die folgenden Überlegungen bauen indes nicht allein auf Theorie auf, sondern auch auf einer dramaturgisch-praktischen Arbeit, die ich hier nur erwähnen kann: Die Performances der Serie *Balthazar* (2011–2015, mit David Weber-Krebs) beruhen jeweils auf der Begegnung eines Esels mit einer Gruppe menschlicher Darsteller*innen im Theater.[2] Das Tier wird nicht auf die Funktion eines lebenden Requisits reduziert; es beeinflusst maßgeblich,

2 Eine eingehendere Beschreibung und Auswertung habe ich in diesen beiden Texten unternommen: Maximilian Haas: Balthazar. Ein Tier auf der Bühne. In: *Theater der Zeit*, 09/2014, S. 1–4; ders.: Report über ein Tier auf der Bühne: der Esel Balthazar. In:

was auf der Bühne passiert. Der Esel ist nicht trainiert, und das Stück durchmisst die Unsicherheiten, die damit einhergehen. Die Performances kontrastieren Aktionen, in denen das Tier in einfache Konstellationen und Bewegungsmuster verwickelt wird, mit Szenen, in denen Performer*innen die Situation mit Andeutungen oder Fragmenten von Narration überschreiben. Im kritischen Fokus (im Sinne der Diffraktion) liegen dabei die natur-/kulturellen Bedingungen der modernen Mensch-Tier-Beziehung, wie sie sich in all ihrer Ambivalenz und Abgründigkeit (noch) heute zeigt. Der ursprüngliche Andere meiner dramaturgischen Auseinandersetzung mit dem Thema der Nichtmenschen ist also ein Esel auf der Bühne.

Bekanntlich bezeichnet der Ausdruck ‚Dramaturgie' sehr verschiedene Dinge. Ich möchte darunter hier vor allem die sogenannte Produktionsdramaturgie verstehen, also alle Tätigkeiten, Diskurse, Gestaltungs- und Entscheidungsprozesse, die zwischen der künstlerisch-praktischen und der konzeptionell-ästhetischen Ebene von Theater-, Performance- oder Tanzproduktionen vermitteln und in denen es meines Erachtens insbesondere um die Organisation von Verhältnissen zwischen Akteuren geht, materiellen und semiotischen, körperlichen und konzeptuellen, menschlichen und nichtmenschlichen.

Das Problem mit der Kritik

Kritik bildet einen grundlegenden Modus der Darstellung im modernen Theater sowie einen ebenso grundlegenden Zweck des Ganzen: Die absolutistische Willkür und die starre Bürgermoralität, die Lebens- und Arbeitsbedingungen der Arbeiter*innen und die Machenschaften der herrschenden Klassen – das Theater hat sie zum Gegenstand der Darstellung und mithin von Kritik gemacht. Kritik bedeutet hier eine Stellungnahme zur gesellschaftlichen Wirklichkeit und Infragestellung ihrer Mechanismen, eine theatrale Analytik und Didaktik des gesellschaftlichen Missstands. Mit den Avantgarden und der Postdramatik richtet sich die theatrale Darstellung kritisch auf sich selbst. Das Theater hinterfragt die performativen Bedingungen seiner Möglichkeit und im Zuge dessen auch die Bedingungen von Kritik im Theater.

Tierstudien 1 (2012): Animalität und Ästhetik, S. 122–135. Das *Balthazar*-Projekt war Teil meiner praxisbasierten Promotion mit dem Titel *Tiere auf der Bühne: Eine ästhetische Ökologie der Performance*. Berlin: Kadmos 2018.

Worin nun das Problem mit der Kritik besteht, lässt sich exemplarisch dort zeigen, wo der Begriff herkommt und wo er selbst zum Gegenstand der Kritik geworden ist, in der Philosophie nämlich, die eine ähnliche Beziehung zur Kritik durchlaufen hat wie das moderne Theater: Kritik bildet ein durchgängiges Prinzip der kontinentalen Philosophie der Moderne. Von Kant über Marx bis Adorno stellt das Kritisieren den prinzipiellen Modus des Philosophierens dar (einschließlich Erkenntniskritik, Begriffskritik usw.). Mit der Postmoderne ist die moderne Philosophie in eine Phase der Selbstkritik übergegangen, eine Phase der Kritik *von* Kritik, in der sie sich *als* Kritik erhält. Die Dekonstruktion kann in ihrem Anspruch eines unabschließbaren Durcharbeitens der eigenen semiotischen Technologien als die ultimative Potenz der (Selbst-)Kritik gelten. Nicht zufällig weist diese philosophische Methode strukturelle Gemeinsamkeiten mit den konzeptuell orientierten Performance- und Theaterformen der Gegenwart auf. Nun steht die Kritik derzeit in der philosophischen Kritik, das Kritisierte durch den kritischen Bezug negativ zu bestätigen und aufgrund ihrer rationalistischen Voraussetzungen die modernen Spaltungen zwischen Subjekt und Objekt, Natur und Kultur, Mensch und Nichtmensch weiter zu vertiefen.

Daneben allerdings mehren sich auch die Versuche, jenseits der Kritik einen affirmativen Weltbezug zu systematisieren, u. a. in der Philosophie des Neuen Materialismus, zu der auch Haraway gerechnet wird. Dies ist jedoch nicht mit Leichtgläubigkeit zu verwechseln: Es geht hier nicht um einen problemvergessenen Positivismus, sondern um neue Techniken des Begreifens, Experimentierens, Probehandelns und der Welterzeugung im spekulativen Denken sowie in der Wirklichkeit, in der es sich verkörpert. Die Philosophie des Neuen Materialismus setzt sich vor allem mit Dingen auseinander, die aufgrund ihrer banalen Diesseitigkeit dem Blick einer politisch orientierten Kritik lange entgangen sind. Sie liegen gewissermaßen *vor* der Politik, verstanden als die Regelung der Angelegenheiten eines exklusiv menschlichen Gemeinwesens. Dabei befördert der Neue Materialismus die philosophische Dezentrierung des rationalen Subjekts, das die Voraussetzung für Kritik im klassischen Verständnis bildet – und das nicht ohne Grund: Nichtmenschliche Akteure wie selbstlernende Algorithmen, die chinesische Wollhandkrabbe oder das Wetter drängen in das menschliche Gemeinwesen und stellen den Anthropozentrismus des modernen Begriffs von politischer Kritik in Frage.

Angesichts dieser Entwicklungen hat Bruno Latour ein gegenwärtiges „Elend der Kritik“ diagnostiziert, das von einer ebenso allgemeinen wie unspezifischen *criticality* ausgehe, die „aus reflexhaftem Unglauben [...] und freiem

Gebrauch kraftvoller Erklärungsmuster aus dem sozialen Nirgendwo" bestehe und die vermeintlichen Wahrheiten insbesondere der Naturwissenschaften im Namen der politischen Emanzipation „entzaubert". Dagegen fordert der Soziologe die engagierte und positionierte Kultivierung einer „unbeirrt realistischen Haltung", wobei er einen Begriff von wissenschaftlichem Realismus anlegt, der sich nicht positivistisch auf etwaige „Tatsachen" bezieht („matters of fact"), sondern auf das, was Latour und andere als „matters of concern" bezeichnen, d. h. als „Dinge, die uns angehen oder Dinge von Belang".[3] Allerdings sind die beiden Übersetzungen von „matters of concern" keineswegs gleichbedeutend: Die erste, „Dinge, die uns angehen", nimmt die Perspektive der Dinge ein, so wie sie sich gewissermaßen *von sich her* zeigen. Die zweite, „Dinge von Belang", geht vom Subjekt, von seiner Bedürfnislage und Erwartungshaltung aus. Es ist diese doppelte Optik, die sich zugleich auf die Wirklichkeit der Dinge und auf die Wirklichkeit des Subjekts richtet, welche den Neuen Materialismus von jenem Kantischen Weltbild unterscheidet, das dem politischen Kritikbegriff zugrunde liegt. Es müsste nun also darum gehen, einen Begriff von Kritik zu konturieren, der nicht einseitig vom „Belang", d. h. vom gegebenen Subjekt und seiner subjektiven Wirklichkeit ausgeht und den „Angang" der Dinge als einen sekundären Effekt davon begreift, mithin um einen Kritikbegriff, der die performative Wirkkraft von Nichtmenschen nicht unterschlägt. Wie eingangs angedeutet, möchte ich dies über den Umweg eines anderen Konzepts von Haraway angehen, das der Diffraktion.

Diffraktion als Selbstkritik der (theatralen) Sache

Bis vor kurzem war ‚Diffraktion' ein weitgehend unbekannter Begriff, ein szientistischer Zungenbrecher. Er wurde Anfang der 1990er Jahre von Haraway in den philosophischen bzw. kulturwissenschaftlichen Diskurs eingeführt, und zwar als eine Alternative zum epistemologisch vorherrschenden Begriff der Reflexion. Beide Begriffe stammen aus der physikalischen Wellenlehre, wurden aber auf die Bedingungen von Erkenntnis überhaupt ausgeweitet. Im Falle der Reflexion geschah dies so wirkmächtig und nachhaltig, dass der naturwissenschaftliche Ursprung des Begriffs fast in Vergessenheit geraten ist. Ob dieses Schicksal auch dem Diffraktionsbegriff beschieden sein wird, ist fraglich – und doch hat er in den vergangenen Jahren eine beachtliche

3 Bruno Latour: *Elend der Kritik*. Zürich / Berlin: Diaphanes 2007, S. 16.

Karriere gemacht. Popularisiert durch Philosoph*innen wie Karen Barad ist er in den Sprachgebrauch von Theoretiker*innen und Künstler*innen, auch von Dramaturg*innen eingegangen, bei denen offenbar ein Bedürfnis nach jenem Perspektivwechsel bestand, den er gegenüber dem Reflexionsbegriff ermöglicht.[4]

Das Denkbild der Reflexion ist der Spiegel, der ein physikalisch wie epistemologisch wohlgeordnetes Prinzip verkörpert, denn dies ist, was er macht: Er wirft das einfallende Licht nach einem denkbar einfachen Gesetz zurück (Einfallswinkel ist gleich Ausfallswinkel) und lässt dabei die Identität des reflektierten Gegenstands (der metaphorischen Tendenz nach) unangetastet, oder mehr noch: Er bringt sie überhaupt erst als solche hervor. So u. a. die These Jacques Lacans, der im Spiegelstadium bekanntlich den „Bildner der Ichfunktion" sah – Spiegel heißt Selbstbegegnung.[5] Daneben kolportiert die Spiegelmetapher und der ihr entsprechende Reflexionsbegriff jene liberalen Verheißungen, die mit den Lichtmetaphern der Aufklärung einhergehen und deren Schattenseiten auch von Haraway analysiert wurden. Im Theaterdiskurs hat das humanistische Reflexionsmodell stets eine besondere Bedeutung gehabt, wie sich etwa an der populären Ansicht zeigt, die Bühne sei im Ganzen als Spiegel der Gesellschaft anzusehen.

Der Begriff der Diffraktion ist nun nicht bloß von solchen Klischees unbelastet, er ist auch semantisch anders gelagert. Diffraktion bedeutet wörtlich nichts anderes als Beugung und kann folgendermaßen illustriert werden: Zwei Steine werden in einen ruhigen See geworfen. Es entstehen jeweils Wellen, die sich auf der Wasseroberfläche kreisförmig ausbreiten. Diese Kreise bewegen sich aufeinander zu, bis sich die Wellen schließlich aneinander brechen. An diesen Stellen überlagern sich die Kämme und Täler, die Wellen modulieren sich, d. h. sie verstärken sich oder schwächen sich ab (konstruktive und

4 Vgl. Martina Ruhsam: Krisen der Kritik und die Dringlichkeit affirmativer Entwürfe. Über die Bejahung von Instabilitätserfahrungen in Kunst und Theorie. In: Olivia Ebert / Eva Holling / Nikolaus Müller-Schöll / Philipp Schulte / Bernhard Siebert / Gerald Siegmund (Hrsg.): *Theater als Kritik. Theorie, Geschichte und Praktiken der Ent-Unterwerfung.* Bielefeld: Transcript 2018, S. 533–542. Ich bedanke mich bei Martina für den regen Austausch in diesen Fragen.

5 Jacques Lacan: Das Spiegelstadium als Bildner der Ichfunktion, wie sie uns in der psychoanalytischen Erfahrung erscheint. In: Ders.: *Schriften 1.* Weinheim / Berlin: Quadriga 1986, S. 61–70. Daneben besteht freilich eine lange Tradition von Spiegelmetaphern, die gerade die Verzerrung und die Täuschung, die Anamorphose und den uneigentlichen Schrecken des reflektierten Bilds herausstellt.

destruktive Interferenz). Daraus erwächst ein komplexes Muster, das als Synthese beider Wellenformen begriffen werden kann.[6] Im Unterschied zum klassischen Reflexionsmodell des Spiegels ist die oder der Betrachter*in hier zunächst nicht systematisch impliziert. Es handelt sich um ein drittpersonales Geschehen, in dem es um Differenz anstatt um Identität geht: Beugung bedeutet Abweichung. Wie Karen Barad auf die Quantenphysik Bezug nehmend bekräftigt, muss das Denken der Diffraktion aber letztlich immer auch die Relation zu der oder dem Beobachter*in berücksichtigen. Sie oder er wird dabei nicht als ein transzendentales Subjekt begriffen, sondern als eine physikalisch wirksame Wirklichkeit im Wellenfeld. Folglich haben die Beobachter*innen stets eine partiale Perspektive auf das Geschehen und beeinflussen es durch ihr Verhalten, wobei sie zugleich durch das Geschehen (in ihrer Beobachter*innenrolle) selbst transformiert werden.[7] Das ihnen erscheinende Diffraktionsmuster kann schließlich als Dokument der gegenseitigen Modulation aller Elemente oder Akteure im Feld angesehen werden. Es macht zudem die Geschichtlichkeit dieses Prozesses anschaulich, indem es seine Spuren verzeichnet. Wie Haraway betont, ist die Diffraktion daher nicht repräsentational und identitär verfasst wie das Abbild im Spiegel, sondern relational und differentiell. Und dies ist es, was für sie die besondere kritische Kraft des Modells ausmacht: „[D]iffraction can be a metaphor for another kind of critical consciousness at the end of this rather painful Christian millenium, one committed to making a difference and not to repeating the Sacred Image of Same."[8]

6 Vgl. Astrid Deuber-Mankowsky: Diffraktion statt Reflexion. Zu Donna Haraways Konzept des situierten Wissens. In: *ZfM Zeitschrift für Medienwissenschaft* 4 (2011): Menschen und Andere, S. 83–91. Ich beziehe mich hier und im Folgenden zudem auf das Podiumsgespräch zwischen Astrid Deuber-Mankowsky und Melanie Sehgal, das am 20. Mai 2017 unter dem Titel „Diffraktionen | #1 Diffraktion als Methode" im diffrakt : zentrum für theoretische peripherie in Berlin stattfand.

7 Vgl. Karen Barad: *Meeting the Universe Halfway*. Durham / London: Duke UP 2007, S. 70–94.

8 Donna Haraway: *Modest_Witness@Second_Millenium. FemaleMan©_Meets_OncoMouseTM: Feminism and Technoscience*. New York / London: Routledge 1997, S. 273. Haraway führt den Begriff bereits 1992 ein in: The Promises of Monsters. A Regenerative Politics for Inappropriate/d Others, wiederabgedruckt in: Dies.: *The Haraway Reader*. London / New York: Routledge 2004, S. 63–124, hier S. 70.

Diffraktionale Kritik als Kontrast

Kritik geht auf das altgriechische Verb *krínein* zurück, welches ‚trennen' oder ‚(unter-)scheiden' bedeutet, eine Wurzel, die sie mit der Krise teilt. Entgegen ihrer etymologischen Verwandtschaft sind die jeweiligen Begriffe allerdings grundverschieden strukturiert. Die Kritik setzt als ihr Subjekt gemeinhin eine rationale Person voraus, ein Subjekt im starken humanistischen Sinn: Jemand kritisiert etwas. Die Krise dagegen ist Subjekt ihres eigenen Krisenhaftwerdens: Es kriselt. Das bedeutet: Auch eine unpersönliche Entität, eine Situation etwa, kann krisenhaft werden (was freilich die ursächliche Beteiligung von Personen nicht ausschließt). Die geteilte Etymologie von Krise und Kritik kann nun zum Anlass genommen werden, ein anderes Kritikverständnis zu imaginieren, das sich der begrifflichen Struktur der Krise annähert: ein unpersönliches Kritischwerden der Sache selbst. Dabei kann sich dieser Versuch auf die Logik der Diffraktion stützen – eine Kritik im Geiste der Diffraktion also.[9] Was wären die Komponenten eines solchen Kritikverständnisses? Wie würde eine solche Kritik vonstattengehen? Physikalisch gesehen manifestiert sich die Diffraktion in der Modulation von Schwingungen, genauer in ihrer Dephasierung. Durch den Einfluss der anderen Wellen tritt jede einzelne in eine Relation der Nichtidentität mit sich selbst. Sie unterscheidet sich dabei von sich selbst durch genau jenen Wert, den ihr die anderen Wellen hinzufügen oder abziehen. Dieser Moment kann im Wortsinne als ‚krisenhaft' bezeichnet werden. Er entspricht dabei einem pluralen und untragischen Begriff von Krise: In einer solchen Krise geht es nicht ein für alle Mal ums große Ganze (*die* Krise), sondern um die kleinen Differenzierungsereignisse, in denen sich heterogene Elemente eines Felds an- und füreinander manifestieren. Krise heißt hier: gegenseitige Individuierung.

Worin besteht dann aber genau die Kritikfunktion eines solchen kollektiven Kriselns? Mit Haraway lässt sich die Frage auf zwei Ebenen beantworten: Auf einer Makroebene besteht sie schlicht im Ausweis der Kontingenz des Wirklichen. „It is critique in the deep sense that things might be otherwise", und das heißt für Haraway: „critique as a freedom project."[10] Auf der Mikroebene besteht sie darin, die gewöhnlichen Verhaltensweisen (mithin die Existenzweisen) der Elemente oder Akteure im Feld kenntlich werden zu

9 Melanie Sehgal umreißt dieses philosophische Projekt im Schlusskapitel „Diffraktionen. Metaphysik als spekulative Kritik" von Melanie Sehgal: *Eine situierte Metaphysik. Empirismus und Spekulation bei William James und Alfred North Whitehead.* Konstanz: Konstanz UP 2016, S. 389–399.

10 Donna Haraway: Cyborgs, Coyotes, and Dogs. A Kinship of Feminist Figurations. In: Dies.: *The Haraway Reader*, S. 321–342, hier S. 326.

lassen. Es gehört zu der in diesem Diskurs vorherrschenden empiristischen Logik des Differentiellen, dass Wirklichkeit erst im Ereignis (oder vielmehr im Akt) ihrer Differenzierung von sich selbst begreiflich wird, dass sie sich dabei überhaupt erst *verwirklicht*. In diesem Selbstaufweis des Wirklichen läge das Moment einer Kritik im Geiste der Diffraktion, einer differentiellen Selbstkritik oder einer kritischen ‚Intra-Aktion' der Sache, wie man mit Barad sagen könnte.[11]

Gegenseitige Individuierung durch gemeinsame Differenzierung bezeichnet man gemeinhin als Kontrast. Kritik als Kontrast? Diese weiche Fassung dürfte insbesondere Anhänger des starken dialektisch-identifizierenden Kritikbegriffs enttäuschen. Und tatsächlich muss man fragen, inwiefern dieser schwache Kritikbegriff politisch operationalisierbar ist. Nichtsdestotrotz erscheint er mir als die fast schon notwendige Konsequenz aus dem Versuch einer Dramaturgie der nichtmenschlichen Anderen nach Haraway, welche diese Anderen als Andere in ihrer jeweiligen Besonderheit an der Gestaltung von Dramaturgie selbst beteiligen möchte – insbesondere wenn diese Anderen nicht (hinreichend) über rationale Verbalsprache verfügen, die das Medium der Kritik im klassischen Verständnis bildet. Zudem scheint mir dieser Begriff sehr nah an der ästhetischen Kraft der Kunst zu sein, insbesondere der performativen, die es unter bestimmten Bedingungen erlaubt, ein kollektives und ergebnisoffenes Spiel jener Vermögen einzurichten, die ihre Elemente oder Akteure jeweils mitbringen – so jedenfalls, wenn das gelingt, worum es nun abschließend gehen soll:

Dramaturgische Praxis

Von weitem betrachtet, könnte man die Geschichte der Dramaturgie in der Moderne von Lessing über Schiller und Brecht bis in die gegenwärtigen Formen der Performance- und Tanzdramaturgie in groben Zügen als eine Bewegung vom Abstrakten zum Konkreten beschreiben: vom Geist zum Körper, vom Semiotischen zum Materiellen, vom Denken zum Handeln. Indes sind

11 Es stellt sich die Frage, inwiefern sich das diffraktionale Verständnis von Kritik als Selbstkritik der Sache von der Dekonstruktion Jacques Derridas unterscheidet. Tatsächlich würde sie auf ein ähnliches Modell hinauslaufen, wenn man sie auf Texte anwendete und auf dieses Feld beschränkte. Es handelt sich hierbei aber um eine Methode, die jene beiden Seiten der Sache berücksichtigt, auf die mit Latour verwiesen wurde: die Seite, die sich zeigt, und die Seite, die uns erscheint – „Dinge, die uns angehen oder Dinge von Belang". Die (selbst-)kritische Intra-Aktion, von der hier die Rede ist, konzentriert sich also auf die Relation von Materie und Bedeutung, Körpern und Zeichen, Nichtmenschen und Menschen, ohne die letzten Terme dabei zu priorisieren.

diese Unterscheidungen selbst zutiefst modern, die beschriebene Bewegung liegt ihrerseits gänzlich innerhalb des Kantischen Paradigmas, in dem die menschliche Subjektivität gerade als Verbindung von Sinnlichkeit und Vernunft verstanden wird, die sich im Spiel von Anschauung und Begriff herausbildet. Diese Verbindung und dieses Spiel bewegen sich dabei stets auf Vernunft und Begriff zu: Die empirischen Eindrücke aus der Welt werden rationalisiert und zu einem Bild *von* Welt synthetisiert, das letztlich *die* Welt *überhaupt* bildet. Die subjektive Synthese von Welt erfolgt außerhalb der Welt, sie ist transzendental und mithin ihr Subjekt. Donna Haraway bringt diese Ontologie mit dem „göttlichen Trick" in Verbindung, „alles von nirgendwo aus sehen zu können"[12]. Diese fragwürdige Macht ist es im Übrigen, die für die Philosophin den politischen Kern dessen ausmacht, was oben als Mensch mit großem M bezeichnet wurde.

Es ist dieser Begriff eines transzendentalen Subjekts, das sinnliche Anschauungen in rationale Urteile verwandelt und der Situation, die es betrachtet und beurteilt, konstitutiv enthoben ist, der die Position der bzw. des Dramaturg*in im modernen Theater markiert – ein Theater, das diese Position überhaupt erst ins Spiel bringt und zwar ziemlich genau zu jener Zeit, in der sich auch die philosophische Vorstellung der transzendentalen Subjektivität etabliert. Seit den 1990er Jahren dreht sich der dramaturgische Diskurs nun vielfach gerade um die Defizite dieses Modells und die Möglichkeiten einer anderen dramaturgischen Praxis.[13] Viele Dramaturg*innen aus der Freien Szene stimmen darin überein, vor allem eines nicht sein zu wollen: ein *outside eye*, die „Monstrosität" eines außenstehenden, entkörperlichten, bloß rationalisierenden Blicks.[14] Die entscheidenden Impulse kamen dabei aus einem Feld, das zuvor weder in künstlerisch-praktischer noch in definitorischer Hinsicht

12 Donna Haraway: Situiertes Wissen. In: *Die Neuerfindung der Natur*. Frankfurt am Main: Campus 1995, S. 73–97, hier S. 81.

13 Vgl. dazu die Beiträge in *Maska* 16,131–132 (2010): Practical Dramaturgy, sowie in *Performance Research* 14,3 (2009): On Dramaturgy, sowie insb. die Online-Textanthologie von Jeroen Peeters (Hrsg.): *Embodied Dramaturgies*. In: *Sarma*, January 2012. http://sarma.be/pages/Anthology_Embodied_Dramaturgies (Zugriff am 14.07.2017).

14 Vgl. Scott deLahunta: Dance Dramaturgy. Speculations and Reflections. In: *Dance Theatre Journal* 16,1 (2000), S. 20–25, insb. André Lepeckis Aussagen darin, etwa: „This talk about seeing bothers me. I deeply believe dance dramaturgy implies the reconfiguration of one's whole anatomy, not just the eyes. [...] The 'external eye', an expression so frequently describes the position of the dramaturge in dance [...] reminds me of Descartes before writing his 'Meditations', experimenting with eyes from corpses, and trying to understand perception through these dead eyes. As if perception was a detachable function, independent

einen starken Bezug zur Dramaturgie hatte: dem des zeitgenössischen Tanzes.[15] So bemerken die Theaterwissenschaftler Hans-Thies Lehmann und Patrick Primavesi bei der Eröffnung der von ihnen organisierten Konferenz „European Dramaturgy in the 21st Century" 2007 in Frankfurt am Main: „[D]ance dramaturgy is not at all marginal in relation to dramaturgical practice in theatre, opera, or ballet."[16] Aufgrund einer neuen intermedialen und interaktiven Aufführungspraxis, die weniger das denkende Subjekt als vielmehr den empfindenden Körper der Zuschauer*innen adressiert, seien die tanzdramaturgischen Debatten in den Kern dessen eingedrungen, was Dramaturgie heute überhaupt bedeuten und leisten kann, so Lehmann und Primavesi.

Nun macht eine gelebte Subjektivismuskritik im Theater noch keine Dramaturgie der nichtmenschlichen Anderen. Sie ist aber ein guter Anfang. Meines Erachtens finden sich die fruchtbarsten Ansätze dazu jedenfalls im Diskurs der Tanzdramaturgie, aus dem ich zwei Beispiele geben möchte. Zunächst sei auf Sandra Noeths Verständnis von Dramaturgie als „Mobile der Ideen" verwiesen, in welchem bestimmte Elemente der Inszenierung wie auf Stäben fest miteinander verbunden, die Stäbe selbst aber frei zueinander beweglich sind, indes stets in Abhängigkeit von den klimatischen Bedingungen ihrer

from the rest of the body, soul and passion. [...] I enter the studio as dramaturge by running away from the external eye." (Zit. n. ebd., S. 25.) Vgl. zudem Christel Stalpaert: A Dramaturgy of the Body. In: *Performance Research* 14,3 (2009): On Dramaturgy, S. 121–125.

15 Freilich hatten der Tanz und seine Werke (formal gesehen) je schon und in einem ganz klassischen Sinne Dramaturgie. Völlig unklassisch aber ist die Emphase, mit der die künstlerische Funktion der bzw. des Dramaturg*in nun auch für den zeitgenössischen Tanz reklamiert und der Begriff ‚Dramaturgie' künstlerisch operationalisiert wird. Zudem entfaltet sich ein intensiver Diskurs über die Potentiale und Paradoxien einer expliziten Tanzdramaturgie, auch im Kontrast zur klassischen Theaterdramaturgie.

16 Hans-Thies Lehmann / Patrick Primavesi: Dramaturgy on Shifting Grounds. In: Magda Romanska (Hrsg.): *The Routledge Companion to Dramaturgy.* Oxford / New York: Routledge 2014, S. 169–172. Die Konferenz „European Dramaturgy in the 21st Century" hat die dramaturgischen Diskurse, um die es hier geht, gebündelt und einer breiteren Fachöffentlichkeit zugänglich gemacht. Die Programmatik der Veranstaltung lässt sich aus dem Titel ableiten: Zum einen ist von einer dezidiert europäischen Dramaturgie die Rede, die die Veranstaltung weniger voraussetzen konnte, als sie sie vielmehr diskursiv erst hervorbringen musste. Zum anderen wird Dramaturgie nicht, wie sonst üblich, historisch perspektiviert und also notwendig in eine deutschsprachige Genealogie gestellt, sondern im Blick auf die Zukunft eines Jahrhunderts diskutiert, das zwar noch kaum begonnen hatte, aber bereits eine durch Internationalisierung und Neue Medien völlig veränderte geokulturelle Karte vorfand. Zum dritten ist der Titel auf Englisch formuliert, was insofern nicht banal ist, als die Übersetzung eines Begriffs in eine andere Sprache stets mit einer Transformation dieses Begriffs, mit Bedeutungsgewinnen und -verlusten einhergeht. Der Dramaturgiebegriff wird nach seiner Passage von der klassischen ‚Dramaturgie' zu den sogenannten ‚New Dramaturgies' nicht mehr derselbe gewesen sein – und er ist es auch nicht geblieben.

Umgebung, vom situativen Wind.[17] Das Bild des Mobiles erlaubt es, eine gewisse formale und konzeptuelle Selbstidentität einer Performancedramaturgie zu denken und zugleich die konstitutive Rolle der Anderen bei ihrer jeweiligen performativen Aktualisierung in Rechnung zu stellen. In die Gruppe der Anderen fallen dabei alle (veränderlichen) Faktoren, die einer Aufführung über ihre inszenatorische Ordnung hinaus lebendige Form verleihen. Das Denkmodell gestattet es mithin, die Varianzen gegenüber dem Invarianten einer Performance stark zu machen, ohne in eine pauschale und letztlich entpolitisierende Rhetorik von Macht und Subversion zu verfallen.
Einen anderen Vorstoß in Richtung einer Dramaturgie der Anderen unternimmt Jeroen Peeters, wenn er die dramaturgische Praxis vom Material her versteht und dabei die Unterscheidung von Zentrum und Peripherie, Text (im weitesten Sinne) und Kontext auflöst. Dramaturgie sei stets mittendrin, auch wenn sie sich vermeintlich bloß mit der Rahmung von Theaterereignissen befasst. Infolgedessen begreift Peeters die dramaturgische Tätigkeit als einen kollektiven oder vielmehr relationalen Prozess, der seiner eigenen Tendenz zur Herstellung von Ordnung aus einer (der Behauptung nach) idealen Betrachter*innenperspektive zu widerstehen habe („self-resisting dramaturgy"). Dann könne sich nämlich entfalten, was Peeters als ‚konzeptuelle Landschaft' bezeichnet: „A conceptual landscape is a space of thought in which one can take a walk – not just any walk, but along certain pathways afforded by the particular concepts at work."[18] Letztlich sind aber Konzept und Material in der dramaturgischen Arbeit, wie Peeters sie versteht, ohnehin nicht zu trennen: Konzepte sind Material der Inszenierung, und jedes Material besitzt je schon eine konzeptuelle Dimension. Zu den dramaturgischen Ko-Akteuren müssen also auch unpersönliche Instanzen gezählt werden, materielle wie immaterielle, insofern sie jenen „common imaginary space" mitgestalten, der letztlich nichts anderes ist als die Dramaturgie der jeweiligen Performance selbst. Wenn Peeters dieses Verständnis von „Heterogeneous Dramaturgies" dem idealen Blickpunkt *der* Dramaturgie (im homogenen Singular) entgegensetzt und damit die Vorstellung eines „fixed, ideal piece" unterläuft, dann tut er dies, so könnte man sagen, auch im Geiste der Diffraktion.[19]

17 Sandra Noeth: Dramaturgy – Mobile of Ideas. In: *Scores* # 0 (2010), S. 41–51.

18 Jeroen Peeters: Heterogeneous Dramaturgies. In: *Maska* 16,131–132 (2010): Practical Dramaturgy, S. 17–27, hier S. 24.

19 Ebd., S. 27.

Von diesen Ansichten ausgehend, ebenso wie von den dramaturgischen Erfahrungen, die ich im *Balthazar*-Projekt an und mit dem Esel auf der Bühne gemacht habe, möchte ich nun abschließend die konkreten Konsequenzen aus dem eigentümlichen Kritikbegriff, der sich aus Haraways Philosophie ableiten lässt, für die Praxis der Dramaturgie benennen – ein Kritikbegriff, der keine rationale Distanzierung von der Welt meint, sondern eine praktische Annäherung, eine Proposition, ein Andersmachen, und der die Freiheit nicht an die souveräne Verfügungsgewalt des Subjekts knüpft, sondern an die Kontingenz des Wirklichen und die Veränderlichkeit der Relation von Selbst und Welt. Welche Art und Weise von Dramaturgie kann dem ‚belangvollen Angang' (im oben umrissenen Sinne Latours) der nichtmenschlichen Anderen praktisch entsprechen? Eine Dramaturgie, die ein Experimentalsystem bildet, in dem die bekannten Elemente, die theatralen Instrumente, dazu eingesetzt werden, das noch Unbekannte sichtbar zu machen. Eine Dramaturgie, die kein bestimmtes Objekt hat, wie es die Kritik im klassischen Verständnis voraussetzt, sondern die Orientierung auf ein Problem, das sich erst abzeichnet. Eine Dramaturgie, der weniger rationale Urteile zugrunde liegen, als vielmehr ästhetische Intuitionen. Im Wechselspiel zwischen dem Bestehenden und dem Unvorhergesehenen wird dann eine andere Wirklichkeit begreiflich.[20] Eine solche Dramaturgie kritisiert nichts, sie *ist* Kritik, und zwar in jenem tiefen Sinn, dass die Dinge auch anders sein könnten.

20 Diese Beschreibung beruht auf der Pragmatik naturwissenschaftlicher Experimentalforschung, wie sie uns etwa aus den wissenschaftsphilosophischen Schriften von Isabelle Stengers, Bruno Latour und Hans-Jörg Rheinberger entgegentritt, die darin ihrerseits auf Wissenschaftshistoriker und -theoretiker wie Thomas Kuhn, Gaston Bachelard und Ludwik Fleck rekurrieren. Bei diesen Autor*innen konzentriert sich das Verständnis von Wissenschaft weniger auf die theoretischen Hypothesen und auf die verfertigten Resultate (*textbook science*), als vielmehr auf den Forschungsprozess selbst, der nur retrospektiv als eine ziel- und zweckgerichtete, kausal notwendige Sequenz von Experimentalerfolgen erscheint. In Perspektive seines eigentlichen Verlaufs begriffen, stellt er sich vielmehr als eine tentative Suchbewegung in diverse Richtungen dar, für die das zugrundeliegende Nicht-Wissen ebenso entscheidend ist wie die intuitiven Techniken, damit in produktiver Weise umzugehen. Die wissenschaftlich richtungsweisenden Resultate verdanken sich dabei oftmals dem (gerichteten) Zufall. Die allgemeine Effizienz des Forschungsprozesses schließt also seine partikulare Ineffizienz mit ein. Ein Experiment, dessen Ergebnis im Vorhinein bereits theoretisch wissbar wäre, wäre ein bloßes „Nullsummenspiel mit einer feststehenden Liste von Zutaten" – und also wäre es gar kein Experiment. Vgl. Bruno Latour: *Die Hoffnung der Pandora*. Frankfurt am Main: Suhrkamp 2002, S. 139.

50% 07:54

heddalicious91

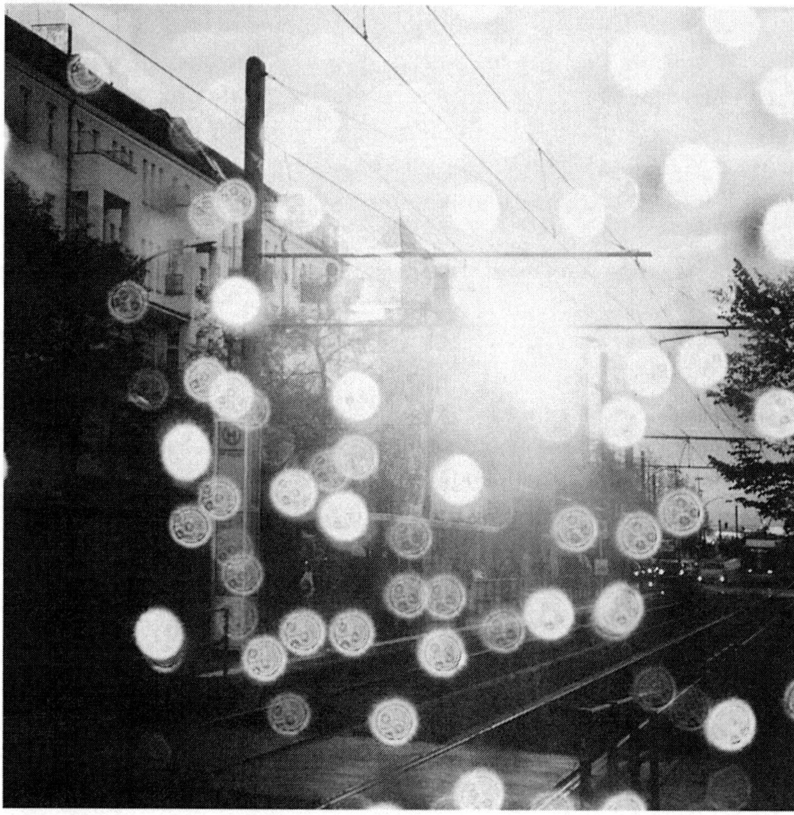

Gefällt **nadved**

heddalicious91 Ich schaue mir nur das Laub an. Es ist so #gelb. Und schon so verwelkt.

27. OKTOBER

Nikolaus Müller-Schöll

Polizeiliche und politische Dramaturgie

I. Prolegomena einer Theorie der theatralen Rationalität

1. Hot Topic *der Theorie und post-dramaturgische Praxis*
Der Dramaturg ist ein armer Tropf. Glaubt man seinen Worten, hat er alles schon gesehen, alles schon gemacht im Theater. Er ist ein wandelndes Theaterlexikon. Aber er ist fertig mit dem Theater. Nun soll „Der Philosoph", eine Koryphäe, von dessen persönlichem und institutionellem Hintergrund uns nichts Genaues bekannt ist, die alte Institution neu beleben. Eine Schauspielerin hat ihn angeschleppt. Ein kleines Trüppchen von Theaterleuten hat sich mit ihm zum Gespräch bei Wein auf der noch angeheizten Bühne des Theaters nach der Vorstellung getroffen und lässt sich nun vier Nächte lang coachen. Ausgang ungewiss.
Der Messingkauf, das Denkmal für den unbekannten Dramaturgen, das Bertolt Brecht der Weltliteratur vermacht hat, blieb unvollendet.[1] Es ist ein Meisterwerk dramaturgischer Arbeit, auch wenn der Fachvertreter darin eher eine traurige Figur macht, bloßer Stichwortgeber und Sparringspartner des Denkenden ist, den am Theater nicht mehr interessiert, als den Wertstoffhändler an einer Tuba, eben das Messing, das „Theatergold"[2]. Es ist ein

1 Bertolt Brecht: Der Messingkauf. In: Ders.: *Werke*, Bd. 22: Schriften 2. Berlin / Frankfurt am Main: Aufbau / Suhrkamp 1993, S. 695–869. Vgl. dazu ausführlicher Nikolaus Müller-Schöll: Bruchstücke eines (immer noch) kommenden Theaters (ohne Zuschauer). Brechts inkommensurable Fragmente *Fatzer* und *Messingkauf*. In: *The Brecht Yearbook* 39 (2015): The Creative Spectator, S. 30–54.

2 Vgl. ebd., S. 44.

Text, der, wenn schon nicht den „Dramaturgen", so doch Dramaturgie, diese sonst hinter der Bühne bleibende Abteilung, *in actu* so vorführt, wie sie im emphatischen Sinn gedacht werden kann: Ein Teil des Theaters, sein „Think Tank"[3], sein Impulsgeber oder seine Ideenschmiede, bleibt sie diesem doch soweit fremd, dass sie es immer wieder als Ganzes überdenken kann. Sie kennt seine Notwendigkeiten, Sachzwänge, Abläufe und Automatismen. Aber sie erinnert es auch an die Ansprüche, die von seiner Geschichte, von der Gesellschaft und den ökonomischen und politischen Verhältnissen an es gestellt werden. Sie begleitet die künstlerische Arbeit als deren denkender Teil, sie prägt dafür Begriffe, weckt das Interesse für bis dahin Ungesehenes und verteidigt die Abweichung von der Konvention gegen Geschäftsführung, Publikum, Kritik und Geldgeber.

Die fundamentale Bedeutung von Dramaturgie in diesem erweiterten Sinne für Brechts Theater wird nicht zuletzt daran deutlich, dass es im von Brecht und Helene Weigel geleiteten Berliner Ensemble keine als solche benannten Dramaturgen im herkömmlichen Sinne gab: Wie die Ausführungen von Brechts Mitarbeiterin Käthe Rülicke nahelegen, lag dies daran, dass letztlich alle Beteiligten *auch* Dramaturgen waren, in der einen oder anderen Weise also nicht lediglich für eine spezielle Arbeit, sondern zugleich für *alles* zuständig waren.[4] Selbst die später aus Brechts Praxis abgeleitete Produktionsdramaturgie, so wird hier deutlich, ist bereits eine Reduktion der allumfassenden, aufs Ganze des Theaters wie der Gesellschaft ausgerichteten Instanz, als die ihrem Prinzip nach Dramaturgie im Brecht-Theater begriffen wurde.

Die von Brecht in Schrift und Tat auf einen Höhepunkt geführte Tradition der Dramaturgie, die von den 1950er Jahren an in vielen Ländern Europas Schule machte, findet sich heute in einer paradoxen Situation, die man im doppelten Sinne post-dramaturgisch nennen könnte: Während sie in ihrer institutionalisierten Form im deutschsprachigen Kontext an Bedeutung verliert, rückt sie als Forschungsfeld und Gegenstand immer mehr in den Blick der internationalen Theaterforschung: Auf der einen Seite beginnt der Dramaturg in der von Brecht in Gestalt des „Philosophen" im Theater noch

3 Vgl. Eva Behrendt / Franz Wille: Willkommen im Think Tank. Was bedeutet heute Dramaturgie? Ein Gespräch mit Rita Thiele (Hamburger Schauspielhaus) und Katja Herlemann (Schauspiel Leipzig) über ein Berufsbild im Wandel, neue Formen, alte Aufgaben, notorische Konfliktlinien und gewisse Social Skills. In: *Theater heute*, 01/2018, S. 42–46, hier S. 43.

4 Vgl. Käthe Rülicke: *Die Dramaturgie Brechts. Theater als Mittel der Veränderung*. Berlin: Henschel 1968; vgl. auch Mary Luckhurst: *Dramaturgy: A Revolution in Theatre*. Cambridge: Cambridge UP 2006, S. 109–151.

einmal neu imaginierten Form, als der unabhängig denkende Eindringling von außen, den nicht mehr und nicht weniger als das Theater *überhaupt* interessiert, zunehmend aus dem Gedächtnis wenn schon nicht *des* Theaters, so doch der deutschsprachigen Stadttheater zu verschwinden. Seit längerem wird er dort schon faktisch ersetzt durch Manager, Marketing- und Öffentlichkeitsmitarbeiter, die lediglich noch die alte Berufsbezeichnung für sich beanspruchen, auch ganz buchstäblich, am augenscheinlichsten an der Volksbühne Berlin unter Chris Dercon, wo seine Funktionen von „Kuratoren" und einer „Programmdirektorin" übernommen wurden. Damit nicht genug: Seine Arbeitsbedingungen verschlechtern sich. Mäßige Bezahlung, Arbeitsüberlastung, befristete Verträge und die Politik vieler deutschsprachiger Stadttheater, mit immer weniger künstlerischem Personal immer mehr zu veranstalten,[5] resultieren in sich häufenden Fällen von Burnout-Syndrom[6] und inneren Kündigungen. Auf der anderen Seite wird Dramaturgie – genauer: „Dramaturgy" – nicht zuletzt unter dem Namen Post-Dramaturgien seit einigen Jahren in der internationalen Theatertheorie als *hot topic* gehandelt. Es ist, als sollte, mit Hegel gesprochen, die Eule der Minerva zu ihrem Flug in der Abenddämmerung anheben, die begriffliche Untersuchung also in dem Moment erst richtig beginnen, in dem das klassische Phänomen selbst langsam zu verschwinden droht: Symposien, Forschungsprojekte und eine große Zahl von Publikationen feiern sie als „Revolution im Theater"[7], unterscheiden visuelle, mediale, „neue", „erweiterte", „relationale" oder „postdramatische" Dramaturgie und konstatieren einen „fundamentalen Wandel" oder gar eine „kopernikanische Wende" auf diesem Arbeits- und Forschungsfeld.[8]

5 Vgl. zu dieser Entwicklung u. a. die seit mehreren Jahren geführte Debatte um die Zukunft des Staatstheaters, insb. Marion Tiedtke: Wer sich dauernd aufregt, wird infrage gestellt. In: *nachtkritik*, 21.01.2014. https://www.nachtkritik.de/index.php?option=com_content&view=article&id=9735:dossier-zur-stadttheaterdebatte&catid=101&Itemid=84 (Zugriff am 03.01.2018); Thomas Schmidt: *Theater, Krise und Reform. Eine Kritik des deutschen Theatersystems.* Wiesbaden: Springer 2017; Nikolaus Müller-Schöll: Deutsche Theaterlandschaft. Welterbe und Zankapfel. In: *Goethe-Institut,* Mai 2017. https://www.goethe.de/de/kul/tut/gen/tup/20971371.html (Zugriff am 03.01.2018).

6 Vgl. Insa Peters: Warum ich keine Regieassistenzen mehr mache. In: Wolfgang Schneider / Julia Speckmann (Hrsg.): *Theatermachen als Beruf.* Berlin: Theater der Zeit 2017, S. 174–181.

7 Vgl. Luckhurst: *Dramaturgy.*

8 Vgl. u. a. Cathy Turner / Synne Behrndt: *Dramaturgy and Performance.* Basingstoke / Hampshire: Palgrave Macmillan 2008; Synne Behrndt / Cathy Turner (Hrsg.): *Contemporary Theatre Review* 20,2 (2010): New Dramaturgies; Bernadette Cochrane / Katalin Trencsényi (Hrsg.): *New Dramaturgy. International Perspectives on Theory and Practice.* London / New York:

In älteren Darstellungen wurde der Begriff des Dramaturgen vom spätgriechischen Dramatourgos abgeleitet, womit der Autor, aber auch bereits der Aufführungsleiter von Dramen bezeichnet wurde,[9] und die Funktion auf jene Spielart vor allem des deutschsprachigen Theaters zurückgeführt, die sich, eine europäische Entwicklung nachvollziehend und verändernd, von der Mitte des 18. Jahrhunderts an herausgebildet hat. Dramaturgie galt als eine Art von *tacit knowledge*, als Praxiswissen der als Dramaturgen arbeitenden Theatermitarbeiter. Als ihre Aufgaben wurden entsprechend einschlägiger Stellenbeschreibungen Lektüre und Interpretation von Stücken, Analyse ihrer Produktion sowie Auswahl und Qualitätssicherung der Inszenierungsweisen, daneben Spielplangestaltung, Außendarstellung, Stoffbearbeitungen, Kommunikation mit der Presse und Organisation des Diskurs- und Konzertprogramms angeführt.[10]
Beschrieben oder entdeckt werden nun darüber hinaus Dramaturgien des Schauspielers (Eugenio Barba), des Zuschauers, der Erziehung, des Tanzes (André Lepecki, Scott de Lahunta), des Visuellen (Knut Ove Arntzen), des vom gemeinsamen Arbeiten mit Regeln ausgehenden *Devised Theatre* oder der Architektur (Cathy Turner). Der Dramaturg, so fasst der französische Theatersemiotiker Patrice Pavis in einem diese Neuerungen referierenden, enzyklopädischen Artikel den gegenwärtigen Stand zusammen, werde heute in einer ‚performativen Dramaturgie' zum Künstler unter Künstlern. Als solcher sei er eine weniger verzweifelte und depressive Person. Allerdings gehe dieser Wandel auch damit einher, dass „Dramaturgie nicht länger ein solides Wissen, einen Corpus von Doktrinen oder wenigstens eine systematische Methode" bezeichne.[11]

Bloomsbury 2014; Katharina Pewny / Johan Callens / Jeroen Coppens (Hrsg.): *Dramaturgies in the New Millenium. Relationality, Performativity and Potentiality*. Tübingen: Narr 2014.

9 Vgl. Evelyn Deutsch-Schreiner: *Theaterdramaturgien von der Aufklärung bis zur Gegenwart*. Weimar / Wien: Böhlau 2016, S. 10.

10 Vgl. u. a. Monika Sandhack: Dramaturgie. In: *Theaterlexikon. Begriffe und Epochen, Bühnen und Ensembles*, hrsg. v. Manfred Brauneck. Reinbek: Rowohlt 1986, S. 260–265; Patrice Pavis: Dramaturgie. In: Ders.: *Dictionnaire du Théâtre*. Paris: Dunod 1996, S. 105–107.

11 Patrice Pavis: Dramaturgy and Postdramaturgy. In: Pewny / Callens / Coppens (Hrsg.): *Dramaturgies in the New Millenium*, S. 14–36, hier S. 33 (Übers. N. M.-S.). Vgl. auch Knut Ove Arntzen: A visual kind of dramaturgy. In: *Theaterschrift* 5/6 (1994), S. 274–276; Eugenio Barba: The Nature of Dramaturgy. Describing Actions at Work. In: *New Theatre Quarterly* 1,1 (1985), S. 75–78; Joseph Danan: *Qu'est-ce que la dramaturgie?* Arles: Actes Sud 2011; Scott de Lahunta: Dance Dramaturgy. Speculations and Reflections. In: *Dance Theatre Journal* 16,1 (2000), S. 20–25; Peter Stamer: Ten Notes on Dramaturgy. In: Nicole Haitzinger / Karin

Diese Diagnose bestätigt sich bei der Vertiefung in die Literatur zum Thema: Spezifikum des Phänomens und Forschungsfelds Dramaturgie („Dramaturgy") scheint zu sein, dass es bei genauerer Betrachtung als Synonym für Struktur, Organisation, Architektur, für Kontrolle und Überwachung des Theaters in allen seinen Formen begriffen wird, aber auch für das gerade Gegenteil dieser Beschreibungen, für Unterbrechung, Ungewißheit, Desorientierung, Destabilisierung und Öffnung. Mitunter wird Dramaturgie geradezu zum Synonym für Performance, Theater oder die Kunst im Allgemeinen, andernorts zu der Instanz, die gleich welche dieser Künste immer von Neuem in Frage stellt. Die historiografische Überblicksdarstellung von Evelyn Deutsch-Schreiner *Theaterdramaturgien von der Aufklärung bis zur Gegenwart*[12] und der von drei praktisch wie theoretisch das Feld neu vermessenden Autorinnen, Konstantina Georgelou, Efrosini Protopapa und Danae Theodoridou, gemeinsam herausgegebene Band *The Practice of Dramaturgy. Working on Actions in Performance*[13] stecken als komplementäre Gegenpole die gegenwärtige Dramaturgieforschung ab.
Einen „umfassend gebildeten und unabhängigen Intellektuellen im Theater" zu haben, das sei es, so Deutsch-Schreiner, was das moderne Theater zuallererst Gotthold Ephraim Lessing verdanke. Der Dramaturg, so konstatiert sie mit Blick auf den Verfasser der *Hamburgischen Dramaturgie*, stand

> zu der entscheidenden Zeit an der Seite des deutschsprachigen Theaters […], als dieses sich professionalisierte. Es war die Zeit, in der der literarische Stücktext die Grundlage der Theaterarbeit wurde, in der sich das deutsche Theater zu einer Kunstform ausbildete, in der die umherziehenden Wandertruppen in stehenden Theatern sesshaft wurden und sich das Theater als kulturelle Institution etablierte.[14]

Kritik, Reflexion und Vermittlung sieht sie bei allen Unterschieden als Kernaufgaben von Dramaturgie – von Lessing bis zur Gegenwart. Drastisch führt sie allerdings auch vor Augen, dass dieser Theaterberuf in seiner heutigen Ausprägung und Verbreitung mindestens ebenso ein Erbe der NS-Zeit ist wie ein

Fenböck (Hrsg.): *Denkfiguren*. München: epodium 2010, S. 255–259; Cathy Turner: Mis-Guidance and Spatial Planning. Dramaturgies of Public Space. In: *Contemporary Theatre Review* 20,2 (2010): New Dramaturgies, S. 149–161.

12 Deutsch-Schreiner: *Theaterdramaturgien*.

13 Konstantina Georgelou / Danae Theodoridou / Efrosini Protopapa (Hrsg.): *The Practice of Dramaturgy. Working on Actions in Performance*. Amsterdam: Valiz 2017.

14 Deutsch-Schreiner: *Theaterdramaturgien*, S. 12.

solches der Brechtschen Arbeit am Berliner Ensemble. Erst in der NS-Zeit wird die Funktion „verbreitet an den Staats- und Stadttheatern eingeführt"[15] und erst seit ihr gibt es die Bezeichnung und Funktion des „Chefdramaturgen"[16]. Sie ist eine „nationalsozialistische Erfindung"[17], Ausdruck der im NS-Staat durchgesetzten Hierarchisierung der Theater, ihres Umbaus in zentral gesteuerte Stätten der erweiterten Propaganda. Eine „Reichsdramaturgie" im Propagandaministerium „verstand sich als geistige Führungszentrale der Theater"[18] und übte Druck auf sie aus. Spielpläne wurden im Einklang mit der in Berlin ersonnenen Kulturpolitik aufgestellt. Nicht minder deutlich wird eine polizeiliche Funktion von Dramaturgie auch in der Darstellung von Heinar Kipphardts Zeit als Chefdramaturg des Deutschen Theaters und damit zugleich als dem ZK der SED „verantwortlicher Politkommissar für den Spielplan"[19].

Während Deutsch-Schreiner die Geschichte der Dramaturgie entlang der Etappen einschlägiger Theatergeschichtsschreibung nachvollzieht, dabei in den Grenzen des deutschsprachigen Theaters bleibt, sich methodisch auf die Darstellung exemplarischer Dramaturgenpersönlichkeiten beschränkt und so im Wesentlichen darstellt, was man als *state of the art* bezeichnen könnte, lässt sich *The Practice of Dramaturgy* von Georgelou, Protopapa und Theodoridou als eine Art von gemeinschaftlichem Manifest für Dramaturgie als Praxis mit politischem Einsatz beschreiben. In der Theorie neu erfunden wird dabei eben das, was den genannten Kern von Brechts impliziter Theorie und expliziter Praxis der Dramaturgie ausmacht – auch wenn Brecht dabei so gut wie keine Rolle spielt[20]: Auch hier gilt Dramaturgie nicht als die Tätigkeit eines spezifischen Mitarbeiters, welche mit Kohärenz, Sinnerzeugung, Komposition und Aufmerksamkeitslenkung zu tun hat. Nicht minder kritisch begegnen

15 Deutsch-Schreiner: *Theaterdramaturgien*, S. 154.

16 Ebd.

17 Ebd.

18 Ebd., S. 158.

19 Vgl. Protokoll der Beratung der Kulturkommission beim Politbüro des ZK, 16.03.1959, zit. n. ebd., S. 218.

20 Brecht wird in *The Practice of Dramaturgy* lediglich an zwei Stellen (S. 49 und S. 174) erwähnt, wovon die eine allerdings nur André Lepecki referiert (S. 174), während sich die andere explizit auf Brechts Aufsatz über Verfremdungseffekte im chinesischen Theater bezieht, implizit dabei aber wohl auf Rancière stützt, dessen Kritik Brechts die Autorinnen teilen. Dadurch wird dessen aus der selektiven Übersetzung und Rezeption Brechts im englisch- und französischsprachigen Kontext abgeleitetes (Vor-)Urteil leider ein weiteres Mal perpetuiert.

die Herausgeberinnen der in der neueren Literatur aufgestellten Behauptung des Neuen, Erweiterten oder Postdramatischen in der Dramaturgie oder der Pluralisierung von Dramaturgien. Dagegen stellen sie ihre Definition von Dramaturgie, die von den Wortbestandteilen *drama* und *ergon* ausgehend der dramaturgischen Praxis eine *katalytische* Funktion bei jeder künstlerischen Arbeit zuspricht. Sie wird mit Eugenio Barba als „actions at work" und darüber hinaus vor allem als „working on actions" definiert – Handlungen im Verlauf der Arbeit bzw. Arbeit an Handlungen.[21] Dramaturgische Fragen und Prinzipien, so erläutern sie, werden selbst dort getestet, wo kein als solcher ausgewiesener Dramaturg anwesend ist. Es gehe hier um ein Tun, das weder der zielorientierten Poiesis noch der aristotelischen Praxis entspreche, sondern vielmehr mit Öffnung und Bildung von Räumen der Verhandlung, der Konflikte, des Dissenses, des Orientierungsverlusts, des Nicht-Wissens, der Unterbrechung, des Eingriffs und der Imagination zu tun habe, um so neue soziale und politische Entwürfe zu ermöglichen. Unter Verweis auf Chantal Mouffes Theorie des Politischen postulieren sie, dass die „Politizität dramaturgischer Praxis" darin zu sehen sei, dass auf „eine pluralisierte Unterbrechung und Neukonfigurierung hegemonialer Organisationen der Koexistenz und Zusammenarbeit" hingearbeitet werde.[22] Zusammen betrachtet legen diese beiden so unterschiedlichen Publikationen nahe, dass Christel Weilers 2005 publizierte Einschätzung, dass eine „stringente und brauchbare Theorie" der Dramaturgie noch ausstehe,[23] trotz vieler Bemühungen der vergangenen Jahre um eine solche weiterhin zutrifft. Was fehlt und angesichts der praktischen Krise der Dramaturgie einerseits, ihrer theoretischen Neuentdeckung andererseits zu entwickeln wäre, ist eine Theorie der Dramaturgie, welche die zwei Pole der Dramaturgie, die in der jüngsten Literatur ebenso wie der Praxis von Lessing bis zur Gegenwart sichtbar werden, zusammenzudenken vermöchte: Dramaturgie als Polizei und Politik.

21 Vgl. Konstantina Georgelou / Danae Theodoridou / Efrosini Protopapa: Working on Actions. In: Dies. (Hrsg.): *The Practice of Dramaturgy*, S. 74–82.

22 Vgl. Konstantina Georgelou / Danae Theodoridou / Efrosini Protopapa: Towards a (Re)Politicized Practice of Dramaturgy. In: Georgelou / Theodoridou / Protopapa (Hrsg.): *The Practice of Dramaturgy*, S. 85–93, hier S. 90 (Übers. N. M.-S.).

23 Christel Weiler: Dramaturgie. In: *Metzler Lexikon Theatertheorie*, hrsg. v. Erika Fischer-Lichte / Doris Kolesch / Matthias Warstat. Stuttgart / Weimar: Metzler 2014, S. 84–87, hier S. 85.

2. Eine Theorie der Dramaturgie

Eine solche Theorie der Dramaturgie müsste, so meine Hypothese, von einer genealogischen Perspektive ausgehen. Warum, so hätte sie zu fragen, wird die Funktion des Dramaturgen und Dramaturgie im modernen Sinn in der zweiten Hälfte des 18. Jahrhunderts eingeführt? Was lässt das Theater einen Intellektuellen an seine Seite rufen, der es bei der Auswahl und Gestaltung seiner Stoffe, bei deren Einrichtung und Ausgestaltung, bei der Erziehung der Schauspieler und der Vermittlung des Stoffs für das Publikum berät? Warum Dramaturgie und warum (erst) zu diesem Zeitpunkt?

Wo diese Fragen, wie bei Deutsch-Schreiner, mit dem Hinweis auf „Professionalisierung" beantwortet werden, bleibt die Darstellung jener latent oder offen normativ und teleologisch angelegten Fortschrittsgeschichte des Theaters verhaftet, welche als Teil der Herausbildung des bürgerlichen Theaterdispositivs im 18. Jahrhundert erfunden worden ist. Eine solche Geschichtsschreibung wertet im Einklang mit den Theaterreformern des 18. Jahrhunderts eine große Zahl von Praktiken des Theaters *nolens volens* weiterhin ab, die aus heutiger Sicht nicht länger als minderwertig oder vormodern anzusehen sind. Vergessen wird von ihr in jedem Fall, dass mit der „Professionalisierung" des Theaters im 18. Jahrhundert der Verlust anderer Formen von Professionalität einhergeht: Der neue Schauspieler der festen Häuser wird mit Regeln gehegt und mit Verboten – etwa der Improvisation – belegt. Seine Sesshaftigkeit und Emanzipation wird nicht zuletzt mit dem „schwersten Verlust, den das Theater je erlitten hat"[24], mit der expliziten oder impliziten Austreibung des Harlekins erkauft, dessen produktives Potential erst im Verlauf des 20. und 21. Jahrhunderts wiederentdeckt wird.[25] Vergessen wird jedoch vor allem, dass der gebildete Intellektuelle im Theater exakt in dem Moment auftaucht, in dem dieses für unterschiedliche Zwecke der bürgerlichen Rationalität in den Dienst genommen wird und deshalb deren Normen unterworfen werden muss. Der gebildete Intellektuelle ist der Agent dieser Aneignung. Nicht von ungefähr beruft sich Lessing in der *Hamburgischen Dramaturgie* auf Johann Elias Schlegel, der die Rolle des Dramaturgen als eine Art von Qualitätsmanager und Zensor beschreibt, als Mann „von einigem Ansehen,

24 Richard Alewyn: *Das große Welttheater. Die Epoche der höfischen Feste*. München: Beck 1989, S. 104.

25 Vgl. Nikolaus Müller-Schöll: Der „Chor der Komödie". Zur Wiederkehr des Harlekin in Theater und Performance der Gegenwart. In: Ders. / André Schallenberg / Mayte Zimmermann (Hrsg.): *Performing Politics. Politisch Kunst machen nach dem 20. Jahrhundert*. Berlin: Theater der Zeit 2012, S. 189–201.

der Geschicklichkeit und Wissenschaft genug hätte, gute Stücke auszusuchen und den schlechten und groben Witz von feinen und artigen Einfällen zu unterscheiden“[26].

Nicht einfach um eine „Professionalisierung“ geht es also, wenn das Theater die Funktion der modernen Dramaturgie erfindet, sondern vielmehr um eine komplexe und aus heutiger Sicht ambivalente Veränderung des Dispositivs,[27] die so erfolgreich ist, dass sie fortan beinahe unisono unter den von ihr selbst geprägten Begriffen beschrieben werden wird. Mit Blick auf die anderen Möglichkeiten des Theaters, die im 18. Jahrhundert verworfen werden, um in der Folge dann auch tatsächlich peu à peu zu verschwinden, wäre von heute aus der Versuch zu unternehmen, dieser Geschichte eine neue Art der Erzählung entgegenzusetzen. Um zu dieser anderen Beschreibung zu gelangen, scheint der Blick in Michel Foucaults Untersuchungen zur Herausbildung der Regierungskunst im 18. Jahrhundert sinnvoll.[28] Aufbauend auf seinem ausgedehnten Studium der polizeiwissenschaftlichen Schriften des 16. bis 18. Jahrhunderts entwickelt er in seinen Vorlesungen zur Gouvernementalität, dass sich im 18. Jahrhundert als Gegenentwurf zu Niccolò Machiavellis Lehre für den souveränen Fürsten eine Lehre von der Regierungskunst herausbildet, die auf drei Quellen zurückgeführt werden kann: Auf das archaische Vorbild des Pastorats, also die Vorstellung einer Masse von Individuen, die, einer Schafherde gleichend, mit Rücksicht auf jedes einzelne individuelle Wesen zu hegen und zu pflegen ist, auf eine diplomatisch-militärische Technik sowie auf eine die Verwaltung und Organisation im engeren wie im weitesten Sinne besorgende „Polizey“.[29] War im Fürst eine zentralisierte politische

26 Vgl. Johann Elias Schlegel: Schreiben von Errichtung eines Theaters in Kopenhagen. In: Ders.: *Werke*, Dritter Theil, hrsg. v. Johann Heinrich Schlegeln *[sic!]*. Kopenhagen / Leipzig: Mummesche Buchhandlung 1764, S. 251–258, hier S. 254. Siehe auch Deutsch-Schreiner: *Theaterdramaturgien*, S. 11.

27 Vgl. Nikolaus Müller-Schöll: Das Dispositiv und das Unregierbare. Vom Anfang und Fluchtpunkt jeder Politik. In: Lorenz Aggermann / Georg Döcker / Gerald Siegmund (Hrsg.): *Theater als Dispositiv. Dysfunktion, Fiktion und Wissen in der Ordnung der Aufführung.* Frankfurt am Main: Lang 2017, S. 67–88, insb. S. 76–82.

28 Vgl. Michel Foucault: *Kritik des Regierens. Schriften zur Politik.* Berlin: Suhrkamp 2010; ders.: *Die Geburt der Biopolitik. Geschichte der der Gouvernementalität II.* Frankfurt am Main: Suhrkamp 2004; ders.: „Omnes et singulatim“: vers une critique de la raison politique. In: Ders.: *Dits et Écrits 1954–1988*, Bd. IV: 1980–1988. Paris: Gallimard 1994, S. 134–161; ders.: *Sicherheit, Territorium, Bevölkerung. Geschichte der Gouvernementalität I.* Frankfurt am Main: Suhrkamp 2004.

29 Vgl. Michel Foucault: Die „Gouvernementalität“. In: Ders.: *Kritik des Regierens*, S. 91–117, hier S. 117.

Form der Macht beschrieben worden, wo ein Souverän singulär und exzentrisch über ein Territorium herrschte, so richten sich die Machttechniken der neuen Regierungskunst auf die Individuen, die auf dem Weg der Subjektivierung ihre dauerhafte Bestimmung erhalten sollen.[30] Entgegen der traditionellen Sicht, die darin einen Fortschritt sah, gibt Foucault – dabei erstaunlich nahe bei Theodor W. Adornos und Max Horkheimers *Dialektik der Aufklärung*[31] – zu bedenken, dass die Gesellschaften, deren Strukturen sich in dieser Zeit herausbildeten, die aggressivsten und am meisten auf Eroberung ausgerichteten wurden und zu den erstaunlichsten Formen der Gewalt fähig waren.[32] Auf die staatlichen Bestrebungen, im Interesse der Herausbildung eines neuen, nicht länger auf der Souveränität des feudalen Fürsten basierenden Staatswesens im 18. Jahrhundert eine neue, die territorial eingegrenzte *Bevölkerung* ins Visier nehmende Kunst des Regierens herauszubilden,[33] antwortet das Theater mit der Entwicklung einer neuen Form der Regierung der Künste. Moderne Dramaturgie korrespondiert, kurz gesagt, ihrer Genealogie nach als Ausformung der Rationalität im Theater den Absonderungstechniken der Psychiatrie, den Disziplinartechniken des Strafrechtssystems und der Biopolitik in der Medizin.[34] Wenn Foucault einerseits unterstreicht, dass der neue „Regierungsstaat, der sich wesentlich auf die Bevölkerung stützt und sich auf die Instrumente des ökonomischen Wissens" beruft, die aus der Ordnung der Familie abgeleitet werden, einer „durch die Sicherheitsdispositive kontrollierten Gesellschaft"[35] entspricht, andererseits aber immer wieder betont, dass eben mit der Kunst des Regierens auch das Potential der Widerständigkeit entstehe,[36] der Kritik als des Willens, „nicht dermaßen regiert zu werden"[37], so sind damit die zwei gleichursprünglichen Prinzipien benannt, die, aus einer genealogischen Perspektive betrachtet, Dramaturgie seit damals und bis heute

30 Vgl. Foucault: Die „Gouvernementalität", S. 117.

31 Vgl. Theodor W. Adorno / Max Horkheimer: *Dialektik der Aufklärung*. Frankfurt am Main: Fischer 1969.

32 Vgl. Foucault: „Omnes et singulatim", S. 139.

33 Vgl. Foucault: Die „Gouvernementalität", insb. S. 96–117.

34 Vgl. zu den hier herangezogenen Vergleichsprozessen Foucault: *Sicherheit, Territorium, Bevölkerung*.

35 Foucault: Die „Gouvernementalität", S. 116.

36 Foucault: „Omnes et singulatim", S. 160. Foucault betont hier, dass die Macht – anders als die Gewalt – sich der Freiheit des ihr unterworfenen Subjekts bedient, um es der Regierung zu unterwerfen. Daraus resultiere aber auch, dass es keine Macht ohne potentielle Verweigerung oder Revolte gebe.

37 Michel Foucault: Was ist Kritik? In: Ders.: *Kritik des Regierens*, S. 237–257, hier S. 240.

bestimmen: Polizei und Politik – wobei das erste Wort im Sinne der „Polizey" des 18. Jahrhunderts zu verstehen wäre,[38] das zweite eher in dem Sinne, wie es Jacques Rancière definiert, dabei Foucaults aufs 18. Jahrhundert gemünzte Unterscheidung aufgreifend. Dramaturgie ordnet, regelt, kontrolliert und diszipliniert den kreativen Prozess, sie verwaltet ihn bis zu dem Punkt, dass sie von Künstlern als „Spitzel der Direktion"[39] (Einar Schleef) oder „Polizei der Intendanz"[40] (Mark Lammert) bezeichnet wurde. Aber sie ist auch in der Lage, diesen Prozess, die Kunst im Entstehen, dort wieder zu öffnen, wo er sich den Ansprüchen der von ihm konstitutiv ausgeschlossenen Anderen zu verweigern droht, wo der Konflikt zugunsten erpresster Versöhnung[41] verschwindet. Politische Dramaturgie kann im Theater ausgehend von Rancières und Foucaults Terminologie als jene Instanz bezeichnet werden, welche in kritischer Distanz die „Gleichheit"[42] als eine Art von revolutionärem Gegenprinzip zu jeder hierarchisierenden Ordnung einklagt, die Gleichheit dessen, was in der konstituierten Ordnung ausgeschlossen worden ist, mit den in ihr Eingeschlossenen. Die Gleichheit des Ein- und Ausgeschlossenen wird dabei erst in dem Moment erkennbar, in dem die Kontingenz der Konstitution sichtbar und daraufhin neu darüber entschieden wird, wer eine Sprache hat bzw., wie es Rancière in diesem Zusammenhang ausdrückt, wer auf einer Bühne stehen darf und wer nicht.[43]

Polizeiliche und politische Dramaturgie in diesem Sinne lassen sich an vielen Beispielen beobachten, die nicht immer eine klare Trennung zwischen

38 Vgl. Foucault: „Omnes et singulatim", S. 153–161.

39 Vgl. dazu den Hinweis von Einar Schleefs einstiger Dramaturgin Rita Thiele in Behrendt / Wille: Willkommen im Think Tank, S. 45.

40 Zitat im Rahmen einer Diskussion mit Mark Lammert und Frankfurter Studierenden der Dramaturgie und Theaterwissenschaft in Berlin am 20.02.2017.

41 Theodor W. Adorno: Erpreßte Versöhnung. In: Ders.: *Noten zur Literatur*. Frankfurt am Main: Suhrkamp 1981, S. 251–281.

42 Vgl. Jacques Rancière: *Das Unvernehmen*. Frankfurt am Main: Suhrkamp 2002, S. 42.

43 Ebd., S. 39. Rancières Terminologie, die auf den ersten Blick irreführend wirkt, weil sie die von Jean-Luc Nancy, Philippe Lacoue-Labarthe, Ernesto Laclau, Chantal Mouffe und einer Reihe anderer, mehr oder weniger an diese anschließender Denker getroffene Unterscheidung von „Le Politique" und „La Politique" durch diejenige von Politik und Polizei ersetzt, wird durch den in seinem Essay *Das Unvernehmen* zu findenden Verweis auf Foucault verständlich. „Polizey", wie sie Foucault ausgehend von der Terminologie des 18. Jahrhunderts definiert und Rancière, daran anknüpfend, begreift, bezeichnet die umfassende Verwaltung der Gesellschaften. Dagegen steht die „Gleichheit" im Sinne Rancières für ein letztlich lediglich *modo negativo* gefundenes, durch die reale Ungleichheit gesetztes Recht für diejenigen, an denen – mit Karl Marx gesprochen – durch die Konstitution das „Unrecht schlechthin" begangen worden ist.

beiden Polen erlauben. Am deutlichsten kollidieren beide in der geläufigen Beschreibung des Dramaturgen als *outside eye* – Fremder, der den Prozess von außen begleitend unterstützt, aber auch omnipräsentes Auge im Sinne des von Foucault als Paradigma beschriebenen Panopticons Jeremy Benthams.[44] Als Polizei traten und treten Dramaturgen nicht selten überall dort auf, wo sie die Affekte, welche die Kunst mobilisiert, zu regulieren und normalisieren versuchen, wo sie Prozesse, die das Haus gefährden könnten, abbrechen und aus dem Ruder gelaufene Produktionen mit Blick auf die Notwendigkeit, am Ende mit einem fertigen Produkt vor das Publikum treten zu können, zurückfahren. Polizeilich in diesem Sinne war, um historische Beispiele zu nennen, August Everdings Absetzung von Peter Steins Inszenierung *Viet Nam Diskurs* von Peter Weiss im Jahr 1968 wegen ihres Endes mit einer Spendensammlung für den Vietcong und die damit verbundene Kündigung des Regisseurs. Oder die Absetzung der Premiere von Rainer Werner Fassbinders *Der Müll, die Stadt und der Tod* im Frankfurter Schauspielhaus in der Folge von Protesten gegen dessen vermeintliche oder tatsächliche antisemitische Tendenzen (1985). Viele andere, weniger spektakuläre Beispiele ließen sich anführen. Politisch könnte dagegen die gezielte Provokation der DDR-Kulturpolitik durch Brechts *Hofmeister*-Inszenierung im Jahr 1950 genannt werden, die der zur Norm erhobenen Klassik deren ausgegrenzte andere Literatur- und Theatertradition vor Augen führte.[45] Politisch war mit Sicherheit der Aufbruch, aus dem mit Steins *Torquato Tasso* am Ende der 1960er Jahre im Bremer Theater das Ensemble der Schaubühne der 1970er Jahre mit ihren herausragenden dramaturgischen Leistungen hervorging. Eine politische Dramaturgie war diejenige von Frank Castorfs Volksbühne der Anfangsjahre mit ihrer permanenten Neuverhandlung der Umbrüche nach 1989 auf allen Bühnen des Theaters und jenseits von ihnen. Politisch war der „Formenkanon", mit dem das Theater Einar Schleefs auf das mit „Konzeptionen" arbeitende Regietheater antwortete,[46] um dessen räumliche, zeitliche und schauspieltheoretische Blindheiten und damit seine Grundlagen radikal infrage zu stellen. Politisch war die Einbindung der aus Tanz und Bildender Kunst kommenden Choreografin Wanda Golonka als Hausregisseurin ins Ensemble des Frankfurter

44 Vgl. Michel Foucault: *Überwachen und Strafen. Die Geburt des Gefängnisses*. Frankfurt am Main: Suhrkamp 1977, S. 251–292.

45 Vgl. Nikolaus Müller-Schöll: Der kastrierte Lehrmeister. Brecht, der *Hofmeister* und Lenz. In: *Lenz-Jahrbuch. Literatur – Kultur – Medien 1750–1850* 23 (2016), S. 7–32.

46 Vgl. Einar Schleef: *Droge Faust Parsifal*. Frankfurt am Main: Suhrkamp 1997, S. 465–477, hier S. 465.

Schauspielhauses unter Elisabeth Schweeger, wo sie als beständiger Störfaktor und produktive Unruhestifterin, die in ihren Produktionen zunächst und vor allem das Funktionieren des Apparats Stadttheater selbst zum Gegenstand der Verhandlung auf und hinter der Bühne erhob, buchstäblich neu definierte, was ein Theater in einer Stadt wie Frankfurt überhaupt sein kann.[47]

Polizeiliche oder politische Dramaturgie sind allerdings vermutlich immer beide zugleich am Werk und allenfalls in Ausnahmefällen in der einen oder anderen Weise alleine und in Reinform anzutreffen: Am Vortag der legendär gewordenen Bremer *Tasso*-Premiere kam es im gleichen Theater zum Eklat: Die institutionskritisch angelegte Lesung der *Frauenvolksversammlung* nach Aristophanes wurde sofort abgesetzt.[48] Nicht selten verwandelt sich die politische Dramaturgie von gestern in die polizeiliche Dramaturgie von heute: Dann wacht eine Garde verdienter älterer Herren, seltener Damen, denn sie stiegen und steigen dafür nicht oft genug in die männlich dominierte Führungsetage der Theater und Akademien auf, argwöhnisch über die Errungenschaften, etwa die sogenannte Technik und das als nicht diskutierbar bezeichnete ‚Handwerk', das sie selbst mühsam oder spielerisch erarbeitet haben und nun gegen die vermeintlich oder tatsächlich ignoranten Jüngeren glauben verteidigen zu müssen. Das passierte nicht zuletzt mit Brechts *Der Messingkauf*, in dessen Mittelpunkt mit dem ebenso anarchistisch wie marxistisch geprägten Philosophen ein Dramaturg steht, der diesen Namen nicht länger trägt. Die Zettelsammlung kann mit der gefundenen Unterscheidung von polizeilicher und politischer Dramaturgie als klassisches Beispiel einer politischen Dramaturgie bezeichnet werden, als grundlegende Infragestellung des existierenden Theaters bis zu dem Punkt, wo nicht länger klar ist, ob am Ende der Neuerungen noch ein Theater – oder nicht vielmehr, wie im Text erwogen wird, ein „Thaeter" – übrig bleiben wird. Nicht von ungefähr hat Brecht, den Politik im definierten Sinne mehr interessierte als Polizei, diesen Entwurf niemals abgeschlossen. Darin ist gewiss mehr und anderes als nur eine *kontingente* Unabgeschlossenheit zu sehen, wie sie das Berliner Ensemble nach

47 Vgl. Nikolaus Müller-Schöll: Theater außer sich. In: Hajo Kurzenberger / Annemarie Matzke (Hrsg.): *TheorieTheaterPraxis*. Berlin: Theater der Zeit 2004, S. 342–352.

48 Vgl. Sabine Päsler: Institutionskritik und Regie. Produktion und Rezeption der künstlerischen Freiheit am Bremer Theater 1969. In: Olivia Ebert / Eva Holling / Nikolaus Müller-Schöll / Philipp Schulte / Bernhard Siebert / Gerald Siegmund (Hrsg.): *Theater als Kritik*. Bielefeld: Transcript 2019, S. 337–346. Vgl. außerdem Claus Bremer / Rolf Becker / Peter Benje / Hans-Jürgen Plaumann: Materialien zur Kollektivarbeit im Theater. In: *Theater heute*, 04/1969, S. 22–25.

seinem Tod zu erkennen glaubte, als es das Fragment zum Stoff einer Komödie machte. Was das exemplarische Beispiel politischer Dramaturgie vielmehr vor Augen führt, ist, dass der Fluchtpunkt jeder politischen Dramaturgie kein mögliches, sondern vielmehr ein unmögliches Theater ist: Jenes unmögliche Theater, das die Gegenwart mit ihren Zwängen, Regeln und Ordnungsmodellen als das Reich des Möglichen negiert und unmöglich machen will. Im Interesse eines anderen Theaters oder vielleicht auch von etwas ganz anderem als dem, was wir heute noch Theater nennen.

II. Ein Akt politischer Dramaturgie – Anta Helena Reckes „Schwarz-Kopie" von Anna-Sophie Mahlers *Mittelreich*

Wenn es im definierten Sinne auch kaum ein Beispiel einer rein politischen Dramaturgie geben kann, so lässt sich gleichwohl das, was zunächst historisch, dann theoretisch untersucht wurde, analytisch an konkreten Arbeiten weiter präzisieren. Dies soll hier im zweiten Teil exemplarisch mit Blick auf Anta Helena Reckes „Schwarz-Kopie"[49] von Anna-Sophie Mahlers *Mittelreich*-Inszenierung mit People of Color an den Münchner Kammerspielen versucht werden. Nach einer knappen Darstellung von Josef Bierbichlers Roman (1) und seiner dramaturgischen Bearbeitung durch Anna-Sophie Mahler (2) soll dabei der dramaturgische Eingriff Reckes, der den faktischen Ausschluss ganzer Bevölkerungsgruppen aus der täglichen Arbeit deutscher Ensembletheater vor Augen führte, als aktuelle Form einer kritischen Ent-Unterwerfung im Sinne Foucaults begriffen werden (3).

1. Josef Bierbichlers chronikalischer Roman Mittelreich

Im Zentrum von Josef Bierbichlers Roman *Mittelreich*[50] steht die Geschichte des 20. Jahrhunderts, wie sie sich im Mikrokosmos von Seestadt abbildet, einem fiktiven Bauerndorf an einem See bei München. Erzählt wird vom Seewirt, seiner Familie, dem sie nährenden Gasthaus und der darin versammelten, zusammengewürfelten Nachkriegsgesellschaft aus Knechten, Mägden und

49 Der Begriff „Schwarz-Kopie" wurde geprägt von Julian Warner, dem Dramaturgen der Produktion. Vgl. zu Besetzung und Hintergründen die Webseite der Münchner Kammerspiele, wo die Produktion am 12.10.2017 Premiere feierte: https://www.muenchner-kammerspiele.de/inszenierung/mittelreich-recke (Zugriff am 04.01.2018). Meine Beobachtungen beziehen sich auf die zweite Vorstellung, die am 21.10.2017 gezeigt und anschließend in einem Publikumsgespräch diskutiert wurde. Außerdem stand mir eine Aufzeichnung der Arbeit zur Verfügung.

50 Josef Bierbichler: *Mittelreich*. Berlin: Suhrkamp 2011.

einquartierten Flüchtlingen. Der chronikalisch geordnete Roman beginnt im Kaiserreich und endet in den späten 1970er Jahren. Dazwischen entfaltet sich ein barockes Panorama der Ereignisse, wie sie aus der kleinen Weltbühne des Dorfes heraus verstehbar und beschreibbar werden. Eine Wirtschaft am See wird zur Monade, in der sich abdrückt, was außerhalb passiert: der Erste Weltkrieg, die Abdankung des Kaisers und die Kriegskrüppel, die Machtübernahme der Nazis, der Eroberungskrieg und die Zwangsarbeiter, die KZs, die Nachkriegszeit mit ihrer bigotten Frömmigkeit, die Abrechnung der 68er-Generation mit den Alten und das Ende ihres Aufbruchs in der Wiederkehr einer Pfaffenwelt, die mit Grund von Punks verspottet wird. Wenig Neues wird hier erzählt, doch alles irgendwie neu und anders, weil das Bekannte fremd dargelegt wird, mit einem granteligen, die Sprache mitunter bis zu grammatikalisch unvollständigen und falschen Sätzen misshandelnden Ton, den einer anschlägt, der kein neutraler Erzähler ist, sondern Partei. Er versammelt in seiner Chronik unzählige Einzelschicksale, die jedes für sich einen Roman ergäben, alle zusammen aber in mehr und weniger als einem Roman resultieren. Kein Gesamtbild entsteht, sondern eine Art von Mosaik aus Kuriositäten, Banalitäten und Monstrositäten des Alltags auf dem Lande.

Dessen Verkörperung ist der namenlos bleibende Seewirt, der von seiner Jugend bis zu seinem Tod begleitet wird. Erst gegen Ende des Romans wird der Leser herausgefunden haben, dass es sich um einen Kriegsverbrecher handelt, und dessen bigott wirkende Frömmigkeit als eine Form der Verdrängung begreifen. Bis dahin aber wird ihm alles in diesem Buch mit einer eigenartig bleibenden, kunstvollen Distanz nahegebracht, aus einer Erzählposition wie von jenseits des Todes, ohne Liebe, ohne Sympathie, aber mit vielen Zeichen der Traumatisierung und Verletzung. Deren Inbegriff ist Semi, der Sohn des Seewirts, einer der wenigen, die überhaupt einen Eigennamen tragen: Von den Eltern ins Kloster abgeschoben, wird der Junge dort von einem Pater missbraucht, sucht Hilfe bei den Eltern, die seinen Erzählungen keinen Glauben schenken, und trägt aus dem Missbrauch eine unstillbare Wunde davon, die sich später in zwei unentdeckten, ungesühnten Morden niederschlagen wird – Momente im Roman, in denen die Erzählung beinahe unmerklich vom Bekannten ins Abgründige umschlägt, ohne dass daraus jedoch Kapital geschlagen würde. Umgeben von einem monströsen Alltag wirken seine diesen Alltag übersteigenden Gewaltverbrechen beinahe wie die logische Fortsetzung des Wahnsinns mit anderen Mitteln.

Bierbichler steht mit diesem Roman erkennbar in einer bayerischen Tradition, die vor ihm schon Brecht, Kroetz und Achternbusch fortgesetzt hatten. Eine an Karl Valentin erinnernde Mischung aus Kälte und Witz prägt die unbarmherzige, episch distanzierte Erzählweise. Vorgeführt wird hier immer etwas und zugleich derjenige, der es zeigt, auch wenn wir ihn letztlich so wenig kennenlernen wie die auftretenden Figuren, die beinahe ausnahmslos ohne ‚Tiefe' bleiben: Sie erscheinen als die sichtbaren Akteure von Zusammenhängen, die über ihren Köpfen sich ereignen und weitgehend im Dunklen bleiben.

2. Anna-Sophie Mahlers Mittelreich-*Inszenierung*

In Anna-Sophie Mahlers Inszenierung wird der Roman von seinem Ende her, von der Beerdigung des alten Seewirts aus, erzählt, in Rückblende, ein wenig so, wie Brecht in *Die Maßnahme* vom Tod des jungen Genossen erzählen lässt: Umrahmt von Chören, die zum Teil die Rampe überschreitend im Zuschauerraum aufgestellt sind, und vielfältig gebrochen wird das Leben des alten Gastwirts in einer Abfolge von nummernhaft wirkenden Szenen auf die verschiedenen Katastrophen reduziert, die der Roman enthält: den sexuellen Missbrauch am katholischen Internatsschüler, die Belästigung der Tochter durch eine zwitterhafte, selbst traumatisierte Frau, die brutale Schlachtung eines Stiers, die plötzliche Erkenntnis, dass der Wirt und sein Kumpan aus Kriegszeiten die Mitwisser und Beteiligten eines Kriegsverbrechens, der Deportation von Kindern aus Frankreich, waren. Alles das wird in einem bis zur Hälfte holzgetäfelten Bühnenraum mit Deckenlampen der 1950er oder 1930er Jahre mehr installiert als inszeniert, verdoppelt durch eine Hinterbühne, die den gleichen Raum in ramponiertem Zustand zeigt, vom Krieg zerstört. Mahler findet eine epische Form, die beständig Diegese und Mimesis, Bericht, Dialoge und Szenen, Gegenwart und Vergangenheit ineinanderfließen lässt und das Erzählte dergestalt nicht einfach darstellt, sondern immer zugleich auch aus- und wegstellt. Die Produktion wird so zu einer auf Wendepunkte reduzierten und dadurch noch in verschärftem Maße kalten Abrechnung mit einer Geschichte, wie sie so oder ähnlich vielleicht an vielen Orten geschah, doch sicher selten in solcher Eindringlichkeit und Brutalität verdichtet vor Augen geführt wurde. Dieses Mahlersche Enactment des Romans, eine Produktion, die mit gutem Grund viel Beifall fand und zum Theatertreffen eingeladen wurde, weist allerdings bei aller Schärfe der Figurenzeichnung und Strukturkritik einen blinden Fleck auf. Es ist – wie nahezu alle Produktionen der deutschsprachigen Stadt- und Staatstheater – eine von weißen Mitteleuropäern deutscher Sprache „getragene Inszenierung", von Künstlern, die von den Schauspiel- und Musikhochschulen hervorgebracht werden. Es ist eine Arbeit, der auf der Ebene ihrer Darstellung deshalb nicht zuletzt die auf Ausgrenzung, Säuberung und ethnische Reinheit hin angelegte Bevölkerungspolitik der Nachkriegszeit eingeschrieben ist, einer Zeit, in der man, nachdem die vorige Generation Millionen Menschen zu Außenseitern und Nichtdeutschen erklärt und vernichtet hatte, Migranten, die man für die Mehrung des Wohlstands ins Land holte, als „Gastarbeiter" titulierte, womit man beschrieb, dass sie das Land nach erledigter Arbeit gefälligst wieder verlassen sollten, und als „dunkelhäutig" kategorisierte Menschen zur Vermeidung ihrer Einbürgerung als Kinder zur Adoption freigab – so geschehen im Bayern der 1950er Jahre. Die Inszenierung ist, anders gesagt, *auch* eines der typischen Produkte einer weißen Mehrheitskultur, die lange Zeit eine kontingente Eigenheit, die Weißheit, nicht etwa einfach zur Norm erklärte, sondern als Natur und Universalie begriff, die also faktisch einen normativen Begriff von Weißheit setzte, selbst wo sie sich dieser Setzung nicht bewusst war.

3. Anta Helena Reckes „Schwarz-Kopie" von Mittelreich

Dem setzt Anta Helena Recke, eine gebürtige Bayerin, die man im Bayern der 1950er Jahre als „dunkelhäutig" bezeichnet hätte und die während ihrer Zeit als Regieassistentin die Produktion von Mahler zuweilen als Abenddienstleiterin begleitete,[51] in ihrer Bearbeitung eine denkbar einfache, jedoch entscheidende Veränderung entgegen: Sie besetzt durchweg alle auf der Bühne stehenden Darsteller, diejenigen mit Hauptrollen, aber auch den Chor, mit People of Color, also mit Darstellern, die gelernt haben, sich auf die eine oder andere Weise als von der Norm der weißen Hautfarbe abweichend zu begreifen. Mit diesem Coup, vergleichbar den Verfahren der sogenannten Appropriation Art in der Bildenden Kunst, den Klavierbearbeitungen von Orchesterwerken in der Musik, den Readymades von Duchamp oder auch den Ausstellungen vergrößerter Werbegrafik etwa bei Andy Warhol oder Roy Lichtenstein stellt Recke zunächst einmal eine der sicht- und mehr noch: hörbaren Voraussetzungen von Mahlers Darstellung zur Disposition, die Virtuosität der Ensemblemitglieder der Kammerspiele, und damit zugleich deren unsichtbare und in der Mahler-Inszenierung nicht hörbare Prämissen: Dass ein Ensembleschauspieler sich als Absolvent bestimmter Einrichtungen für das Spiel auf

51 Vgl. zum Hintergrund der Arbeit und den Erfahrungen mit dem „Schwarze(n) Deutschsein", die in sie eingingen: Anta Helena Recke: Oh baby, it's a white world. In: *Theater heute*, 10/2017, S. 49–51.

der Bühne qualifiziert und dass er dort nur hingelangen wird – dass man ihn zumindest in der Vergangenheit dort nur hingelangen ließ –, wenn er sich durch seinen Körper der Einfühlung und Identifikation anbieten kann und ergo einer bestimmten Norm entspricht, wie sie durch die kanonische Dramenliteratur ebenso wie durch die von Mimesis und Abbildrealismus dominierte alltägliche Wirklichkeit deutscher Bühnen *nolens volens* gesetzt wird. Anders gesagt: Wer auf der Bühne erscheint, soll vermitteln, dass er einer wie die ihm Zuschauenden ist, dass er an ihrer, sie an seiner Stelle stehen könnte(n), er soll einer sein, auf den sie ihre eigenen Gefühle und Geschichten projizieren können, um über ihn vermittelt jener Verschmelzung von Text und Rolle zur Figur beiwohnen zu können, die ihnen das Aufgehen in der Illusion ermöglicht.

Reckes Abend bleibt den zwei ihm vorausgehenden Bearbeitungen der Geschichte eines Seewirts im Speckgürtel der bayrischen Landeshauptstadt darin treu, dass er deren Technik in veränderter Weise neu entwickelt. Es ist diejenige des kalten Blicks, des Sezierens einer Leiche ohne Empathie, mit dem Ziel, Pathogenese zu schreiben und dabei dasjenige zum Vorschein zu bringen, was in der von Siegern geschriebenen Geschichte unterschlagen wurde. Bei Bierbichler ist es die das Buch kennzeichnende Sprache, eine zuweilen wurstig, etwas gewaltsam, brutal, ja lieblos wirkende Weise der Chronik einer Gemeinschaft, mit der sich der Erzähler nicht identifiziert, die er mit Schonungslosigkeit und ohne Mitleid betrachtet. Bei Mahler ist es die Filetierung des umfangreichen Romans, das Freilegen der Elemente, die in der Kette der Handlungen herausragen, der monströsen, katastrophalen, verstörenden Szenen, die so nackt vor unsere Augen gestellt werden, dass die sie aufhebende Musik, wie die erlösenden Arien in Passionsspielen, als notwendige Aufhebung erscheint. Bei Recke ist es die kompromisslose Ausstellung der Komplizenschaft der bisherigen Darsteller mit der Darstellung, die sich in dem Moment herausstellt, in dem wir gleichsam mit der „Dienstbotenperspektive" (Brecht) auf diese Darstellung blicken, von der Abenddienst leistenden Assistentin her, die durch ihre Hautfarbe als Fremdkörper in diesem Theater erscheint.

Man könnte von Konzept- oder Minimaltheater sprechen, Theater, das der Sensation und dem Kulinarischen abschwört, um durch die Enttäuschung von Sehgewohnheiten etwas zu bewirken, was den Betrieb – die für jedes Erscheinen im Theater zugleich notwendige, doch jedes Erscheinen auch normierende und normalisierende Rahmung der Vorstellungen – für einen Augenblick unterbricht. Der Betrachter wird auf die von ihm wie den Schauspielern gemeinsam naturalisierten Voraus-Setzungen des Theaters gestoßen, in Reckes Fall auf eine faktische ethnische Reinheit des Stadttheaters, die alles andere als natürlich ist. Er sieht den bekannten Stoff neu und anders, und er nimmt, wenn er einmal die größte und erste Setzung wahrgenommen hat, in der Folge unzählige weitere Entscheidungen wahr, Differenzen und Abweichungen, die man als singuläre bezeichnen könnte: Schnell nämlich wird deutlich, dass die „Schwarz-Kopie" der Arbeit von Anna-Sophie Mahler tatsächlich eine mit unzähligen Varianten und Facetten dunklerer Hautfarben besetzte Re-Inszenierung ist, die von einer im Scheinwerferlicht kaum merklichen leichten Tönung bis zum dunklen Braun reichen. Entsprechend variieren die Haar- und Körperformen. Und eben deshalb, weil wir hier unweigerlich auf den körperlichen Träger der Bedeutung stoßen müssen, wird uns deutlich, bis zu welchem Grad schon die erste Inszenierung in eben dem Maße, wie sie auf bestimmte Körper angewiesen war, im Ursprung verzeichnet war. Keineswegs also tut es „nichts" zur Sache, wie Rezensenten und Besucher der an die zweite Vorstellung anschließenden Publikumsdiskussion nahelegten, ob ein weißer oder ein Darsteller of Color auf der Bühne steht. Vielmehr werden wir über den Variationen der Hautfarbe unseres Schwarze wie Weiße normierenden Blicks gewahr, der Auflösung ihrer je anderen Einzigartigkeit in das Besondere eines Allgemeinen, den wir bei Mahler Schauspieler oder Mensch nennen, bei Recke dunkelhäutigen Darsteller, damit aber so oder so universalisieren. Es ist von daher zutreffend, wenn einer der Darsteller sagt, es komme darauf an, ob ein weißer oder ein schwarzer Darsteller spreche. Es kommt darauf an, doch nicht etwa, weil hier eine ontologische Kategorie oder Identität – Schwarz-Sein – einzuführen wäre, sondern weil die je anderen Darsteller eine je andere Geschichte und je andere Bedingungen des Erscheinens mit in ihr Spiel bringen, die in diesem nicht Teil einer intentional gesetzten Bedeutung sind, gleichwohl supplementär mitspielen, als Spuren anderer Geschichten, die, einem Akzent oder eine Rauheit auf der Ebene der Stimme gleichend, mitprägen, was die Darsteller auf der Bühne machen und wie es erscheint.

Doch die Arbeit Reckes lässt sich nicht auf die Aufführung reduzieren: Was sie auszeichnet, ist vielmehr, dass sie in dem Maß, wie sie als Inszenierung auf der großen Bühne eines der renommiertesten Ensembletheater erscheint, den Blick auf dessen Voraussetzungen lenkt und zugleich auf allen Ebenen Dinge, die selbstverständlich schienen, unverständlich werden lässt: So bringt die Publikumsdiskussion nicht von ungefähr Geschichten von Schauspielern zum Vorschein, die wir unbewusst mitsehen, wenn wir die allabendlichen Vorstellungen in dergleichen Theatern besuchen: Da erzählt eine Zuschauerin, dass sie die Schauspielausbildung abgebrochen habe, als ihr dort bei der Sprecherziehung gesagt wurde, dass „Dunkelhäutige" wie sie anders sprächen, weil sie „Nüstern" statt „Nasen" hätten. Da erfährt man von der Theaterwissenschaftlerin, deren Aufnahme an der renommierten Otto-Falckenberg-Schule daran scheiterte, dass ihr ein Dozent à part vor der entscheidenden Runde sagte, man tue ihr keinen Gefallen, wenn man sie die Ausbildung machen lasse, da sie ohnehin nicht vermittelbar sei, weil Leute wie sie nicht das Gretchen oder die Luise spielen könnten, mithin ein späteres Engagement am Stadttheater unwahrscheinlich sei. Und da sieht man, wie der sonst homogen mit überwiegend weißen, meist älteren Zuschauern gefüllte Saal von vielen Zuschauern of Color gefüllt wird, die, wie auch die Diskussion danach zeigt, begreifen, dass dies heute ihr Ort geworden ist.

Liest man in den Kritiken dieser Inszenierung, dass hier „Laientheater"[52] gespielt worden sei und man der Sache der Darsteller keinen Dienst tue, wenn man sie so ins Rampenlicht stelle, so erkennt man allererst, worin das Politische der Dramaturgie dieses Abends liegt: in einem im Doppelsinne kritischen Akt der Entunterwerfung.[53] Er zeigt an, dass hier jemand *nicht so regiert werden* will, und die Regisseurin und ihr Team nehmen für diesen Akt nicht weniger in Kauf als den Verzicht darauf, als Subjekt der Kunst, die hier gespielt wird, anerkannt zu werden. Es ist ein professionelles Aussetzen von *Professionalität*, das die Normen, nach denen diese allererst definiert wird, mit Blick auf die mit ihnen verbundenen Ausgrenzungsmechanismen sichtbar werden lässt und so als Ganzes infrage stellt. Was vielleicht zu einem letzten Punkt führt, den wir über der alltäglichen Rede von *der* Kunst leicht vergessen: Die Kunst, wie sie uns heute entgegentritt, ist in jeder ihrer Erscheinungsformen – in Theater, Bildender Kunst, Tanz, Choreografie, Film oder Medienproduktionen – immer auch das Produkt einer großen Reihe vermeintlich *bloß* technischer Vorbestimmungen und administrativer Regeln. Sie wird mehr und anderes nicht zuletzt dort, wo sie diese Regeln und Voraussetzungen für einen Augenblick ausstellt, sich ihnen entzieht und, darin einer politischen Dramaturgie folgend, diese und damit das Kalkül kalkuliert aufkündigt. Dieses Mehr und Andere, eine Entkunstung um der Kunst willen, ein in jedem Einzelfall schwer zu benennender Rest, in dem mit der einzelnen

52 Vgl. Eva-Elisabeth Fischer: Schwarz allein reicht nicht. In: *Süddeutsche Zeitung*, 14.10.2017. http://www.sueddeutsche.de/kultur/schauspiel-nach-sepp-bierbichler-schwarz-allein-reicht-nicht-1.3707139 (Zugriff am 04.01.2017).

53 Vgl. zur hier implizit vorausgesetzten Auffassung von Kritik Nikolaus Müller-Schöll: Die Fiktion der Kritik. In: *Theater heute*, 11/2017, S. 28–31.

Arbeit in der Kunst die Kunst selbst aufs Spiel gesetzt wird, ist vielleicht das, was in allen heutigen Kunstwerken und über sie hinaus zu entdecken bleibt, ihre je singuläre, je andere Entunterwerfung, die nach einer Sprache sucht. Politische Dramaturgie ist vielleicht nichts anderes als diese Suche.[54]

54 Ein Teil des vorliegenden Aufsatzes erschien zunächst unter dem Titel „Polizeiliche und politische Dramaturgie" in *Theater heute*, 01/2018, S. 47–51.

47% 07:48

heddalicious91

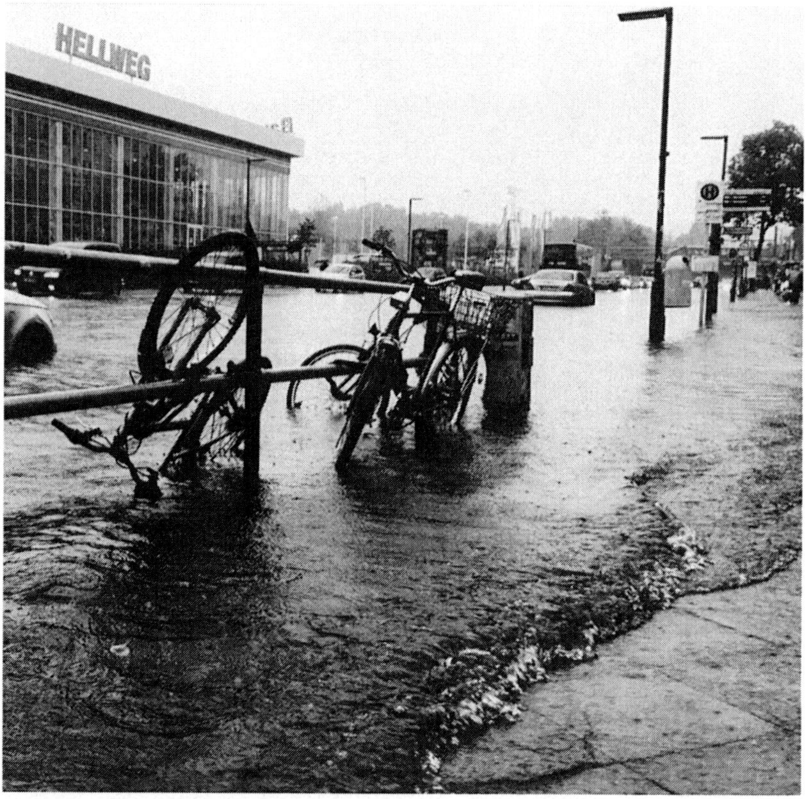

Gefällt **nadved** und **2 weitere Personen**

heddalicious91 Das auch noch! Oh, über #alles, was ich nur anfasse, legt sich ein #Fluch der #Lächerlichkeit und des #Billigen.

VOR 1 TAG

Nina Tecklenburg / Till Müller-Klug

Diverse Dramaturgien

Interrobangs multioptionale Performances

Unsere Performancegruppe Interrobang entwickelt neue performative Formate zur Auseinandersetzung mit aktuellen gesellschaftspolitischen Themen und Fragestellungen.[1] Wir erschaffen dafür ungewöhnliche, häufig installativ-immersive Theaterräume und partizipative Gamesettings, die mal auf rein analogen, mal auf elektronischen, mal auf digitaltechnologischen Materialien und Mitteln basieren. Anders als in vielen narrativen Spielen des postdramatischen Gegenwartstheaters sind literarische Texte – fremde oder eigene – ein zentraler Bestandteil unserer Produktionen. Verhandelt wird z. B. die Zukunft Europas (*Preenacting Europe*, 2014), die Privatisierung der Sprache (*Sprachlabor Babylon*, 2012), Big Data (*To Like or Not To Like*, 2015), die Grenzen von Entscheidungsfreiheit (*Callcenter Übermorgen. Eine Telefonreise in Dein ungelebtes Leben*, 2013) oder neoliberale Eigenverantwortlichkeit und Selbstbezichtigung im 21. Jahrhundert (*Der Prozess 2.0 – ein Schuldlabyrinth nach Kafka*, 2016).

Signifikant für unsere Arbeiten ist eine dramaturgische Multioptionalität: Die Stücke verlaufen selten entlang einer rein linearen Abfolge, sondern bieten Raum für Abzweigungen, mannigfache Ausgänge und unvorhersehbare Ereignisse. Entscheidungsträger sind dabei fast immer die Zuschauer, die im Zentrum unserer Arbeiten stehen. Wir inszenieren Erfahrungsräume für Zuschauer: themenspezifische Regel- und Ablaufsysteme, die während einer

1 Interrobang sind Till Müller-Klug, Lajos Talamonti und Nina Tecklenburg. Die Produktionen werden gemeinsam mit Gastkünstlern realisiert. Eine regelmäßige Zusammenarbeit besteht mit Kaja Jakstat, Georg Werner, Lisa Großmann, Friedrich Greiling und Sandra Fox. Vgl. www.interrobang-performance.com (Zugriff am 15.07.2017).

Aufführung stellenweise mit- und umgestaltet werden können und Raum für Reflexionen bezüglich des eigenen Verhaltens und Erlebens bieten. In unseren Projekten geht es damit immer auch um partizipative Prozesse, um die Möglichkeiten und Grenzen von Mitbestimmung und Entscheidungs(un)freiheit.

Wir beschreiben unsere Arbeiten häufig als *inszenierte Systeme*. Die Systementwickler sind wir, Interrobang, und ein wesentlicher Teil unserer Probenarbeit besteht in der gemeinsamen Erfindung und Gestaltung einer partizipativen Spielstruktur. Diese Arbeit hat einen hohen spekulativen Anteil: Mögliche Aufführungsverläufe müssen antizipiert und die Entscheidungen oder Handlungen künftiger Zuschauer von uns in den Proben stellvertretend erspielt werden.[2] Zwar werden im gemeinsamen Austesten der entstehenden Spielstrukturen die grundlegenden Mechanismen deutlich. Die eigentliche Energie und Qualität des Spiels jedoch – und damit auch die Narrationen der Aufführung – entfalten sich erst im Spielvollzug unter Teilnahme des Publikums. Unerlässlich in unseren Probenprozessen sind daher sogenannte *tryouts* mit einem Testpublikum inklusive anschließender Feedbackrunden, deren Ergebnisse und Erkenntnisse in die weitere Systementwicklung einfließen.

Je nach Aufführungsverlauf können die Teilnehmenden sehr unterschiedliche Erfahrungen machen und Erzählungen erleben. Daraus ergibt sich eine Vielzahl von sich überlagernden Dramaturgien, die sich wechselseitig beeinflussen und gerade durch die partizipative und multioptionale Struktur der Stücke zutage treten. Wir unterscheiden zwischen vier dramaturgischen Ebenen: erstens der *strukturellen Dramaturgie* des gesamten Spielsystems (Ablaufmechanismus mit Matrix der verschiedenen (Spiel-)Möglichkeiten und Regeln); zweitens der *Handlungsdramaturgie* einer Aufführung (tatsächlich realisierte Aktionen und Handlungen, auch völlig ungeplante, und eine daraus sich ergebende Erzählung an einem spezifischen Abend); drittens der *individuellen Dramaturgie* einer Teilnehmerin (Erzählung, die sich z. B. aufgrund persönlicher Entscheidungen herstellt); und viertens einer *kulturell geprägten und verinnerlichten Dramaturgie* (dramaturgisch-narratives Wissen), die in allen anderen dramaturgischen Ebenen versteckt mit am Werk ist. Am Beispiel

2 Neben spielstrategischen Herangehensweisen nimmt das Rollenspiel als Probenmethode im Sinne eines fingierten Durchspielens möglicher Zuschauerhandlungen einen wichtigen Platz ein. Vgl. dazu Lisa Großmann: *Die Figur des Zuschauers in Proben für partizipative Theaterformen. Zuschreibungs- und Aushandlungsprozesse in den Proben von Interrobang.* Unveröffentlichte Masterarbeit, Universität Hildesheim, 2015.

unserer Arbeit *Preenacting Europe*[3] werden wir unsere mehrdimensionalen und multioptionalen Dramaturgien konkretisieren.

Preenacting Europe: ein partizipatives Planspiel zur Zukunft Europas

Preenacting Europe ist ein Planspiel, in dem verschiedene gesellschaftspolitische Zukünfte Europas durchgespielt werden können. Wir verwenden dafür zunächst aus dem politischen Alltag bekannte Partizipationsformate, um bestimmte, von uns Performern vorgeschlagene Inhalte umzusetzen, z. B. Abstimmungsverfahren per Stimmkarte, *open mics* mit definierter Redezeit oder die Unterstützung politischer Maßnahmen durch Investition und Subventionierung. Die Grundidee zu *Preenacting Europe* entstand im Kontext der Europawahl 2014, in deren Vorfeld heftige Debatten über die als undemokratisch, elitär und bürgerfern empfundenen Brüsseler Institutionen geführt wurden. In *Preenacting Europe* ermöglichen wir allen Teilnehmenden im Rahmen eines Spiels eine substantielle Mitbestimmung. Zugleich interessiert es uns, die Grenzen und dystopischen Kehrseiten von Mitbestimmung auszuloten und dafür neuartige, auf unterschiedlichen Partizipationsprinzipien beruhende Gesellschaftsformen für Europa zu erfinden und mit dem Publikum auszutesten.

Preenacting Europe beginnt mit einem Wahlkampfwettrennen zwischen drei artifiziellen politischen Systemen, die – vertreten durch je einen Performer-Kandidaten – dem Publikum zur Auswahl gestellt werden. Abgestimmt wird über die entsprechenden Vorschläge zu unterschiedlichen europapolitischen Themen wie z. B. „Krise“, „Geflüchtete“, „Arbeit“, „Nachbarschaftspolitik“. In jeder neuen Themenrunde darf das politische System mit den meisten Publikumsstimmen auf der Bühne ein Feld vorrücken. Der Gewinner des Wettlaufs versucht im Folgenden, in der Rolle der Regierung sein Programm umzusetzen. Gewählt wird mittels verschiedenfarbiger Wahlkarten zwischen „Kandidatin Gelb“ von der *Europäischen Schwarmunion* (eine radikal basisdemokratische, schwarmintelligent organisierte Gesellschaftsform), „Kandidat Blau“ von der *Lottokratischen Republik Europa* (ein politisches System, in dem durch den Einsatz von Zufallsverfahren Korruption und Lobbyismus vorgebeugt sowie Chancengleichheit und vielfältiger Austausch gewährleistet werden sollen) und „Kandidat Rot“ von der *Posttraumatischen Immunion* (ein eurozentristisches, auf humanistische Werte, historisches Bewusstsein

3 *Preenacting Europe* (Premiere: 23.05.2014, Sophiensaele Berlin, R: Interrobang).

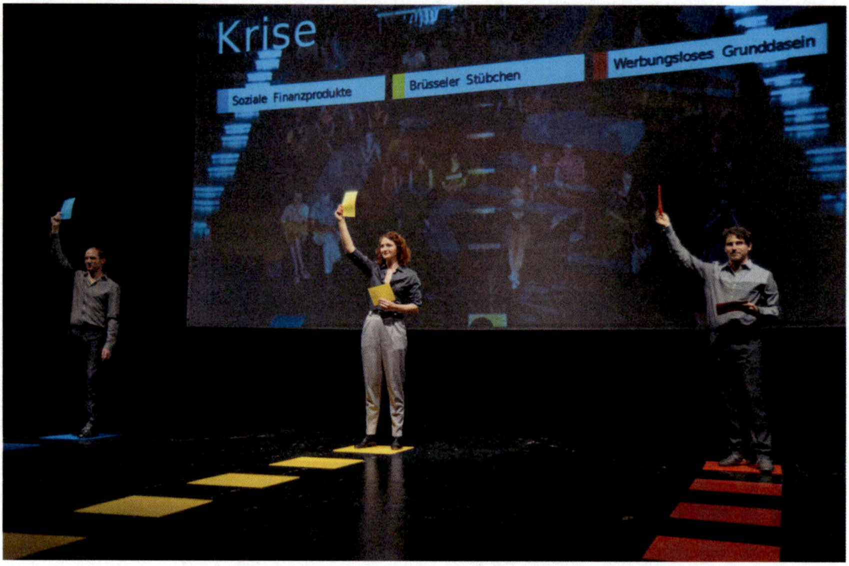

Abb. 1: Interrobang: *Preenacting Europe.* Wahlkampf zwischen der *Lottokratischen Republik Europa* (Till Müller-Klug), der *Europäischen Schwarmunion* (Nina Tecklenburg) und der *Posttraumatischen Immunion* (Lajos Talamonti).

und regionale Besonderheiten setzendes System, in dem klassische linke wie rechte Positionen gleichermaßen Platz finden).

Die zukünftigen Geschichten Europas erspielen

Die Performance folgt einer dramaturgischen Zweiteilung: Nach dem Wahlkampfwettrennen mit klarem Ausgang (es gibt immer einen Gewinner) folgt der Versuch einer Umsetzung der versprochenen „Maßnahmen", d. h. der konkreten thematischen Vorschläge des Gewinners. In diesem zweiten Teil findet das eigentliche Planspiel statt: Die Gewinnerin des Wahlkampfwettrennens stellt die Regierung Europas, die nun alles daran setzt, ihr politisches System zu verwirklichen. Dafür benötigt sie erneut die Unterstützung des Publikums, das jetzt mittels „Europa-Wertkarten" in die jeweiligen Maßnahmen investieren kann. Jeder Zuschauer verfügt über drei Wertkarten. Kommen für die Finanzierung ihrer Maßnahmen nicht genügend Wertkarten zusammen, scheitert die Regierung zumindest in dieser Spielrunde. Insgesamt hat sie sechs Spielrunden, um ihr neues Gesellschaftssystem möglichst erfolgreich zu realisieren, d. h. durch Zuschauerunterstützung konkrete europapolitische Vorschläge in die semifiktionale Realität des Planspiels einzutragen. Jede erfolgreiche Realisation hat für alle Beteiligten direkte handlungsbezogene Konsequenzen.

Der gesamte Spielverlauf wird von einer „Schiedsrichterin" angeleitet, die mit Strenge für die Einhaltung der Regeln sorgt, Stimmen auszählt, die zusammengetragenen Wertkarten wiegt und die Redezeiten von Performern wie Zuschauerinnen stoppt. Das Publikum sitzt auf einer herkömmlichen Tribüne und kann sich per Videoprojektion auf einer gegenüber angebrachten Leinwand wie in einem großen Spiegel selbst sehen. Das Spiegelbild dient zum einen der Verifizierung von Abstimmungsergebnissen, die auf diese Weise für alle transparent werden. Zum anderen wird die Leinwand samt den darauf sichtbaren Zuschauerinnen während des Planspiels zu einem Spielbrett, auf dem die Verläufe des Spiels mit Hilfe einer Videoanimation eingezeichnet und somit optisch veranschaulicht werden. Dafür wird über das Spiegelbild des Publikums eine halbtransparente, geografisch verfremdete Europakarte projiziert, sodass jeder Sitzplatz einem spezifischen Land zugeordnet ist. Alle Spielzüge (inklusive deren Verweigerungen) werden folglich als Handlungen von Bürgerinnen eines bestimmten europäischen Staates auf dem Videoleinwand-Spielbrett markiert.

In Abhängigkeit von den Entscheidungen und den daraus resultierenden Spielverläufen verändert die Europakarte mit fortschreitender Zeit ihr Aussehen: Allianzen zwischen verschiedenen Ländern können hergestellt, Grenzen aufgelöst, neu gezogen oder erweitert werden, Länder können aus Europa ausscheiden und von einem riesigen Radiergummi auf der Leinwand ausradiert werden. Jede umgesetzte Maßnahme oder jedes simulierte, ‚pre-enactete' politische Ereignis wird auf der Leinwand festgehalten. Da die Zuschauer in bestimmten Ländern ‚sitzen' und nur über ein begrenztes Kontingent an Wertkarten verfügen, wirkt sich jede ihrer Entscheidungen und jede Investition direkt auf die Situation ihres jeweiligen Landes aus oder – über Kollateraleffekte – auch auf andere europäische Regionen. Auf der Ebene der *strukturellen Dramaturgie* ist das Spiel auf Wertkartenverknappung angelegt, d. h. die Zahl der Wertkarten reicht nicht für die Finanzierung aller Maßnahmen aus. Diese Knappheit ist bewusst intendiert, um auf der Ebene der *Handlungsdramaturgie* Konflikte und Entscheidungen seitens der Zuschauerinnen zu provozieren und zuzuspitzen.

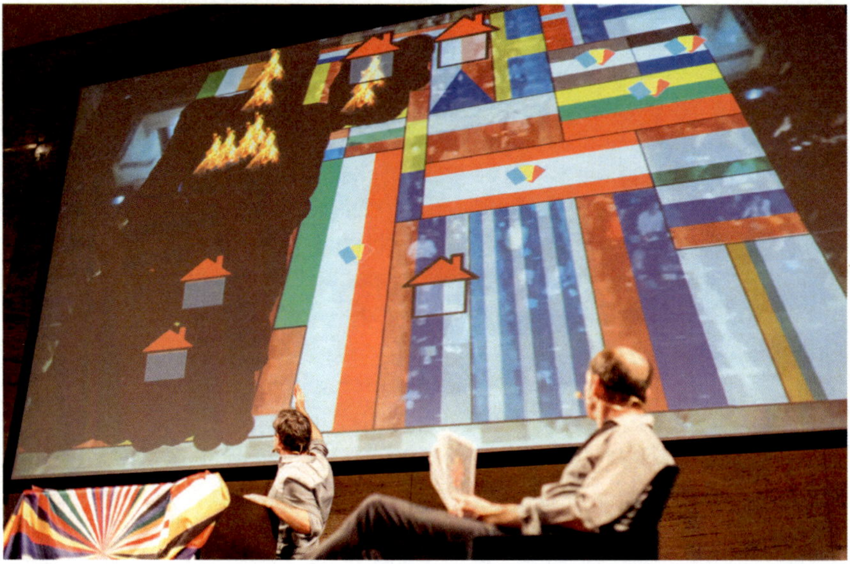

Abb. 2: Die Videoleinwand zeigt per Animation den aktuellen Spielstand eines fingierten Europas: Die geschwärzten Länder sind ausgeschieden und die ihnen zugeordneten Zuschauerinnen damit handlungsunfähig. Ihnen wurden Wertkarten und Stimmrechte entzogen. Vorn: Lajos Talamonti und Till Müller-Klug.

Während des Planspiels übernehmen die beiden Verlierer des Wahlkampfwettrennens die Rolle der Opposition. Sie improvisieren Gegenargumente zu den von der Regierung vorgeschlagenen Maßnahmen, heizen Konflikte an und versuchen, die Regierungsarbeit zu unterminieren. Eine wesentliche Aufgabe der Opposition besteht darin, die utopistisch angelegten Maßnahmen der Regierung radikal in Frage zu stellen. So werden z. B. das „Werbungslose Grunddasein", der außenpolitische Vorschlag „Europa als offene Beziehung" oder die Idee einer „Aufenthaltslotterie" zur Bewältigung der Flüchtlingsproblematik von der Opposition einem *reality check* unterzogen. Für diese Oppositionsarbeit stehen den beiden Spielern verschiedene Interventionsmöglichkeiten zur Verfügung. Hierzu erhalten sie ein überdimensioniertes Kartenspielblatt. Jede einzelne Karte steht für eine Intervention und darf nur einmal gespielt werden. So gibt es u. a. Karten mit den Überschriften „Stellungnahme" (30-sekündiger Redebeitrag), „Umfrage" (die Europäer/Zuschauer können per Applausometer ihre Zustimmung oder Abneigung gegenüber der aktuellen Regierung äußern), „Stresstest" (Prüfung der Finanzkraft einzelner Länder und ggf. ihr anschließendes Ausscheiden aus

Europa) oder „Misstrauensvotum" (Beantragung einer Abwahl der Regierung und anschließende Neuwahlen). Bei Karteneinsatz werden alle Interventionen der Opposition – wie im Übrigen das gesamte Planspiel – in improvisierten Redebeiträgen durchgeführt. Dabei schöpfen die beiden Oppositionsperformer teils aus einem während der Proben erarbeiteten Pool an inhaltlichen Optionen, die spontan und der Spielsituation entsprechend argumentativ erweitert und ausgeschmückt werden können.
Die wichtigste Interventionsmöglichkeit und zentraler Spielstein der Performance sind die Spielkarten mit der Überschrift „Folgeereignis". Die beiden Oppositionsperformerinnen verfügen jeweils über mehrere solcher Karten, denn ein Folgeereignis muss vonseiten der Opposition nach jeder gescheiterten oder umgesetzten Maßnahme der Regierung „gespielt" werden. Folgeereignisse sind fingierte, jedoch an realpolitische Debatten anknüpfende Problemszenarien, die sich aus dem aktuellen Spielstand ergeben. Formuliert eine Oppositionsspielerin ein Folgeereignis, stellt sie automatisch eine narrative Handlungskette bisheriger Spielereignisse her. Wird etwa die Idee einer „Aufenthaltslotterie" von der Regierung als Maßnahme vorgeschlagen und danach von den Europäern/Zuschauern mittels Europa-Wertkarten finanziert und umgesetzt, beginnt die Opposition die nächste Spielrunde mit einem Folgeereignis, z. B.:

> Nationalistische Strömungen in Polen und Ungarn: Die beiden Länder fühlen sich durch die Auslosung der Aufenthaltsorte von Asylbewerbern insgesamt in der Bewältigung der Flüchtlingskrise benachteiligt. Tausende Bürgerinnen und Bürger gehen auf die Straße. In Warschau und Budapest werden Brandsätze auf Flüchtlingsheime geworfen.

Die Formulierung eines Folgeereignisses endet stets mit einer Frage an die aktuelle Regierung, die zugleich eine spielbezogene, problemlösende Handlungsaufforderung darstellt: „Was gedenkt die Regierung dagegen zu tun?" – Woraufhin die Regierung eine neue Maßnahme aus ihrem im Wahlkampfwettrennen vorgestellten Ideenfundus zur Bekämpfung der im Folgeereignis formulierten Problemlage heranziehen muss. In einer zweiminütigen Rede hat die Regierung nun Zeit, die Europäerinnen von der Notwendigkeit der Maßnahme zur Problembekämpfung zu überzeugen. Nur wenn dies gelingt und die Zuschauer anschließend genügend Wertkarten herausgeben, kann das Problem gelöst werden. Scheitert die Finanzierung der Maßnahme, so zieht das weiterhin bestehende Problem neue Folgeprobleme („Folgeereignisse") nach sich. Für die Bekämpfung aktueller Probleme verfügt die Regierung folglich über extrem begrenzte Mittel: Die politische Situation im Planspiel-Europa kann noch so schwierig und dringlich sein, als inhaltliche politische Maßnahmen stehen der Regierung lediglich ihre utopisch-absurden Vorschläge zur Verfügung, was in der Umsetzung mitunter eine tragikomische Wirkung entfaltet und den spielstrategischen Charakter politischer Prozesse ins Bewusstsein holt. Der Game-Mechanismus der Performance wird zudem auf der Aktionsebene der Performer sichtbar. So werden z. B. die überdimensionierten Spielkarten der Opposition je nach Spielstand wahlweise mit abgeklärtem Pokerface, mit großer gönnerhafter Geste oder mit einem Ausdruck missgünstiger Vorfreude auf die bevorstehende Herausforderung für die Regierung aus dem persönlichen Kartenblatt gezogen und für alle sichtbar auf den Regierungstisch gelegt. Der Regierungstisch wird zum Pokeraltar, politische Entscheidungen zum Zockervergnügen.

Spontan-Protagonisten und Spontan-Dramaturgen

Die Erzählung, die *Preenacting Europe* ermöglicht, gestaltet sich folglich in jeder Aufführung neu und anders. Sie basiert auf einem Zusammenspiel von Regeln (verkörpert und kontrolliert von der Schiedsrichterin), einer Zuschauerpartizipation vor allem in Form von Abstimmungen durch Stimm- und Wertkarten sowie dem spielstrategischen und rhetorischen Handeln der Performerinnen in den Rollen von Regierung und Opposition. Zur genaueren Erklärung der narrativen Qualität dieser Performance bleiben wir zunächst bei den Performern.

Ziel der Regierung ist es, möglichst lange im Amt zu bleiben, um die eigene Idee zur Zukunft Europas zu realisieren. Da ihr jedoch sowohl von der Opposition als auch von den Zuschauern Steine in den Weg gelegt werden können, ist die Regierung gezwungen, ihre Maßnahmen strategisch zu wählen. Dasselbe gilt für die beiden Oppositionsspieler, die nur eine bestimmte Anzahl an Spielkarten (Interventionsmöglichkeiten) zur Verfügung haben. Eine Oppositionsspielerin kann z. B. insgesamt nur sechs Mal eine „Stellungnahme" (also insgesamt drei Minuten Redezeit) nutzen und muss deshalb gut abwägen, wann und wie die Regierung am besten angreifbar und zugleich die Zuschauer am ehesten von der eigenen Idee zu überzeugen sind. Spielt die Regierung ‚schlecht' (schlechte rhetorische Überzeugungskraft, schlechte Spielstrategie), droht ihr der Sturz durch Misstrauensvotum mit anschließenden Neuwahlen.

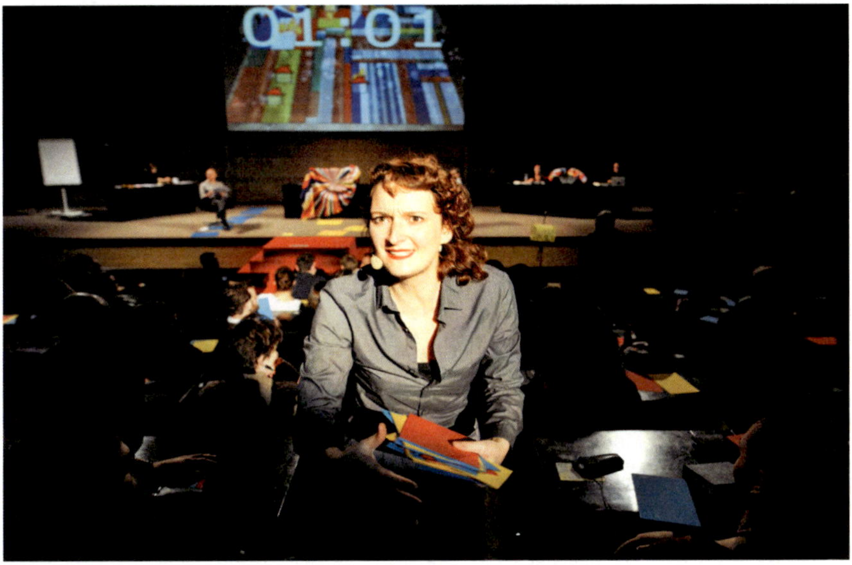

Abb. 3: Die Regierung (hier: Nina Tecklenburg) hat noch eine Minute Zeit, um das Publikum von ihrer Maßnahme zur Behebung des aktuellen Problems zu überzeugen, d. h. genügend Europa-Wertkarten der Zuschauer zur Maßnahmenfinanzierung einzusammeln.

In den Proben und Vorbereitungen auf die Rollen von Opposition und Regierung ließen sich viele mögliche Spielzüge durchspielen sowie spieltechnische Strategien, rhetorische Vorgehensweisen und inhaltliche Argumente zurechtlegen. Ein Großteil der Probenarbeit richtete sich auf die Herausarbeitung argumentativer Schlagfertigkeit. Jede Aufführung eröffnet jedoch eine ganz eigene *Handlungsdramaturgie*. Als Performerin muss man daher lernen, die im Spielverlauf sich ergebenden Erzählungen aufzuspüren und zu unterstützen oder sie – aus dramaturgischen Gründen – bewusst zu sabotieren. Ob dies gelingt, ist offen. So sind wir Performer immer in einem doppelten Auftrag unterwegs: Wir sind einerseits spielende und gewinnorientierte Politstrategen (die Kunst politischer Rhetorik und die Theatralität von Politik werden in dieser Performance unweigerlich zum Thema). Andererseits sind wir Spontan-Dramaturgen, die eine aus dem Spielverlauf entstehende Erzählung sowie ihre Bedeutung für den Gesamtabend stets im Hinterkopf behalten müssen und dabei manchmal durchaus dem Gewinnauftrag zuwiderhandeln, indem wir etwa ad hoc auftretende Längen oder dramaturgische Löcher durch Temposteigerung ausbalancieren oder Wiederholungen vermeiden bzw. provozieren. Dabei sind wir – trotz aller Vorbereitung – teilweise selbst unwissende

Mitspielerinnen, die sich von den spontanen Spielereignissen überraschen und leiten lassen.

Diese Spielereignisse bilden zugleich die *plotline* der an jedem Abend sich neu schreibenden zukünftigen Geschichte Europas. Obgleich die *strukturelle Dramaturgie* bis auf wenige Ausnahmen in jeder Performance gleich bleibt (am Anfang gibt es immer ein Wahlkampfwettrennen mit anschließendem Planspiel in sechs Spielrunden), lässt sich die Abfolge der tatsächlichen Planspielereignisse, d.h. die *Handlungsdramaturgie*, nur schwer lenken: Ob das Europa der Zukunft ein Kontinent der Freiheit sein wird oder in diktatorischen Verhältnissen den Bach runtergeht, ob die Europäer arm, aber glücklich, reich, aber verärgert, beschämt oder ermutigt sind (hier bewegt sich das Spiel bewusst an der Grenze zwischen Fiktion und den realen Empfindungen der Zuschauerinnen), ob also am Ende brennende Länder, ausradierte, geschwärzte Regionen (und damit von der Partizipation ausgeschlossene Zuschauer), Totenköpfe und umweltverseuchte Gebiete oder aber blühende Landschaften, bunte neue Staatengebilde und Smileys die videoanimierte Leinwand zieren – all dies ist zu Beginn einer Performance vollkommen unvorhersehbar. Genauso wenig planbar ist die *individuelle Dramaturgie* der Teilnehmenden, die in ihren Ländern einzeln oder gemeinsam, gegeneinander oder miteinander agieren, bestimmte Regierungen und Gesellschaftsformen unterstützen und andere bekämpfen, in ihren Bemühungen manchmal scheitern und manchmal erfolgreich sind, was wiederum ganz unterschiedliche Erfahrungen und Erzählungen produziert.

Die strukturelle Dramaturgie stürzen

Nicht jedes von uns in *Preenacting Europe* vorgeschlagene Gesellschaftssystem basiert auf denselben Partizipationsregeln. Zwar unterliegen alle drei fingierten Systeme, die *Europäische Schwarmunion*, die *Lottokratische Republik Europa* sowie die *Posttraumatische Immunion*, generell denselben Spielregeln. Jedes System ermöglicht allerdings eigenständige Formen der Partizipation, die stark an die speziellen inhaltlichen Ausrichtungen und politischen Ideen gekoppelt sind. Regiert z.B. die basisdemokratisch orientierte *Europäische Schwarmunion*, werden als zusätzliche Partizipationsinstrumente die sogenannten Youropinions eingeführt (ein kollektives Diskussionsformat unter Zuschauern, das nach jedem neuen Vorschlag der Regierung stattfindet) sowie das „Brüsseler Stübchen“ (ein *open mic,* an das die Zuschauerinnen jederzeit treten können, dort eine begrenzte Redezeit erhalten und so persönlichen Einfluss auf die europäische Politik und die Erzählung des Abends nehmen können). Das Spielsystem *Europäische Schwarmunion* forciert damit eine selbstbestimmte Teilhabe der Zuschauer und Lenkung der Narration, was immer wieder zu für uns Performer unkontrollierbaren Situationen führen kann, die jedoch eine außerordentliche politische Energie der Aufführung freisetzen. Wir erinnern uns an eine Aufführung, in der eine argentinische Zuschauerin, die kurz auf die Toilette verschwunden war, auf dem Rückweg in den Theatersaal eine beachtliche Restmenge an Europa-Wertkarten mitbrachte, die der Abenddienst bereits für die Aufführung von *Preenacting Europe* am Folgeabend zur Seite gelegt hatte. Das Spiel dauerte schon fast zwei Stunden und Europa war ziemlich pleite. Die Zuschauerin stellte sich mit dem Stapel Wertkarten im „Brüsseler Stübchen" ans Mikrofon und verkündete triumphierend: „Hey Europe! I am from Argentina and I've got all this money. This is for you!" Daraufhin warf sie die geballte Ladung Wertkarten im hohen Bogen in die Zuschauermenge, die sich gierig auf das neue ‚Geld' stürzte. Die Schiedsrichterin (gespielt von Dorothea Schmans) informierte alle Anwesenden, dass es sich hierbei um lateinamerikanische Schwarz-Wertmarken handelte, die in Europa nicht akzeptiert werden würden. Keine der noch folgenden Maßnahmen könnte, so die strenge Schiedsrichterin, mit diesem ‚Geld' finanziert werden. Uns Performer überkam eine kurze Panik: Wie sollte das Spiel weitergespielt werden, wenn keiner im Saal noch in der Lage war, alte von neuen Wertkarten zu unterscheiden? Doch die Zuschauerinnen übernahmen die Kontrolle, forderten lautstark das Absetzen der Schiedsrichterin samt ihrer rigiden Finanzpolitik und machten sich damit das Regelsystem des Spiels nicht nur zu eigen, sondern formulierten es zugleich um. Der Sturz der *strukturellen Dramaturgie* seitens der Zuschauer wurde Teil der aktuellen *Handlungsdramaturgie*: Die Schiedsrichterin ließ sich überraschenderweise auf die Forderung des Publikums ein, packte ihre Tabellen, Stoppuhren und sonstigen Kontrollinstrumente zusammen und verließ die Bühne. Das Wertkarten-Finanzsystem war abgeschafft. Der Saal tobte.

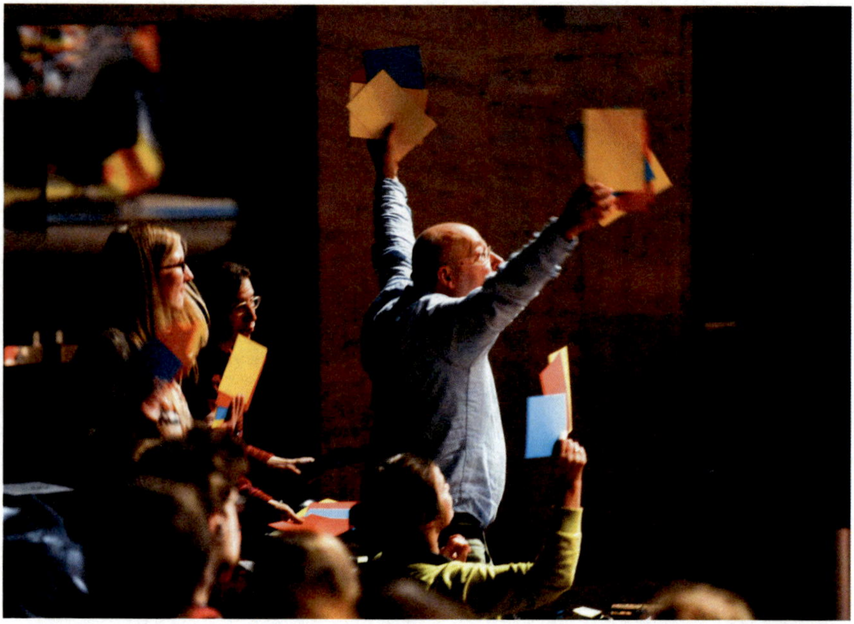

Abb. 4: Stresstest: Die Zuschauer werden als Bewohner eines europäischen Landes aufgefordert, ihre Liquidität durch Hochhalten einer bestimmten Anzahl von Europa-Wertkarten unter Beweis zu stellen. Sind nicht genügend Wertkarten vorhanden, erfolgt das Ausscheiden des Landes aus dem europäischen Verbund. Zeigen sich andere Länder solidarisch und leisten ggf. einen Finanzausgleich? Ein Ausscheiden könnte Folgen für ganz Europa nach sich ziehen.

Die versteckten Dramaturgien unseres Handelns kenntlich machen

Jede Aufführung von *Preenacting Europe* endet mit einem Monolog, der von demjenigen Performer vorgetragen wird, dessen Gesellschaftssystem an diesem Abend nicht regiert hat.[4] Der Monologtext über einen Ausblick auf die Zukunft Europas existiert in sechs Varianten, abhängig vom jeweiligen

4 Teil der *strukturellen Dramaturgie* ist die interne Vereinbarung, dass ein Regierungswechsel durch Misstrauensvotum nur ein Mal im Laufe der Aufführung erfolgen darf. Der Grund für diese dramaturgische Entscheidung liegt in der multioptionalen Anlage der Performance begründet: Inhaltliche Lücken werden bewusst angestrebt, nicht jedes von uns inhaltlich ausgearbeitete fingierte politische System soll auserzählt/durchlebt werden können, sondern lediglich als Möglichkeit am Horizont aufscheinen. Trotz dieser Vereinbarung besteht stets die Möglichkeit, mit der Regel zu brechen – sei es, dass ein Performer spontan aus spielstrategischen oder dramaturgischen Gründen gegen das Regelwerk verstößt oder dass die Zuschauerinnen die intern festgelegten Regeln unterminieren. Beide Formen des Bruchs mit der *strukturellen Dramaturgie* erfolgen auf der Ebene der *Handlungsdramaturgie*.

Performer und dem zuletzt gespielten System. Uns Performern ist dabei freigestellt, die entsprechende Variante spontan zu ändern und direkte inhaltliche Bezüge zu den vorherigen Ereignissen improvisierend herzustellen. Der Monolog hat dabei eine zentrale Funktion: Er dient als distanzierende, narrative Rahmung des Geschehenen, welche die Zuschauerinnen nicht zuletzt mit den Resultaten ihres eigenen Handelns und dessen Konsequenzen konfrontiert. Der Monolog ist jedoch keineswegs ein Festklopfen einer zuvor niedergeschriebenen ‚Gesamtaussage', sondern vielmehr eine Betonung und Anerkennung der entstandenen Erzählung und damit der unvorhersehbaren Bedeutung des Abends. Denn auch wenn die Textvarianten von uns zuvor geschrieben wurden, deutet aufgrund der variantenreichen Ereignisse des Spiels der Monolog einen jeden Abend anders. Verdeutlicht wird dabei nicht zuletzt die „strange logic"[5] des Erzählens selbst, wie der Erzähl- und Literaturtheoretiker Peter Brooks es formuliert hat. Die narrative Logik ist nie im selben Maß berechen- oder durchschaubar wie etwa die mathematische Logik. Statt der Herstellung vorhersehbarer Kausalbeziehungen gilt für das Erzählen eine potentiell unendliche, vorgängige und nachträgliche Anpassung, d. h. ein stets neues, situatives Herstellen von narrativer Bedeutung und Wahrheit. Letztere basieren auf einer kulturell geprägten und verinnerlichten Dramaturgie, d. h. auf einem internalisierten dramaturgischen Wissen. Und so basieren auch die Erzählungen, die in *Preenacting Europe* jeden Abend entstehen, auf vertrauten Narrativen, die durch die künstlerischen Zuspitzungen der Inhalte jedoch verfremdet zutage treten: der Untergang Europas, die Rettung in letzter Sekunde, das Scheitern der Utopie, die Verführung durch einen Demagogen oder ein Sieg der Hoffnung.

Hieran wird nicht zuletzt Interrobangs Bezug zu neuen digitalen Erzählformen deutlich, stehen wir als Entwickler doch mit jedem Projekt vor einer ähnlichen Problematik wie beispielsweise viele Computerspieldesigner: Es geht uns – im Spieldesignerjargon ausgedrückt – um das Verhältnis zwischen einerseits dem *top-down* (narrativ-dramaturgisches Design bzw. in unseren Worten: die *strukturelle Dramaturgie*) und andererseits dem *bottom-up* (Einfluss der Spieler auf den Verlauf des Spiels und damit auf die Erzählung). Dabei variiert in unseren Arbeiten das Verhältnis zwischen *top-down* und *bottom-up* je nach Thematik: Geht es um ein Thema, in dem die Entwicklung eines partizipativen Aktionsraums, einer Plattform zur Aneignung

5 Peter Brooks: *Reading for the Plot. Design and Intention in Narrative.* Cambridge, MA / London: Harvard UP 1984, S. 23.

und Weiterentwicklung (und damit möglichen Subvertierung) der gesetzten Regeln zentral ist, wie in *Preenacting Europe*? Oder geht es gerade um die restriktiven Dimensionen spezifischer gesellschaftlicher Umstände, die sich in einem von uns eng komponierten System spiegeln, wie in unserer Performance *To Like or Not To Like*?[6] Als Komponisten eines narrativ angelegten Regel- und Ablaufsystems, das im Vollzug eine Geschichte entfaltet, fragen wir uns: Welche Möglichkeiten wollen wir den Teilnehmenden bieten, auf das Geschehen und damit auf den Plot des Abends Einfluss zu nehmen? In unseren Performances definiert das spezifische Verhältnis zwischen *top-down* und *bottom-up* nicht nur die jeweilige narrativ-partizipative Qualität des Spiels; vielmehr steht bei uns immer auch das Verhältnis zwischen Komposition und unplanbaren partizipativen Aspekten selbst auf dem Spiel. Anders als in der Argumentation vieler Computerspieldesignerinnen fungiert das *top-down* (die *strukturelle Dramaturgie*) jedoch keineswegs als narrativer Bändiger einer vermeintlich a-narrativen *bottom-up*-Partizipation der Zuschauer.[7] Wie *Preenacting Europe* zeigt, erfolgt das *bottom-up* (die Partizipation der Zuschauer) entlang wohlbekannter internalisierter „Plotstrukturen"[8], d. h. kulturell verinnerlichter Standardnarrative, die jeden Abend variiert realisiert werden. Unser Handeln – auch das veranschaulicht *Preenacting Europe* – ist zu einem Teil immer schon von einem kulturell geprägten *top-down* durchdrungen. Unser *bottom-up* basiert auf einem latenten dramaturgisch-narrativen Wissen, mit Hilfe dessen wir historischen, politischen und privaten Ereignissen nachträglich einen Sinn zu geben imstande sind. Das Potential von partizipativen und multioptionalen Performances wie *Preenacting Europe* liegt nicht zuletzt darin, die performative Live-(Re-)Produktion und damit die kulturelle Kraft realitätskonstitutiver Narrative samt ihrer Standarddramaturgien kenntlich zu machen: Sich jener gestaltenden Operation bewusst zu werden, welche immer die Möglichkeit einer Verschiebung, einer Subvertierung und einer Umdeutung narrativ-dramaturgischer Realitätskonstruktionen beinhaltet.

6 *To Like or Not To Like* (Premiere: 11.06.2015, Schauspiel Leipzig, R: Interrobang).

7 Im theoretischen Kontext des Computerspieldesigns wird die narrative Qualität der Spiele zumeist in der programmierten Struktur verortet, nicht jedoch auf der Ebene der konkreten Spielsituation und aller hierzu ‚außerstrukturellen' narrativen Implikationen. Vgl. u. a. Brenda Laurel: *Computers as Theatre*. New York: Addison-Wesley 1993; Marie-Laure Ryan: *Avatars of Story*. Minneapolis / London: U of Minnesota P 2006.

8 Hayden White: Der historische Text als literarisches Kunstwerk. In: Christoph Conrad / Martin Kessel (Hrsg.): *Geschichte schreiben in der Postmoderne. Beiträge zur aktuellen Diskussion*. Stuttgart: Reclam 1994, S. 123–157, hier S. 126.

heddalicious91

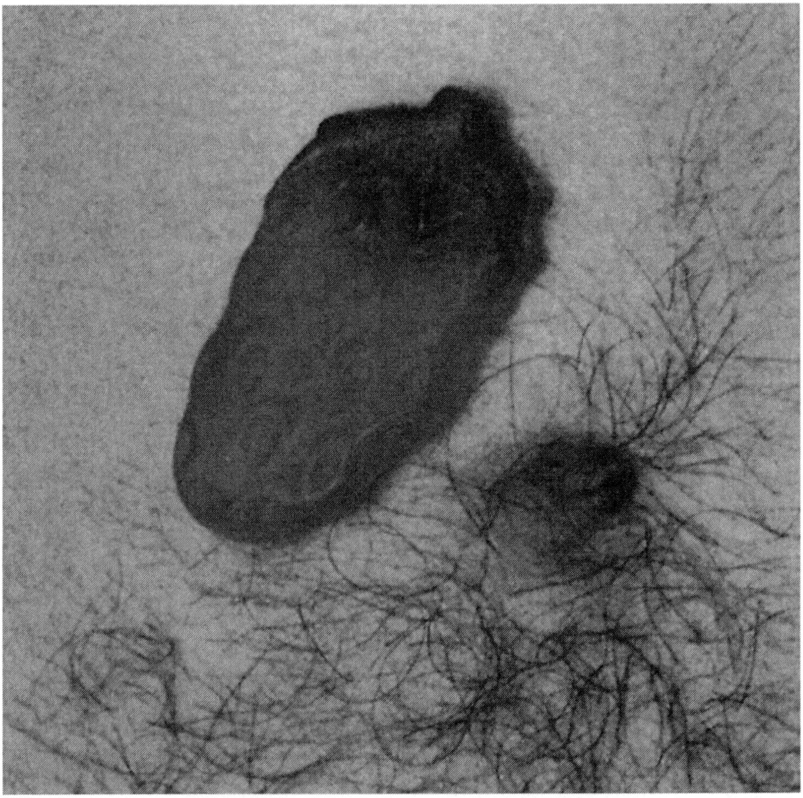

Gefällt **nadved, fffenci** und **1 weitere Person**

heddalicious91 #Unsinn ! Erst sollst du #Teetrinken, du kleine Närrin!

31. OKTOBER

Patrick Primavesi

Situationen:

Öffentliche Räume dramaturgisch denken

Wie ließe sich Dramaturgie heute produktiv weiterentwickeln, angesichts struktureller Veränderungen der theatralen Praxis ebenso wie ihrer politischen und ökonomischen Kontexte? Zunächst ginge es damit um Möglichkeiten von Dramaturgie *jenseits des Dramas*, um einen veränderten Umgang mit Texten und Spielweisen sowie mit den Bedingungen und Potentialen des Theaterapparats. Darüber hinaus bleibt aber auch Theater *,außerhalb' des Theaters* zu berücksichtigen, alltägliche Praktiken des Spiels und der Intervention, der Performance und des politischen Aktivismus. Zwischen der Überschreitung des konventionellen Theaterraums und der Frage des Politischen gibt es lange zurückreichende Wechselwirkungen: Ende des 18. Jahrhunderts, gleichzeitig mit der Etablierung des Begriffs Dramaturgie, entwickelte sich die Utopie des Theaters als Forum der bürgerlichen Gesellschaft. Quer zu dieser Utopie lebten aber auch die damals schon marginalisierten, seit dem Mittelalter vielfältig weiter entwickelten Praktiken öffentlicher Schauspiele fort, auf die seither immer wieder zurückgegriffen wird für szenische Aktionen außerhalb des bürgerlichen Kunsttheaters. Ende des 19. Jahrhunderts war die Krise des Dramas als literarischer und szenischer Form bereits Ausdruck veränderter Lebensverhältnisse, in denen Öffentlichkeit von politischer und kommerzieller Propaganda beherrscht wurde. Vor allem im Getriebe der Großstädte wurden die Konflikte der Massengesellschaft zunehmend auf Straßen und Plätzen ausgetragen, während Theater und Parlamente gleichzeitig an Bedeutung verloren und *verödeten*, wie Walter Benjamin bemerkt hat.[1] Eine veränderte Wiederholung dieser Tendenzen prägte das politische Straßentheater seit den 1960er Jahren mit Happenings und kreativen Protestformen. Zwar hat sich das ‚Freie Theater' mittlerweile mit verschiedensten Subventionsmodellen institutionalisiert und eigene Häuser bezogen. Seit etwa zwei Jahrzehnten ist aber eine erneute Auseinandersetzung mit dem urbanen Raum zu beobachten. Im Unterschied zum früheren Straßentheater geht es nun eher um die Arbeit an alltäglichen Wahrnehmungsverhältnissen, um Spielweisen, die sich dem Zufälligen aussetzen und auf Spektakel ebenso verzichten wie auf gewohnte Formen von Kontrolle und Steuerung. Damit gibt es auch eine neue Handlungslogik, eine veränderte *agency*.

Für diese Tendenzen zu einer Dramaturgie des Offenen, des Unverfügbaren und der Überschreitung ist die Erweiterung, Verlagerung oder auch Auflösung des Rahmens theatraler Prozesse entscheidend. Im Theater oder genauer gesagt: auf der Bühne des bürgerlichen Kunsttheaters sind alle Handlungsweisen und Ereignisse gerahmt und somit als Fiktion markiert. Das gilt auch dann noch, wenn hier die Grenze des Illusionsraums momentweise überschritten und absichtlich an Effekten des Realen gearbeitet wird. Dabei bietet der baulich fixierte Rahmen des Proszeniums immer noch das Dispositiv, mit dem eine Welt des Scheins und der möglichen Exzesse getrennt wird vom sonstigen Erleben des Alltags und von einer äußeren Wirklichkeit der gesellschaftlichen Ordnungen. Außerhalb des Theaters, wo diese Ordnungen dauerhafte Geltung beanspruchen, ist aber eine noch viel stärkere Durchdringung von Spiel, Fiktion und Realität zu beobachten. Soziologische Modelle, die ein Funktionieren des alltäglichen Lebens bloß nach dem Muster des konventionellen bürgerlichen Theaters als ein mehr oder weniger kontrolliertes Rollenspiel beschreiben, greifen daher zu kurz. Indem sie die alltäglichen Praktiken der Selbstinszenierung anhand des theatralen Rahmens und mit der Unterscheidung zwischen Spiel und Wirklichkeit beschreiben, wird dieser Rahmen nur in den Alltag hinein verlagert und als solcher kaum in Frage gestellt. Eben darauf käme es jedoch an, um die vielfältigen Potentiale eines Theaters ‚außerhalb' genauer verstehen zu können, das unabhängig ist von der expliziten, in Routinen und Konventionen erstarrten Grenzziehung zur Realität. Auch damit zeigen sich in historiographischer Perspektive Rückgriffe auf andere

1 Walter Benjamin: Das Kunstwerk im Zeitalter seiner technischen Reproduzierbarkeit. In: Ders.: *Gesammelte Schriften*, Bd. I.2, hrsg. v. Rolf Tiedemann / Hermann Schweppenhäuser. Frankfurt am Main: Suhrkamp 1980, S. 431–469, hier S. 454.

Formen des Schauspielens, die sich der Unterwerfung unter eine Dramaturgie der textlich fixierten Rollen stets entzogen haben.[2]
Die Aufwertung des Alltäglichen ist mittlerweile selbst schon zu einer Konvention postdramatischer Inszenierungen geworden. Beispielsweise die Arbeit mit nicht-professionellen Akteuren ermöglicht aber – anstatt bloß der Ausstellung vermeintlich authentischer Verhaltensweisen zu dienen – die im Alltag längst etablierten Praktiken des Spiels, der Verstellung und Inszenierung intensiver erfahrbar zu machen. Eine noch weiter gehende Aufhebung des Rahmens findet statt, wenn auch die äußeren Bedingungen des Vorspielens und Zuschauens verändert und ihrer für selbstverständlich gehaltenen Trennung enthoben werden, indem das Theater aus sich herausgeht, die konventionellen Spielräume und Schauanordnungen verlässt. Dabei entstehen an verschiedensten Orten szenische *Situationen*, in denen Nähe und Distanz ebenso wie Aktivität und Passivität, Teilnahme und Beobachtung, Aktion und Reflexion durcheinandergeraten, in fließende Übergänge gebracht werden.
Was im Hinblick auf solche Prozesse noch als eine konzeptuelle und planvolle Arbeit zu beschreiben wäre, lässt sich aber kaum als Dramaturgie nach dem Muster der Interpretation dramatischer Werke fixieren. Eher geht es um ein dramaturgisches Denken, das auch sich selbst beobachtet und als experimentellen Vorgang begreift. Recherchearbeit und reflektierte Beobachtung von Situationen sind dafür grundlegend, eine Schärfung der Wahrnehmung für Details und nebensächliche Eindrücke, die das konventionelle Gefüge des Wirklichen nachhaltiger zersetzen können als jede Fokussierung auf das Spektakuläre. Wie aber könnten solche Expeditionen in den urbanen Alltag aussehen, die der Wahrnehmung auch des Randständigen, Unsichtbaren und Abwesenden Raum geben? Im Folgenden soll dieses Feld von Praktiken und damit einhergehenden dramaturgischen Taktiken skizziert werden (ohne Anspruch auf Vollständigkeit). Die Frage nach möglichen Dramaturgien des öffentlichen Raums berührt stets auch die vielfältigen Beziehungen zwischen Theater und Stadt sowie zwischen Zentrum und Peripherie, die hier (ebenfalls kursorisch) zunächst in ihrer geschichtlichen Dimension zu betrachten sind. Handelt es sich doch um eine in jeder Hinsicht transitorische Praxis, die am ehesten an Randzonen und Übergängen in den Blick kommt. Wenn

2 Vgl. dazu Gerda Baumbach: *Schauspieler. Historische Anthropologie des Akteurs*, Bd. 1: Schauspielstile; Bd. 2: Historien. Leipzig: Leipziger Universitätsverlag 2012 / 2018, sowie bereits Rudolf Münz: *Das ‚andere' Theater. Studien über ein deutschsprachiges teatro dell'arte der Lessingzeit.* Berlin: Henschel 1979.

sich neuere Dramaturgien des öffentlichen Raums als eine Überschreitung der traditionellen Theaterräume und Inszenierungsformen erweisen, werden sie nicht mehr bloß nach deren Prinzipien zu erfassen sein, andererseits aber nicht ganz abgelöst davon, da sie immer wieder auch außerhalb des Kunsttheaters dessen Konventionen bearbeiten und verändern.

Vorgeschichten: Stadt und Theater, Repräsentationsräume und Heterotopien

Ein erweiterter Begriff von Theater, der über die Verkörperung literarisch fixierter Rollen hinaus noch andere kulturelle Praktiken des Spiels und der Inszenierung mit reflektiert, legt für die theoretische Bestimmung von Dramaturgie eine Perspektive nahe, die Texte nicht isoliert erscheinen lässt, sondern in Bezug auf gesellschaftliche Kontexte. Dramaturgie wäre also – jenseits der werkbezogenen kritischen Befragung und Mitentwicklung von Inszenierungskonzepten im Sinne von Produktionsdramaturgie – vor allem dies: Kontexte geltend machen für das theatrale Spiel und für die davon jeweils neu, auf neue Weise etablierte Situation mit denen, die zuschauen. Gerade die Stadt und das Städtische sind mit der Geschichte von Drama und Theater eng verknüpft als einer ihrer elementarsten Kontexte – nicht nur inhaltlich, auf thematischer Ebene und als Spielort, sondern strukturell, wie sich etwa an der Überschneidung der Begriffe Publikum und Öffentlichkeit zeigt. In der griechischen Antike war die Polisgemeinschaft der kultische und politische Kontext des Theaters. Die Schicksale der Tragödienhelden waren in hohem Maße städtisch, verhandelt vor allen zur Polis zählenden Bürgern, die irgendwann auch selbst zu Mitgliedern des Chors werden konnten. Dem entspricht das Pathos, mit dem die Tragödien an die Verantwortung der Herrscher für die Stadt erinnern. Indem sie zumeist vor den Toren des Palasts spielen, verhandeln sie nicht nur das Schicksal von Mitgliedern der Königsfamilien, sondern auch das gemeinsame Schicksal der Stadt und ihrer Bürger.[3] In den Komödien gab es häufig sogar Anspielungen auf das alltägliche Leben in Athen und auf reale Personen. Die Wechselbeziehung von Polis und Theater wird aber vor allem daran deutlich, dass das antike Theater in jährlichen Festspielen aufgeführt wurde, die durch Prozessionen ebenso den religiösen Kulten der Stadt dienten wie ihren politischen Anliegen, einer Selbstverständigung der

3 Vgl. Christian Meier: *Die politische Kunst der griechischen Tragödie.* München: Beck 1988.

Stadtgesellschaft über Fragen der staatlichen Macht, der Gesetzgebung und der Verantwortung des Einzelnen. Theater war damit schon in der Antike nicht nur ein Schauplatz (*theatron*), sondern auch eine städtische Institution und eine Praxis der Repräsentation, wobei gerade die ‚Urbanität' des Theaters immer wieder die Möglichkeit bot, auch die Peripherie, Dörfer und ländliche Räume zu thematisieren, sie strukturell durch Prozessionen oder thematisch durch die verhandelten Mythen und deren Verortung mit einzubeziehen. Aufschlussreich ist auch die antike Bedeutung des Wortes *Dramaturgie*, in dem zunächst noch die Dichtung und die Aufführung eines Werks zusammengefasst sind. Das entspricht der für das 5. Jh. v. Chr. überlieferten Regel, dass die Stücke nur einmal, bei den Festspielen für Dionysos, aufgeführt wurden und dass die Dichter zugleich Regisseure waren. Dabei gilt aber schon für die attische, von der Stadt Athen geprägte Dramaturgie, dass sie sich auf etwas Überliefertes, dem Publikum Bekanntes bezog – die häufig mit rituellen Praktiken verknüpften, vor allem von Homer überlieferten Mythen, die im Theater in jeweils neuen Versionen vorgeführt und somit öffentlich reflektiert wurden. Spätestens seit Gotthold Ephraim Lessings *Hamburgischer Dramaturgie* verbindet sich mit diesem Begriff im deutschen Sprachgebrauch eine Auseinandersetzung mit bereits publizierten Stücken, die gerade dadurch zu einem Kanon und Repertoire der Theaterkultur beitragen sollten, dass sie auf neue Weise gedeutet, übersetzt und wieder aufgeführt wurden. In dieser Epoche hat das Denken der Aufklärung in einer wiederum städtischen Bürgerkultur nicht nur die Sujets vieler Dramen geprägt, sondern zugleich die Praxis der Aufführungen und ihrer Kritik, mit dem Ziel einer Emanzipation des Theaters von den Strukturen des höfischen Divertissements. Selbst Jean-Jacques Rousseaus Gegenentwurf zum Theater seiner Zeit, die im *Brief an D'Alembert* entwickelte Idee von Festspielen unter freiem Himmel, ist im Hinblick auf das alltägliche städtische Leben formuliert. Indem diese Streitschrift ein Loblied auf das kleine, vermeintlich gesunde Genf im Kontrast zur verdorbenen Großstadt Paris entwirft, beginnt sie bereits einen Diskurs darüber, welche Art von Stadt welche Art von Theater benötigt und aushalten kann.[4] Damit weist Rousseaus Brief auf eine Entwicklung voraus, durch die im Laufe des 19. Jahrhunderts der Theaterbetrieb nicht nur kommerzialisiert wurde,

4 Jean-Jacques Rousseau: Brief an Herrn D'Alembert. In: Ders.: *Schriften*, Bd. 1, hrsg. v. Henning Ritter. München: Hanser 1978, S. 333–474. Siehe dazu Patrick Primavesi: *Das andere Fest. Theater und Öffentlichkeit um 1800*. Frankfurt am Main: Campus 2008, S. 133–178.

sondern zunehmend auch neuen repräsentativen Zwecken diente. So zeugen die Theatergebäude aus dieser Zeit immer noch vom Bemühen des Bürgertums um eine Selbstdarstellung, die an die Stelle der höfischen Kultur treten und diese an Glanz noch übertreffen sollte. Häufig an Ringstraßen gelegen, entstanden aufwändige Kulturpaläste, die in vielen europäischen Städten bis heute den architektonischen Rahmen der Bühnenkunst bilden. Auch für diese – hier nur anzudeutende – historische Entfaltung der Wechselbeziehungen zwischen Theaterpraxis und städtischem Leben sind neuere Theorien des Raums bzw. der Raumvorstellungen aufschlussreich. Vor allem mit dem von Michel Foucault geprägten Begriff der *Heterotopie* lässt sich eine Verknüpfung dramaturgischer Konzepte mit der Idee des Öffentlichen rekonstruieren, die bis zur gegenwärtigen Praxis von szenischen Aktionen im öffentlichen Raum nachwirkt.

In dem 1967 als Vortrag vor Architekten entstandenen Essay *Andere Räume* entwirft Foucault eine „Geschichte des Raumes", im Übergang von dem religiösen Prinzip der *Verortung* zu einem rationalen, zweckbestimmten Konzept der *Ausdehnung* im Raum und schließlich zur modernen Ökonomie der *Lagerung* oder Platzierung.[5] Trotz der Entsakralisierung des Raums seit Galilei geht Foucault auch für die Gegenwart noch von Restbeständen des Sakralen aus, die in den gewohnten Trennungen von privat und öffentlich, Familie und Gesellschaft, Kultur bzw. Freizeit und Arbeit weiterwirken. Auf diesen binären Oppositionen basiert das Raumdenken in Utopien und Heterotopien. Im Unterschied zu den Utopien einer vollkommenen Welt, die sozusagen ausgelagert ist in illusionäre Räume, sind Heterotopien wirkliche Orte, die aber die Regeln hierarchischer Platzierung in Frage stellen. Deshalb sind sie eine potentielle Störung symbolischer Ordnungen, während die Utopien eher stabilisierend wirken, wie Foucault in *Die Ordnung der Dinge* im Hinblick auf die Veränderungen von Sprachstrukturen seit dem 17. Jahrhundert festhält:

> Die *Utopien* trösten; wenn sie keinen realen Sitz haben, entfalten sie sich dennoch in einem wunderbaren und glatten Raum, sie öffnen Städte mit weiten Avenuen, wohlbepflanzte Gärten, leicht zugängliche Länder, selbst wenn ihr Zugang schimärisch ist. Die *Heterotopien* beunruhigen, wahrscheinlich weil sie heimlich die Sprache unterminieren, weil sie verhindern, daß dies und das benannt wird, weil sie die

5 Michel Foucault: Andere Räume. In: Karlheinz Barck / Peter Gente / Heidi Paris / Stefan Richter (Hrsg.): *Aisthesis. Wahrnehmung heute oder Perspektiven einer anderen Ästhetik.* Leipzig: Reclam 1991, S. 34–46.

> gemeinsamen Namen zerbrechen oder sie verzahnen, weil sie im Voraus die ‚Syntax' zerstören, und nicht nur die, welche die Sätze konstruiert, sondern die weniger manifeste, die die Wörter und Sachen [...] ‚zusammenhalten' läßt.[6]

Heterotopien betreffen also auch die symbolischen Ordnungen der Sprache und des Diskurses, wobei Foucault in *Andere Räume* vor allem Merkmale und Typen realer Räume skizziert, unter der Voraussetzung, dass Heterotopien in allen Kulturen des Menschen existieren. So unterscheidet er von den Krisenheterotopien in frühgeschichtlichen Kulturen, also geheiligten oder verbotenen Orten, wo z. B. Initiationen stattfinden, die für die modernen Gesellschaften fundamentalen Abweichungsheterotopien Klinik und Gefängnis. Heterotopien sieht Foucault auch in der Verknüpfung mehrerer Räume an einem Ort, beispielsweise im Theater, wo die Bühne viele eigentlich unvereinbare Orte enthalten kann, oder im Kino, das im Zusammenspiel von Projektor, Leinwand und Saal eigene Raumfiktionen hervorbringt. Heterotopien erweisen sich demnach oft als *Illusionsorte*, welche die Wirklichkeit ihrer Umgebung transformieren, oder als *Kompensationsorte*, die eine künstliche, sonst unerreichte Ordnung schaffen. Schließlich können Heterotopien eine Durchbrechung der vorherrschenden Zeitordnung bewirken, etwa im raumzeitlichen Gefüge eines Festes.

Ausgehend von Friedhöfen, Bibliotheken, Jahrmärkten und Gärten beschreibt Foucault aber auch Räume, in denen sich die genannten Aspekte ergänzen oder überlagern. So schließt sein Essay mit dem Schiff als der Heterotopie schlechthin, die vom 16. Jahrhundert bis heute die Fantasie angeregt habe: „[E]in schaukelndes Stück Raum, ein Ort ohne Ort, der aus sich selber lebt, der in sich geschlossen ist und gleichzeitig dem Unendlichen des Meeres ausgeliefert ist."[7] Aus heutiger Sicht wären als Heterotopien weitere Verkehrs- und Transporträume zu beschreiben sowie die elektronischen Medien jenseits des Kinos. Weiterzudenken ist der Heterotopiebegriff allerdings gerade im Hinblick auf das Theater, das nicht nur durch die abbildende Verknüpfung von Räumen heterotopisch wirken kann, sondern in seiner gesamten Raumanlage – je offener das Verhältnis von Bühne und Publikum sich gestaltet, quer zu der vorübergehenden Etablierung des Guckkastens. Insbesondere die Trennung von Theater und Wirklichkeit erscheint als eine Opposition,

6 Michel Foucault: *Die Ordnung der Dinge. Eine Archäologie der Humanwissenschaften*. Frankfurt am Main: Suhrkamp 1974, S. 20.

7 Foucault: Andere Räume, S. 46.

die von den Heterotopien vieler theatraler Praktiken durchkreuzt und unterlaufen wird. Theater spielt in Räumen, die es auf jeweils spezifische Weise erfahrbar macht oder die es selbst allererst hervorbringt. So können Theaterformen aller Art Räume in der *Vorstellung* der Zuschauenden entstehen lassen, indem sie den materiell erfahrbaren Spielort inszenieren und zugleich zum Schauplatz anderer, imaginärer Räume machen. Die bewusste Herstellung von theatralen Situationen zwischen Akteuren und Publikum ist jedoch überall möglich, wie gerade die Konjunktur von Theaterprojekten in öffentlichen Räumen zeigt. Mit diesen Besonderheiten theatraler Raumkonstitution und -erfahrung hängt es zusammen, dass die Geschichte der Theaterformen verschiedener Epochen nicht allein als Geschichte von Gebäuden oder Bautypen zu erfassen ist, eher schon als Geschichte verschiedener Praktiken, die Begegnung und wechselseitige Beobachtung von Menschen zu organisieren. Dass es mit der Konstitution von Räumen aber immer wieder um Beziehungen von Macht und Kontrolle geht, ist eine der wesentlichen Erkenntnisse, die von Foucaults Schriften ausgehen.

In dieser Perspektive erweist sich das europäische Theater des späten 18. Jahrhunderts insgesamt noch als ein Dispositiv der Repräsentation, der Inszenierung von Blickbeziehungen und komplexen Strategien der Selbstdarstellung, im Übergang von einer höfischen zur bürgerlichen Kultur. Dafür ist der subversive und beunruhigende Charakter der Heterotopie aufschlussreich, da er sich mit den von Foucault beschriebenen Formen impliziter oder expliziter Repräsentationskritik überschneidet und da er nicht auf reale Orte oder Gebäude beschränkt bleibt, sondern auch die Analyse von Diskursen umfasst. Mit dem Zeitraum um 1800 geht es ja eben um die Epoche, in der sich ein neuer Typ von *Öffentlichkeit* entwickelt. Die Kritik überkommener Formen der Repräsentation und deren Überwindung im Zuge einer philosophischen und ästhetischen Neubestimmung von Gemeinschaft und Öffentlichkeit war ein elementares Projekt der Aufklärung. So hat Jürgen Habermas in seiner Studie zum *Strukturwandel der Öffentlichkeit* die historische Bedingtheit des Öffentlichen aufgezeigt, die Entstehung und Veränderung eines Reflexionsraums, der als Voraussetzung demokratischer Gesellschaftsordnungen gelten kann. Habermas geht vom Typus der repräsentativen Öffentlichkeit aus, die sich von der Sphäre des Privaten durch die hierarchische Ordnung der Repräsentation abgrenzt. Am Hof barocker Fürsten erlebte die repräsentative Öffentlichkeit eine letzte Blüte, bevor sie sich aufzuspalten begann: „Mit Bürokratie und Militär (zu einem Teil auch mit der Gerichtsbarkeit) objektivieren sich die Institutionen der öffentlichen Gewalt gegenüber der nach und nach privatisierten Sphäre des Hofes."[8] Wie verhält es sich aber mit der Bedeutung des Theaters für eine Gesellschaft, welche die tradierten, einer kleinen Schicht des Adels und der Kirche vorbehaltenen Formen der Repräsentation durch immer breiter gestreute Prozesse der Kommunikation und des Marktes zu ersetzen begonnen hat?

So sehr sich das deutschsprachige Theater der Aufklärung schließlich dem Ideal nationaler Gemeinschaft und dem Prinzip einer diskursiven, reflektierten Öffentlichkeit verschrieben hat, so nachhaltig war die Enttäuschung über das schon an Lessings Hamburger Entreprise offenkundige Scheitern der Nationaltheateridee. Seine epochale Wirksamkeit und Popularität erreichte das bürgerliche Schauspiel vor allem mit der von August Wilhelm Iffland begründeten Praxis der ‚Menschendarstellung', die ganz im Zeichen von Psychologie, Einfühlung und Mitleid stand und das Theater in ein populäres „Labor der Emotionen" verwandeln konnte.[9] Das bewirkte aber ein Wiederaufleben alter antitheatraler Vorurteile in neuen moralischen Bedenken. So galt die *Theatromanie* als eine schädliche Übersteigerung von Affekt und Fantasie, als Realitätsflucht und Anzeichen von sittlichem Verfall. Die Ambivalenz in der Einstellung des Bürgertums zum Theater äußerte sich nicht zuletzt in dem Versuch, das Verhalten von Akteuren und Zuschauern zu disziplinieren und die Sehnsucht nach einer Überschreitung alltäglicher Konventionen zu kanalisieren, in geordneten Grenzen zu halten. Die Etablierung des bürgerlichen Theaters war also bestimmt von diesem Programm der Disziplinierung und der Selbstkontrolle, während das Begehren nach Öffentlichkeit zunehmend idealisiert und von früheren Praktiken des öffentlichen Schauspielens abgegrenzt wurde. Dem entsprach die Vision einer festlichen Überhöhung des Bühnenschauspiels hin zu einer umfassenden Gemeinschaft des Publikums, der Nation oder gar, wie von Friedrich Schiller mehrfach beschworen, einer Verbrüderung *aller Menschen*. Damit wird das Spannungsfeld zwischen Heterotopie und Utopie absehbar, das auch die späteren Dramaturgien eines explizit politischen Theaters begleitet hat. Deren konkreter Kontext war ja die moderne Großstadt, in der sich unablässig neue Prozesse der Aggregation, der Begegnung und der Verhandlung abspielen, in der aber idealistische Konzepte von Gemeinschaft und öffentlichem Diskurs immer wieder gescheitert sind.

8 Jürgen Habermas: *Strukturwandel der Öffentlichkeit*. Frankfurt am Main: Suhrkamp 1990, S. 66–67.

9 Vgl. Rainer Ruppert: *Labor der Seele und der Emotionen. Funktionen des Theaters im 18. und frühen 19. Jahrhundert*. Berlin: Sigma 1995; Baumbach: *Schauspieler*, insb. S. 31–62.

Umso mehr stellt sich die Frage nach theatralen Praktiken im Kontext urbaner Räume, die den Utopien des Öffentlichen mit anderen, nicht-repräsentativen Formen dramaturgischen Denkens und Handelns begegnen können.

Dramaturgien des Alltäglichen: Handeln ohne Macht

Unter den vielfältigen theoretischen Anregungen, welche die neuere Entwicklung theatraler Praktiken in urbanen Räumen reflektiert und auch inspiriert haben, kommt Michel de Certeaus Studie *Kunst des Handeln*s eine besondere Bedeutung zu. Das liegt zunächst daran, dass sich die Studie insgesamt als Untersuchung des Alltäglichen verstand und damit etwas und jemanden ins Zentrum der Aufmerksamkeit rückte, dem auch in der Geschichte der modernen Wissenschaften wenig Interesse zukam: den anonymen (Anti-) Helden des Alltags, den „gemeine[n] Mann",[10] den namenlosen Träger statistischer und ökonomischer Programme, den für die modernen, demokratischen Wirtschaftssysteme unerlässlichen weil einigermaßen berechenbaren Durchschnittsbürger. Er interessiert die Instanzen der Statistik, des Marktes und der Politik nicht als Subjekt oder Person (weshalb hier auch das Geschlecht weitgehend austauschbar ist), sondern bloß als Chiffre, als die kleinste Einheit funktionaler, auf Anonymität basierender Algorithmen. Um diesen Fokus der Aufmerksamkeit für seine Studie zu bestimmen, gebraucht de Certeau ausdrücklich die Metaphorik des Theaters: „Die Akteure mit Eigennamen und sozialen Kennzeichen sind aus dem Rampenlicht verschwunden und stattdessen schwenken die Scheinwerfer zunächst auf den Chor der am Rande versammelten Statisten, um sich dann auf die im Zuschauerraum versammelte Menge zu richten."[11] Schon dieser Schwenk der Aufmerksamkeit, den de Certeau auf der „Wissenschaftsszene" situiert, verdeutlicht schlagartig, wie die Betrachtung moderner Lebensverhältnisse auch dann noch mit dem Theater als einer elementaren, anthropologischen Praxis verbunden ist, wenn sie sich vom traditionellen bürgerlichen Menschenbild abwendet und den Alltag der Massengesellschaft in den Blick nimmt.

Insgesamt ist die *Kunst des Handelns* darauf ausgerichtet, gerade für das vermeintlich bloß von Konsum, Bedeutungslosigkeit und Abnutzung geprägte alltägliche Leben Optionen des individuellen und kollektiven Handelns zu benennen. So arbeitet sie bewusst mit einem Menschenbild, das sich deutlich

10 Michel de Certeau: *Kunst des Handelns*. Berlin: Merve 1988, S. 9.

11 Ebd.

von der Epoche des Dramas unterscheidet. Diese begann ja genau genommen erst mit der Renaissance, mit der Herausbildung des für seine Taten selbst verantwortlichen, im Dialog sich ausdrückenden und moralische Konflikte verhandelnden Subjekts. Und sie endete, wie vor allem Peter Szondi gezeigt hat, mit einer Krise des Dramas im Zuge von Entwicklungen, die völlig neue Lebensverhältnisse und eine weitgehende Entmachtung des Individuums in der modernen Massengesellschaft hervorgebracht haben.[12] In de Certeaus Perspektive wird die Bedeutung des griechischen Worts Drama als Handlung (und umgekehrt: Handlung als Drama von herausgehobenen Akteuren) radikal historisiert, in ihrer Geschichtlichkeit kenntlich gemacht und dabei zugleich dekonstruiert. Mit der Frage nach Handlungsweisen und auch Handlungslogiken, die zwar von Subjekten abgelöst, aber nicht bloß als ein automatischer Vollzug, sondern als Praktiken und sogar als Kunst zu betrachten wären, verbindet sich von Anfang an das Interesse für ein Handeln „ohne Macht", aus der Ohnmacht heraus. Dieser Perspektive einer neuen Form von *agency* entspricht auch de Certeaus vielzitierte Unterscheidung zwischen *Strategien*, verstanden als die stets von einem eigenen Ort ausgehenden Handlungen einer mit Willen und Macht versehenen Instanz, und *Taktiken* als Handlungsweisen, die weder einen eigenen Ort noch eine Übersicht der Gesamtlage haben. Indem ihnen vor allem eine auf Dauer gestellte Macht fehlt, können sie jedoch, gerade in der Flüchtigkeit ihrer Erfindung und Anwendung, durch den „geschickten Gebrauch der Zeit" eine zumindest punktuelle Wirksamkeit erreichen:

> Gerade weil sie keinen Ort hat, bleibt die Taktik von der Zeit abhängig; sie ist immer darauf aus, ihren Vorteil ‚im Fluge zu erfassen'. Was sie gewinnt, bewahrt sie nicht. Sie muss andauernd mit den Ereignissen spielen, um ‚günstige Gelegenheiten' daraus zu machen.[13]

In diesem aufschlussreichen Wechsel der Perspektive, den de Certeau am Kontrast zwischen dem Blick der Planung (etwa von der Höhe des ehemaligen Word Trade Centers herab) und dem gleichsam blinden und ohnmächtigen Tun der Fußgänger veranschaulicht, die sich ihre eigenen, ungeplanten Wege suchen, liegt sicher ein weiterer Grund für den Einfluss, den die *Kunst des Handelns* auf künstlerische Praktiken im urbanen Raum haben

12 Peter Szondi: *Theorie des modernen Dramas*. Frankfurt am Main: Suhrkamp 1968.
13 De Certeau: *Kunst des Handelns*, S. 23, vgl. dazu auch S. 92.

konnte. Ohnmacht, Ortlosigkeit und Flüchtigkeit sind jedenfalls elementare Bedingungen all jener Projekte, die nicht über eine Institution oder ein Haus verfügen und sich auch nur selten in ein Repertoire wiederkehrender Aufführungen einschreiben können, sondern zumeist schon nach wenigen Wiederholungen verschwunden sind. Hier liegt womöglich auch ein Ansatzpunkt, um genauer zu bestimmen, was jenseits von dramaturgischen Modellen stattfinden könnte, die selbst im postdramatischen Theater vielfach noch an die Behauptung eigener Orte gebunden sind und von Strategien bestimmt erscheinen, die das Geschehen einer Szene zu kontrollieren suchen, mag diese noch so weit außerhalb der Raumordnungen und traditionellen Semantiken des bürgerlichen Theaters und seines Verständnisses von dramatischer Kunst angesiedelt sein.[14] Bezeichnend für die Produktivität von de Certeaus Untersuchung auf diesem Feld ist aber schließlich noch ein dritter Aspekt, eine die *Kunst des Handelns* durchziehende Verknüpfung von körperlich ausgeübten Praktiken mit den symbolischen Ordnungen der Sprache und des Sprechens. So orientiert sich die Analyse verschiedener anonymer und ohnmächtiger Handlungsweisen und Praktiken des Alltags zugleich an früheren Modellen von Rhetorik und an einer Dynamik der spielerischen Abweichung, wie sie die moderne Poetik hervorgebracht hat. Die Entdeckung der Sprachähnlichkeit des Unbewussten durch die Psychoanalyse und die Arbeit an den Effekten der poetischen Sprache als einem Sprechen diesseits oder jenseits des Subjekts (etwa bei Stéphane Mallarmé, Charles Baudelaire und Antonin Artaud) steht aber nicht von ungefähr im Kontext *städtischer* Erfahrung als einer Erfahrung des Mangels von Identität, Eigentum, Kontrolle und dauerhaften Bindungen.

Zu Beginn des 20. Jahrhunderts wurde die moderne Wahrnehmung der Stadt als einer Überlagerung verschiedener Zeitschichten u. a. von Sigmund Freud reflektiert, der die Stadt Rom als Metapher für das Unbewusste deutete, da in ihr verschiedene Schichten des Vergangenen immer noch sichtbar sind, einige Meter unter dem modernen Straßenniveau, aber materiell präsent.[15] Walter Benjamins Auffassung des öffentlichen Raums von Paris ging in eine ähnliche Richtung, indem er die Passage als – quasi rituellen – Durchgang in eine

14 Vgl. dazu Hans-Thies Lehmann: *Postdramatisches Theater*. Frankfurt am Main: Verlag der Autoren 1999; Patrick Primavesi: Orte und Strategien postdramatischer Theaterformen. In: *Text + Kritik* Sonderband XI (2004): Theater fürs 21. Jahrhundert, S. 8–25.

15 Vgl. Sigmund Freud: Das Unbehagen in der Kultur. In: Ders.: *Studienausgabe*, Bd. IX, hrsg. v. Alexander Mitscherlich / James Strachey / Angela Richards. Frankfurt am Main: Fischer 1974, S. 197–270, hier S. 201–202.

Traumwelt des Vergangenen deutete. Schon der Begriff Passage verweist auf ein raum-zeitliches Durchqueren, das nicht nur Straßen oder Plätze, sondern auch Gegenwart und vergangene Zeiten miteinander verbindet, imaginäre Zeitreisen ermöglicht. Davon berichten zahlreiche literarische Texte, die Benjamin im *Passagenwerk* zitiert, wie etwa die *Notiz über Städte* von Ferdinand Lion:

> Die heterogensten Zeitelemente stehen also in der Stadt nebeneinander. Wenn man aus einem Haus des 18. Jahrhunderts in eines des 16. tritt, so stürzt man einen Zeitabhang hinab, gleich daneben steht eine Kirche aus der gotischen Zeit, man gerät in die Tiefe, ein paar Schritte weiter ist man in einer Straße aus den Gründerjahren [...], man steigt den Zeitenberg hinauf. Wer eine Stadt betritt, fühlt sich wie in einem Traumgewebe, wo auch einem Geschehnis von heute das vergangenste sich angliedert.[16]

Bemerkenswert an dem hier geschilderten Traum- und Textgewebe ist, dass es sich kaum zum Panorama touristisch verwertbarer Diversität eignet, eher dem Albtraum einer endlosen Achterbahnfahrt zu folgen scheint. Die von Lion geschilderte Kollision der Zeiten produziert beim Lesen die Ahnung von den Schockmomenten, wie sie der Mann der Menge in Edgar Allan Poes Erzählung oder das unbestimmte Subjekt von Baudelaires Gedichten erfährt. Was die literarische Form dieser modernen Texte manifestiert, ist eben die schockhafte Erfahrung von Haltlosigkeit und Verlust im Leben der modernen Großstädte. So ist schließlich auch das *Passagen*-Konvolut auf eine Weise planvoll unabgeschlossen, die dem Leser eine ähnliche Erfahrung vermittelt wie dem in Großstädten sich verirrenden Flaneur. Immerhin war Benjamin für seine Idee einer Lesbarkeit der Stadt auch vom Surrealismus inspiriert, der parallel zu den Entdeckungen der Psychoanalyse die Erfahrung des städtischen Lebens nach dem Muster einer verlorenen Sprache des Traums zu dechiffrieren versuchte. In seinem Roman *Nadja* hat schon André Breton das plan- und haltlose Herumirren in der Stadt als einen Prozess geschildert, der das Unbewusste einer ganzen Epoche zum Ausdruck bringt. Dabei spielt die Konfrontation mit Zeichen und Schrift, insbesondere von Reklame aller Art, eine besondere Rolle – je zufälliger und sinnloser die Botschaften und Imperative

16 Ferdinand Lion: *Notiz über Städte*, zit. n. Walter Benjamin: *Gesammelte Schriften*, Bd. V, hrsg. v. Rolf Tiedemann / Hermann Schweppenhäuser. Frankfurt am Main: Suhrkamp 1980, S. 546.

eines allgegenwärtigen Marktes erscheinen, desto stärker verdichtet sich der Eindruck, es wären Signale aus dem Unbewussten, Phantasmen eines sich selbst immer wieder verfehlenden Begehrens. An diese intensive Durchdringung von Oberfläche und Tiefe, Äußerlichkeit und Intimität, Öffentlichkeit und Privatheit knüpften seit den 1950er Jahren die Situationisten um Guy Debord an, die im Interesse an einer effektiven Revolte gegen die Lebensverhältnisse des bürgerlichen Kapitalismus auch den Gedanken einer Aneignung und „Zweckentfremdung" des Vergangenen, Vergessenen und Verdrängten im städtischen Leben verfolgt haben. Hier liegt eine weitere Vorgeschichte und Inspirationsquelle heutiger theatraler Praktiken in und mit öffentlichen Räumen: die *Herstellung von Situationen*.

Was aber ist eine Situation? Im Französischen steht das Wort für Verhältnisse, Umstände, abgeleitet von dem Verb *situer* bzw. lateinisch *situare*: in eine geeignete Lage bringen, aus dem Substantiv *situs* (Lage, Stellung). Eine Situation ist demnach in erster Linie räumlich konnotiert, dasjenige, was situiert ist. In Debords berühmtem *Rapport zur Konstruktion von Situationen* werden diese als „kurzfristige Lebensumgebungen" verstanden, die es in eine höhere Qualität von Leidenschaften zu bringen gelte: „Wir müssen versuchen, Situationen zu konstruieren, d. h. kollektive psychogeographische Stimmungen, eine Gesamtheit von Eindrücken, die die Qualität eines Moments bestimmen."[17] Das konstruktive Moment fällt zusammen mit einer neuen Idee von Dramaturgie, die sich vor allem gegen die Gesellschaft des Spektakels und gegen das damit verbundene Prinzip der *Nichteinmischung* richtet:

> So ist die Situation dazu bestimmt, von ihren Konstrukteuren erlebt zu werden. In ihr soll die Rolle des – wenn nicht passiven, so doch zumindest als bloßer Statist anwesenden – ‚Publikums' ständig kleiner werden, während der Anteil derer zunehmen wird, die zwar nicht Schauspieler, sondern in einem neuen Sinn des Wortes ‚Lebe-Männer' genannt werden können.[18]

Mit der darin anklingenden Idee einer neuen, revolutionär konstruierten und konstruktiven *Lebenskunst*, ebenso wie mit der Ersetzung von Zuschauern durch Akteure, bewegt sich Debord nicht zufällig in der programmatischen

17 Guy Debord: Rapport zur Konstruktion von Situationen und die Organisations- und Aktionsbedingungen der internationalen situationistischen Tendenz. In: *Situationistische Internationale. Der Beginn einer Epoche*, hrsg. v. Pierre Gallissaires / Hanna Mittelstädt / Roberto Ohrt. Hamburg: Nautilus 2008, S. 28–44, hier S. 41.

18 Ebd.

Linie von Bertolt Brecht und dessen Lehrstück-Experimenten. Dementsprechend impliziert sein Programm eine andere Idee von Theater, das den bürgerlichen Kunstinstitutionen mit einer neuen, wie auch immer vorläufigen Programmatik des Situativen zu entwenden wäre:

> Wir werden Gesetze erfinden oder überprüfen müssen, wie dasjenige, das die situationistische Erregung von der äußersten Konzentration oder Zerstreuung der Gesten abhängig macht (wobei die klassische Tragödie ein ungefähres Bild für den ersten Fall und das Umherschweifen für den zweiten liefert).[19]

Die Konstruktion von Situationen wäre demnach von den Extremen her zu denken, die auch das Spektrum theatraler Praktiken markieren: klassische Tragödie, in der äußersten Konzentration, und Umherschweifen (*dérive*) als Zerstreuung von Gesten, eben nicht auf einer Bühne, sondern im alltäglichen Leben, im öffentlichen Raum. Auch bei Brecht finden sich hierzu einige Impulse, etwa im *Lesebuch für Städtebewohner* oder im Ende der 1920er Jahre entstandenen *Fatzer*-Fragment, wo der in vielen Fassungen variierte Rundgang oder Spaziergang des aus dem Ersten Weltkrieg desertierten Johann Fatzer durch die Stadt Mühlheim, in Gesprächen mit der hungernden Bevölkerung und im bewusst provozierten Konflikt mit den Fleischern, den Aufstand probt: „in voller Öffentlichkeit und unaufhaltsam".[20]
Bereits 1955, noch vor dem *Rapport zur Konstruktion von Situationen*, hatte Debord in seiner *Einführung in eine Kritik der städtischen Geographie* das Verfahren der Psychogeographie entworfen als Bewusstmachung urbaner Wahrnehmungsverhältnisse, zur Sensibilisierung für „plötzliche Stimmungswechsel auf einer Straße in einer Entfernung von nur wenigen Metern" oder zur Darstellung der gefühlten Nähe und Distanz zwischen Pariser *quartiers*.[21] Hierin lag das Betätigungsfeld situationistischer Praxis, in der Auseinandersetzung mit den öffentlichen Räumen der Stadt. So zeigt z. B. die Collage *The Naked City* die Bearbeitung vorgefundener Pläne, mit roten Pfeilen für

19 Debord: Rapport zur Konstruktion von Situationen und die Organisations- und Aktionsbedingungen der internationalen situationistischen Tendenz, S. 42.

20 Bertolt Brecht: Fatzer. In: Ders.: *Werke. Große kommentierte Berliner und Frankfurter Ausgabe*, Bd. 10.1. Berlin / Frankfurt am Main: Aufbau / Suhrkamp 1997, S. 387–529, hier S. 490–491, vgl. auch S. 469–471. Davon vermutlich inspiriert kommt Heiner Müllers Text *Die Hamletmaschine* zu der Formel: „Der Aufstand beginnt als Spaziergang." (Heiner Müller: Die Hamletmaschine. In: Ders.: *Mauser*. Berlin: Rotbuch 1978, S. 89–97, hier S. 94.)

21 Guy Debord: Einführung in eine Kritik der städtischen Geographie. In: *Situationistische Internationale. Der Beginn einer Epoche*, S. 17–55, hier S. 18.

die mehr oder weniger starken Bewegungsströme zwischen Stadtvierteln, die wie Inseln durch Verkehrsschneisen getrennt sind. Karten in die über einen längeren Zeitraum hinweg alltägliche Wege eingezeichnet werden, hatte bereits der Soziologe Chombart de Lauwe entwickelt, z. B., um den alltäglichen Bewegungsradius im Leben einer Studentin aus dem 16. Arrondissement zu dokumentieren. Debord hat dieses Beispiel zitiert, um seine Theorie des Umherschweifens (*dérive*) als einer notwendigen gesellschaftlichen Praxis zu erläutern. Dabei experimentierte er mit Karten und ihrer Aufladung mit Energien des Begehrens, durch die Montage disparater Zeiten, Räume und Ereignisse.[22] So erinnern die Kartografien Debords auch an Freuds *Wunderblock*, der latente und manifeste Erinnerungen verbindet und dabei zugleich die Anlagerung vieler Spuren zu einem Gesamtbild ermöglicht. Eine andere Variante der von Debord entwickelten psychogeographischen Praxis sind die spielerische Überblendung verschiedener Orte (z. B. mit dem Versuch, den Anweisungen eines Londoner Stadtplans für die Durchquerung des Harzgebirges in Deutschland zu folgen) oder die re-inszenierte Errichtung revolutionärer Barrikaden an den mittlerweile nur noch von Autos beherrschten Erinnerungsorten von Paris.

Diese zum Teil schon von den Surrealisten um Breton formulierten Ideen zur Bearbeitung mehr oder weniger alltäglicher Erfahrungen im urbanen Leben weisen voraus auf Praktiken des Happenings und der kreativen Proteste. Diese konnten natürlich auch an die historischen Avantgarden des Theaters anknüpfen, die bereits eine Aktivierung des Publikums und ein Verlassen der gewohnten Theaterräume gefordert hatten. So wurden die früheren, politisch motivierten Experimente, zu denen Brechts Lehrstücke und das Agitproptheater der Weimarer Republik zählen, im Straßentheater der späten 1960er Jahre wieder aufgenommen. Dessen Spielformen richteten sich gegen reaktionäre Tendenzen der Nachkriegsgesellschaft wie auch gegen die repräsentativen Formen bürgerlicher Kultur. Zum Teil ähnlich wie in den 1920er Jahren galt die Straße als Austragungsort politischer Konflikte. In Kombination verschiedener Spieltraditionen entstand ein breites Spektrum mehr oder weniger spektakulärer Darbietungen eines sich per se schon als politisch begreifenden ‚Freien Theaters'.[23]

22 Guy Debord: Theorie des Umherschweifens. In: *Situationistische Internationale. Der Beginn einer Epoche*, S. 64–67.

23 Vgl. dazu Agnes Hüfner (Hrsg.): *Straßentheater*. Frankfurt am Main: Suhrkamp 1973; Ingrid Gilcher-Holtey / Dorothea Kraus / Franziska Schößler (Hrsg.): *Politisches Theater nach 1968*. Frankfurt am Main: Campus 2006; Dorothea Kraus: *Theater-Proteste. Zur*

Diese Entwicklung wurde damals aber nicht weniger kritisch beobachtet als das etablierte Theater. Exemplarisch und in exponierter Form geschah dies durch Peter Handke, der mit seiner *Publikumsbeschimpfung* bereits die Konventionen des deutschen Stadttheaterbetriebs und die darin übliche Stillstellung der Zuschauer direkt adressiert hatte und nun auch das politische oder sich für politisch haltende Theater auf der Straße in Frage stellte. Durch diese doppelte Perspektive entwirft Handke ein dramaturgisches Denken, das die verschiedenen theatralen Praktiken unter dem Aspekt des Öffentlichen und des urbanen Raums verknüpft. In seinem Aufsatz „Straßentheater und Theatertheater" (1968) hält er zunächst dem Theater von Brecht die Arbeit mit „Widerspruchsmodellen" zugute, sieht diese aber im institutionalisierten Spiel des Berliner Ensembles stillgestellt, bereits im Rahmen dialektischer Lösungsmodelle befriedet.[24] Gegen das erstarrte Theatertheater „in diesen verfälschenden, alle Wörter und Bewegungen entleerenden Kunsträumen" setzte Handke, was er ein Theater der Aktion nannte, eine in die Wirklichkeit eingreifende Überrumpelung und Bloßstellung alltäglicher Machtverhältnisse, in Hörsälen, Kirchen oder Kaufhäusern.[25] Um andererseits der verbreiteten Illusion zu begegnen, dass die Repräsentationsverhältnisse außerhalb des Theaters eher zu unterlaufen wären als innerhalb der Kunsttempel, wandte sich Handke aber auch gegen die Etablierung von Straßentheatern als vermeintlicher Subkultur. Im ebenfalls 1968 entstandenen Aufsatz „Für das Straßentheater, gegen die Straßentheater" kritisiert er eine damals schon modische Mystifizierung der Straße, auf der letztlich nur das alte Theater, „im Aufstand eben gegen das alte Theater, seine Auferstehung" feiere.[26] Wenn bloß im Freien weitergeführt werde, was im konventionellen Theater schon zum Stil formalisiert und in dramaturgischen Modellen weitgehend erstarrt sei, würde das revolutionäre Moment des Agitprop, Überraschungen und ungewohnte Spielmöglichkeiten zu erzeugen, verraten und zur bloßen Ersatzhandlung.

Die institutionalisierten und als solche kenntlichen Straßentheater erschienen Handke überflüssig oder gar reaktionär, wogegen er die Utopie eines anderen

Politisierung von Straße und Bühne in den 1960er Jahren. Frankfurt am Main: Campus 2007; Henning Fülle: *Freies Theater. Die Modernisierung der deutschen Theaterlandschaft (1960–2010)*. Berlin: Theater der Zeit 2016.

24 Peter Handke: Straßentheater und Theatertheater. In: Ders.: *Ich bin ein Bewohner des Elfenbeinturms*. Frankfurt am Main: Suhrkamp 1972, S. 51–55, hier S. 51.

25 Ebd., S. 54–55.

26 Peter Handke: Für das Straßentheater, gegen die Straßentheater. In: Ders.: *Ich bin ein Bewohner des Elfenbeinturms*, S. 56–62, hier S. 56.

Theaters setzte, das sich eine eigene Öffentlichkeit schaffen könne: „Es sollte keine Gruppe als *Theater* dem Publikum *erkennbar* sein: denn schon dadurch stellen sich Bedeutungen und damit Verharmlosungen ein."[27] Aus dieser Einsicht ergaben sich weitere Forderungen, die dem utopischen (oder eher: heterotopischen) Potential von Straßentheater entsprechen sollten:

> 1. Am Straßentheater (nicht: an *den* Straßentheatern) sollte jede Person der Bewegung mitarbeiten. 2. Das Straßentheater sollte Bewegung sein, nicht Institution. 3. Das Straßentheater sollte als Bewegung auch eine der Methoden der Bewegung sein. 4. Das Straßentheater sollte für die Phantasie der Bewegung, für Bewegung der Phantasie, und für Phantasie *für* die Bewegung sorgen.[28]

Um den Illusionen eines selbstgefälligen Aktionismus zu entgehen, verknüpft Handke im Begriff der Bewegung die politische Bedeutung des Wortes mit dem körperlichen Vorgang. Seine dramaturgischen Ideen zielen auf eine direkte „Verständigung mit der Öffentlichkeit", nicht nur intellektuell, sondern mit theatralischen Mitteln. Straßentheater und Bewegung sollten zusammenfallen in einem Theater des Alltags – als einer Manifestation künstlerischer und zugleich politischer Fantasie. Damit erfährt die bereits von Debord entwickelte, eigentlich dramaturgische Idee, durch die *Herstellung von Situationen* auch im alltäglichen Leben eine veränderte Funktion von Öffentlichkeit zu provozieren, eine weitere Konkretisierung als Praxis: ohnmächtig und effektiv zugleich in der momentweisen Störung des Normalzustands.

Dramaturgy to go – Gänge, Audiotouren und ferngesteuerte Horden

Neuere theatrale Projekte und Aktionen entfalten – vor dem Hintergrund der hier skizzierten Tradition eines dramaturgischen Denkens öffentlicher Räume – eine Vielzahl von Strukturen und Praktiken mit ganz unterschiedlichen Interessen und Tendenzen. Zu den dramaturgischen Aspekten solcher Aktionen zählt aber jedenfalls die Logistik zur Koordination von Routen und Ereignissen mit dem sonstigen alltäglichen Geschehen. Wenn dabei Begegnungen mit den Menschen ‚vor Ort' intendiert sind, diese in die Situationen

27 Ebd., S. 60.

28 Ebd., S. 60–61. Vgl. hierzu ausführlicher Patrick Primavesi: Publikumsbewegung. Auf der Suche nach dem ‚Außerhalb' des Theaters. In: Beate Hochholdinger-Reiterer / Géraldine Boesch / Marcel Behn (Hrsg.): *Publikum im Gegenwartstheater*. Berlin: Alexander 2018, S. 49–63.

einbezogen werden sollen, sind ausführliche Vorgespräche und die Bereitschaft erforderlich, sich auf ihre Lebens- und Arbeitsverhältnisse mit einem nicht bloß *touristischen* Interesse einzulassen.[29] Insgesamt kann gesagt werden, dass der Bezug zu den spezifischen Kontexten eines jeweiligen Ortes und einer Umgebung der genauen Recherche und auch der Inszenierung bedarf, wenn sie nicht bloß als Kulisse erscheinen sollen. Das Spektrum von möglichen Dramaturgien für solche Ereignisse ist so vielfältig und komplex wie das alltägliche Leben selbst. Es reicht von der Inszenierung singulärer Ereignisse über gemeinsame Touren bis hin zu kollektiven Formen der Zerstreuung und des Umherschweifens. Fiktive oder manipulierte Stadtpläne und die Kunst des Sich-Verirrens spielen dabei ebenso eine Rolle wie eine Poetik des Alltäglichen, erweitert um neue Verknüpfungsregeln für Orte und Ereignisse, verschiedenste Formen von Recherche und Expedition, die sich der Erfahrung fragmentierter, gespaltener Realitäten annähern. Voraussetzung dafür ist die körperliche Bewegung der Teilnehmenden, *Gehen* nicht nur als Fortbewegung, sondern auch als spielerische Aneignung und Veränderung des urbanen Raums und zugleich als Erfahrung einer Verfehlung des ‚eigenen' Orts. Auch diese Dialektik reflektiert de Certeau in *Kunst des Handelns*:

> Gehen bedeutet, den Ort zu verfehlen. Es ist der unendliche Prozeß, abwesend zu sein und nach einem Eigenen zu suchen. Das Herumirren, das die Stadt vervielfacht und verstärkt, macht daraus eine ungeheure gesellschaftliche Erfahrung des Fehlens eines Ortes.[30]

Demnach wäre das performative Gehen auf den Spuren des Flanierens (nach Marcel Proust, Franz Hessel und Walter Benjamin) oder des Umherschweifens (nach Debord und den Situationisten) zugleich ein dramaturgischer und ein politischer Prozess, bei dem es nicht nur um die individuelle Erfahrung geht, sondern ebenso um eine Auseinandersetzung mit Lebensverhältnissen und um die Arbeit an Situationen, in denen die Teilnehmenden agieren, in der temporären Aneignung des öffentlichen Raums. Ob alleine, zu mehreren oder in Gruppen: Gehen setzt den Körper in Beziehung zum städtischen Raum und zur Landschaft, bei der Spurensuche zwischen alltäglichen, kontrollierten,

29 Exemplarisch für diese Prozesse sind die Arbeiten der Leipziger Performancekünstlerin Diana Wesser, die seit über 10 Jahren Projekte durchführt, bei denen das gemeinsame Aushandeln und Artikulieren von Themen in den jeweiligen Stadtteilexpeditionen einen Schwerpunkt bildet. Siehe www.dianawesser.de (Zugriff am 17.09.2018).

30 De Certeau: *Kunst des Handelns*, S. 197.

verbotenen und imaginären Räumen, bei der Durchquerung von Stadtlandschaften und Zeitschichten, die in der Vermarktung urbaner Räume womöglich nicht vorkommen. Dabei zeigt sich auch, dass ein Herausgehen aus den Institutionen des Theaters nicht nur ein anderes Publikum (und auf andere Weise) erreicht, sondern dass diese Gänge dazu beitragen können, Schauplätze des ‚öffentlichen' Lebens neu zu entdecken und temporär anders zu besetzen, als Grenzgänge zwischen privaten und öffentlichen Erfahrungsräumen ebenso wie zwischen künstlerischer Praxis und alltäglichem Verhalten.
Viele Produktionen in öffentlichen Räumen sind Audiowalks, bei denen durch Kopfhörer wahrnehmbare Erzählungen und Anweisungen das individuelle Verhalten steuern. Die Funktion von Dramaturgie ist hier in hohem Maße experimentell, in der Verbindung von verschiedenen Kommunikations- und Aktionsmomenten mit ihren möglichen, nur teilweise zu steuernden Kontexten. Dass die Impulse für die körperliche Bewegung der Individuen oder Gruppen bei solchen Projekten über Kopf- oder Ohrhörer kommen, hat mehrere Effekte: Erstens wird durch eine Überlagerung der eigenen Wahrnehmung der Umgebung und der dazu (anders als bei Audiotouren für Touristen) womöglich in Kontrast stehenden Erzählungen die Fantasie herausgefordert, zu einem ‚Kino im Kopf' angeregt. Zweitens kann eine Choreografie entstehen, durch welche die Teilnehmenden auch ohne sichtbare Beeinflussung von außen gemeinsam agieren. Und drittens können sie, abhängig vom jeweiligen Szenario und dessen Reflexionsebenen, durch die Kombination ihrer eigenen Bewegungssteuerung mit den empfangenen Impulsen sowie durch die Überlagerung ihrer Selbstwahrnehmung mit der Wahrnehmung ihrer Umgebung, der Bewegung der anderen sowie der sonstigen Passant*innen, die Erfahrung machen, dass jegliches Verhalten im öffentlichen Raum gewissen Normen und Steuerungsmechanismen unterliegt, die ansonsten aber kaum bewusst werden.
An der Entwicklung von Audiotouren und Radiochoreografien zu einem eigenen Genre zeigt sich exemplarisch eine Reihe von dramaturgischen Modellen, die inzwischen weiter variiert und ausdifferenziert wurden. Angeregt von den Audio- und später auch Videowalks des Künstlerduos Janet Cardiff und Daniel Bures Miller sind es vor allem Produktionen von Rimini Protokoll, die mit verschiedenen Formaten ihr Publikum, zunächst einzelne Akteure, später auch Gruppen durch öffentliche Räume bewegt haben. Diese Versuchsreihe begann mit *System Kirchner* (2000) von Hygiene Heute (Stefan Kaegi und Bernd Ernst), später folgten Arbeiten wie *Call Cutta* oder *50 Aktenkilometer*

und viele weitere.[31] In der Produktion *Remote X*, die 2013 als *Remote Berlin* startete und weltweit in über 30 Städten jeweils neu erarbeitet wurde, folgen ca. 50 Teilnehmende einer synthetischen Stimme, die ihnen die urbane Umgebung wie auch ihr eigenes Verhalten fremd erscheinen lässt. Dabei findet die Bewegung stets in der Gruppe statt, die sich gelegentlich auch aufteilt und von der Stimme öfters als „Herde" oder „Horde" adressiert wird. Wie in früheren Audiowalks bleibt es den Teilnehmenden aber weitgehend überlassen, ob sie die angesagten, ‚ferngesteuerten' Bewegungen ausführen oder nur den anderen dabei zusehen.

Diese Situation eines offenen, ‚zerstreuten' Kollektivs prägt auch das *Radioballett* der Gruppe LIGNA, die ebenfalls schon seit über 10 Jahren auf Plätzen oder in Fußgängerzonen verschiedene Choreografien entstehen lassen, zumeist mit über Radio an die Teilnehmenden gesendeten Bewegungsanweisungen. Diese dienen, etwa mit dem Zitieren bestimmter Gesten des Protests, dazu, die Privatisierung und Kontrolle des urbanen Raums durch ökonomisch motivierte Regularien erfahrbar zu machen und zugleich zu unterlaufen.[32] Bei den oft Hunderten, mehr oder weniger sichtbar gemeinsam agierenden Mitwirkenden handelt es sich kaum um ein ‚Publikum' im üblichen Sinn. Auch hier hängt es nicht nur von der Dramaturgie des Skripts ab, inwieweit zwischen der Selbst- und Fremdsteuerung der Teilnehmenden eine Balance entsteht. Ebenso kommt es auf ihre Vorstellungskraft und ihre Bereitschaft an, sich die Situation auch durch abweichendes Verhalten anzueignen. Mitunter führt die Suche nach dem ‚Außerhalb' des Theaters, wie bei den Outdoor-Projekten von Mike Pearson und Mike Brooks oder der Gruppe Gob Squad, auch in Theatergebäude zurück, wo die unterwegs gefilmten oder vorproduzierten Materialien schließlich zu Live-Filmen montiert gezeigt werden. So erweist sich das Spiel mit der Möglichkeit, den Spielort zu verlassen oder zu verlagern, in der aktuellen Theater-, Performance- und auch Tanzpraxis nicht etwa als ein endgültiger Abschied von der Institution und den Gebäuden des konventionellen Theaters, sondern eher als deren Erweiterung. Häufig

31 Vgl. dazu Patrick Primavesi: Zuschauer in Bewegung – Randgänge theatraler Praxis. In: Jan Deck / Angelika Sieburg (Hrsg.): *Paradoxien des Zuschauens. Die Rolle des Publikums im zeitgenössischen Theater*. Bielefeld: Transcript 2008, S. 85–106; ders.: Performing Fragmented Realities. Interventionist Media Practice by LIGNA, Rimini Protokoll and plan b. In: Susanne Foellmer / Margreth Lüneborg / Christoph Raetsch (Hrsg.): *Media Practices, Social Movements, and Performativity. Transdisciplinary Approaches*. New York / London: Routledge 2017, S. 150–167.

32 Vgl. LIGNA: *An Alle! Radio, Theater, Stadt*. Leipzig: Spector 2011.

sind es kooperative Projekte, die den Ort des etablierten Theaters in der Stadt neu zu bestimmen suchen und dabei zugleich theatrale Aktionen im urbanen Raum ermöglichen.[33] Dies führt schließlich nochmals zurück auf die Frage nach dem Öffentlichen als einer gemeinsamen Sphäre, die mit dem Teilen des Raums zugleich die Begegnung einander unbekannter Individuen und Gruppen zulässt.

Öffentlichkeit im emphatischen Sinne einer diskursiven Gemeinschaft, die gleichermaßen Begegnung und Dissens, Austausch und Verständigung zu ermöglichen hätte, ist in urbanen Räumen ebenso wenig wie in Parlamenten oder Theatern als gegeben vorauszusetzen. Angesichts der Privatisierung von Straßen und Plätzen und ihrer Verwandlung in Zonen des kontrollierten (Konsum-)Verhaltens ist eher von einem Verschwinden solcher Potentiale öffentlicher Begegnung und ihrer Verlagerung in mediale Foren auszugehen, die mitunter noch kürzere Dauer haben als frühere Formen von öffentlicher Kommunikation. Dass sich seit den 1980er Jahren weltweit die Shoppingmall als Modell für die Organisation von öffentlichem Leben durchsetzen konnte, ist nur eines von vielen Anzeichen für grundlegende Veränderungen des Urbanen. Jean-Luc Nancy hat in seinem Essay *Jenseits der Stadt* diese Perspektive genauer ausgelotet, in ihren Konsequenzen für die Beziehungen der Menschen zueinander und vor allem für die Abgrenzung von Interiorität, die in der traditionellen Stadt mit der Praxis des Wohnens, des Residierens am eigenen Ort einherging:

> [...] was von der Stadt bleibt, wenn es mit der *City* vorbei ist, mit der Zitadelle, dem Markt und dem Viertel, der Hauptstadt und der Metropole, ist, jenseits ihrer Formen, die Ausweitung und die Wucherung, die Ansteckung des Entfernten, die disseminierte Kommunikation, die fragile Energie eines unveröffentlichten Sinns, die gegen jede Form des Residierens rebelliert.[34]

Wenn die Stadt nicht nur ihr Zentrum verloren hat (haben wird), sondern auch ihre spezifische Geschichte, in der absehbaren Ausuferung zu zersiedelten Landschaften ohne Vergangenheit und Zukunft, wird sich mit dem Leben der Menschen auch ihr Theater weiter verändern. Dass die Stadt, wie

33 Vgl. dazu etwa die Arbeitsbücher *Heart of the City* I (2011) und II (2017) der Zeitschrift *Theater der Zeit* mit zahlreichen Beispielen für Projekte und Denkanstöße für ein „Stadttheater der Zukunft".

34 Jean-Luc Nancy: *Jenseits der Stadt*. Berlin: Brinkmann & Bose 2011, S. 37.

es schon in Shakespeares *Coriolanus* (Akt 3, Szene 1) heißt, nichts ist als die Menschen, die in ihr leben („What is the city but the people?"), gilt abgewandelt auch für das Theater der Stadt und jenseits der Stadt. Insofern arbeiten theatrale Aktionen im öffentlichen Raum bei der Herstellung ungewohnter Situationen auch an zukünftigen Dramaturgien des Urbanen, indem sie mit den Dystopien und Heterotopien der Gegenwart ebenso wie mit ihren Utopien experimentieren, zunehmend (wieder) unterwegs.

50% 07:54

heddalicious91

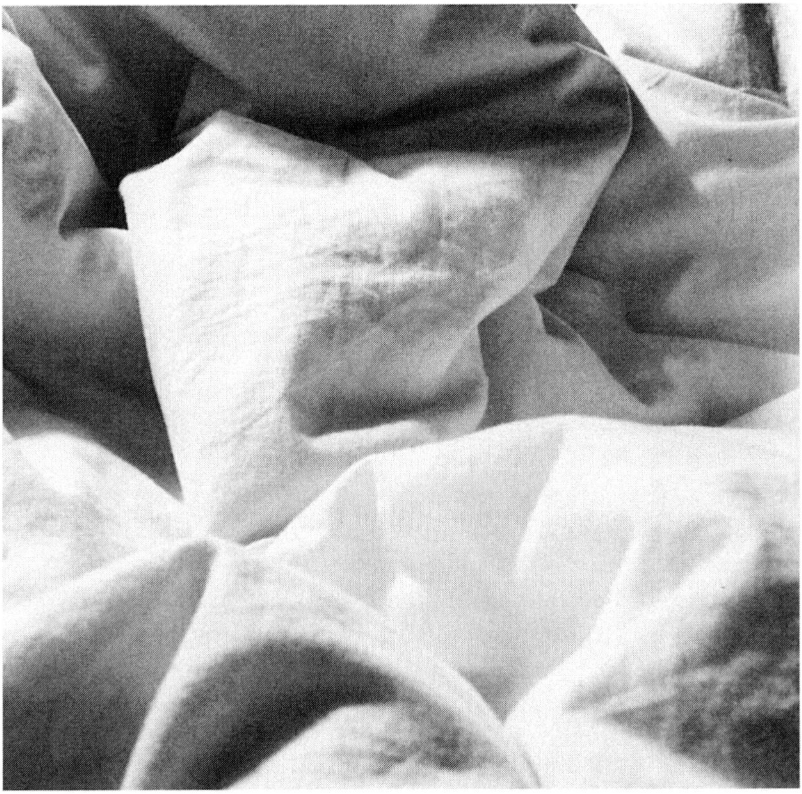

Gefällt **nadved**

heddalicious91 Ich weiß ja nicht, was #heuteNacht sonst noch passiert ist.

29. OKTOBER

Peter Stamer

Nach dem Applaus

Die folgende Geschichte hat sich genau so zugetragen. Es war, ich erinnere mich noch ganz genau, der 13. Mai 1993, ein Donnerstag. Die Geschichte trug sich im Theater von ... zu, nach der Aufführung des Stücks ... in der Inszenierung von ... . Ich hatte gerade meine Lehre zum Buchhändler abgebrochen und war auf der Suche nach einem Neuanfang für mein noch junges Leben. Ich brachte damals meine Tage mit der intensiven Lektüre der Shakespeareschen Königsdramen zu und arbeitete mich gerade an *Richard III* ab, als ich beschloss, abends ins Theater zu gehen ...

Als der Applaus zu seinem Ende gefunden hatte (es war einer jener Applause, wie er später sagen sollte, die wie ein starker Sommerregen aus dem Nichts einsetzen, als würde in den hellen, heiteren Himmel ein Blitz fahren, der sich dann im kübelnden Nass entleert) und das Saallicht wieder angegangen war, war es eher Zufall, dass er und ich uns gemeinsam dazu aufmachten, die Stufen des Zuschauerraums hinaufzugehen. Ich hatte ihm kurz vor der Vorstellung mein Programmheft geliehen, das er merkwürdig uninteressiert zu lesen geschienen hatte. Mir war aufgefallen, dass sein Interesse eher den abgedruckten Biografien der Beteiligten gegolten hatte als der Stücknotiz, die ich wiederum aufmerksam studiert hatte; schließlich hatte ich wissen wollen, was mich in der nächsten knappen Stunde erwarten würde. Als er mir das Heft mit einem dankenden Kopfnicken zurückgegeben hatte, wollte ich ihn noch gefragt haben, ob er denn bereits etwas von dieser Gruppe gesehen hätte, da war es auf der Bühne hell und im Saal still geworden.

Nun also verließen wir gemeinsam den Theaterraum. „Verzeihen Sie", sagte ich, „ich will nicht allzu neugierig erscheinen", und fuhrwerkte, für mich selbst ganz überraschend, nervös in meinem Gesicht herum, „aber mich würde irgendwie interessieren, ob Ihnen das Stück gefallen hat. Während der ganze Saal begeistert schien", und hier machte ich eine Bewegung in den Zuschauerraum hinein, „saßen Sie beim Applaus gänzlich regungslos da." Ich verschwieg an dieser Stelle, dass ich seine stoische Ruhe inmitten des Tosens beeindruckend fand, mithin der Grund, warum ich ihn angesprochen hatte, und setzte stattdessen hinterher: „Also, ich fand das Stück ja ganz gelungen." Er erwiderte mit einem Lächeln, wir hatten gerade das Theaterfoyer erreicht: „80 Prozent." Ich sah ihn zunächst verständnislos an, bis der Groschen fiel: „Ach so, das Stück hat Ihnen zu 80 Prozent gefallen?" – „Bei 80 Prozent lag die Wahrscheinlichkeit, dass ich rausgehe", entgegnete er ruhig. Wir steuerten auf die Garderobe zu, obwohl er seinen Mantel, wie ich nun sah, bereits anhatte, oder besser, er hatte ihn vorher gar nicht ausgezogen. Ich streckte dem Mann hinter dem Tresen meinen Abholzettel hin und sagte: „Dann waren die 20 Prozent, die Sie davon abhielten, ja ungewöhnlich einflussreich." Er wartete, bis ich meine Jacke entgegengenommen hatte, und als ich sie überzog, fragte er: „Und wieso sind Sie geblieben?" Ich war etwas irritiert über seine Frage, hatte ich doch bereits gesagt, dass mir das Stück gefallen hatte. „Dass einem eine Aufführung gefällt, dass man mit ihr einverstanden ist, bedeutet nun ja nicht, dass man sie verstanden hat. Verstehen und Einverstehen sind doch zwei verschiedene Sachen, finden Sie nicht?", fügte er hinzu und knöpfte seinen Mantel zu. Weil es im Foyer alles andere als kalt war, steckte in dieser Geste etwas Eitles, als wollte er lediglich seinen kleinen Bauchansatz kaschieren. Oder aber damit das Gespräch beenden, mir signalisieren, dass er jetzt gehen würde. Stattdessen sagte er: „Also, was war der Grund, warum Sie in der Aufführung geblieben sind?" Ich war nun noch verwirrter. Ich verstand nicht, warum einem eine Theaterinszenierung nicht einfach so gefallen kann, warum die Tatsache, dass sie einem ohne besonderen Grund gefällt, nicht ausreichend sein sollte, um sie zu Ende zu schauen. „Ich fühlte mich einfach gut unterhalten", sagte ich, etwas verunsichert, ob er meine Antwort akzeptabel finden würde. Er schien unser Gespräch ernst zu nehmen, ernster, als ich das eingangs beabsichtigt hatte. „Was genau hat Sie unterhalten?", hakte er nach, sich Mühe gebend, nicht zu oberlehrerhaft zu wirken, aber ich konnte nicht umhin, genau einen solchen Unterton herauszuhören. Ich spielte dennoch mit: „Die Leistung der Schauspieler, die Handlung, die Musik, auch die Kostüme, die Bühne erschienen mir stimmig ineinander zu greifen – mit all dem konnte ich viel anfangen", und setzte am Schluss noch hinzu, „ja, ich fühlte mich gut unterhalten." Aber er wollte gar nicht über die Schauspieler oder die Handlung, die Musik oder Kostüme sprechen. „Was bedeutet das, wenn man sich gut unterhalten fühlt?" Er ließ nicht locker. Was wollte er denn bloß von mir? „Man fühlt sich einfach gut unterhalten", sagte ich schnippisch. „Man ist mit nichts anderem beschäftigt, als im Zuschauerraum zu sitzen und dem Geschehen, das sich vor einem ausbreitet, zu folgen. Man vergisst alles andere und ist konzentriert. Sie tun gerade so, als wäre das etwas Schlechtes!" – „Im Gegenteil", lachte mein Gegenüber und zeigte eine etwas verfärbte Zahnreihe, „das ist ja das Höchste, was man vom Besuch des Theaters verlangen kann. Dass sich das Publikum unterhält. Ich meine das ernst. Ich beneide Sie geradezu dafür, dass Sie sich an einem solchen Abend unterhalten fühlen. Unterhalten meint doch, dass Bühne und Zuschauer in Kontakt getreten sind, dieser Kontakt aufrechterhalten wird, dass etwas zum Tragen kommt, dieser Kontakt getragen wird, sich trägt, etwas Tragbares zustande gekommen ist, das weit über das Ertragen hinausgeht. Auf Tragbarem wurde so manche Ehe geschlossen, so manche Beziehung eingegangen, eine Freundschaft braucht etwas Tragbares, auf dem sie aufbauen kann, und wenn sie zu Ende geht, wurde ihr genau jener Grund entzogen, der sie getragen hat, sie wird untragbar für die beiden." Dieser Enthusiasmus, der aus ihm hervorbrach, überraschte mich dann doch. Er wirkte überhaupt nicht enttäuscht darüber, dass er den Abend nicht hatte genießen können. Er sah meine Überraschung. „Was ich eigentlich sagen wollte", meinte er, mich mit sanften Handbewegungen zur Treppe und zum Gebäudeausgang leitend, „der Unterhaltungseffekt fußt auf einem Vertrag zwischen Bühne und Zuschauerraum, der ohne Unterschriften auskommt. Und damit meine ich nicht, dass das Publikum von vornherein unterhalten werden möchte und die Bühne nur diesen einen Zweck verfolgt, dem Zuschauer jenen Gefallen zu tun. Und selbst wenn das Theater das wollte, wie könnte das überhaupt gelingen?" Wir waren am Ausgang angekommen. Ich versuchte erst gar nicht, eine Antwort zu geben, war die Frage doch eine rein rhetorische. „Das *Wie* ist das Entscheidende, auf das *Wie* kommt es hierbei an", sagte er und betonte das Wie allzu sehr. Ich sagte daraufhin trocken, ihn imitierend: „Und *wie* ist eigentlich Ihr Name? Wollen wir übrigens noch auf ein Glas?" – „Lorenz. Lorenz Landau, und ja, gerne!" Ich hatte bereits die Klinke der Glastür in der Hand, die in die Theaterbar führte, als ich Lorenz meinen Namen nannte. Uns schlug der Bierdunst des Abends entgegen, jeder Tisch war besetzt mit Zuschauern, die auch in der Vorstellung gewesen waren, nur an der Bar standen zwei herrenlose Hocker – genau richtig für uns zwei gedankenverlorene Herren, dachte ich. Als wir Platz genommen hatten, ich bestellte ein großes Sprudelwasser, er einen Rotwein, prosteten wir uns zu, und ich sagte: „Wie lautet also die Antwort?" – „Auf welche Frage?" – „Na, auf die von Ihnen gestellte Frage nach dem Wie?" – „Habe ich ihnen doch schon genannt." – „Haben Sie nicht." – „Doch, habe ich. ‚Wie heißen Sie', fragten Sie, und ich antwortete." – „Doch nicht dieses Wie", unterbrach ich ihn ärgerlich, „das andere Wie, das Wie des Gelingens! Jetzt stellen Sie sich doch NICHT SO DUMM, MENSCH!" Für den Bruchteil einer Sekunde verstummten die Gespräche an den anderen Tischen, Blicke trafen mich, dann widmeten sich die Gäste wieder einander. Ich murmelte: „Entschuldigen Sie meine Heftigkeit, aber ich dachte, wir führten miteinander ein Gespräch, bei dem der eine dem anderen zuhört und man sich füreinander interessiert." – „Sehen Sie, das ist das Wie, mit dem Sie unzufrieden sind. *Dass* wir ein Gespräch miteinander führen, ist ja unzweifelhaft", und hier kratzte er sich an seiner langen Nase. „Sie aber äußern sich unzufrieden mit der Art und Weise, in der wir dieses Gespräch, oder vielmehr, *wie* ich dieses Gespräch führe. Dabei unterstellen Sie mir, dass ich unachtsam bin oder mich nicht zu 100 Prozent dem Gesprächsinhalt widme. Das Wie unseres Gesprächs, die Art und Weise unserer *Unterhaltung* ist hier doch von entscheidender Bedeutung." Irgendwie fühlte ich mich von Landau vorgeführt. „Das heißt, dass Sie sich gerade eben *absichtlich* dumm gestellt haben." – „War das nicht genau das, was Sie vorhin so laut in den Raum gerufen haben? Dass ich mich dumm stelle?" Jetzt war ich verwirrt. „Äh, nun, ich meinte, glaube ich, oder vermeinte zu glauben, dass Sie sich dumm *angestellt* hätten, aber doch viel eher, weil Sie, wie ich glaubte, gedankenlos waren und sich daher dumm verhielten." – „Und wenn das meine Absicht gewesen war?", entgegnete er ruhig. „Sie haben mir also so etwas wie eine Falle gestellt?", fragte ich zurück und schaute ihm in die Augen. Er sah müde aus, aber etwas in ihm wollte nicht locker lassen. „Und wenn dem so wäre?" Noch eine rhetorische Frage, auf die ich keine Lust hatte, eine Antwort zu versuchen. Er fragte weiter: „Ist denn nicht die Finte, die aufgezogene Falle, das Auslegen von Ködern das, was einem Gespräch die Würze verleiht?" (Ich dachte bei mir, ‚Oder das, womit du dich interessant zu machen versuchst.') „Oder sagen wir doch besser, ist nicht das Vorspiegeln von etwas, das sich bei genauerer Betrachtung als etwas anderes, wenn nicht sein Gegenteil herausstellt, nicht das, was man meint, wenn man von Verführung spricht?" Ich legte meine Stirn in sehr theatralische Falten, in der Hoffnung, er würde dies als Zeichen meiner Missbilligung verstehen, und zwar ohne Mehrdeutigkeit. Ich sagte scharf: „Zwischen Verführung und Überrumpelung liegen doch aber Welten! Und Sie haben mich gerade überrumpelt." – „Dann würden Sie mir aber zustimmen, dass, sollte das Auslegen des Köders auf eine Weise erfolgen, durch die Sie sich nicht überrumpelt fühlen, Ihnen diese Art des Verführtwerdens doch nicht unangenehm wäre?" Ich zögerte mit der Antwort: „Tatsächlich eher nicht", sagte ich vorsichtig. „Und warum wäre das so?", hakte Landau nach. – „Weil ich, weil ich nicht den Eindruck hätte, dass mich jemand von etwas überzeugen wollen würde. Und weil ich dann den Eindruck hätte, ich könnte mich selbst entscheiden, ob ich verführt werden wollte oder nicht." – „Das *Wie* des Köders, wie der Köder ausgelegt wird, scheint also von entscheidender Bedeutung zu sein." Mir behagte diese Anglermetapher überhaupt nicht. Sie hatte etwas Diabolisches, Hintertriebenes. Mir fiel in diesem Augenblick *Richard III* ein, den ich an diesem Nachmittag gelesen hatte, und das war mir unangenehm. „Es geht also nicht so sehr um den eigentlichen Köder", fuhr er fort, „sondern wie er maskiert ist oder parfümiert ist oder sich anfühlt. Das mit dem Verführen ist doch eine merkwürdige Sache." Mit einem Fingerzeig bestellte Landau bei dem Barmann noch ein Glas Rotwein. „Sie scheinen zu verlangen, dass die Möglichkeit des Verführtwerdens im Vorfeld verhandelt werden muss wie ein Vertrag, unter den beide Partner dann ihre gleichberechtigte Unterschrift setzen, um die noch einzulösende Verführung damit erst zu ermöglichen. Andererseits ist damit aber jedes Geheimnis, jede Überraschung, jedes Erleben tot." Ich hatte es hier mit einem Zwangsromantiker zu tun, dachte ich, als er das Glas, das vor ihn hingestellt wurde, nahm und daraus trank. Ein Zwangsromantiker, der den Verlust des Unmittelbaren, des Überwältigtseins beklagte und wohl im Laufe des Abends im Rotwein ersaufen würde. „Schauen Sie sich doch hier einmal um", sagte er und leckte sich über die Lippen. „An den Tischen sitzen lauter aufgeklärte Menschen, Theaterbesucher wie Sie und ich. Die sind alle mit ihren symmetrischen Beziehungen beschäftigt." Er sagte tatsächlich symmetrische Beziehungen. Was er damit meinte war, dass alle am gleichen Dilemma litten, dass sie einerseits im guten, höflichen Einvernehmen miteinander verkehrten, darauf achteten, das Gespräch in Gang zu halten, dem anderen nicht das Wort abzuschneiden, ihre Gedanken abwägten und gemeinsam das Konsensuelle selbst bei etwaigen Differenzen suchten, dann aber insgeheim die Langeweile, die Fadesse, das sich ereignende Nichts beklagten, das sich daraus notwendigerweise ergab, weil sie sich nicht auseinandersetzten, an der Oberfläche blieben. Woher er dieses Wissen über die Leute nahm, sagte er allerdings nicht. Nein, Landau war kein Zwangsromantiker. Er war Euphoriker! „Die Leute wollen sich immer verständigen. Sie wollen füreinander Verständnis aufbringen. Aber dazu muss man sich verstehen.

Doch woher kommt denn immer dieser Drang, verstehen zu wollen?“ Oder war er Enigmatiker? „Und was heißt das denn, verstehen? Wer oder was kann denn verstanden werden, ohne dass ich in ihn eindringe, meinen Gedanken muss ich doch sozusagen in dem Kopf des anderen platzieren, damit dieser überhaupt etwas hat, das er zu verstehen versucht.“ Der Alkohol schien ihm bereits zu Kopf gestiegen zu sein. „Damit bin ich doch immer schon in dem anderen drin, ohne dass dieser davon weiß. Ist letztendlich nicht jede Begegnung eine Form dieser Überwältigung, dieses Übergriffs?“ Der Euphoriker redete sich in Rage. „Vor jedem Verstehen – braucht es da nicht jene Überwältigung“, und hier fasste er mich am Arm, „die dem anderen zwangsläufig nicht unbedingt angenehm sein kann, weil er“ – oder sie, dachte ich – „ja zuerst nicht weiß, was der andere zum Verstehen bringen möchte? Verstehen *Sie* mich denn? Bleibt da nicht immer ein Rest des Nicht-verstanden-Habens? Und dieser Rest, mein lieber Freund, dieser Rest ist der Grund, warum wir ins Theater gehen. Dieser Rest, der sich dem Verstehen versperrt, sich ihm quasi sogar entgegenstellt, den Zutritt verwehrt, vor den Kopf stößt, das ist Theater.“ Er nahm noch einen Schluck. „Nun rede ich nicht von Schockeffekten oder Monstrositäten, ich rede hier nicht von Oberflächenphänomenen. Ich rede auch nicht von komplett unverständlichem Zeug, das weißes Rauschen hervorbringt, Gedankengeflimmer. Ich rede von Strukturen, die gerade so viel offen legen, dass sie zugänglich erscheinen, im Moment des gedanklichen Zugriffs sich aber entziehen. Ein Köder, der zwar erkannt wird, der aber nicht verschluckt werden kann, sondern weggenommen wird, herausgezogen und an anderer Stelle irgendwo in der Nähe wieder auftaucht und sichtbar wird. Das ist die Verführungskunst von Theater. Das Auslegen von Spuren, die sich als lesbare Strukturen gerieren, aber nicht zu entschlüsseln sind.“ Ich hatte damals bereits genug Nietzsche gelesen, um eine ungefähre Ahnung davon zu haben, was er damit meinte. „‚Die Natur kennt keine Formen und Begriffe, sondern nur ein für uns unzugängliches und undefinierbares X‘, heißt es irgendwo bei Nietzsche, wenn ich mich richtig erinnere“, sagte ich, „diesem X können wir mit der Sprache, die uns zur Verfügung steht, nicht beikommen“, hatte aber gleich den Eindruck, dass dieses Sekundieren nicht zu ihm durchdrang. Die Lider hingen schlaff über seinen Augen. Und dann sagte er, ganz leise: „Das Theater ist keine Aufführanstalt von gemeinschaftlich konsensuellem Wissen und Verstehen, sondern eine Verführanstalt des Nicht-Verstehens.“ Er war nun ganz in sich zusammengesunken, starrte in sein Glas und redete, mehr zu sich, über den Applaus des heutigen Abends, der wie ein starker Sommerregen aus dem Nichts eingesetzt hätte, als würde in den hellen, heiteren Himmel ein Blitz gefahren sein, der sich dann im kübelnden Nass entleert haben würde, und dass ihn dies verunsichert hätte, weil ein solches Klatschen eine Akklamation signalisiert haben würde für etwas, das doch gar nicht auf Verständnis hätte abzuzielen vermögen, dass für ihn ein solcher Applaus eigentlich das Scheitern der Aufführung angezeigt haben würde, weil sich darin das Nicht-Verstehbare als Verstanden-Haben und Einverstanden-Sein ausgedrückt haben würde und nicht als Irritation, die den Zuschauer hätte am Kragen packen und durchschütteln müssen, sodass er seine Hände eigentlich dafür hätte verwenden müssen, sich aus dem Zugriff, aus dem Übergriff des Theaters zu befreien, die Hände des Theaters abzuwehren, die sich um seinen Hals gelegt haben würden, statt die Hände zum Applaus zu bewegen. Am Applaus würde Landau erkannt haben, ob eine Aufführung etwas anderes bewege als nur die Hände zueinander. Die Fallen, die während dieser Aufführung aufgezogen worden wären, wären auf eine Weise markiert gewesen, dass das Publikum diese hätte erkannt haben können, aber dennoch begeistert in sie getappt wäre, mit diesem unaushaltbaren Augenzwinkern der Uneigentlichkeit, das Einverständnis und Verstehen kurzgeschlossen haben würde, womit man wieder bei diesem unerträglichen, ertraglosen Konsens der Verabredung gelandet wäre, dem zufolge das, was auf der Bühne stattgefunden hätte, sich mit dem, was im Zuschauerraum vor sich gegangen wäre, in eins zu setzen haben würde, anstatt dem Publikum genau das entgegenzuhalten, wovon es gar nicht gewusst hätte, dass es so etwas geben würde, jenes X nämlich (er hatte mir vorhin also doch zugehört!), das variabel wäre und sich immer dem Verstehen entziehen würde. Und deswegen hätte er eigentlich die Aufführung verlassen wollen, weil er zu 80 % sicher gewesen wäre, dass der heutige Abend seine Vermutung bestätigt haben würde, und dem wollte er sich eigentlich nicht ausgesetzt haben.

Ich musste nun leider mal ganz dringend, wollte Landau aber in seinem Redefluss nicht unterbrechen. Da er die Sätze immerfort in sein Glas sprach, erhob ich mich ganz vorsichtig und steuerte, von ihm unbemerkt, wie ich vermutete, in Richtung Herrentoilette. Dort schloss ich mich in der letzten freien Kabine ein und entleerte meine Blase. Während ich so dastand, fiel mein Blick auf einen Spruch, der mit schwarzem Filzstift direkt gegenüber auf die Fliese gekritzelt war: „Im Leben, im Leben geht mancher Schuss daneben." Ich musste laut auflachen. Mein Vater machte diesen Spruch immer, wenn etwas nicht so klappen wollte, wie er sich das vorgestellt hatte. Den Grund, warum er ihn immer verwendete, hatte er mir erst kurz vor seiner unglücklichen Operation erzählt, von der er sich nicht mehr richtig erholen sollte. Mein Vater war, bevor er den Beruf des Lehrers ergriff, Messerwerfer bei einem Wanderzirkus und finanzierte sich damit sein Studium. Das war alles ein paar Jahre nach dem Krieg, ich spreche von den deutschen 50ern. Im Zirkus hatte er seine erste Frau kennengelernt. Die Frau, deren richtigen Namen ich bis heute nie erfahren habe, hatte pechschwarze Haare und kolkrabenfarbene Augen und wurde aufgrund ihrer Erscheinung zur idealen Partnerin für die Zirkusnummer, wie mein Vater gesagt hatte, in der er mit ihr auftrat. Auf dem Höhepunkt des Abends stellte sie sich vor eine kreischbunte Holzwand und schaute zu meinem Vater, wie er die langen, scharfen Wurfmesser auf sie richtete und zielte, um diese dann knapp neben Kopf, Hals, Brust einschlagen zu lassen. Er war ‚der große Zampano', und sie trat als Madame Corbeau auf, so konnte man sich damals noch nennen. Als sie an einem kalten Winterabend 1958 in Forbach, einem kleinen Ort nahe der französisch-deutschen Grenze, spielten, war mein Vater sehr stark erkältet. Der Zirkusdirektor wollte den Auftritt des großen Zampano schon absagen, aber mein Vater bestand darauf. Dienst ist Dienst, dies war sein anderer Lieblingsspruch. Als sich Madame Corbeau in Erwartung des ersten Messers in Position stellte, überkam meinen Vater ein unglaublich heftiger Niesreiz, den er vor dem ersten Wurf zu unterdrücken verstand, was jedoch dazu führte, dass seine Augen beim zweiten Wurf tränten, bis sich der Niesreflex dann schließlich Bahn brach und der dritte Wurf etwas verrutschte. Kein Wunder, dass mein Vater nicht gerne über Forbach sprach, hatte er Madame Corbeau doch sehr geliebt. Im Leben, im Leben. Ein Jahr später kam sie bei einem Autounfall ums Leben, aber das ist eine andere Geschichte.

Ohne diese andere Geschichte wäre ich in diesem Augenblick jedoch nicht in dieser Kabine gestanden. Woran mich auch ein Hämmern an die Toilettentür erinnerte. „Moment noch", rief ich. Was hatte das alles denn zu bedeuten? War ich etwa Madame Corbeau und Landau mein Vater und beide standen wir im spannungsgeladenen Scheinwerferlicht unseres Gesprächszirkus? Sein Beharren war das Messer, das er auf mich gerichtet hatte? Und der Rotwein, von dem er sich wohl gerade ein drittes oder gar viertes Glas bestellte, seine Erkältung, die einen klaren Blick auf die Sache verstellte? Das Niesen das Ausrutschen der Aufführungen? Ich musste zugeben, ich war von dieser Begegnung beeindruckter, als ich bislang zuzugeben gewillt war. Oder war, weil der Applaus nach dem missglückten Wurf meines Vaters im Zirkus ausblieb – war das die Botschaft: Die Hände der Zuschauer in Schockstarre auf halbem Weg zum Stillstand gekommen aufgrund des Einbruchs des Realen in diese Nummer, die buchstäblich auf Messers Schneide stand? Hatte ich

Landau so nahe kommen lassen, dass er gar schon in meinen Kopf eingedrungen war? Ich riss die Tür auf, um nachzusehen, ob er es war, der so wild geklopft hatte. Doch da war niemand. Am Waschbecken wusch ich mir nachlässig die Hände und ging mit nassen Fingern in den Gastraum zurück. Aber Lorenz Landau war weg.

Ich sollte ihm nie wieder begegnen. Natürlich hielt ich bei meinen unzähligen Theaterbesuchen in den darauffolgenden Monaten Ausschau nach ihm, aber ich sah ihn nie unter den Zuschauern – und vergaß ihn schließlich. Bis ich etliche Jahre nach unserer Begegnung in einem Sammelband auf einen Essay von ihm gestoßen bin, dessen Überschrift lautete: *Zur Krise und Kritik der zeitgenössischen Dramaturgie*. Ich blätterte ihn flüchtig durch, wollte schon zum nächsten Artikel weitergehen, da blieb mein Blick an dem letzten Satz des Textes kleben: „Dramaturgie hängt an der Zeit wie das Pendel an der Uhr."

48% 07:49

heddalicious91

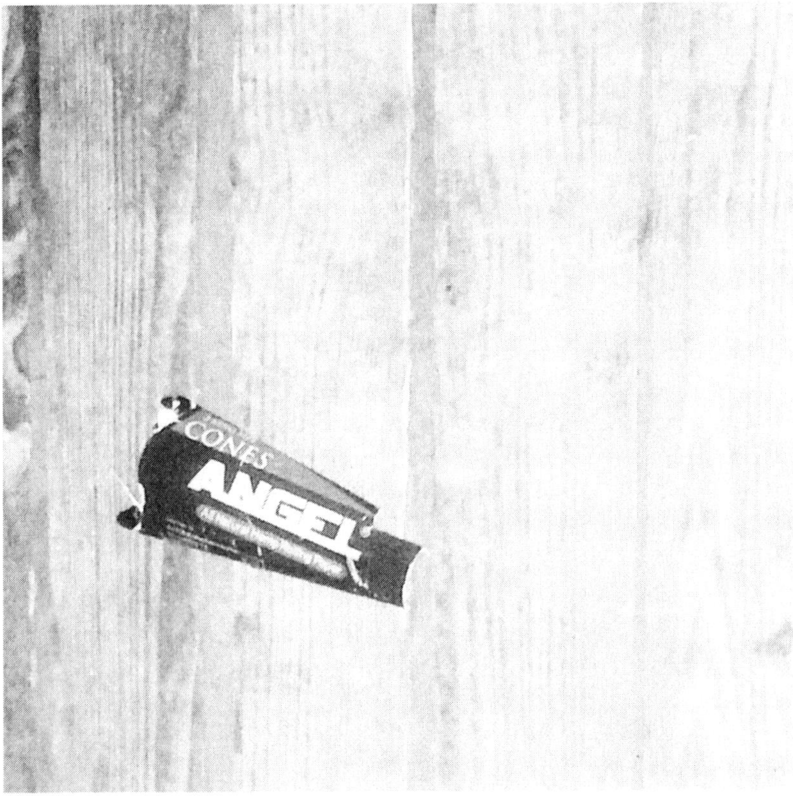

Gefällt **nadved**

heddalicious91 Ach, könnte doch diese #schönefrau unsichtbar zugegen sein -!

VOR 5 TAGEN

Sandra Noeth

Notizen zu einem dramaturgischen Handlungsbegriff

Der vorliegende Text führt verschiedene Momente aus meiner dramaturgischen Praxis zusammen, die nur lose miteinander verbunden sind: Beobachtungen und Fragestellungen, die aus der produktionsdramaturgischen Zusammenarbeit mit einzelnen Künstler*innen oder der kuratorischen Begleitung von Arbeitsprozessen entstanden sind. Jenseits ihrer Spezifik sind es Körper und Bewegung, die die verschiedenen Projekte und Kontexte miteinander verbinden und zentrale Konzepte und Strategien der performativen und choreografischen Auseinandersetzungen darstellen. Darüber hinaus beziehe ich mich auf Arbeiten, in denen die Verhandlung von sozialen und politischen Realitäten im Ästhetischen, ebenso wie das Ineinandergreifen von praktischer und theoretischer Forschung durch und mit Körpern, eine besondere Rolle spielen. Ein Ausgangspunkt ist das mehrjährige Forschungsprojekt *Resilient Bodies, Residual Effects*[1] zum Thema Grenze und Kollektivität, das an der dramaturgischen Analyse verschiedener Performances aus dem Libanon und aus Palästina ansetzt. Ein anderes Beispiel ist das seriell angelegte Projekt *Violence of Inscriptions*, das sich mit künstlerischen, aktivistischen und

1 Konkret geht es um die Live-Sound-Installation *Contingency* (2010) von Basel Abbas und Ruanne Abou-Rahme, die interaktive Performance *Free Advice* (2015) von Farah Saleh und die Lecture Performance *Nothing to Declare* (2013) des Live-Art-Kollektivs Dictaphone Group. Anhand der drei künstlerischen Fallstudien wird untersucht, wie dramaturgische Strategien und Konzepte theoretische Informationen über Grenz- und Kollektivitätserfahrungen im Libanon und in Palästina/Israel liefern können. Vgl. Sandra Noeth: *Resilient Bodies, Residual Effects. Artistic Articulations of Borders and Collectivity from Lebanon and Palestine.* Bielefeld: Transcript 2019.

diskursiven Möglichkeiten im Umgang mit Körpern beschäftigt, die strukturellen Gewalterfahrungen ausgesetzt sind.[2]

Von Dramaturgie zu dramaturgischer Analyse

Was sich in diesen Arbeitserfahrungen abzeichnet, ist die enge Verbindung von künstlerischer Praxis und Reflexion der jeweils spezifischen Lebenswirklichkeiten, Kontexte und Bedingungen, die die Choreografien und Performances adressieren. Dies beeinflusst auch die Frage des Dramaturgischen, ausgehend von der grundlegenden Annahme, dass Körper immer schon anderen Körpern ausgesetzt sind und Bedeutung in der Interaktion von Körpern hervorgebracht, aktualisiert und verworfen wird.[3] Diese Dynamiken und Prozesse gilt es dramaturgisch zu fassen: nachzuvollziehen und zu gestalten, wie Bedeutung generiert, wie Entscheidungen getroffen, wie Verantwortung für- und miteinander verteilt und soziale und politische Teilhabe ästhetisch erfahrbar werden. Es geht, anschließend an die Idee des Post-Dramaturgischen, um ein immer neues Aushandeln verschiedener, koexistenter Elemente und Materialien: Ideen, Werte und Normen, ineinandergreifende zeit-räumliche Konstellationen, physische, diskursive, soziale und imaginäre Bewegungen. Dies umfasst mehr, als einzelne kompositorische Elemente zusammenzufügen oder an Übereinstimmungen zu arbeiten; es lässt sich nicht auf die Anwendung eines vorgängigen oder sogar universell gedachten Expertenwissens oder auf die Beschreibung vermeintlich stabiler, nachvollzieh- und nachahmbarer Systeme beschränken. Innerhalb eines Arbeitsprozesses beschreibt Dramaturgie vielmehr eine analytische, immer angewandte Funktion, die jedem kreativen Prozess eigen ist; einen konzeptuellen Zugang und eine Praxis des Problem- und des Fragestellens, die nicht unbedingt einer Person vorbehalten ist, sondern zwischen unterschiedlichen Körpern, Stimmen und Perspektiven wandern kann.[4] Kollektivität und Kollaboration rücken damit ins Zentrum

2 Die Projektreihe *Violence of Inscriptions* wurde zwischen 2016 und 2018 gemeinsam mit dem Choreografen Arkadi Zaides und dem HAU Hebbel am Ufer Berlin entwickelt, vgl. https://www.hebbel-am-ufer.de/programm/festivals-und-projekte/2016-2017/violence-of-inscriptions/ (Zugriff am 10.11.2018).

3 Vgl. Arno Böhler / Susanne Valerie Granzer: Bodily Grounds for Ethics. Wounded Bodies. In: Gurur Ertem / Sandra Noeth (Hrsg.): *Bodies of Evidence. Ethical, Aesthetic, and Political Perspectives on Movement*. Wien: Passagen 2018, S. 191–214.

4 Die Dramaturgin Pil Hansen weist darauf hin, dass der Begriff „Dramaturgie" trotz der größeren Aufmerksamkeit, die er in den letzten Jahren erfahren hat (in künstlerischen Projekten, in Form von Studienprogrammen, Symposien und Publikationen) weitgehend offen

einer ‚Dramaturgie ohne Dramaturgin'[5], welche die sinnliche und körperliche Dimension dramaturgischen Arbeitens immer mitdenkt.

Körper-Handeln

Entsprechend sind Fragen nach unserer individuellen und kollektiven Handlungsfähigkeit und nach einem angewandten, an Körper gebundenen Verantwortungsbegriff, die sich im künstlerischen Prozess stellen, auch dramaturgische Fragen. Wie können wir mit den ästhetischen Erfahrungen, die wir kreieren und reflektieren, mit Worten, Gesten und Bewegungen auf unsere Zeit antworten? Auf eine Zeit, die durch vielgestaltige Transformations- und Übersetzungsprozesse geprägt ist? Eine Zeit, die unsere Darstellungsformen, unsere Imagination und Analyseinstrumente herausfordert, da sie uns körperlich, sinnlich und affektiv mit Erlebtem und mit Geschehnissen konfrontiert, die wir nur schwer mit unseren eigenen Lebens- und Arbeitswelten in Verbindung bringen können?

Diese Überlegungen haben die dramaturgische Arbeit an den eingangs genannten Performances und Choreografien in besonderer Weise bestimmt. Konkret waren die Künstler*innen mit der Herausforderung konfrontiert, dass die Darstellung von Körpern in Grenzerfahrungen oft an ein sich wiederholendes, stark stereotypisiertes und medial schnell zirkulierendes Repertoire an Gesten, Bildern und Situationen gekoppelt ist. Körper werden beispielsweise häufig als Gruppen und Massenkörper in ihrer Materialität dargestellt oder als verletzte, kranke, bedrohliche oder infektuöse Körper beschrieben. Die damit einhergehenden Verallgemeinerungen drohen nicht nur, die Spezifik einer jeden Grenzerfahrung auszuhöhlen; sie stellen nicht nur ein ästhetisches, sondern auch ein politisches Problem dar: Mit dem Ausblenden von Alternativen, von Widersprüchlichem und Unerwartetem verweigern sie den Grenzkörpern auch ihre Geschichte, ihr Gesicht und ihren Anspruch

und weit gefasst bleibt – eine Beobachtung, die einerseits die Diversität, Selbstreflexivität und Prozessgebundenheit künstlerischer Projekte widerspiegelt, aber auch als Widerstand gegen die Kanonisierung dramaturgischen Arbeitens gelesen werden kann. Vgl. Pil Hansen: Dance Dramaturgical Agency. In: Jo Butterworth / Liesbeth Wildschut (Hrsg.): *Contemporary Choreography. A Critical Reader*. London: Routledge 2018, S. 185–200; Myriam Van Imschoot: Other Matters. First Letter on Dramaturgy. In: *Sarma*, 25.03.2005. http://sarma.be/docs/853 (Zugriff am 10.11.2018).

5 Vgl. Adrian Heathfield: Dramaturgy without a Dramaturge. In: Manuel Bellisco / Maria José Cifuentes / Amparo Écija (Hrsg.): *Rethinking Dramaturgy. Errancy and Transformation*. Murcia: Centro Parraga & CENDEAC 2010, S. 105–116.

auf einen menschlichen Umgang. Wie also mit choreografischen und performativen Mitteln die Möglichkeit schaffen, festgefahrene Bilder, Ordnungen und Narrative zu de-normalisieren und aufzuweichen? Wie Raum schaffen für Zweifel und Zaudern,[6] für Nuancen, graduelle Abstufungen und Schattierungen?

Handlungsfähigkeit im Zusammenhang mit dramaturgischem Arbeiten meint nicht die direkte Einflussnahme von Kunst auf bestehende Grenzrealitäten. Kunst ist immer etwas anderes. In der ästhetischen Erfahrung werden aber soziale und politische Prozesse beobachtbar und beschreibbar, die gerade in stark reglementierten und konflikthaften Zusammenhängen nur schwer zugänglich sind. Das Gemachtsein und die Performativität dieser komplexen Übersetzungsprozesse zu verstehen, ist Gegenstand dramaturgischen Arbeitens.

Kollektiv-Körper

Jede ästhetische Erfahrung ist auch eine soziale Erfahrung.[7] Damit rücken die vielgestaltigen Verbindungen zwischen individuellen und kollektiven Körpern ins Zentrum der dramaturgischen Analyse: Welche Körper stehen für wen ein und auf – und wie werden einzelne Körper immer auch als zugehörig zu bestimmten Gruppen, Ideen und Ideologien konstruiert und begriffen? Diese Fragen nach Stellvertreter- und Komplizenschaften, nach festgefahrenen Rahmungen und losen Affinitäten spielen eine spezifische Rolle in Zusammenhängen, in denen Körper bzw. ihre künstlerischen Artikulationen schnell ‚geopolitisiert' werden, d. h., vorrangig als Repräsentanten eines übergeordneten, nationalen oder geopolitischen Kontexts betrachtet werden.

Diese performative und diskursive, mehr oder weniger nachvollziehbare Zuschreibungspraxis lässt sich trotz der zunehmend wichtigen und kritischen Arbeit an de-kolonialen Praktiken und Konzepten immer noch auch im Feld des zeitgenössischen Tanzes beobachten. Dabei denke ich an verschiedene Aufmerksamkeitsschübe, die meist in Reaktion auf gesellschaftspolitische Ereignisse bestimmte Körper mit konzentrierter Sichtbarkeit ausgestattet haben: Waren es in den 1990er Jahren, zeitgleich zu den EU-Beitrittsverhandlungen, beispielsweise ‚osteuropäische' Körper, die auf Festivals, Bühnen und

6 Vgl. Joseph Vogl: *Über das Zaudern*. Berlin: Diaphanes 2014.

7 Vgl. Gerald Siegmund: Aesthetic Experience. Introduction. In: Gabriele Brandstetter / Gabriele Klein (Hrsg.): *Dance (and) Theory*. Bielefeld: Transcript 2013, S. 81–85.

Produktionsorten, in Förder- und Residenzprogrammen ins Blickfeld einer breiteren Öffentlichkeit gerückt wurden, lässt sich in jüngerer Zeit und im Kontext der Revolutionsbewegungen in Tunesien, Libyen, Ägypten und Syrien ein ähnliches Phänomen im Zusammenhang mit ‚arabischen' Körpern beobachten.[8] Mir geht es hier in keiner Weise darum, die positiven und notwendigen Ansätze und Effekte dieser Programme und Initiativen zu schmälern oder alle über einen Kamm zu scheren, sondern darum, auf die oft entlang einer westlich geprägten Tanzgeschichtsschreibung entwickelten Vorannahmen zu verweisen, mit denen wir ‚anderen' Körpern begegnen: die symbolisch und affektiv aufgeladenen und teilweise essentialistischen Vorstellungen von kollektiver Identität, die einzelne Gesten und Bewegungen oft nur schwer verrückbar mit bestimmten politischen, nationalen, ethischen und anderen Gruppen in Verbindung bringen. Dies umfasst auch Erwartungen an den künstlerischen und dramaturgischen Umgang mit eben diesen Kontexten und Materialien, wenn arabische Künstler*innen sich beispielsweise von Institutionen, Kurator*innen, dem Publikum, aber auch ihrer eigenen Community aufgefordert sehen, sich in ihren Stücken vorrangig mit Politik oder Widerstand auseinanderzusetzen oder Zeugenschaft über Geschehenes abzulegen.[9]

Aus der Perspektive der Dramaturgin möchte ich darüber nachdenken, was wir diesen Dynamiken entgegensetzen können und wie wir ‚anderen' Körpern offener und kritisch begegnen können. Wie können wir unterschiedliche bekannte und fremde Materialien im dramaturgischen Gefüge eines Stücks mit- und durcheinander existieren und erfahrbar werden lassen, ohne sie in uns bekannte Ausdrucksformen einzuquetschen und zu übersetzen? Wie können wir Widersprüche und Komplexität sinnlich und körperlich erfahrbar machen? Dies betrifft auch die Vorannahmen, Werte, Normen und blinden Flecken, die alle Beteiligten in einen künstlerischen Prozess einbringen, und es wirft die Frage auf, inwiefern wir in unseren Performances, Choreografien und Texten, aber auch als Publikum normative Strukturen aufrechterhalten und stärken. Dramaturgische Entscheidungen sind deshalb – zu einem gewissen Grad – auch politische Entscheidungen.

8 Vgl. Manuel Pelmus: Borderlines. In: Ertem / Noeth (Hrsg.): *Bodies of Evidence*, S. 53–60.

9 Die enge Verbundenheit von körper- und bewegungsbasierten künstlerischen Praktiken mit diversen ideologischen Projekten und Prozessen in Libanon und Palästina verdeutlicht dies historisch und heute und zeigt, dass Imagination und Erfahrung gleichermaßen im Zentrum von Kunst wie auch Politik stehen.

Notizen aus dem Arbeitsheft

Mit den hier versammelten Versatzstücken möchte ich deutlich machen, wie sich dramaturgisches Denken und Arbeiten zwischen Ästhetik, Politik und Ethik aufspannt und anhand von Choreografien und Performances erfahrbar und analysierbar wird, in der Interaktion von Körpern. Diese Schnittstellen sind es, die ich in den folgenden Notizen zu fassen suche – Überlegungen und Fragen, die mich in meiner dramaturgischen Arbeit in den letzten Jahren begleitet haben, und die doch nur vorläufig, suchend bleiben können.[10]

Notiz zum Scheitern
Wir lernen das meiste über ein System, eine Idee oder eine Erfahrung im Moment ihres Zusammenbruchs.

Notiz zum Zusammenhalt
Ein Objekt, ein Körper, eine Geste sind immer nur so stark wie das Umfeld, in das sie eingebettet sind.

Notiz zur Instabilität von Setzungen und Überzeugungen
Instabilität trainiert ein System und erhöht seine Resilienz.

Notiz zum blinden Fleck
Die politische Dimension eines jeden Systems ist sein blinder Fleck.

Notiz zur Inkonsistenz
Es gibt mehr Nicht-Beziehungen als Beziehungen.

Notiz zur Interaktion
Ein Problem bedingt jedes Element des Problems; jedes Element bedingt das Problem.

Notiz zur Handlungsfähigkeit
Es liegt mehr Kraft in einer Frage als in einer Antwort.

10 Diese Notizen greifen unveröffentlichte Ideen des Architekturforschers Adrian Lahoud auf.

48% 07:49

heddalicious91

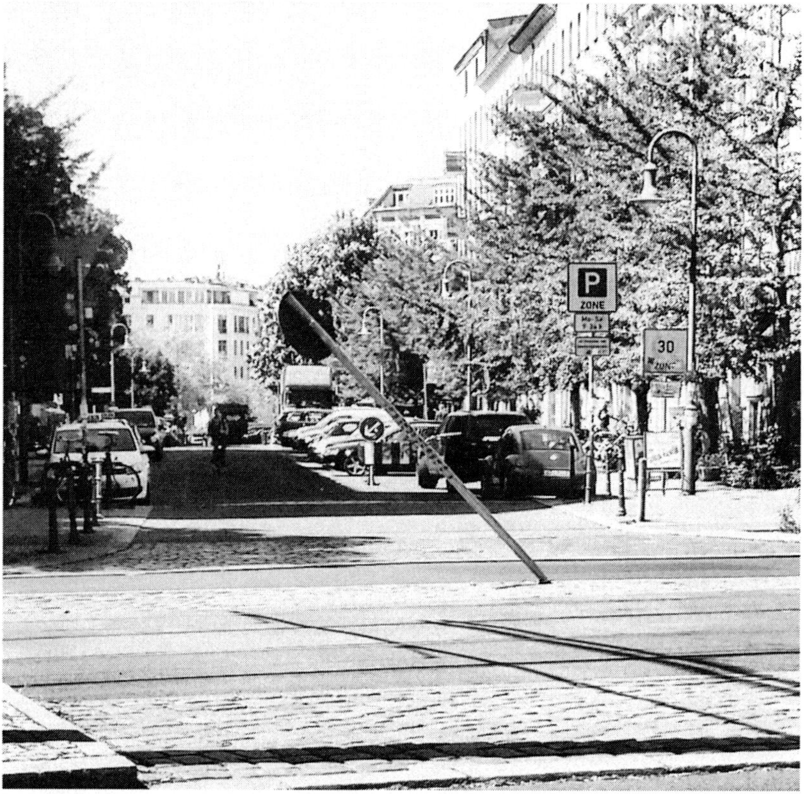

Gefällt **nadved**

heddalicious91 So #etwas ist in unseren Kreisen nicht gerade #üblich.

VOR 4 TAGEN

Sandra Umathum

Theater ohne Zuspätgekommene

Überlegungen zum Verhältnis von Dramaturgie und Zerstreuung

Meine folgenden Überlegungen zu den Praktiken und Potenzialen einer Dramaturgie, die sich als Postdramaturgie insofern bezeichnen lässt, als sie quer zu denjenigen Dramaturgien steht, die das Interesse eines Publikums vom Anfang bis zum Ende einer Aufführung aufrechtzuerhalten versuchen, die sich also bemühen, dessen Konzentration und Aufmerksamkeit möglichst bruchlos auf sich zu versammeln – meine Überlegungen zu solch einem Verständnis von Postdramaturgie nehmen ihren Ausgang bei der Beobachtung, dass seit längerem eine ganze Reihe von Inszenierungen eine auffällige Großzügigkeit und Gelassenheit im Blick auf das Verhältnis zwischen Akteur*innen und Zuschauer*innen an den Tag legt. Man könnte sagen, dass diese Inszenierungen die Fähigkeit oder die Bereitschaft des Publikums zu einem kontinuierlichen mentalen, emotionalen oder sogar physischen Dabeisein weder als Voraussetzung noch als ein Ziel ihres Gelingens begreifen. Sie sind, anders gesagt, nicht von der *ungeteilten* Aufmerksamkeit der Besucher*innen abhängig, sondern lassen verschiedene Formen der An- und Abwesenheit während einer Aufführung gerade dadurch thematisch werden, dass sie diese als gleich gültige Optionen ins Spiel bringen.

I.

Im *Nachtstudio* des Radiosenders Bayern 2 steht im Februar 2019 die Wiederausstrahlung einer Diskussion auf dem Programm, in der sich Theodor W. Adorno, Joachim Kaiser, Uwe Nettelbeck und Martin Walser darüber austauschen, ob und inwiefern das Kino das Theater verdränge.[1] Der Webseite des Senders zufolge hatte der Bayerische Rundfunk im Jahr 1968 diese „hochkarätige Runde" zusammengerufen, um sie über den „Zustand des jungen und des alten Mediums" sprechen zu lassen, einen Zustand, den man einerseits angesichts der damals aufkommenden Begeisterung für die Nouvelle Vague oder den Neuen Deutschen Film, andererseits angesichts der „Umbruchskrise" des Theaters für bedenkenswert hielt.[2] Aus heutiger Sicht erscheint manches an dieser Diskussion veraltet: ihre Verbreitung durch das Radio, die außergewöhnlich langen Redezeiten, die sich die vier Männer herausnehmen, und nicht zuletzt ihre Einschätzung zur Zukunft des Theaters. So erkennt etwa Walser in der zunehmenden Auflösung des Dialogs zwar einen tatsächlich bis in die Gegenwart wirksamen Paradigmenwechsel „zum Vortrag auf der Bühne", dem es sich verdankt, dass die Figuren nicht mehr „miteinander am Zuschauer vorbei" reden. Weniger richtig liegt Walser allerdings mit der Prognose, das „Mitspieltheater [sei] zum Tod verurteilt"[3]. In Vielem herrscht Meinungsverschiedenheit, in einem Punkt sind sich jedoch alle einig, nämlich bei der Ansicht, dass die Zerstreuung des Publikums ein gravierendes Problem und damit eine erhebliche Herausforderung für eine künstlerische Arbeit sei. Hier übernimmt Adorno das Wort, um in einem längeren, von mehreren Zustimmungsbekundungen begleiteten Monolog zu erklären:

> [...] ich glaube, die große Kunst ist seit der Mitte des vorherigen Jahrhunderts immer die gewesen, die auf der einen Seite in einer gewissen Weise mit dem Zustand der Zerstreuung gerechnet hat, auf der anderen aber auch ihn überrumpelt und dadurch ihn abgeschafft hat. [...] Ich könnte das etwa an Richard Wagner oder an Baudelaire bis ins Einzelne zeigen, dass die zwar schon mit einem Publikum rechnen, das nicht mehr in der Weise konzentriert reagiert, wie man vielleicht in der Weimarer Zeit von Goethe reagiert hat, aber nun nicht etwa auch die Leute zerstreuen will, sondern sie überfällt, mit ihnen ficht, um ein Baudelairesches Lieblingsgleichnis aufzunehmen [...].[4]

1 Verdrängt das Kino das Theater? Eine Diskussionsrunde mit Theodor W. Adorno, Joachim Kaiser, Uwe Nettelbeck und Martin Walser. In: *Bayerischer Rundfunk*, 1968. https://www.br.de/radio/bayern2/programmkalender/ausstrahlung-1652822.html (Zugang 26.03.2019).

2 Ebd.

3 Ebd.

4 Ebd.

Die Inszenierungen, die meine Überlegungen inspirieren, wären bei Adorno durchgefallen. Sie arbeiten nicht, wie es „die große Kunst“ zu unternehmen habe, gegen den Zustand der Zerstreuung an; sie lassen ihn zu, mitunter befördern sie ihn sogar. Wie der Film, „wenn er taugen soll“, darf nach Adorno auch das Theater „den Zustand der Zerstreuung nicht akzeptieren“. Vielmehr habe es durch das, „was man früher Gestaltung würde genannt haben“, den „Zuschauer oder Zuhörer so zu überrumpeln [...], dass ihm die Zerstreuung im Hals stecken bleibt“.[5]

Mit diesen Worten drückt Adorno seine Wertschätzung für eine Kunst aus, der es gelingt, Aufmerksamkeit und Konzentration hervorzubringen, die oft aber auch – so lässt sich hinzufügen – auf der Hervorbringung von Aufmerksamkeit und Konzentration besteht, weil sie meint, *nur* in diesem Rezeptionsmodus wertgeschätzt, durchdrungen und angemessen beurteilt werden zu können. Dass der Zustand der Zerstreuung einer Erfahrung abträglich sei, die als ästhetische verstanden werden möchte, und abträglich somit zugleich dem Kunstcharakter des Theaters, ist ein altbekanntes Credo, und mit seiner Äußerung gibt Adorno recht genau zu verstehen, welchem Theater er sich verbunden und verpflichtet fühlt: Es ist nicht etwa das Theater zu Zeiten Shakespeares, in dem das Bühnengeschehen bisweilen nur eine Attraktion unter anderen war und sich die Zuschauer*innen weniger für die Darbietungen der Schauspieler*innen als füreinander interessierten. Adornos Sympathie gehört dem bürgerlichen Theater, zu dessen Kennzeichen es gehört, durch die Unterwerfung der Zuschauer*innen unter ein striktes Verhaltensregime die Störanfälligkeit von beidem – den künstlerischen Vorgängen auf der Bühne und der unabgelenkten Rezeption im Auditorium – in die Schranken zu weisen.[6] Jede theatrale Anordnung, die eine Menschenmenge als diszipliniert still sitzende Versammlung organisiert, als durch Verpflichtung auf Ruhe und Schweigsamkeit voneinander isolierte Mitglieder eines Publikums, erinnert an dieses Ideal der konzentrierten Kunstbetrachtung, selbst wenn dieses Ideal realiter kaum zu erreichen ist, zumindest nicht für die Dauer einer gesamten Aufführung. Das Theater, auch das bürgerliche, weiß, wie leicht sich Zuschauer*innen trotz aller disziplinarischen Maßnahmen ablenken lassen.

5 Ebd.

6 Zur Interdependenz von ästhetischem Erleben bzw. Urteil und einem mit polizeilichen Mitteln hervorgebrachten und kontrollierten Zuschauer*innenverhalten vgl. stellvertretend Benjamin Wihstutz: Schiller's Transformative Aesthetics. In: Ders. / Erika Fischer-Lichte (Hrsg.): *Transformative Aesthetics*. London / New York: Routledge 2018, S. 110–128.

II.

Zur Dramaturgie gehört, wie Christel Weiler schreibt, „die Reflexion auf ein zu erwartendes bzw. vorwegzunehmendes Wahrnehmungs- und Rezeptionsgeschehen auf der Seite der Zuschauer"[7]. Dramaturgie umfasst so gesehen ein vorausschauendes Schauen, ein antizipierendes Erleben, Spekulationen über Wirkungsweisen und Reaktionen, über das, was von einem Publikum wahrscheinlich (nicht) nachvollzogen werden oder dessen Interesse verspielen kann.[8] Dramaturgie ist in dieser Perspektive „als Strategie zu bezeichnen"[9], die – davon legen sowohl die Theorie wie die Machart zahlreicher Dramen und Inszenierungen Zeugnis ab – die geeigneten Mittel kennt, um die Rezipient*innen von einem unerwünschten Abschweifen abzuhalten oder im Zweifelsfall dafür zu sorgen, dass ihnen, wie Adorno sagt, „die Zerstreuung im Hals stecken bleibt". Die Arbeiten, die ich im Feld der Postdramaturgie angesiedelt sehe, nehmen im Verhältnis dazu eine abweichende Position ein. Ohne das bürgerliche Verhaltensregime unbedingt zu verabschieden, genehmigen oder provozieren sie Unaufmerksamkeit und Ablenkung, indem sie Dramaturgien den Vorzug geben, die nicht auf die weitgehend lückenlose Zuwendung des Publikums angewiesen sind und ihm nicht suggerieren, dass es riskiert, etwas Signifikantes zu verpassen bzw. sich in einem benachteiligten oder abgehängten Dabeisein zu erfahren, wenn es seine Aufmerksamkeit vom Bühnengeschehen einmal abzieht.

Zu diesen Arbeiten gehören für mich u. a.: *Chaosgeräusche* (2016) von Hysterisches Globusgefühl; *Gefühle, nothing but* (2015) oder *Gefühle großer Saal* (2016) von Showcase Beat le Mot; *Made for Love* (2017) von Monster Truck; *JLP 2043* (2018) von Lucie Tuma; *Nagelneu* (2016) von Quast & Knoblich; *Natten* (2016) oder *La Substance, but in English* (2014) von Mårten Spångberg; *And on the Thousandth Night…* (2000) von Forced Entertainment; Performances von LaRibot; *The Fall* (2015) von Ragnar Kjartansson. Postdramaturgie ist, auch wenn die genannten Inszenierungen das Gegenteil suggerieren sollten, kein Phänomen der Gegenwart oder der Freien Szene allein. Die

7 Christel Weiler: Dramaturgie. In: *Metzler Theater Lexikon*, hrsg. v. Erika Fischer-Lichte / Doris Kolesch / Matthias Warstat. Stuttgart / Weimar: Metzler 2014, S. 84–87, hier S. 85.

8 Für eine kritische Auseinandersetzung mit der Idee von Dramaturgie als potenter Instanz vgl. in diesem Band insb. Jan Willem Dreier: Dramaturgie als Systemische Praxis, S. 143–163, und Maximilian Haas: Theoretische Bemerkungen zu einer Dramaturgie der nichtmenschlichen Anderen (nach Haraway), S. 194–207.

9 Weiler: Dramaturgie, S. 85.

Aufzählung lässt sich erweitern mit Inszenierungen von Christoph Marthaler, Vegard Vinge und Ida Müller, durch Susanne Kennedys *Die Selbstmord-Schwestern* (2017) oder Robert Wilsons *Einstein on the Beach* (1976) – und bleibt immer noch unvollständig.[10]

Trotz ihrer Unterschiede verbindet diese Inszenierungen, dass ihre Dramaturgien nicht auf die lineare Anordnung eines Geschehens, nicht auf kohärente Strukturierung oder logische Abfolgen setzen und es der Aufmerksamkeit des Publikums so ermöglichen, problemlos zurückzukehren und genau deshalb ruhig abschweifen zu können. Diese Arbeiten funktionieren ohne das kontinuierliche mentale, emotionale oder sogar physische Dabeisein der Zuschauer*innen. Die Zerstreuung beeinträchtigt weder den Kunstcharakter der Aufführung noch die ästhetische Erfahrung. Stattdessen hält die Zerstreuung ihre Anteile an einer ästhetischen Erfahrung, deren Qualität sich Momenten der Disziplinlosigkeit verdankt, Phasen, in denen sich die Aufmerksamkeit anderen oder anderem zuwendet, sich für *abwegige* Gedanken und Emotionalitäten öffnet, die zurückwirken und sich mit jenen überblenden können, die von den Darbietungen der Performenden motiviert werden. Diese Dramaturgien sind divers. Sie reichen vom Prinzip der strikten Wiederholung über die Schichtung oder lose Verknüpfung von Sequenzen, Handlungen, Situationen bis hin zu Prozessen und Verläufen, die Ana Vujanovic in ihrem Beitrag zu diesem Band unter dem Begriff der „Landschaftsdramaturgie“[11] diskutiert. Manche Inszenierungen unterstreichen ihre Großzügigkeit gegenüber der Ablenkung, indem sie die Saaltüren geöffnet lassen und das Publikum zum Kommen und Gehen nach eigenem Belieben einladen.

III.

Blickt man von hier zurück auf die Theatergeschichte des 20. Jahrhunderts, wird man schon Bertolt Brecht als einem Theatermacher begegnen, der Sympathie für eine Aufmerksamkeit hegte, die auch abschweifen darf. Er dachte den Umstand, dass die Zuschauer*innen zwischendurch abblenden und sich in ihren Überlegungen oder Imaginationen verlieren, um dann und wann wieder einzusteigen, mit – zumindest bei der Konzeption seines epischen Theaters, über das Walter Benjamin schrieb:

10 Die Aufzählung ist zufällig. Sie trägt nur einige der Beispiele zusammen, die mir bei meinen Aufführungsbesuchen in den letzten Jahren begegnet sind.

11 Vgl. Ana Vujanovic: Zusammen mäandern: Neue Tendenzen in der Landschaftsdramaturgie, in diesem Band, S. 27–44.

> Hat sich bereits im Film mehr und mehr der Grundsatz durchgesetzt, es müsse dem Publikum jederzeit möglich sein, ‚einzusteigen', verwickelte Voraussetzungen seien zu meiden, es müsse jeder Teil neben seinem Wert für das Ganze noch einen eigenen, episodischen besitzen, so ist das im Rundfunk einem Publikum gegenüber, das seinen Lautsprecher jederzeit willkürlich ein- und ausschaltet, strikte Notwendigkeit geworden. Das epische Theater führt der Bühne die gleiche Errungenschaft zu. Es gibt in ihm grundsätzlich keine Zuspätgekommenen.[12]

Eine „Errungenschaft" nannte Benjamin das von den damals noch relativ jungen Medien Rundfunk und Film stimulierte Rezeptionsverhalten des Ein- und Ausschaltens, welches das epische Theater dank einer episodischen Dramaturgie ebenfalls für die Bühne produktiv machte. Sicherlich lässt sich darüber diskutieren, inwiefern es Brecht mit seinem letztendlichen Festhalten an der linear erzählten Fabel tatsächlich gelungen wäre, den Zuspätgekommenen in seinem Theater einen verlustfreien Ein- und Ausstieg zu ermöglichen. Ich werde dieser Frage nicht nachgehen, möchte Benjamins Formulierung von einem Theater, in dem es „keine Zuspätgekommenen" gibt, aber aufgreifen und mitnehmen als Inbild eines Theaters, das niemanden abhängt, weil es sich darum kümmert, dass es den zwischenzeitlich Zerstreuten und Abgelenkten gelingen kann, sich mit dem Bühnengeschehen jederzeit wieder zu synchronisieren. Und weil dieses Theater vielleicht eben akzeptiert, dass Menschen mit einem Rezeptionsverhalten in die Aufführung kommen, das sie im Kontakt mit anderen Medien eingeübt haben: zu Zeiten Brechts im Kontakt mit dem Film oder Rundfunk, heutzutage vor allem im Kontakt mit dem Internet. Ein Theater, in dem es keine Zuspätgekommenen gibt, ist insofern auch ein Theater, das sich nicht als Bollwerk gegen den vielseits beklagten Rückgang einer längerfristigen Aufmerksamkeitsbindung in Szene setzt, sondern aufgeschlossen gegenüber mittlerweile dominanteren Formen der Rezeption ist bzw. sich bereit zeigt, mit diesen anderen Rezeptionsformen in ein künstlerisch interessantes Verhältnis zu treten.

Zu den Sympathisierenden für ein Theater, das die Großzügigkeit, man könnte auch sagen: die Souveränität besitzt, in der Desynchronisation nicht bloß ein notwendig zu akzeptierendes Übel zu sehen, gehört weiterhin Gertrude Stein. Sie erkannte in der Abkopplung vom Bühnengeschehen eine

12 Walter Benjamin: Was ist das epische Theater? Eine Studie zu Brecht. In: Ders.: *Gesammelte Schriften*, Bd. II.2, hrsg. v. Rolf Tiedemann / Hermann Schweppenhäuser. Frankfurt am Main: Suhrkamp 1977, S. 519–531, hier S. 524.

Qualität, der sie in ihren theatertheoretischen Ansätzen ebenso wie in ihren Stücken Beachtung schenkte. Anders als Brecht ging es ihr allerdings nicht um einen einigermaßen verlustfreien Wiedereinstieg *nach* der Desynchronisation, sondern um die Ablösung der Emotionen von den Geschehnissen auf der Bühne selbst. Das Problematische insbesondere des psychologisch-realistischen Theaters bestand für Stein nämlich in der Aufgabe, sich auf das Dargestellte eintakten zu müssen, und diese Aufgabe erschien ihr, wie der Vortrag verdeutlicht, den sie 1934 während ihrer USA-Reise unter dem Titel *Plays* hielt, als kaum erfüllbar:

> What was the first play I saw and was I already bothered bothered about the different tempo there is in the play and in yourself and your emotion in having the play go on in front of you. I think I may say I know that I was already troubled by this in that my first experience at a play. The thing seen and the emotion did not go together.
> This that the thing seen and the thing felt about the thing seen not going on at the same tempo is what makes the being at the theatre something that makes anybody nervous.
> [...] The emotion of you on one side of the curtain and what is on the other side of the curtain are not going to be going on together. One will always be behind or in front of the other.
> [...] Nervousness consists in needing to go faster or to go slower so as to get together. It is that that makes anybody feel nervous.[13]

Steins Vortrag enthält eine genaue Analyse ihrer persönlichen Theatererfahrungen und, zur Lösung des benannten Problems, am Ende einen Vorschlag, den sie durch die Einführung in ihre sogenannten *Landscape Plays* erläutert. Mit dem *Landscape Play* verabschiedete Stein die linear erzählte Fabel zugunsten von Stücktexten, die als bzw. wie Landschaften komponiert sind: Ihre einzelnen Bestandteile kommen auf die Rezipierenden in Schleifen zu, als Brüche und Sprünge, als Fragmentiertes, als Eliminierung von Rollenfiguren und Dialogen, als Abkehr einer vorwärts, auf ein bestimmtes Ziel hinschreitenden Zeit, als Abkehr auch von syntaktischen und semantischen Regeln oder Regulierungen, von Ordnungsprinzipien und Hierarchisierungen, wie

13 Gertrude Stein: Plays. In: Dies.: *Look at Me Now and Here I Am. Writings and Lectures 1911–1945*, hrsg. v. Patricia Meyerowitz. Harmondsworth: Penguin 1971, S. 58–83, hier S. 60–61.

sie für das klassische Drama typisch sind. Die spezifische Gemachtheit eines *Landscape Play* sollte es niemandem aufzwingen, mit dem Gesagten und Gezeigten Schritt halten oder die eigene Gestimmtheit mit den Empfindungen von Charakteren sowie der Entwicklung einer Handlung in Einklang bringen zu müssen.

> I felt that if a play was exactly like a landscape then there would be no difficulty about the emotion of the person looking on at the play being behind or ahead of the play because the landscape does not have to make acquaintance. You may have to make acquaintance with it, but it does not with you, it is there and so the play being written the relation between you at any time is so exactly that that it is of no importance unless you look at it.[14]

Steins Landschaftstheater trägt, wie Hans-Thies Lehmann es formuliert, „Züge einer *Defokussierung* und Gleichberechtigung der Teile"[15]. Keineswegs lässt sich dieser Ansatz aber auf das Interesse an einem selbstgenügsamen künstlerisch-ästhetischen Experiment reduzieren. Er geht Hand in Hand mit der Arbeit an einem Theaterkonzept, das für Stein eine klare therapeutische Funktion besaß: Es sollte die Zuschauenden von dem Synchronisationsdruck befreien, der ihrer Ansicht nach Nervosität produziert und Nervosität verbreitet.[16] In ihrer Vorstellung von einem idealen Theater gab es keine Zuspätgekommenen, weil in ihm die Synchronisation zwischen Bühne und Zuschauer*innen gar nicht erst auf der Agenda stand. Das Bühnengeschehen begegnet als eine Landschaft, mit der man Bekanntschaft schließen kann, ohne von ihr

14 Stein: Plays, S. 77.

15 Hans-Thies Lehmann: *Postdramatisches Theater*. Frankfurt am Main: Verlag der Autoren 1999, S. 104 (Herv. i. Orig.).

16 Vgl. hierzu ausführlich Torsten Jost: *Gertrude Stein: Nervosität und das Theater. Die Geschichte ihrer therapeutischen Theaterästhetik*. Paderborn: Fink 2019. Erstaunlich ist, in welchem Maß sich bei Stein einige der Gedanken variieren, die bereits weit zuvor, am 26. Dezember 1797, Schiller in einem Brief an Goethe notierte: „Bewegt sich die Begebenheit vor mir, so bin ich streng an die sinnliche Gegenwart gefesselt, meine Phantasie verliert alle Freiheit, es entsteht und erhält sich eine fortwährende Unruhe in mir, ich muss immer beim Objekte bleiben, alles Zurücksehen, alles Nachdenken ist mir versagt, weil ich einer fremden Gewalt folge." (Johann Wolfgang von Goethe / Friedrich Schiller: *Briefwechsel zwischen Schiller und Goethe*, Bd. 1, Kap. 6. https://www.friedrich-schiller-archiv.de/briefwechsel-von-schiller-und-goethe/1797/392-an-goethe-26-dezember-1797 / (Zugriff am 03.05.2019).) Was bei Schiller die Unruhe, ist bei Stein die Nervosität, die durch die permanente Notwendigkeit der Synchronisation hervorgerufen wird.

dieselben Avancen erwarten zu dürfen. Die Landschaft kennt dazu keine Verpflichtung und keinen Grund. Sie ist einfach da, „it is there“.

IV.

Vorführung ist in der Regel Darbietung von Körpern und Verkörperungen, von Tätigkeiten und Handlungen für die Wahrnehmung durch andere. Vorführung ist mithin ein Zeigen, das nach Beachtung und Hinwendung ruft – selbst und sogar da, wo dieses Zeigen, wie im Theater Denis Diderots, sein Zeigen zu verschleiern versucht, indem es so tut, „als ob gar keiner da wäre“, der oder die es zu sehen bekäme: „als ob der Vorhang nicht aufgezogen würde“[17]. Ein Theater, in dem es keine Zuspätgekommenen gibt, lässt die theatrale Konfiguration von Zeigen und Schauen zum Gegenstand auch der dramaturgischen Reflexion werden. Es fragt nach den Prinzipien des Zeigens im Theater und danach, wie sie reformuliert werden können. Fragt, wie etwas auf der Bühne sein kann, ohne sich ununterbrochen als Gezeigtes in Szene zu setzen (und ohne, wie bei Diderot, genau dadurch auf eine umso tiefere Versunkenheit der Zuschauer*innen in das Bühnengeschehen zu hoffen). Fragt außerdem, wie sich etwas dem Blick des Publikums widersetzen kann.[18] Oder wie das Tun und die Anordnung der Akteur*innen, menschlichen oder nicht, beschaffen sein muss, damit sich die Rezipient*innen zumindest zwischendurch in einem mehr oder minder schlichten Dabeisein erfahren können: hier die einen, dort die anderen, die miteinander Zeit und Raum teilen, sich aus der Abhängigkeitslogik der theatralen Konfiguration aber zurückziehen können, um *anders* beieinander zu sein.

Gertrude Steins *Landscape Plays* unterbreiten zu einigen dieser Fragen Vorschläge, welche sicherlich nicht zufällig in den Arbeiten von Künstler*innen Nachhall finden, die den *Zusammen*hang, das Zusammen*hängen* von Performer*innen und Publikum in einer Weise zum Gegenstand der künstlerischen Auseinandersetzung erklären, dass Zerstreuung als Möglichkeit und Potenzial thematisch wird. Zu diesen Arbeiten gehört *Einstein on the Beach* von Robert Wilson, eine vierstündige Inszenierung, die alle Zuschauer*innen

17 Denis Diderot: Von der dramatischen Dichtkunst. In: Ders.: *Ästhetische Schriften*, Bd. 1. Frankfurt am Main: EVA 1968, S. 239–347, hier S. 284.

18 Einflussreich sind für mich in diesem Zusammenhang die Überlegungen von André Lepecki zu Performance und/in Dunkelheit. Vgl. André Lepecki: In the Dark. In: Ders.: *Singularities. Dance in the Age of Performance*. London / New York: Routledge 2016, S. 55–84.

einlädt, „to zone out, nod off or take a breather during the four act piece“[19] und nach Belieben sogar zu gehen und wiederzukommen. Zu diesen Arbeiten gehört auch *Natten* von Mårten Spångberg, mit der sich Ana Vujanovic in ihrem Beitrag zu diesem Band beschäftigt und es als Beispiel für eine zeitgenössische Form der Landschaftsdramaturgie in die Diskussion bringt: als eine „nicht-narrative Komposition“[20], die ähnlich „dem ungeordneten Kringeln einer Feder […] über ein Blatt Papier kurvt und wirbelt, sich ständig verlierend und wiederfindend“[21]. Das Verhalten der Zuschauer*innen und die Erfahrungsqualitäten, die aus dieser Dramaturgie im Verlauf der von 18 bis 1 Uhr früh dauernden Performance resultieren, beschreibt Vujanovic als ein ständiges Changieren zwischen Konzentration und Abschweifung, als eine sich gleich schwebend auf alles Anwesende verteilende Aufmerksamkeit, die selbst vor den anderen Besucher*innen nicht Halt macht. Es ist eine Aufmerksamkeit, die – und das war auch meine Erfahrung während derselben Aufführung[22] – wandert und hängenbleibt, die Halt sucht, Halt findet, weiterzieht, bis sie erneut irgendwo anhält oder angehalten wird, vielleicht jenseits des Bühnengeschehens, bei einer anderen Zuschauerin, einer Textnachricht auf dem Handy, einem Tagtraum, dem Versuch, den Gesetzmäßigkeiten der Dramaturgie auf die Schliche zu kommen, oder bei dem Wunsch nach einer Pause und einem Bier. Im Grunde korrespondiert dieses Rezeptionsverhalten mit genau den Kennzeichen, die Vujanovic der Dramaturgie von *Natten* attestiert: Es kurvt und wirbelt, sich ständig verlierend und wiederfindend – und korrespondiert so zugleich mit den Dabeiseinsformen der Performer*innen, die sich ihrerseits Pausen nehmen, danach wieder etwas tun, das mal mehr, mal weniger als Vorführung in den Blick gerät, dann an den Rand treten, um auf ihren Handys herumzutippen, sich auszuruhen, die Szenerie zu beobachten oder sie zu fotografieren, und irgendwann erneut die Bühne betreten.
Vujanovic schreibt, dass man hier „erhielt, was man gab“, d. h. an Acht- und Aufmerksamkeit verschenkte: „War man zumeist damit beschäftigt, sich auf Facebook herumzutreiben (und niemand auf der Bühne hielt einen davon

19 Melissa Lesnie: Einstein on the Beach: ‘People Thought This Was Going to Change the World’. In: *The Guardian*, 31.07.2013. https://www.theguardian.com/culture/australia-culture-blog/2013/jul/31/einstein-beach-philip-glass-opera (Zugriff am 20.05.2019).

20 Vujanovic: Zusammen mäandern, S. 38.

21 Ebd., S. 39.

22 Diese Aufführung fand im Rahmen von Impulstanz Wien am 09.08.2016 in den mumok Hofstallungen statt.

ab), kriegte man von der Performance [...] natürlich nicht viel (mit)."[23] Ich möchte meinen, dass diese Sichtweise nur einen Teil der Wahrheit benennt. Tatsächlich bekommt man von Arbeiten wie *Natten* oder von Spångbergs *La Substance, but in English* mehr als das, was man vom Bühnengeschehen *mitkriegt*. Man kriegt eine Verschiebung im Dispositiv des Theaters, das im Unterschied zum Dispositiv des Museums oder der Galerie nur in den selteneren Fällen eine selbstbestimmte Abkehr vom Gegenstand der ästhetischen Erfahrung vorsieht, kriegt eine Öffnung hin zu Entdisziplinierung und Disziplinlosigkeit, kriegt eine Form der Rezeption, die sich in einem entspannten Dabei- oder Zusammensein ereignet, kriegt mithin eine Performance, die einen auf angenehme Weise in Ruhe lässt, eben weil sie Zerstreuung nicht als Manko diskreditiert und es ihr keinen Abbruch tut, wenn sich die Besucher*innen durch eine der durchgehend geöffneten Türen zwischenzeitlich absentieren.[24] In einem Interview sagt Philip Glass, der die Musik zu *Einstein on the Beach* komponierte: „I think, we've taught our audiences bad viewing habits."[25] In gewisser Weise trifft diese Aussage auch auf *Natten, La Substance, but in English* sowie manch andere Arbeiten zu, die im Fokus meines Interesses stehen.

Unklar ist, was passieren würde, wenn bei *Natten* oder *La Substance, but in English* jemand die Bühne beträte, sich in die Choreografien der Performer*innen einmischte oder eine eigene Vorführung zum Besten gäbe. Vielleicht wäre da eine Grenze erreicht. Zunächst einmal aktivieren *Natten* und *La Substance, but in English* jedoch ein Publikumsverhalten, das den Eindruck erweckt, keine Verbote zu kennen. Was immer die Besucher*innen wenigstens in dem ihnen zugewiesenen Raum tun oder unterlassen, scheint willkommen zu sein. Es fügt sich in die Landschaft ein oder wird, genauer noch, der Landschaft durch meine Wahrnehmung zugefügt. Die Landschaft endet daher nicht am Bühnenrand, vielleicht endet sie nicht einmal an der Ausgangstür. Selbst die Szenerien auf der Straße oder im Hof addieren sich irgendwie dazu, die Zigaretten, Getränke und Gespräche, die nach der Rückkehr in den Aufführungsraum den Blick und das Erleben ändern, lenken, erweitern. Die sich auf alles

23 Vujanovic: Zusammen mäandern, S. 38.

24 Ich bedanke mich insbesondere bei Georg Döcker für die inspirierenden Gespräche sowie die Gelegenheit, meine Überlegungen im April 2017 anlässlich eines Workshops im Rahmen des von der DFG geförderten Forschungsprojekts „Theater als Dispositiv" (2015–2018) präsentieren zu dürfen.

25 Philip Glass: Have a Sleep during Einstein on the Beach. In: *BBC*, 04.05.2012. https://www.bbc.com/news/entertainment-arts-17958400 (Zugriff am 20.05.2019).

verteilende Aufmerksamkeit dehnt den Radius der Landschaft oder stellt zumindest in Frage, ob eine Landschaft in die nächste übergeht oder alles Teil derselben Landschaft ist. Ich schaue umher, liege auf dem Boden, lese Emails, schreibe SMS, notiere ein paar Überlegungen, höre die Musik, schließe die Augen, dämmere weg, wache auf, fokussiere mich wieder. Es ist immer noch alles da, aber nicht genauso wie zuvor. Wie bei jeder Landschaft ist alles in ständiger Bewegung begriffen. Es braucht nicht erst eine längere Zerstreuung, um Veränderungen zu bemerken, von denen schwer zu sagen ist, wie sie zustande gekommen sind. Schon die kürzeste Defokussierung kann bewirken, dass sich etwas anderes, dass sich etwas anders zeigt. Bisweilen sind dafür nur fein nuancierte Veränderungen verantwortlich, dann wiederum Veränderungen wie nach einem Wetterumschwung oder einem Wechsel der Tages- oder Jahreszeit. Etwas geht und verflüchtigt sich, etwas tritt in Erscheinung, die Landschaft aber bleibt und bleibt als etwas, das von den Besucher*innen nichts erwartet, sondern sie dazu einlädt, sich in oder bei ihr aufzuhalten, in und bei ihr Zeit zu verbringen.

V.

Je nach persönlicher Vorliebe oder Einstellung wird man ein Theater, in dem es keine Zuspätgekommenen gibt, begrüßen oder verteufeln – und an dieser Stelle möchte ich in eine Richtung abbiegen, die die Ebene persönlicher Vorliebe oder Einstellung verlässt, um ein solches Theater im Licht seiner politischen Implikationen zu konturieren. Interessanterweise verzeichnet das gemeinte Theater nämlich Berührungen mit Aspekten, die in den Disability Studies seit mehreren Jahren unter dem Begriff der *crip time* verhandelt werden. Dass Inszenierungen einem postdramaturgischen Theaterverständnis zuarbeiten, besagt jedoch nicht, dass sie *crip time* als Bezugsgröße bereits für sich entdeckt haben. Die meisten unter ihnen haben dies gerade nicht. Vielleicht sind sie sich der Berührungspunkte nicht einmal bewusst. Diesen Berührungspunkten möchte ich auf den verbleibenden Seiten nachgehen.
Anders als mitunter angenommen bezeichnet *crip time* nicht, vor allem nicht allein die Extra-Zeit, die Menschen mit Behinderung benötigen, um alltägliche Dinge zu verrichten und sich in einer nach nicht-behinderten Standards eingerichteten und darum an ihren Bedarfen vollkommen vorbei organisierten Umwelt zu behaupten. Für Alison Kafer geht *crip time* in erster Linie mit einer Sensibilität für die Hürden und Hindernisse einher, denen sich Menschen mit Behinderung überall konfrontiert sehen:

> Operating on crip time, then, might be not only about a slower speed of movement but also about ableist barriers over which one has little to no control; [...] crip time involves an awareness that disabled people might need more time to accomplish something or to arrive somewhere.[26]

Kafer zufolge ist diese Aufmerksamkeit jedoch nur der Anfang, nur ein erster Schritt auf dem Weg zu einer Reorganisation, einer Re-Formation von Zeit, die einkalkuliert, dass nicht alle Menschen im selben Maß in der Lage sind, sich dem Takt anzupassen oder längerfristig den Takt zu halten, der das Leben rhythmisiert, das alltägliche ebenso wie das Leben in seiner Gesamtheit. *Crip time* zielt auf eine Unterbrechung der Logiken normativer Zeitlichkeit oder, wie Kafer die Worte ihrer Kollegin Margarte Price zitierend schreibt:

> [A]dhering to crip time [...] might mean recognizing that people will arrive at various intervals, and designing [events] accordingly; and it might also mean recognizing that [people] are processing language at various rates and adjusting the pace of a conversation. It is this notion of *flexibility* (not just extra-time) that matters.[27]

Crip time ist eine sich den Bedarfen und Bedürfnissen von Menschen mit Behinderung anpassende Zeit, ist ein Umgang mit Zeit, der mitdenkt, dass sich die gängigen Erwartungen an die Dauer einer Verrichtung an „very particular minds and bodies"[28] orientieren: an den *minds* und *bodies* nicht-behinderter Menschen, deren häufig sogar idealisierte Fähigkeiten den selbstverständlichen Richtwert bilden. Angesichts der Sachlage, dass dieser Richtwert zahlreiche Menschen ignoriert, diskriminiert und sich so an der Normierung und Normalisierung körperlicher und kognitiver Vermögen signifikant beteiligt, setzt sich *crip time* als ein widerständiger Umgang mit Zeit in Szene, der versucht, die Zumutungen normativer Zeit und Zeitlichkeit auszuhebeln.

Blickt man von hier aus auf das Theater, auf die Stadt- und Staatstheater oder die Spielstätten der Freien Szene, dann fällt auf, dass eine Beschäftigung mit *crip time* noch kaum im Fokus des Interesses steht. In den meisten Häusern sind inzwischen Vorrichtungen vorhanden, die einen einigermaßen barrierefreien Zugang gewährleisten; die Frage nach der Zugänglichkeit ist

26 Alison Kafer: *Feminist, Queer, Crip*. Bloomington / Indianapolis: Indiana UP 2013, S. 26.

27 Ebd., S. 27 (Herv. i. Orig.).

28 Ebd., S. 6.

damit jedoch noch nicht erledigt. Sie betrifft auch die Zugänglichkeit zu Veranstaltungen, in denen das Publikum einem Verhaltensregime unterworfen ist, das Menschen mit körperlichen oder neurodivergenten Behinderungen sowie Menschen mit chronischen Krankheiten ignoriert bzw. stillschweigend annimmt, dass ihnen eine Anpassung an die herrschende Ordnung irgendwie schon gelingen wird. Mit vielem, was diese Ordnung stört, hat das Theater seine Probleme bis heute. U.a. zeigt sich dies beim Thema Pünktlichkeit. Unpünktlich zu sein, gilt gemeinhin als Zeichen für Unorganisiertheit und mangelndes Zeitmanagement und folglich als tadelnswert. Oft weisen bereits die Eintrittskarten darauf hin, dass es für Zuspätkommende keinen Einlass gibt, und gerade die Stadt- und Staatstheater legen gesteigerten Wert auf die bürgerliche Tugend der Pünktlichkeit. Ein Klingelton kündigt den bevorstehenden Beginn der Vorstellung oder das Ende der Pause an, und nicht selten gelingt ein fast minutengenaues Schließen der Saaltüren, das allen Unpünktlichen den Zugang verwehrt oder sie bei Nacheinlass als diejenigen diskreditiert, denen es nicht gelungen ist, sich angemessen zu verhalten. Eine Beschäftigung mit *crip time* käme hier zu einem anderen Ergebnis, führte womöglich dazu, dass die Saaltüren oder wenigstens einige von ihnen geöffnet blieben – für die Zuspätkommenden und für alle anderen, die eine Pause benötigen vor oder nach der eigentlichen Pause oder weil und obwohl eigentlich keine Pause vorgesehen ist. Anders als bei Robert Wilson oder Mårten Spångberg wären die geöffneten Türen dann allerdings ein Indikator für die Anerkennung, dass es Menschen gibt, die nicht aus Gründen der Unorganisiertheit zu spät kommen oder für die es mit Anstrengung und Schmerzen verbunden ist, den Sitzplatz während einer gesamten Aufführung nicht verlassen zu können.
Und natürlich sind bereits die Stimmen zu vernehmen, die da einwenden werden, dass offene Saaltüren im Blick auf die Realität einer Aufführungssituation nicht praktikabel seien, da sie ein ständiges Kommen und Gehen und darum eine Unruhe provozierten, welche die Konzentration von Performer*innen wie Zuschauer*innen gefährde (und somit deren Synchronisation mit dem Bühnengeschehen). Stimmen, die also zur Verteidigung der herrschenden Ordnung auf das Argument des Respekts zurückgreifen. Oder das der Höflichkeit. Die Problematik solcher Argumente thematisiert Kirsty Sedgman in ihrem Buch *The Reasonable Audience. Theatre Etiquette, Behaviour Policing, and the Live Performance Experience*:

> By dragging the theatre etiquette debates into the territory of 'manners' and 'respect', and drawing on centuries of civilising discourse in the process, audiences are working collectively to assert themselves as the obvious arbiters of reasonable

> behaviour. But 'manners' are neither neutral nor objective. 'Respect' is a construct designed to resist disruptions to the status quo.[29]

Man müsste wohl lernen, mit den entsprechenden Unterbrechungen der bestehenden Ordnung zu leben oder für die Etablierung einer neuen Ordnung Opfer zu bringen, zumindest wenn man die Ausgrenzung von Menschen beenden möchte, denen das gängige Verhaltensdispositiv des Theaters den Zugang erschwert:

> If we keep insisting that the pleasures of absorbed silence are worth preserving, we have to face up to the fact that others will continue to feel (or literally, physically, to be) excluded from taking part in these events. This is the tradeoff we are making. This is the bargain we have struck.[30]

Die Theater- und Performancegeschichte hat zur Lösung dieser Schwierigkeiten bereits mehrere Empfehlungen vorliegen: Im sogenannten inklusiven Theater sind das z. B. die *relaxed performances*, die derzeit vor allem im angelsächsischen Raum von sich reden machen. Doch auch die postdramaturgisch organisierten Arbeiten, bei denen meine Überlegungen begannen, lassen sich um die Reflexion und Integration von Aspekten nicht-normativer Zeitlichkeit erweitern, die der Großzügigkeit dieser Arbeiten gegenüber unterschiedlichen An- und Abwesenheitsformen eine zusätzliche Ebene verleihen.

VI.

Ein weiteres Scharnier zwischen den postdramaturgischen Ansätzen und dem diskursiven Feld von *crip time* bildet die Erfahrung nicht-linearer Zeit. In ihrem Essay *Six Ways of Looking at Crip Time* schreibt Ellen Samuels: „Disability and illness have the power to extract us from linear, progressive time with its normative life stages [...].“[31] Samuels zieht Krankheit und Behinderung in die Verantwortung für das Ausgeschlossensein von dem Privileg, Zeitlichkeit als vorwärtsgerichteten Verlauf wahrzunehmen, als ein

29 Kirsty Sedgman: *The Reasonable Audience. Theatre Etiquette, Behaviour Policing, and the Live Performance Experience*. London: Palgrave Macmillan 2018, S. 6. Vgl. hierzu auch ausführlich ebd., Kap. 4 („A Defence of Theatre Etiquette“), S. 43–86, sowie Kap. 6 („Marked/Unmarked Bodies“), S. 139–153.

30 Ebd., S. 131.

31 Ellen Samuels: Six Ways of Looking at Crip Time. In: *Disability Studies Quarterly* 37,3 (2017). http://dsq-sds.org/article/view/5824/4684 (Zugriff am 20.05.2019).

Vorankommen, das sich hochgerechnet auf ein ganzes Leben u. a. im Erreichen und Erledigen verschiedener Lebensabschnitte und Lebensereignisse manifestiert: Kindergarten, Schule, Verlassen des Elternhauses, Ausbildung oder Studium, eigenes Geld verdienen, Beziehung, eventuell Eheschließung, Kinder kriegen etc. Dieser meist unhinterfragten Dramaturgie ist nichts Natürliches zu eigen. Sie ist eine Konstruktion, und zugrunde liegt dieser Konstruktion ein Weltentwurf, der alle übergeht, die dieser Dramaturgie nicht gerecht werden können oder gerecht werden möchten – und sie übergehen *muss*, um die bestehende Ordnung vor ihrer Destabilisierung zu beschützen. „We", fährt Ellen Samuels fort, „who occupy the bodies of crip time know that we are never linear, and we rage silently – or not so silently – at the calm straightforwardness of those who live in the sheltered space of normative time."[32] Anstelle eines Lebenswegs, der zwar nicht unbedingt alle aufgerufenen Stationen ansteuern kann oder will, in der Regel aber eine mehr oder minder kontinuierliche Entwicklung von in Abhängigkeit verbrachter Kindheit hin zum eigenständigen, fortpflanzungsfähigen und fortpflanzungswilligen Erwachsenen nimmt – anstelle dieses wenigstens bis zu einem gewissen Grad und Alter stets auf die Steigerung von Leistungsfähigkeit und Produktivität ausgerichteten Lebenswegs sorgen Krankheit und Behinderung für unvorhergesehene Richtungswechsel und Störungen, für „backward and forward acceleration", wie Samuels es ausdrückt, „jerky stops and starts, tedious intervals and abrupt endings."[33] *Crip time* ist eine sich brechende Zeit, eine Zeit, die Vergangenheit, Gegenwart und Zukunft durcheinanderbringt, ineinanderfallen oder auseinandergleiten lässt. Das verbindet *crip time* mit *queer time*, jener anderen nicht-normativen Zeitlichkeit, deren Feld sich in der kritischen Auseinandersetzung mit heteronormativen Hegemonien abmisst, sich mit den Bedingungen von *crip time* aber dort trifft, wo der Entwurf anderer Zeitlichkeiten ebenso auf der Agenda steht wie die Projektion eines Lebens, das von den Konventionen linear verlaufender Dramaturgien nicht *vor*geschrieben ist, sondern sich in die tradierten Vorstellungen von Geschwindigkeiten, Dauern und lebenszeitlichen Abläufen als Gegennarrativ einbringt.[34]

32 Samuels: Six Ways of Looking at Crip Time.

33 Ebd.

34 Zu queerer Zeit und Zeitlichkeit vgl. Jack Halberstam: *In a Queer Time and Place. Transgender Bodies, Subcultural Lives.* New York / London: New York UP 2005. Zu den Verbindungen zwischen *crip* und *queer time* vgl. außerdem Kafer: *Feminist, Queer, Crip* oder Robert McRuer: *Crip Theory. Cultural Signs of Queerness and Disability.* New York / London: New York UP 2006.

Von einer Beschäftigung mit *crip time* inspirierte Inszenierungen hätten die vernachlässigten Potenziale alinearer Dramaturgien auszuloten, etwa indem sie theatrale und theatral verhandelte Zeitlichkeit im Licht von Lebenserfahrungen betrachten, die sich der Norm weder unterordnen noch unterordnen lassen; indem sie dafür sorgen, dass sich Menschen mit, aber auch Menschen ohne Behinderung nicht an normative Zeitstrukturen anpassen müssen; indem sie die Idee eines Theaters, in dem es keine Zuspätgekommenen gibt, sogar auf die Bühnensituation ausweiten. D. h., dass es ebenfalls den Performer*innen gestattet wäre, sich vom Bühnengeschehen und dem Spiel der Kolleg*innen temporär abzukoppeln und sich somit zugleich der Produktivität und Kreativität zu entziehen. Und es gäbe dann die dramaturgisch angelegte Möglichkeit, sich mühelos wieder einzuklinken. Desynchronisationen, die durch einen Ausstieg oder Verzug zustande kommen, die Verzögerungen bedingen, welche in den Fluss der Zeit einen Keil treiben und *Taktlosigkeiten* produzieren, gehörten so selbstverständlich dazu, wie die Phasen des harmonischen Zusammenspiels und perfekten Timing. Manchmal würden sich beide überlagern, manchmal kämen sie einander in die Quere, manchmal wären sie einander egal. Ein Theater, in dem es keine Zuspätgekommenen gibt, ist ein Theater, das sich bemüht, alternative Formen des Zusammenseins zwischen *allen* Beteiligten hervorzubringen: Formen, die weniger rigide, weniger ausgrenzend, weniger ermüdend sind. Es müsste dieses andere Theater nicht immer und überall geben, mit einer gewissen Regelmäßigkeit aber hier und da, als Zeichen des Bewusstseins für die Zumutungen, die mit dem dominanten Verhaltensregime sowie einer nicht-postdramaturgischen Idee von Dramaturgie einhergehen (können).

47% 07:48

heddalicious91

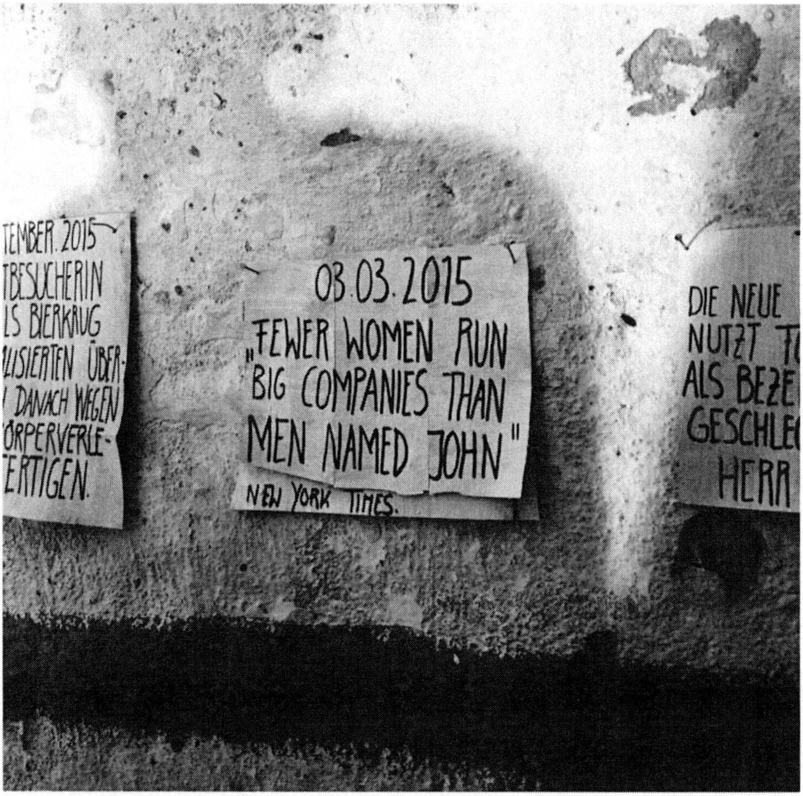

Gefällt **nadved**

heddalicious91 Ich habe eben große #Angst vor dem #Skandal.

VOR 1 TAG

Solveig Gade

Zwischenfigur und prekär Arbeitende

Überlegungen zum Dramaturgieberuf

> Freelancing has become a global movement. [...] As creative artists, dramaturgs are used to contract-based work. We make our way through the world on a project-by-project basis and work on many projects at the same time. In a fortunate twist of fate, our mindset and professional abilities have placed us at a cutting edge of these new global employment trends. [...] Freelance dramaturgs can lead the field of dramaturgy. And together we can lead the field of theatre. We have more resources than we think.[1]

Mit diesen optimistisch gefärbten Worten beschreibt die Dramaturgin Anne Hamilton die vermeintliche Fähigkeit ihrer Kolleg*innen, sich den neoliberalen und postfordistischen Arbeitsverhältnissen anzupassen. An einer anderen Stelle lobt sie außerdem deren besonderes Talent, sich flexibel zwischen verschiedenen Aufgabenbereichen – Kuration, Unterstützung bei der Entwicklung neuer Theatertexte, Kulturjournalismus usw. – zu bewegen. Ausgehend davon möchte ich mich hier kritisch mit dem Verständnis von Dramaturg*innen als wandlungsfähigen *Zwischenfiguren* beschäftigen – und dies insbesondere vor dem Hintergrund der prekären Arbeits- und Lebensverhältnisse, denen gerade freischaffende Dramaturg*innen ausgesetzt sind. Zu diesem Zweck werde ich mich auf jüngere Dramaturgietheorien sowie die Überlegungen von Isabell Lorey und Bojana Kunst beziehen. Das Interesse an diesem

1 Anne Hamilton: Freelance Dramaturgs in the Twenty-First Century. Journalists, Advocates, and Curators. In: Magda Romanska (Hrsg.): *The Routledge Companion to Dramaturgy.* London / New York: Routledge 2016, S. 118–123, hier S. 119.

Thema entspringt meiner eigenen 17-jährigen Arbeit sowohl als freischaffende Dramaturgin wie auch als fest angestellte Dramaturgin am Königlichen Theater Dänemarks. Mit anderen Worten: Ich bin von der skizzierten Problemstellung persönlich betroffen und daher voreingenommen.[2]

Dramaturg*innen und die ‚liminale Norm'

Eine Vielzahl von Funktionen zu erfüllen und zwischen diesen Funktionen ebenso geschmeidig wie souverän hin und her zu wechseln, sind Kompetenzen, die bereits den ersten offiziellen Institutionsdramaturgen abverlangt wurden. Man denke etwa an Gotthold Ephraim Lessing, der am Hamburger Nationaltheater als Kritiker, Dramatiker und Spielplanberater tätig war und, tief in den Ideen der Aufklärung verwurzelt, das selbsterklärte Ziel verfolgte, mit dem Niveau des deutschen Theaters zugleich den Geschmack des Publikums verbessern zu wollen.[3] Man erinnere sich auch an die Dramaturg*innen bei Bertolt Brecht, die gemeinsam mit dem Regisseur die konzeptuelle, kontextuelle und ideologische Rahmung einer Inszenierung entwickelten und darüber hinaus für Übersetzungen, die Dokumentation der Probenprozesse oder die Ausarbeitung der Programmbücher verantwortlich waren.[4] Mit der Entwicklung neuer (postdramatischer) Theaterformen und den damit einhergehenden Veränderungen einerseits von Arbeitsabläufen, andererseits von Institutionen hat sich in den letzten Dekaden des 20. Jahrhunderts die Palette dramaturgischer Aufgaben um zusätzliche Aspekte erweitert. So wird, z. B. im *devised theatre* oder in Tanzperformances, die Dramaturg*in immer intensiver am künstlerischen Prozess beteiligt. Erkennbar wird dies schon an der sukzessiven Ersetzung früherer Zuschreibungen („Kritiker*in", „objective observer" oder „outside eye") durch Bezeichnungen wie „co-creator of a problem"[5],

2 Ich danke Sandra Umathum für ihre große redaktionelle Hilfe. Ebenfalls danke ich Cecilie Ullerup Schmidt, Laura Schultz und Thomas Rosendal Nielsen für ihre einsichtsvollen inhaltlichen Kommentare und Lise Gade für sprachliche Unterstützung.

3 Vgl. Mary Luckhurst: *Dramaturgy. A Revolution in Theatre.* Cambridge: Cambridge UP 2006, S. 28–29; Katalin Trencsényi: *Dramaturgy in the Making.* London / New York: Bloomsbury 2016, S. 8–14.

4 Wie Mary Luckhurst bemerkt, wurden die verschiedenen Funktionen der Dramaturgie, die Brecht im *Messingkauf* darstellt, in der Realität des Berliner Ensembles jedoch nicht von einer einzigen Person erfüllt, sondern unter einem ganzen Team von spezialisierten Dramaturg*innen aufgeteilt. Vgl. Luckhurst: *Dramaturgy*, S. 129.

5 Bojana Cvejić: The Ignorant Dramaturg. In: *Maska* 16,131–132 (2010): Practical Dramaturgy, S. 40–53, hier S. 40.

„close collaborator“[6] oder „embodied mind“[7]. Dramaturg*innen als objektive, rationale Gestalten werden allmählich von sowohl mitdenkenden wie körperlich involvierten Subjekten ergänzt, wenn nicht sogar verdrängt.[8]

Im selben Maß, wie die *mitschöpferische* Rolle in den Vordergrund rückt und Dramaturg*innen ihre Anwesenheit im Proberaum nicht länger in erster Linie mittels einer sorgfältig durchgeführten Recherche legitimieren müssen,[9] wird es jedoch auch schwieriger, ihren spezifischen Beitrag klar zu umreißen. Marianne Van Kerkhoven schrieb einmal: „[E]r/sie hat kein *wirkliches* Feld, gehört nirgendwo *wirklich* dazu. Die Arbeit, die er/sie macht, löst sich in der Produktion auf, wird unsichtbar.“[10] Hinzu kommt, dass die Dramaturgie immer öfter und insbesondere dann, wenn das Material kollektiv generiert wird, von allen an einer Produktion Beteiligten gemeinsam hervorgebracht wird.[11] Gern wird im Zusammenhang von Dramaturgie in einem nichttextbasierten Sinn daher Eugenio Barba zitiert, der Dramaturgie als dynamisches Verweben von Handlungen definierte, die sich jenseits der Handlungen des Plots situieren und direkt auf die Zuschauenden einwirken.[12] In Barbas

6 André Lepecki zit. n. Cathy Turner / Synne Behrndt: *Dramaturgy and Performance.* Basingstoke: Palgrave Macmillan 2008, S. 157.

7 Christel Stalpaert: The Distributive Agency of Dramaturgical Labour and the Ethics of Instability. Becoming the Outside Body, Implicated in the Life of Others. In: Katharina Pewny / Johan Callens / Jeroen Coppens (Hrsg.): *Dramaturgies in the New Millenium: Relationality, Performativity and Potentiality.* Tübingen: Narr Francke Attempo 2014, S. 97–110, hier S. 102.

8 Vgl. hierzu Maaike Bleeker: Dramaturgy as a Mode of Looking. In: *Women & Performance. A Journal of Feminist Theory* 13,2 (2003), S. 163–172.

9 Vgl. hierzu Geoffrey S. Proehl, with D. D. Kugler / Mark Lamos / Michael Lupu: *Toward a Dramaturgical Sensibility. Landscape and Journey.* Madison, NJ: Fairleigh Dickinson UP 2012, S. 64.

10 Marianne Van Kerkhoven: Sehen ohne den Stift in der Hand. In: *Theaterschrift* 5–6 (1994): Über Dramaturgie, S. 140–149, hier S. 140 (Herv. i. Orig.).

11 Trencsényi: *Dramaturgy in the Making*, S. 163; Jessica Kaplow Applebaum: Finding Our Hyphenates. In: Romanska (Hrsg.): *The Routledge Companion to Dramaturgy*, S. 197–201, hier S. 198.

12 Vgl. André Lepecki: Errancy at Work: Seven Strewn Notes for Dance Dramaturgy. In: Pil Hansen / Darcey Callison (Hrsg.): *Dance Dramaturgy. Modes of Agency, Awareness and Engagement.* London: Palgrave Macmillan 2015, S. 51–65, hier S. 57–58; Peter Eckersall: Towards an Expanded Dramaturgical Practice. A Report on „The Dramaturgy and Cultural Intervention Project“. In: *Theatre Research International* 31,3 (2006), S. 283–297, hier S. 284; Peter Boenisch: Acts of Spectating. The Dramaturgy of the Audience's Experience in Contemporary Theatre. In: Katalin Trencsényi / Bernadette Cochrane (Hrsg.): *New Dramaturgy: International Perspectives on Theory and Practice.* London / New York: Bloomsbury 2014, S. 225–241, hier S. 227–228.

Perspektive ist Dramaturgie also ein Tun von Handlungen (drama-ergon = „the work of the actions in the performance“[13]), das nicht auf das Tun der Figurenhandlungen beschränkt bleibt:

> In a performance, actions (that is, all that which has to do with dramaturgy) are not only what is said and done, but also the sounds, the lights and the changes in space. […] Everything that works directly on the spectator's attention, on their understanding, their emotions, their kinaesthesia, is an action.[14]

In dieser Sichtweise ist Dramaturgie die Arbeit *an* und zugleich *von* multimodalen Handlungen in Zeit und Raum und damit eben nicht nur die Domäne von Dramaturg*innen, sondern aller Beteiligten.[15]
Da es immer schwieriger wird, die Domäne von Dramaturg*innen klar einzugrenzen, existieren zahlreiche Bemühungen, ihre diffuse Rolle im zeitgenössischen Theater zu bestimmen. In *Dramaturgy in the Making* beschreibt Katalin Trencsényi ihre Aufgaben in prozessbasierten, kollaborativen Produktionen als „facilitating and/or disrupting processes to enhance creativity; documentation of the work and the ideas […]; finding connections in the generated material and linking them back to the developing 'whole'“.[16] In *Dance Dramaturgy* wiederum betont Pil Hansen neben der Fähigkeit von Tanzdramaturg*innen, bereits existierende dramaturgische Modelle zu unterlaufen oder strategisch zu nutzen, deren Bewusstsein für die Art und Weise, in der jede choreografische (oder inszenatorische) Entscheidung die Dramaturgie und damit das Erleben der Zuschauenden beeinflussen wird.[17] Weitere Zuschreibungen sind „Kompassträger und Kartograf des Prozesses“[18],

13 Eugenio Barba: The Nature of Dramaturgy. Describing Actions at Work. In: *New Theatre Quarterly* 1,1 (1985), S. 75–78, hier S. 75.

14 Ebd.

15 Natürlich lässt sich fragen, ob die Dramaturgie überhaupt je eine exklusive Domäne von Dramaturg*innen war. Die Tatsache, dass alle an einem Produktionsprozess Beteiligten auf die eine oder andere Weise an der Hervorbringung der Dramaturgie mitwirken, wird jedoch in postdramatischen Inszenierungen oder im *devised theatre* deutlich verstärkt und pointiert.

16 Trencsényi: *Dramaturgy in the Making*, S. 191.

17 Pil Hansen: Introduction. In: Dies. / Callison (Hrsg.): *Dance Dramaturgy*, S. 1–27, hier S. 8–9.

18 Turner / Behrndt: *Dramaturgy and Performance*, S. 176.

„Kurator", „Facilitator"[19], „Moderator"[20], „Brückenbauer"[21] oder einfach „Bindestrich"[22].

Obwohl sich die Rollen und Aufgaben von Dramaturg*innen äußerst heterogen gestalten,[23] erkennen die Autor*innen trotzdem einen gemeinsamen Nenner: nämlich dass Dramaturg*innen Zwischenfiguren sind, mithin Figuren, die *zwischen* verschiedenen Kontexten und Akteur*innen vermitteln bzw. Verhältnisse stiften: Sie fungieren als Mediator*innen zwischen Regie, Schauspiel, Bühnenbild, Lichtdesign etc., während sie sich gleichzeitig zwischen Teil und Ganzem, zwischen dem Jetzt und der Zukunft einer Aufführung und noch dazu zwischen Theorie und Praxis bewegen.[24] Geoffrey S. Proehl hat diese Zwischenposition im Rekurs auf Victor Turners Ritualtheorie und Limen-Begriff so beschrieben:

> Dramaturgs are (at least potentially) creatures of the limen, individuals who function in spaces most notable for their placement between one stable locale and another – places outside of the routines of daily life that invite alternative forms of behavior. The work of anthropologist Victor Turner suggests the significance of the dramaturg's liminal status. Turner describes activities at the threshold or on the margins as crucial to our understanding of how a society functions and recognizes this position is charged with potential for transformation and innovation.[25]

Wie auch hier angedeutet, wird die Arbeit von Dramaturg*innen bisweilen mit dem Vermögen zur Transformation herrschender Normen und Strukturen verknüpft. Marin Blažević zufolge sind die Trope der Liminalität und

19 Katalin Trencsényi / Bernadette Cochrane: Foreword. In: Dies. (Hrsg.): *New Dramaturgy*, S. xi–xx, hier S. xiii.

20 Guy Cools: Re-Membering *Zero Degrees*. In: Trencsényi / Cochrane (Hrsg.): New Dramaturgy, S. 180–195, hier S. 183.

21 Turner / Behrndt: *Dramaturgy and Performance*, S. 160.

22 Kaplow Applebaum: Finding Our Hyphenates, S. 198.

23 Vgl. etwa Geoffrey S. Proehl, der vorschlägt, die Aufgaben von Dramaturg*innen mit Hilfe von Begriffen aus dem Schauspiel zu beschreiben („Rolle", „Handlung" etc.), um eine essentialisierende Definition ihrer Arbeit zu vermeiden. Geoffrey S. Proehl: Foreword. The Roles We Play. In: Trencsényi: *Dramaturgy in the Making*, S. xi–xvi.

24 Hinzu kommt, dass Institutionsdramaturg*innen typischerweise als Bindeglied sowohl zwischen dem künstlerischen Team und dem Haus (Intendanz, Marketing und Kommunikation usw.) als auch zwischen Haus und Publikum fungieren.

25 Geoffrey S. Proehl: The Images Before Us. Metaphors for the Role of the Dramaturg in American Theatre. In: Ders. / Susan Jonas / Michael Lupu (Hrsg.): *Dramaturgy in American Theatre*. Fort Worth: Harcourt Brace 1997, S. 124–136, hier S. 134.

ihr implizites Widerstandsversprechen in den Theorien mittlerweile sogar so dominant geworden, dass das kritische Potential von Dramaturg*innen vor allem ihrem interdisziplinären Dasein sowie der Fähigkeit, sich festen Kategorien zu entziehen, zugesprochen wird (und nicht mehr, wie etwa noch bei Brecht, einem ideologischen Gestus). In diesem Zusammenhang kommt Blažević auch auf die Korrelationen zwischen Dramaturgie und Performance Studies zu sprechen: „[T]hey seem to inhabit the same (liminal?) zone, function and strategy of in-betweenness, of resisting disciplinary constraints and operating in the *inter* of aesthetic performance, academic research, and sometimes even activism."[26] Wie uns Blažević weiterhin erinnert, setzte Jon McKenzie bereits 2001 zu einer Kritik an der Fetischisierung von Liminalität in Performances und Performance Studies an und warnte angesichts der ubiquitären Verbreitung des Performancebegriffs (insbesondere in den New-Management-Diskursen der globalen, postfordistischen Arbeitskulturen) vor einer Blindheit gegenüber den regulierenden und disziplinierenden Aspekten, die auch der Performance eignen. „By focusing on liminal activities", schreibt McKenzie,

> we have overlooked the importance of *other* performances [...] their function is for the most part highly normative, so normative in fact that one might justifiably align them with the Establishment, the System, the Machine – in short, with the very institutions and forces against which cultural performance has directed much of its efficacious efforts over the past half century.[27]

Betrachtet man den liminalen Status von Dramaturg*innen aus dieser Perspektive, so verdeutlicht sich die Notwendigkeit, nicht einem Aberglauben aufzusitzen, der *inbetweenness* per se für eine kritische Praxis hält. Dies zu betonen, erscheint umso wichtiger vor dem Hintergrund der prekären Lebens- und Arbeitsverhältnisse, denen vor allem freischaffende Dramaturg*innen ausgesetzt sind.

26 Marin Blažević: Complex In-Betweenness of Dramaturgy and Performance Studies. In: Romanska (Hrsg.): *The Routledge Companion to Dramaturgy*, S. 329–334, hier S. 332–333.
27 Jon McKenzie: *Perform or Else. From Discipline to Performance.* London / New York: Routledge 2001, S. 53.

‚Selbst gewählte' Prekarität und Künstler*innen als Rollenmodelle

Isabell Lorey gehört zu denen, die kontinuierlich darauf hinweisen, dass prekäre, aus befristeten und daher aus wechselnden Tätigkeiten resultierende Lebens- und Arbeitsverhältnisse in unseren spätkapitalistischen, neoliberalen Gesellschaften längst die Regel geworden sind. Jobs, die Flexibilität und Mobilität erfordern, aber keine Festanstellung, keinen Kündigungsschutz und nur selten Kranken-, Urlaubs- oder Arbeitslosengeld bieten, sind, so Lorey, für eine Reihe von Berufen in privatwirtschaftlichen, wissenschaftlichen und kulturellen Bereichen „the new normal" geworden. In ihrem Text „Gouvernementalität und Selbst-Prekarisierung" zeigt sie, dass diese Lebens- und Arbeitsverhältnisse von vielen Kulturproduzierenden nicht jedoch als strukturelles Problem begriffen, sondern hingegen mit Autonomie und Freiheit gleichgesetzt werden.[28] Nach Lorey verdankt sich diese Gleichsetzung u. a. den sozialen Bewegungen der 1960er Jahre, die prekäre Lebens- und Arbeitsverhältnisse häufig als Devianz und Dissidenz von den Normal(arbeits)verhältnissen der modernen, liberalen Gesellschaft auswiesen. Wie Lorey unter Berufung auf Michel Foucaults Begriff der Gouvernementalität[29] erläutert, hat sich die vermeintlich selbst gewählte Prekarisierung zu einem hegemonialen politisch-ökonomischen Regierungsinstrument entwickelt. Und als Rollenmodelle werden insbesondere Kulturproduzierende in Dienst genommen:

> Vielleicht sind die kreativ Arbeitenden, diese selbst gewählten prekarisierten KulturproduzentInnen deshalb so gut ausbeutbare Subjekte, weil sie ihre Lebens- und Arbeitsverhältnisse wegen des Glaubens an die eigenen Freiheiten und Autonomien, wegen der Selbstverwirklichungsphantasien scheinbar unendlich ertragen. Sie sind in einem neoliberalen Kontext dermaßen ausbeutbar, dass sie von staatlicher Seite sogar als Rolemodels angeführt werden.[30]

28 Isabell Lorey: Gouvernementalität und Selbst-Prekarisierung. Zur Normalisierung von Kulturproduzent_innen. In: *Transversal* 1 (2006). http://eipcp.net/transversal/1106/lorey/de (Zugriff am 30.05.2017).

29 Gouvernementalität besteht nach Foucault in modernen, westlichen Gesellschaften u. a. darin, dass sich die staatliche Machtausübung als eine Art biopolitisches *self-governing* durchsetzt. Für Lorey ist *self-governing* allerdings nicht ein erst im Kontext neoliberaler Gesellschaften auftretendes Phänomen, sondern bereits für die moderne, liberale Disziplinargesellschaft konstitutiv. Gilt die Kombination aus *self-governing* und Prekarisierung in der liberalen Disziplinargesellschaft jedoch noch als Abweichung von einer Norm, so wird sie im Kontext neoliberaler Gouvernementalität selbst zur Norm. Vgl. ebd.

30 Ebd.

In ähnlicher Weise demonstriert Bojana Kunst in *Artist at Work*, inwiefern (Performance-)Künstler*innen, die in Flexibilität, Performativität, Innovation und Interdisziplinarität glänzen, zum Vorbild für andere prekär Arbeitende geworden sind. Zudem stellt sie heraus, wie ‚das Projekt' zu jenem dominanten Terminus werden konnte, mit dem wir beschreiben, was diejenigen tun, die einer künstlerischen und kreativen Arbeit nachgehen: Sie arbeiten auf Projektbasis. Der exzessive Gebrauch des Projektbegriffs und nicht zuletzt die in den Antragstexten sorgfältig kalkulierten Prognosen über Ausgang und Wirkung eines Projekts tragen nach Bojana Kunst zu einer „projective temporality"[31] bei: einer Zukunft, die sich als Kontinuum der Gegenwart ins Spiel bringt, als etwas im und vom Projekt immer schon Projiziertes. Zeit (in Henri Bergsons Sinn von *la durée*) wird von der Gegenwart sozusagen vorweggenommen, was wiederum bedeutet, dass ein Projekt nicht oder eben nur bedingt auf die Hervorbringung von Kontingenz, Ungeplantem, Überraschendem ausgerichtet sein kann.[32] Anstatt die Hoffnung auf das kritische Potential der Kunst einfach aufzugeben, fordert Bojana Kunst dazu auf, die Aufmerksamkeit auf die materiellen Produktionsverhältnisse der (immateriellen) Arbeit zu richten, und verweist dabei auf künstlerische Praktiken, die durch Passivität, Faulheit, Fehler, Zufälle die grundlegende Materialität von Arbeit zur Erscheinung bringen – „the materiality of work, which is closely connected to time and space and is no longer considered project-type headway towards the goal, but can also embrace long periods of passivity, sleep, inactivity etc."[33] Die von Lorey und Kunst beschriebenen Arbeitsverhältnisse gelten auch und vor allem für Dramaturg*innen. Wie Anne Hamilton betont, gibt es global betrachtet mehr und mehr Dramaturg*innen ohne Festanstellung. Sie flicken ihr Einkommen aus einer Reihe kurzfristiger Projekte zusammen, an denen sie meist simultan arbeiten. Die Notwendigkeit, sich flexibel zwischen verschiedenen Kontexten (Theater, Unterricht, Vortrag, Kuration, Kulturjournalismus usw.) hin und her zu bewegen, ist, wie Hamilton bemerkt, geradezu idealtypisch für postfordistische, neoliberale Beschäftigungsfelder.[34] Als Rollenmodell erweist sich hier paradoxerweise also ausgerechnet jene Figur, die einst, zu Lessings Zeiten, für eine explizit kritische Haltung stand (und das oft heute noch tut).

31 Bojana Kunst: *Artist at Work. Proximity of Art and Capitalism.* Winchester / Washington: Verso 2015, S. 153.

32 Ebd., S. 158–162.

33 Ebd., S. 183.

34 Vgl. Anne Hamilton: Freelance Dramaturgs in the Twenty-First Century. In: Romanska (Hrsg.): *The Routledge Companion to Dramaturgy*, S. 118–123, hier S. 119.

Von Theaterzensoren zu künstlerischen Partner*innen

Im dänischen Theater genießt die Dramaturg*in nicht dasselbe Ansehen wie in Deutschland. Dass es in einem Land mit 117 staatssubventionierten Theatern nur zehn bis 15 Dramaturg*innen in Vollzeitanstellung gibt, spricht Bände.[35] Produktionsdramaturgie ist in Dänemark eine relativ junge Erfindung; lange wurde sie mit der kritischen und beurteilenden Instanz sogenannter Theaterzensoren assoziiert. Das 1748 gegründete Königliche Theater z. B. hatte bis 1853 seine hauseigenen Zensoren. Im Allgemeinen waren dies Dramaturgen, die Dramen lasen, bewerteten und der Direktion zur Inszenierung vorschlugen. Einige dieser Zensoren, Peder Rosenstand-Goiske[36] oder Knud Lyhne Rahbek, hatten einen Hintergrund als profilierte Theaterkritiker und avancierten während ihrer Tätigkeit am Königlichen Theater sogar zu Mitgliedern der Direktion. Mit der Einführung der Theaterzensur zwischen 1853 und 1954 änderte sich die Situation. Fortan wurden die Zensoren vom Justiz- und Bildungsministerium angestellt; zu ihrem Zuständigkeitsbereich gehörte nun vor allem die übereifrige Hütung der nationalen Sitten und Gesetze.[37] Erst in den 1960er Jahren setzte sich der Terminus Dramaturg*in als reguläre Stellenbezeichnung durch und meinte speziell die Unterstützung bei der Entwicklung neuer Dramatik. Bei der Arbeit im Proberaum wurden Dramaturg*innen weiterhin überwiegend als Fremdkörper angesehen, die mit ihren kritischen Reflexionen den kreativen Prozess und die Intuition der Künstler*innen zu stören drohten.[38]

Mit der Zunahme von *devising*-inspirierten Produktionsweisen und postdramatischen Theaterformen ist in den vergangenen 15 bis 20 Jahren die Skepsis

35 Vgl. Janicke Branth: Dramaturgens arbejdsfelt. In: *Peripeti. Tidsskrift for dramaturgiske studies* 10 (2008), S. 9–12.

36 Lessings *Hamburgische Dramaturgie* war eine wichtige Inspirationsquelle für Rosenstand-Goiske, der 1771 die erste dänische Theaterzeitschrift, *Den dramatiske Journal*, gründete. In seinen Schriften beurteilt Rosenstand-Goiske in äußerst kritischen Wendungen sowohl das Repertoire als auch die Leistung der Schauspieler*innen am Königlichen Theater. Nichtsdestoweniger (oder gerade um ihn mundtot zu machen und seine öffentliche Kritik zu beenden) wird er 1780 am Königlichen Theater als Theaterzensor angestellt. Von 1786 bis 1792 ist er außerdem als Mitglied der Theaterdirektion tätig. Vgl. Elin Andersen: Et teaterhus bliver institution. In: Kela Kvam / Janne Risum / Jytte Wiingaard (Hrsg.): *Dansk teaterhistorie*, Bd. 1. København: Gyldendal 1992, S. 123–176, hier S. 133–134, 148.

37 Kela Kvam: Krise og besættelse. In: Dies. / Janne Risum / Jytte Wiingaard (Hrsg.): *Dansk teaterhistorie*, Bd. 2. København: Gyldendal 1992, S. 174–184.

38 Vgl. hierzu Karen-Maria Bille: Dramaturgens manifest. In: Mette Wolf Iversen / Nicole Maria Langkilde (Hrsg.): *Teatermanifester*. København: Lindhardt og Ringhof 2000, S. 31–39, hier S. 38.

gegenüber Dramaturg*innen einer zunehmenden Akzeptanz und sogar Anerkennung gewichen.[39] Von der Konzeptionsphase bis zur Premiere partizipieren sie immer häufiger als kollaborierende Partner*innen. Dennoch hat diese Entwicklung nicht zu einem nennenswerten Anstieg von Festanstellungen geführt. Viele Theater bevorzugen nach wie vor kurzfristige Engagements.[40] Die wachsende Anerkennung spiegelt sich also keineswegs in den Arbeitsverhältnissen der Dramaturg*innen wider, mithin in ihren Löhnen, Rechten oder Credits. Dies bestätigen nicht zuletzt zwei Umfragen unter dänischen Dramaturg*innen. Die erste Umfrage, 2015 von der Foreningen af Danske Dramaturger (Gesellschaft dänischer Dramaturgen) initiiert, wertete Daten von 34,5 % ihrer Mitglieder aus.[41] Unter den Interviewten befanden sich Dramaturg*innen, Universitätsprofessor*innen, Gymnasiallehrer*innen und Redakteur*innen; ihr Beschäftigungsalter variierte zwischen zwei und 40 Jahren. Im Folgenden werde ich mich auf die Aussagen der fest angestellten und freischaffenden Dramaturg*innen beschränken, d. h. auf insgesamt 50 % der befragten Personen – und auf Aspekte rund um ihre Lohn- und Arbeitsverhältnisse. Auf die Frage, ob ihr Lohn mit der Zeit übereinstimmt, die sie in ihre Arbeit investieren, antworteten 73 % der Interviewten mit Nein; einer ergänzte: „Wie wäre es mit dem Begriff ‚Überperformen'? Alle in dieser Branche arbeiten deutlich mehr, als ihr Lohn bezahlt."[42] Zudem erhielt nur die Hälfte der Interviewten Löhne, die den empfohlenen Tarifen der Foreningen af Danske Dramaturger entsprachen. Vor allem verdeutlichen die Antworten aber, dass ‚freiwillige' (mit anderen Worten: unbezahlte) Arbeit, als immanenter Teil des Berufs (insbesondere, aber nicht nur am Anfang der Karriere) betrachtet

39 Vgl. Benedikte Hammershøy Nielsen: At få teatret og publikum til at udvikle sig sammen. In: *Peripeti. Tidsskrift for dramaturgiske studies* 10 (2008), S. 18–20; Hanne Lund Joensen: Et drømmejob, der ikke kan udføres i søvne! In: Ebd., S. 21–23; Trine Holm Thomsen: Dramaturgdrømme. In: Ebd., S. 36–38.

40 Als Sympton zunehmender Engagements legt die Foreningen af Danske Dramaturger 2009 einen richtungsweisenden Standardtarif für dramaturgische Arbeit fest, um freischaffende Dramaturg*innen in Lohnverhandlungen zu unterstützen.

41 2015 zählte die Foreningen af Danske Dramaturger insgesamt 87 Mitglieder; 30 von ihnen nahmen an der Umfrage teil, die von zwei Studierenden (Signe Nygaard und Lisa Trædholm Mønster) der Aarhus Universitet durchgeführt wurde. Initiiert wurde die Umfrage, weil die Foreningen af Danske Dramaturger zu dieser Zeit überlegt hatte, sich als Gewerkschaft für Dramaturg*innen zu etablieren. Bislang ist es dazu jedoch noch nicht gekommen.

42 Die Umfrage und ihre Antworten wurden nicht publiziert. Ich erhielt sie von der Vorstandsvorsitzenden der Foreningen af Danske Dramaturger, Louise Frydendahl Ladefoged, am 10. Februar 2017 in elektronischer Form.

wird. Gefragt nach ihren auf die Foreningen af Danske Dramaturger bezogenen Erwartungen, sagten 65 %, dass sie sich Unterstützung bei ihrer Wahrnehmbarkeit sowohl innerhalb des Theaterbereichs als auch im Rahmen einer breiteren Öffentlichkeit wünschen. Konkreter noch wurden Forderungen u. a. nach einer „Stimme in der Theaterbranche" und „politischer Sichtbarkeit" sowie nach einem stärkeren Zusammenhalt in dieser prekären und stark individualisierten Branche laut.

Auf der Basis dieser Daten habe ich während der Arbeit an diesem Text eine zweite Umfrage unter neun anerkannten Produktionsdramaturg*innen durchgeführt, die entweder als Freischaffende oder Festangestellte am Theater bzw. in der Tanzszene Dänemarks tätig sind.[43] Da mein Interesse vor allem der Anerkennung und Wahrnehmbarkeit von Dramaturg*innen gilt, fragte ich nicht nur nach ihren Löhnen, sondern darüber hinaus nach ihren Erfahrungen mit der Nennung ihrer Namen in Programmheften oder auf den Webseiten der Theater.

Zwei der Befragten geben an, dass sich Lohn und reale Arbeitszeit ungefähr decken; sieben sagen, sie arbeiten häufig etwas mehr, mitunter sogar bis zu einem Drittel mehr als vorgesehen. In der Regel werden die Interviewten immerhin namentlich im Programmheft erwähnt. Über die Hälfte muss jedoch regelmäßig darauf achten, dass dies tatsächlich geschieht. Auf die Frage, ob sie für ihr Namensnennung schon einmal zu kämpfen hatten, heißt es u. a.: „Ja, immer. Es herrscht in Dänemark eine generelle Tendenz, Dramaturg*innen zu wenig Anerkennung zu zollen." „Ja, ich musste teils sehr kämpfen, um überhaupt erwähnt zu werden." „Ja, aber manchmal habe ich die Kröte einfach geschluckt und ‚ach was' gesagt." Als Grund für die fehlende oder unvollständige Nennung ihrer Namen verweisen mehrere Dramaturg*innen auf festgefahrene Sichtweisen oder ein mangelndes Wissen über ihre Arbeit, vor allem in den Marketing- und Kommunikationsabteilungen der institutionellen Theater. So sei es in Dänemark keine Seltenheit, dass Dramaturg*innen auf den Webseiten der Theater, im Pressematerial usw. nicht erscheinen – und zwar, weil „es anscheinend ‚bequemer' ist, eine Liste mit nur wenigen Namen anzufertigen, ganz gleich, ob diese Liste die am Arbeitsprozess Beteiligten repräsentiert oder nicht". Die Hälfte der Befragten fügt

43 Sechs der befragten Dramaturg*innen sind zur Zeit fest angestellt. Abgesehen von einer einzigen Ausnahme waren sie zuvor alle als Freischaffende tätig. Ihr Dienstalter liegt zwischen 6 und 29 Jahren. Die folgenden Zitate stammen aus dieser Umfrage. Da es die Befragten aus unterschiedlichen Gründen vorziehen, anonym zu bleiben, werden ihre Namen nicht genannt.

allerdings hinzu, dass es in dieser Hinsicht an kleineren Häusern und in der Freien Szene gerechter zugehe. Die Strukturen seien hier oft weniger hierarchisch organisiert als in den großen Institutionen und die Zahl der Angestellten sei geringer, sodass sich alle besser kennen – eine Sachlage, die in diesem Zusammenhang vermutlich eine nicht unbedeutende Rolle spielt.
Zwei der Befragten, die beide am selben Haus zuerst als Festangestellte, später als Freischaffende gearbeitet haben, bemerken außerdem, dass Theaterinstitutionen eher dazu bereit sind, Dramaturg*innen als Mitglieder eines künstlerischen Teams auszuweisen, wenn diese freischaffend und *nicht* festangestellt sind. „Als fest angestellte Institutionsdramaturgin erschien ich so gut wie nie auf der Liste der künstlerisch Beteiligten. Selbst dann nicht, wenn ich sehr umfassende Bearbeitungen gemacht hatte", sagt eine Person. Ihr Name sei im Programmheft ganz weit unten, zusammen mit dem der Souffleuse und denen der Praktikant*innen, genannt worden. Demgegenüber erlebte sie als freischaffende Dramaturgin am selben Haus eine weitaus größere Bereitschaft, sie als egalitäres Mitglied des künstlerischen Teams zu akzeptieren. Dass Dramaturg*innen eher Credits erhalten, wenn sie Freischaffende sind, lässt sich zweifellos mit dem Tatbestand erklären, dass sie dann von der Regie selbst ausgewählt (und ihr nicht, wie die Festangestellten, einfach zugeordnet) worden sind. Dennoch betonen vier Interviewte, dass sie selbst in Fällen, in denen Regisseur*innen sie höchstpersönlich ausgewählt haben, erleben mussten, wie ihre Arbeit von diesen Regisseur*innen marginalisiert wurde:

> Im Allgemeinen herrscht wohl die Tendenz, dass Regisseur*innen nicht so sehr daran interessiert sind, Dramaturg*innen für ihre Arbeit Anerkennung zu zollen. Wenn wir uns nicht aktiv zur Wehr setzen, werden wir vermutlich die heimlichen Austauschpartner*innen der Regie bleiben.

Die hier anklingende Vorstellung von der bzw. dem Regisseur*in als (autonomem) Künstlergenie schlägt sich nach Meinung aller Interviewten im öffentlichen Diskurs über das Theater nieder: in den Theaterrezensionen, im Kulturjournalismus, in Laudationes usw. Dramaturg*innen werden in diesen Kontexten weder angemessen wahrgenommen noch als egalitäre Partner*innen im künstlerischen Austausch betrachtet. Eine der Befragten erinnert an die verbreitete Tendenz, die gesamte Theatergeschichtsschreibung vornehmlich an der solipsistischen Figur des Regisseurs zu orientieren. Eine andere vermutet, die Unterscheidung zwischen Künstler*innen (kreativ, schöpferisch, genial) und grauer Akademiker*innen-Eminenz (theoretisch, unkreativ) sei darauf zurückzuführen, dass sich in Dänemark Dramaturg*innen und Regisseur*innen während ihres Studiums kaum begegnen: Während die Dramaturg*innen an der Universität studieren, werden die Regisseur*innen zusammen mit den Bühnenbilder*innen, Schauspieler*innen, Lichtdesigner*innen usw. ausgebildet.

Immaterielle Arbeit und materielle Arbeitsverhältnisse

Obwohl vielerorts noch als Fremdkörper in künstlerischen Prozessen angesehen, zeichnet sich doch endlich das Bild einer Theaterkultur ab, in der Dramaturg*innen im Proberaum willkommen geheißen werden, auch wenn dies häufig leider nicht bedeutet, dass sie für ihre Arbeitsleistungen angemessen entlohnt werden. Zwar betreffen Missverhältnisse zwischen Lohn und Leistung die gesamte Theaterbranche (und keineswegs nur die Sphäre der Dramaturgie). Während Regisseur*innen, Bühnenbildner*innen oder Schauspieler*innen für ihre Arbeit aber immerhin Credits erhalten, ist dies bei der Dramaturgie keine Selbstverständlichkeit. Bemerkenswert ist das gerade, wenn man bedenkt, dass freischaffende Dramaturg*innen aufgrund ihrer je spezifischen Handschrift für bestimmte Produktionen engagiert werden, und man außerdem in Rechnung stellt, dass freischaffende Dramaturg*innen im selben Maß wie alle anderen darauf angewiesen sind, Erwähnung zu finden. Diese Problematik betrifft nicht nur dänische Dramaturg*innen; sie scheint grundsätzlicher Natur zu sein.[44] Oder wie es Van Kerkhoven an einer viel zitierten Stelle formuliert:

> Es gibt immer Frustrationen und doch muss der Dramaturg nicht mit aufs Foto. Der Dramaturg ist kein (eventuell: gerade kein oder noch kein) Künstler. Wer dieser dienenden – und doch schöpferischen – Dimension nicht (mehr) gewachsen ist, hört besser damit auf.[45]

44 So verleiht der Dramaturg Mark Bly seiner Frustration über die Hierarchien im Theater schon 1986 Ausdruck, wenn er betont, dass er und seine Dramaturgiekolleg*innen nicht nur *Researcher*, sondern auch *Künstler*innen* seien. In einem Interview erläutert er: „We are artists. If we aren't artists, I don't want to be a dramaturg. Dramaturgy isn't just about giving good notes or putting together research packets. Through associative research, associative thinking in rehearsal, we can help to release the play, free it from the accumulated detritus of past productions and cobwebby criticism." (Lynn M. Thomson: Interview with Mark Bly. In: Dies. / Judith Rudakoff (Hrsg.): *Between the Lines. The Process of Dramaturgy*. Toronto: Playwrights Canada 2002, S. 301–324, hier S. 308.)

45 Van Kerkhoven: Sehen ohne den Stift in der Hand, S. 140.

Dramaturg*innen sind einem paradoxen Spagat unterworfen: Auf der einen Seite dienen sie als Rollenmodelle für die Flexibilität und Wandlungsfähigkeit, die in heutigen postfordistischen, neoliberalen Arbeitsregimen obligatorisch sind. Auf der anderen Seite halten sie sich in Zusammenhängen auf, in denen ihr Beitrag an einer künstlerischen Arbeit oft marginalisiert wird und keine adäquate Wertschätzung erfährt. Auf dem Foto tauchen sie nicht auf. Angesichts dieser Umstände scheint mir eine Hypostasierung der liminalen Trope in Bezug auf Dramaturg*innen wenig produktiv zu sein. So kennzeichnend diese Trope im Blick auf die dramaturgische Praxis sein mag, als so diffus und unzweckmäßig erweist sie sich, wenn es darum geht, die Leistung von Dramaturg*innen anhand von Lohn und Credits zu bemessen. Wie Proehl es einmal ausgedrückt hat: „[I]n-between might make a fine place to visit, but a lousy home."[46] Ich plädiere nun allerdings nicht dafür, die liminale Trope durch eine vereindeutigende und dogmatische Bestimmung von Dramaturgie und dramaturgischer Arbeit zu ersetzen. Hingegen fordere ich dazu auf, Dramaturgie und dramaturgische Arbeit *nicht lediglich* als Angelegenheiten zu begreifen, die sich aufgrund ihrer Ephemeralität und Immaterialität jeglicher definitorischer Fixierung entziehen. Dramaturgie ist vielmehr *auch* als eine Praxis zu verstehen, die an materielle Bedingungen, Ökonomien und Infrastrukturen gebunden ist, und diese Bedingungen, Ökonomien und Infrastrukturen beeinflussen nicht nur die Produktionsprozesse, sondern zugleich die Arbeits- und Lebensverhältnisse der Dramaturg*innen. Insofern lässt sich mit Lorey sagen, dass sich Dramaturg*innen gerade dadurch ausbeutbar machen, dass sie ihre prekären Arbeits- und Lebensverhältnisse (oder ihre Abwesenheit auf dem Foto) als selbst gewählt begreifen. Erst aber wenn sie verstehen und akzeptieren, dass es hierbei um strukturelle Konditionen geht, können sie anfangen, Veränderungen in Angriff zu nehmen. Die Ansicht, Dramaturg*innen seien an ihren Arbeitsverhältnissen teilweise mitschuldig, vertritt in einer nachträglichen Emailkorrespondenz zur Umfrage auch eine der Interviewten:

> Wir sind zu bescheiden. In unserer Gesellschaft wird der Künstler immer noch als das große Genie gefeiert. Und wir bilden uns ein, dass wir als Dramaturg*innen – im Gegensatz zu den Künstler*innen – als objektive, fachliche Instanzen involviert sind. Daher glauben wir irrtümlich, dass jede*r andere Dramaturg*in genau dasselbe hätte sagen oder denken können wie wir. […] Ich habe mir viele Gedanken darüber gemacht, bevor ich zu dem Ergebnis kam, dass ich als Dramaturgin auch

46 Proehl: The Images Before Us, S. 136.

> eine mitschöpferische Rolle habe und es ein Vorteil ist, mich in den kreativen Prozess einbringen zu können. Trotzdem bin ich immer noch viel zu bescheiden, wenn es um die Credits geht.[47]

Angesichts dessen bleibt zu fragen, ob Van Kerkhovens berühmtes Diktum – „Der Dramaturg ist kein (eventuell: gerade kein oder noch kein) Künstler. Wer dieser dienenden – und doch schöpferischen – Dimension nicht (mehr) gewachsen ist, hört besser damit auf." – immer noch unwidersprochen gelten muss. Oder müsste man dieses Statement nicht eher als Ausdruck einer bestimmten historischen und kulturellen Situation denn als universelle Wahrheit interpretieren? Die erwähnte Bescheidenheit könnte auch eine strategische Funktion besitzen. Sie kann etwa dabei helfen, zu verschleiern, dass sich, zumindest im Fall der Institutionsdramaturg*in, *inbetweenness* in ein Verwandtschaftsverhältnis mit dem Grenzhüter begibt, mit einer Figur also, die nicht unerheblichen Einfluss darauf nimmt, welche Dramen gespielt, welche Schauspieler*innen besetzt und welche Regisseur*innen inszenieren werden. (In der berühmten Formulierung des Dramaturgen Kenneth Tynnan besteht die Arbeit von Institutionsdramaturg*innen gerade darin: „[...] preventing the *wrong* plays from being chosen – as far as possible."[48]) *Inbetweenness* impliziert demnach die Verwaltung und Ausübung von Macht – und hieran anschließend lässt sich die These wagen, dass die in vielen Diskursen zirkulierende Rede von den bescheidenen und unsichtbaren Brückenbauer*innen möglicherweise einen Versuch darstellt, sich von der in Theaterinstitutionen oft ungeliebten Position der Hauskritiker*innen oder Chefideolog*innen zu distanzieren. Nichtsdestoweniger möchte ich zu Skepsis gegenüber Diskursen auffordern, die, verankert in der tradierten Dichotomie von Künstler*innen und Nicht-Künstler*innen, dazu beitragen, die Vorstellung von Dramaturg*-innen als dienende Zwischenfiguren zu reproduzieren.

Anstatt zu bejubeln, und damit kehre ich zu dem einleitenden Zitat von Anne Hamilton zurück, dass wir Dramaturg*innen prädestiniert seien, uns den Forderungen des globalen, neoliberalen Arbeitsregimes anzupassen, plädiere ich dafür, dass wir uns mit unseren materiellen Arbeits- und Lebensbedingungen kritisch auseinandersetzen. Obgleich es angesichts der heterogenen dramaturgischen Praktiken unangemessen wäre, eine essentialistische Definition von Dramaturgie und dramaturgischer Arbeit zu verfechten, lässt

47 Auszug aus einer an mich gerichteten Email vom 21.02.2017.

48 Zit. n. Trencsényi: *Dramaturgy in the Making*, S. 35.

sich dennoch für die Notwendigkeit eines gewissen Maßes an ‚strategischem Essentialismus' argumentieren, damit in die Arbeits- und Lebensbedingungen von Dramaturg*innen überhaupt Licht gelangen kann. Oder anders gesagt: Damit wir den strukturellen Verhältnissen in einer prekären, individualisierten und stark kompetitiven Branche nicht nur auf die Spur kommen, sondern sie auch verändern können, erscheint es mir notwendig, dass wir uns als eine Berufsgruppe begreifen und miteinander solidarisieren. Von hier aus können wir – in Solidarität miteinander, aber auch mit anderen prekär Arbeitenden – beginnen, die neoliberalen Strukturen von innen heraus zu reimaginieren und herauszufordern.

20% 21:18

heddalicious91

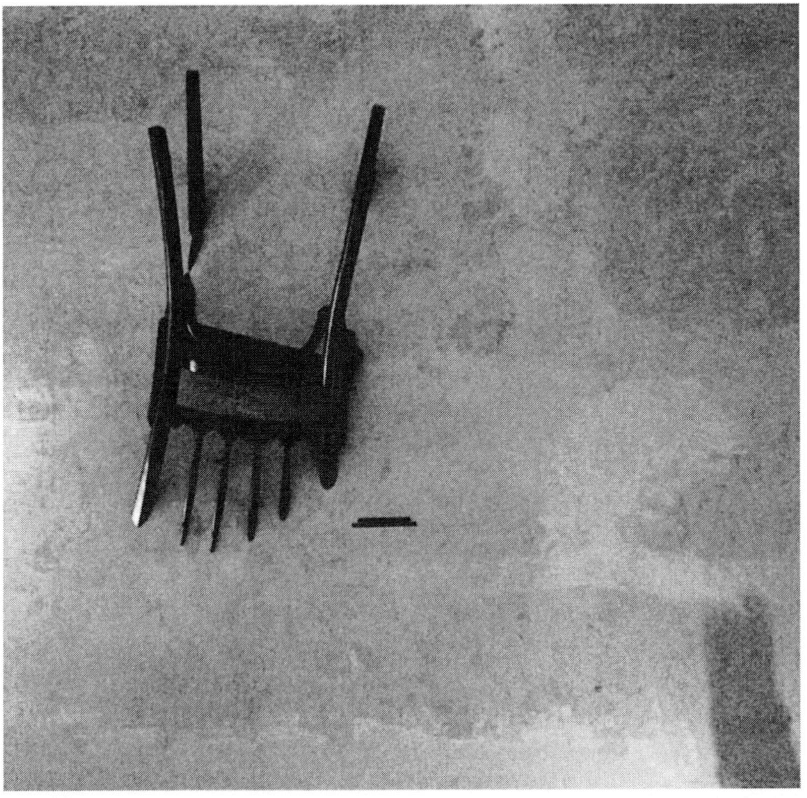

Gefällt **untastedi, nadved** und **4 weitere Personen**

heddalicious91 #Soetwas kommt einfach über mich. Und dann kann ich es nun einfach #nicht #lassen. Ach, ich weiß selbst nicht, wie ich das erklären soll.

17. NOVEMBER

Stefanie Wenner

Really Useless Dramaturgies[1]

Ein Plädoyer

> Realität ist eine Erfindung des Kapitalismus.
> Gottfried Benn

Really Useful Theater

Really Useful Theater[2] heißt ein Format, das Thorsten Eibeler und ich 2015 mit *apparatus*[3] entwickelt haben. Bislang fand unter diesem Titel in den Sophiensælen in Berlin, am FFT in Düsseldorf und auf Kampnagel in Hamburg an jeweils zwei oder drei Tagen eine Zusammenkunft von Künstler*innen, Wissenschaftler*innen, Kurator*innen statt. Künstlerische Positionen, die sich für ein nützliches Theater oder dagegen, für freie Kunst oder dagegen aussprachen, kamen mit performativen Manifesten in einer dafür in den Häusern eingerichteten Arena zu Wort bzw. zur Aufführung. Theoretische Beiträge, Diskussionen und Lectures ergänzten das Spektrum der Veranstaltungen. Juror*innen, Kurator*innen und Journalist*innen präsentierten kurze Statements zur Situation des Theaters und der Finanzierung von Kunst. Es kam zu erbitterten Streitigkeiten, zur Bildung von Querfronten und zu einer Menge Fragen, die unbeantwortet blieben. Gezeigt hat sich ein recht breiter Konsens dahingehend, dass auch Zuschauende, die in den Diskussionen

1 Den Titel verdanke ich der freundlichen Einladung von Sandra Umathum, der ich dafür herzlich danke.

2 Fast alle Beiträge der bisherigen Ausgaben von *Really Useful Theater* sind als Video abrufbar unter www.usefultheater.de (Zugriff am 15.03.2018).

3 www.apparatus-berlin.de (Zugriff am 15.03.2018).

zu Wort kamen, ebenso wie viele der beteiligten Künstler*innen, in relativer Selbstverständlichkeit davon ausgingen, dass Theater politisch zu sein habe, seine Politizität sich u. a. in partizipativen Formaten Geltung verschaffe und dieses partizipative, politische Theater gesellschaftlich nützlich sei. Die gesamte Idee zu *Really Useful Theater* basierte indes darauf, diese Zusammenhänge infrage zu stellen. Im Folgenden beleuchte ich dieses Feld nochmals von den Begriffen der Nützlichkeit, der Politik und der Partizipation aus und ergänze es um den Faktor der Verwaltung, den ich hier mit dem Begriff der Bürokratie verhandle.

Auch der Musicalkomponist Andrew Lloyd Webber hat schon vor vielen Jahren seiner Compagnie den Namen *Really Useful Theatre* gegeben. John Stuart Mill begründete 1861 mit seiner Schrift *Der Utilitarismus* eine teleologische – also zielorientierte – Normethik. Grundlegend für die ethische Bewertung einer Handlung in einem utilitaristischen Rahmen war das Nützlichkeitsprinzip, dem zufolge diejenige Handlung im moralischen Sinne als gut gelten kann, die für alle Beteiligten die günstigsten Folgen hat.[4] Aber wer beurteilt das? Wie wird Wohlergehen definiert? Was sind die Maßstäbe? Noch weitreichender ist die hedonistische Formel des Utilitarismus, die auf das größtmögliche Glück der größtmöglichen Zahl setzt – und genau deshalb ist Webbers Unterhaltungsprojekt utilitaristisch. Obgleich *utile* mit „hilfreich" ins Deutsche übersetzt wird und *useful* mit „sinnvoll, nützlich", *use* aber mit „Nutzen, Gebrauch", wird deutlich, dass es sich nicht um eine idealistische Position handelt. Gegen das Prinzip der Nützlichkeit hat es historisch in Deutschland eine starke Bewegung gegeben, legt es doch nah, dass wertvoll ist, wer nützlich ist, und gibt damit unnütze Elemente der Vernichtung preis. Dagegen hat seine Stimme besonders Immanuel Kant erhoben, der im Kontext seiner Kritik an der teleologischen Ethik, da sie begründet sei in Zwecken, die immer ungewiss bleiben, von der menschlichen Freiheit als derjenigen eines Bratenwenders sprach.[5]

„Useful Art" nennt man im englischen Sprachraum, was bei uns das Kunsthandwerk ausmacht: Angewandte Kunst, die auf technischem Können basiert und in der Regel Gebrauchsgegenstände hervorbringt. Unter dem Stichwort „Useful Art" lanciert aber auch die bildende Künstlerin Tania Bruguera ihre politisch motivierten Projekte, die sich um Migrant*innen kümmern oder zu

4 Vgl. John Stuart Mill: *Der Utilitarismus*. Hamburg: Meiner 2009.

5 Vgl. Immanuel Kant: *Werke*, Bd. 7: Kritik der praktischen Vernunft, hrsg. v. Wilhelm Weischedel. Darmstadt: Meiner 1983.

denen beispielsweise eine Akademie gehört. Im Van Abbemuseum in Eindhoven hat Bruguera in Kooperation mit dem Queens Museum *The Museum of Arte Ùtil* (2013) gestartet, das einen 10-Punkte-Katalog für die Nützlichkeit von Kunst realisieren will. Bruguera ist eine der Vertreterinnen, die Kunst offensiv in einen gesellschaftlichen Wirkungszusammenhang stellt. Dahinter steht zweierlei: Zum einen soll die Exklusivität des autonomen Kunstideals, das nicht vom Himmel gefallen, sondern Ergebnis sozialer Distinktion und damit eines der historischen Klassenkampfthemen ist, unterminiert – und so Kunst allen zugänglich gemacht werden, und das sowohl im Blick auf deren Konsumption wie Produktion. Künstler*innen, die sozial angewandte und politisch ambitionierte Kunst machen, zielen auf das Verlassen der Blase des globalen Kapitalismus und die Demokratisierung von Kunst. Zum anderen etablieren aber nicht nur Künstler*innen selbst immer häufiger Praktiken, die ganz direkten sozialen Einfluss nehmen wollen. Auch in Ausschreibungen deutscher und internationaler Stiftungen taucht zunehmend die Forderung auf, Kunst solle kollektive Zustände verbessern, mindestens aber Missstände transparent machen. Die alte Trennung zwischen autonomer und angewandter Kunst scheint obsolet zu werden, was nicht erst mit Forschungen zum „Angewandten Theater" deutlich wird, wie sie beispielsweise an der Freien Universität Berlin mit EU-Mitteln betrieben worden sind. Vielleicht war bereits der seit den 1980er Jahren einsetzende Boom der künstlerischen Forschung, die künstlerische Tätigkeiten als wissenschaftliche Arbeit verwertbar machen will, hierfür ein Signal.
Spätestens aus dem 18. Jahrhundert stammt die Debatte um die Freiheit der Kunst, die, einmal ihrer sakralen Funktion enthoben, nunmehr autonom agieren konnte. Theater in Deutschland ist spätestens seit der Etablierung des Stadttheatersystems aber per se in Aufgaben eingebunden, die nicht im engeren Sinne nur künstlerische waren. Obgleich es als Bildungseinrichtung immer schon in einen funktionalen Zusammenhang eingebettet war, den es je nach Zeitgeist und öffentlichen Bedürfnissen zu modifizieren galt, scheint das Theater heute mehr und mehr das Schicksal der bildenden Kunst zu teilen und um seinen gesellschaftlichen Wert, seine Bedeutung und Existenzberechtigung zu ringen. Das mag damit zu tun haben, dass neue Technologien das Theater einmal mehr an seine Grenzen erinnern. Es mag auch damit zu tun haben, dass wir uns in einer Logik der Verwertung befinden, die immer weniger Raum für zweckfreies Tun lässt. Es mag nicht zuletzt eine Wiederauflage alter Streitigkeiten am Werk sein, die heute u. a. zwischen Stadttheater und Freier Szene ausgetragen werden, die Zukunft des einen gegen die

Zukunft des anderen ausspielen und künstlerische Produktion eher behindern als befördern.
In der Tradition Gotthold Ephraim Lessings bleibt eine große Anzahl an Theatern im deutschsprachigen Raum der Bildung und Vermittlung verpflichtet. „Useful" ist das Theater hier für die bürgerliche Klasse. In ihr manifestiert sich eine liberale Grundhaltung jenseits des Parteienspektrums. Ins Theater kommen in der Regel diejenigen, die kulturbeflissen und politisch korrekt sind. Besonders drastisch zeigt sich dies in einer Stadt wie Dresden, in der einige Gruppierungen bereits den Besuch des Staatsschauspiels mit einer politisch linken Gesinnung gleichsetzen. Um das zu erleben, muss man sich nur montags auf den Balkon des großen Hauses stellen und sich die entsprechenden Beschimpfungen anhören. Auf der Straße ist der Protest, im Haus das Gesellschaftssystem, das, und das haben die Pegidisten sehr wohl verstanden, durch dieses Haus unterstützt wird. Die Wirksamkeit der für Integration und Vermittlung in Anschlag gebrachten Dramaturgien muss also fragwürdig bleiben, und das umso mehr vor dem Hintergrund der Legitimationsnotwendigkeit von Theater, das sich der Forderung nach gesellschaftlicher Wirksamkeit ausgesetzt sieht, zugleich aber in seinem Radius begrenzt bleibt. Wenn sich nützliches Theater und nützliche Dramaturgien in den Dienst des größtmöglichen Glücks der größtmöglichen Zahl stellen, haben sie nicht nur die Freiheit der Kunst verspielt. Sie haben dann auch das Theater in den Dienst der bestehenden Verhältnisse gestellt und sich somit nützlich gegenüber dem Erhalt des Status quo erwiesen. Nützlichkeit im Dienst der Kritik oder Nützlichkeit im Dienst des Systems macht wenigstens aus der Perspektive von Soziologen wie Luc Boltanski und Ève Chiapello keinen Unterschied, denn Künstlerkritik informiert deren Erkenntnissen zufolge das System letztlich immer auf eine Weise, die dieses in seinem Bestand sichert.[6]

Useful Dramaturgy

Die Dramaturgie an einem Haus besetzt traditionell die Mittlerposition zwischen künstlerischen Interessen und denen der Politik, zudem fungiert sie als Erzeugerin eines Narrativs oder der ästhetischen Position eines Theaters. Von der Dramaturgie eines Hauses oder eines Festivals unterschieden bleibt die Dramaturgie einer Inszenierung, wie auch immer sie entwickelt wird. Hier

6 Vgl. Luc Boltanski / Ève Chiapello: *Der neue Geist des Kapitalismus*. Tübingen: UVK 2003.

haben zeitgenössische Dramaturg*innen ein Feld von Praktiken entwickelt, das von theoretischer Zuarbeit über die Begleitung von Probenprozessen bis hin zur Verfassung von PR-Texten und der Konzeption neuer Projekte reicht. Die Arbeitsweise von Dramaturg*innen ist häufig erratisch und realisiert sich im Austausch mit dem entsprechenden Team. Manchmal verweigert sie sich der Effizienz. Dramaturgie wäre dann weniger die Suche nach einem klar erkennbaren Narrativ als der gemeinsame Versuch, Mittel und Form zu einem möglichst prägnanten ästhetischen Ausdruck zu führen. Voraussetzung hierfür ist es allerdings, Gelder für die Realisation der jeweiligen Inszenierung zu erhalten. Im Kontext der Stadttheater erfolgt das zumeist auf Basis von Intendant*innenentscheidungen. Im Kontext der Freien Szene hingegen werden Anträge gestellt, die eine Jury überzeugen müssen. Häufig werden Jurys mit leitenden Dramaturg*innen oder Kurator*innen besetzt, die nicht am Ort der Mittelvergabe tätig sind. Und mit Journalist*innen, von denen angenommen wird, dass sie viel sehen, mithin eine Expertise haben, und nicht von Interessen geleitet sind. Da öffentliche Gelder vergeben werden, gilt es für die Jury, in ihrer Entscheidungsfindung das öffentliche Interesse zu berücksichtigen, ebenso wie die Qualität der Arbeit und internationale Sichtbarkeit. Jurys geraten damit in eine paradoxe Lage, nachgerade in ein *double bind*. Oft genug sind Ausschreibungen von vornherein mit thematisch oder formal gebundenen Aufträgen versehen, die Projekte von Künstler*innen mehr und mehr in die Richtung von Auftragskunst lenken, welche bestimmte Themen verhandelt und damit einen gesellschaftlichen Nutzen erfüllen soll. So beispielsweise bei großangelegten Förderprojekten wie TURN, Dance On, Tanzfonds Erbe oder dem HOMEBASE Programm vom Fonds Darstellende Künste etc.

Wenn das Theater als Spiegel von Gesellschaft gilt, so steht der Ruf nach Nützlichkeit für die Herrschaft eines Utilitarismus, der mehr und mehr alle Lebensbereiche unserer Gegenwart durchdringt. Der mit diesem Wirkungsanspruch oft in einem Atemzug genannte Realismus oder Naturalismus verengt zudem das ästhetische Feld auf die Darstellung von Vorhandenem, verfährt affirmativ und lässt weder Visionen noch der Fantasie viel Raum. Der Ruf nach einem nachhaltig wirksamen Theater erzählt uns möglicherweise selbst etwas über den gesellschaftlichen Status quo, in dem Politik, ebenso wie das Politische, im Rahmen des unausweichlichen theatralen Als-ob inszeniert werden. So sind neuere Positionen des Realismus auf dem Theater zumeist dem aufklärerischen Ideal und der Kritik verpflichtet. Nachvollziehbarerweise grenzen sich manche an Wirksamkeit orientierte künstlerische Positionen des Realismus von der Reproduktion klassischer Texte ab und bringen in unterschiedlichen Verfahren erarbeitete Gegenwartsthemen auf die Bühne. Die intendierte Wirksamkeit in einem größeren politischen Radius bleibt indes zweifelhaft – womit sich diese kritischen Positionen letztlich selbst infrage stellen, mindestens aber die subversive Absicht der Verknüpfung von Wirkung, Kunst und Politik ad absurdum geführt ist. Dramaturgie, die sich politisch nützlich machen will, dies aber im Rahmen eines politischen Instruments – des Theaters – tut, müsste sich zunächst einmal mit dem Resonanzraum befassen, in dem ihr Tun verortet ist.

Politik

Trotz unserer positiven und positivistischen Verwendung der Begriffe „Politik" oder „politisch" hat es diese so nicht immer schon gegeben und ist die Verwendung dieser Begriffe nicht nur historisch, sondern auch räumlich situiert. Zunächst in der griechischen Polis, an sich ein begrenzter und sogar exklusiver Ort, an dem sich eine ganze Menge Menschen aufhielten, die vom politischen Geschäft gerade ausgeschlossen waren: Fremde, Frauen und Sklav*innen, und ich würde behaupten: Wie andere Trennungen, die in der Sprache fortwirken, die immer mehr sagt, als wir bestimmen können, wirkt auch diese Trennung in der Politik fort. Ähnlich wie der Mensch mit einem berühmten Wort Michel Foucaults, die Bühne zu einem bestimmten Zeitpunkt betritt und von ihr verschwinden wird wie ein Gesicht im Sand, so könnte man sagen, dass Politik auftaucht und verschwindet. Wie im Fall des Menschen, der im Singular an sich schon eine Zumutung ist und als Begriff mindestens so exklusiv war und ist wie Politik, könnte das ein Gewinn sein. Die Rede vom Posthumanismus geht davon aus, dass das humanistische Dispositiv derartig destruktiv wirkt, dass wir froh sein können, wenn es vorbei ist. Vielleicht trifft das auch auf Politik zu. Auch wenn das Politische etwas anderes bezeichnet, etwa in der Definition Platons, wie sie Hannah Arendt wiedergibt: *ta ton anthropon pragmata* – alle Dinge, die zum Zusammenleben der Menschen in einer gemeinsamen Welt gehören.[7] Menschen sind Arendt zufolge nicht politische Tiere. Das Politische existiert in ihrem Zusammensein und der Bedingtheit dieses Zusammenseins als Körper unter anderen Körpern. Es gibt aber auch (und nicht nur historisch) eine politische Klasse. Die Exklusivität von Politik in der Antike war eine Sache von Klasse, Rasse und Geschlecht. Von struktureller

7 Hannah Arendt: *Zwischen Vergangenheit und Zukunft. Übungen im politischen Denken I.* München / Zürich: Piper 1994.

Gewalt also. Nicht umsonst ist mit den Archonten, die als Schriftgelehrte das entstehende Archiv nicht nur verwalteten, sondern dort auch residierten, dies auch die Geburtsstunde der Bürokratie, mit all ihren Mechanismen der Exklusion. Verbunden mit dieser Strategie des Ausschlusses war immer schon das Theater, das an die Stelle des Rituals trat und in Form eines Staatskults Politik als verbindendes Element von Gesellschaft erst durchzusetzen helfen sollte. Die Inklusion möglichst vieler männlicher Athener in die jährlich mehrfach stattfindenden Dionysien durch Einbindung in Organisation, Aufbauten oder Chor mutet an wie ein vorweggenommenes Lehrstück im Stile Bertolt Brechts. Die neue Ordnung wurde auch auf dem Theater durchgesetzt. In dieser europäischen Tradition, auf die wir uns zu Recht oder Unrecht weiterhin berufen, ist das Theater ganz und gar nicht unschuldig; es war von Anfang an Teil eines Kalküls der Nützlichkeit. Während in der Antike Repräsentation unter Beteiligung von vielen das Ziel der Veranstaltung war, geht es seit dem Ende des 20. Jahrhunderts um eine Beteiligung um ihrer selbst willen. Wir sind von der Aktivierung der Zuschauenden seit den 1960er Jahren zu partizipativer Kunst gekommen. Beteiligung gilt als politisch; als Zentrum jeder Demokratie ist sie auch gesellschaftlich nützlich.

Bürokratie

Bürokratie ist die Religion der Globalisierung. So oder so ähnlich lässt sich das Credo des Soziologen David Graeber in seinem Buch über Bürokratie zusammenfassen.[8] Sie ist ein blinder Fleck. An ihr fehlt linke Kritik schmerzlich, sie ist es, die die Gräben zwischen Arm und Reich zementiert, und zwar indem sie immer ausführlichere, immer komplexere und undurchsichtigere Fragebögen hervorbringt, deren Ausfüllen Bedingung dafür ist, ein Bankkonto zu eröffnen, krankenversichert zu sein oder eine Einkommensteuererklärung einzureichen.[9] Dieselbe Bürokratie, die die Protagonist*innen der sogenannten Finanzkrise von 2008 mit geringen Strafen hat davonkommen lassen, ist dafür verantwortlich, dass Bürger*innen, die ihren Dispokredit um einige Hundert Euro überziehen, sofort mit hohen Zinsen bestraft werden.

8 David Graeber: *Bürokratie. Die Utopie der Regeln.* München: Goldmann 2017.

9 Vgl. ebd., S. 7–55 („Einführung. Das eherne Gesetz des Liberalismus und die Ära der totalen Bürokratisierung").

> Bürokratische Abläufe sind nicht grundsätzlich unsinnig und sie fördern auch kein Verhalten, das sie selbst als unsinnig einstufen – wenngleich sie das tatsächlich tun –, entscheidend ist vielmehr, dass es sich dabei ausnahmslos um Möglichkeiten handelt, soziale Situationen zu handhaben, die bereits, weil sie auf struktureller Gewalt fußen, unsinnig sind.[10]

Mit struktureller Gewalt sind gesellschaftliche Strukturen gemeint, die auf Gewaltandrohung basieren, „selbst wenn in ihren gewohnten, alltäglichen Abläufen keine physische Gewalt angewendet wird“[11]. Strukturelle Gewalt mit Dramaturgie zusammenzudenken, wirkt vielleicht übertrieben. Strukturelle Gewalt erscheint uns einleuchtend, wenn wir an das Finanzamt denken und an seine immer gegenwärtige Drohung, uns bis unter die Grenzen des Existenzminimums zur Kasse zu bitten. An die GEZ, die vielleicht noch ein Radio in meiner Wohnung finden mag, obschon ich doch alles über meinen anders angemeldeten Computer medial beziehe, oder an die Einwanderungsbehörde, die eine Liebesehe als Zweckgemeinschaft einstufen und delegitimieren könnte. Strukturelle Gewalt bezeichnet zumeist Phänomene wie Rassismus oder Sexismus sowie Vorrechte bestimmter Klassen oder Gruppen – Phänomene, die nicht unbedingt von physisch ausgeübter Gewalt ausgehen. Auch wenn, wie Graeber beschreibt, die sexuelle Belästigung von Frauen, die sich gegen Genderstereotype zur Wehr setzen, ebenso zunimmt, wie Eroberer wieder ihre Schwerter zücken, sobald sie ihre Macht infrage gestellt sehen.[12] Strukturelle Gewalt ist, das wird gegenwärtig an unterschiedlichen Orten diskutiert, nicht nur Bestandteil ganz allgemein unserer Kultur, der Kunstszene und der Akademien, sie ist auch Teil des Theaterbetriebs.
Ich möchte behaupten, dass nützliche Dramaturgien im unmittelbaren Zusammenhang mit struktureller Gewalt stehen, denn sie stabilisieren das System. An dieser Logik der Nützlichkeit sind auch Jurys dramaturgisch beteiligt, insofern sie zwischen Kunst und Gesellschaft im Sinne einer ordnenden Hand vermitteln. Als Körperschaft realisiert eine Jury in der Regel Entscheidungen, die öffentlich-rechtlich akzeptabel sind. An diese Jurys gerichtete Anträge behaupten sich auf der Basis durchschaubarer Kriterien, die Künstler*innen mehr oder weniger bedienen. Je nach Diskurslage sind zu unterschiedlichen Zeiten und an verschiedenen Orten jeweils andere

10 Ebd., S. 72.
11 Ebd., S. 74.
12 Vgl. ebd.

Dramaturgien zielführend. In dem Moment, in dem sich Dramaturgien von Festivals oder Inszenierungen jedoch am politischen Mainstream orientieren, laufen sie Gefahr, sich kompromittieren zu lassen. Mehr noch, in der Fortschreibung von tradierten Hierarchien und Arbeitsteilungen sowie der Möglichkeiten von Repräsentation ganz allgemein sind sie kompromittiert durch ihre Existenz im System und als Mitbetreiberinnen desselben. Jeder noch so gut gemeinte politische Ansatz einer Dramaturgie, jeder Versuch, nützlich in einem politisch subversiven Sinn zu agieren, ist zum Scheitern verurteilt. Nützlich wird Dramaturgie in der Regel für die Bewahrung des politischen Systems und nicht dafür, es zu verlassen. Denn Kritik wird hier nur für diejenigen inszeniert, die ohnehin im Interesse kritischer Unterhaltung und bürgerlicher Selbstbildung ins Theater gehen.

Staat(s)Theater

Kultur ist hierzulande ein gepflegtes Gut. Sie dient der Bildung nationaler Identität – und das seit der Geburt der deutschen Nation. Seit der erneuten Verknüpfung von Theater und Politik bei der Institutionalisierung der Nationaltheater wird das Publikum als deutsches Bürgertum gebildet. Der Germanist Hans-Christian von Herrmann hat ausgehend von Jeremy Benthams Panoptismus die damals entstehende Symbiose von Polizei und Theater beschrieben:

> Die staatswissenschaftliche Vereinnahmung des Theaters in der zweiten Hälfte des 18. Jahrhunderts war ein Ereignis, das den grundlegenden Wandel im Verhältnis von Bühne, Literatur und Staat weiter vorantrieb und institutionell festschrieb. Die Errichtung fester Häuser und Strukturen auch und besonders an den verbürgerlichten Höfen in Weimar, Mannheim, Gotha und anderswo, die Verbote gegen das fahrende Volk, Professionalisierung sowie das Einschwören der Schauspielerei auf den gedruckten und also jederzeit wiederholbaren und zensierbaren Text, Gottscheds Exekution des Hans Wurst und Lessings Nationaltheater erscheinen da als ästhetische und gattungspoetische Schauseiten einer Kulisse, die vom Gerüst aus Pädagogik oder Menschenerziehung und Gewerbeaufsicht getragen wird.[13]

13 Hans-Christian von Herrmann: *Das Archiv der Bühne. Eine Archäologie des Theaters und seiner Wissenschaft.* München: Fink 2005, S. 138.

Das Staatstheater ist seither staatstragend, und das nicht nur an der Wiener Burg in Österreich, wo Schauspieler*innen bis heute verbeamtet werden. Die Verknüpfung von modernem Staat und Theater, die im 18. Jahrhundert ihren Lauf nimmt, ist bis heute auch in Deutschland gültig. Diese Konstellation hat von Herrmann als „Theatertheologie" bezeichnet – analog der von Carl Schmitt diagnostizierten politischen Theologie, der zufolge sämtliche säkulare Strukturen des Staates religiöse Motive beinhalten. Das Publikum sollte von der Bühne die deutsche Sprache und deutschen Sitten lernen. Das Theater war in seiner historischen medialen Ausnahmeposition dazu in der Lage, weitreichende Bedeutung zu erlangen und finanzielle Mittel zu binden. Neben den Stadt- und Staatstheatern entwickelten sich später Volkstheater – auch die Volksbühne in Berlin hat bekanntlich eine solche Geschichte, wurde sie doch als Theater für die Arbeiter*innen von diesen selbst in Form des Vereins Freie Volksbühne 1890 gegründet, zunächst ohne eigenes Haus, das durch den rasanten Zulauf, den der Verein damals hatte, 1914 aber gebaut werden konnte. 1925/26 war der Verein mit 160.000 Mitgliedern eine starke Kraft in der Stadt, und, gegen das Deutsche Theater gerichtet, galt es für die Freie Volksbühne, einen eigenen Ort zu etablieren, für eigene Geschichten, die mit bezahlbaren Tickets weiten Kreisen der Bevölkerung zugänglich gemacht wurden. Es galt auch, durch Vorstellungen im Verein der Zensur zu entgehen. Damit war die zunächst nomadisch agierende Freie Volksbühne als politisches Theater subversiv. So subversiv, wie das Theater auf den Märkten mit Hans Wurst und Improvisation es sein konnte. Mit der Verstaatlichung der Theater und ihrer Verbannung von den Märkten wurden ihnen Lust und Spieltrieb genommen, es wurde ernst und blieb protestantisch, bis heute, bis in die Gegenwart der totalen Bürokratisierung hinein. Denn das Theater hat einen Auftrag. Es ist Teil des politischen Systems in Deutschland und damit ganz und gar nicht frei.

Partizipation

Eine Gemeinschaft, die durch Partizipation gestärkt werden soll, ist wohl selbst prekär. Solidarische Gemeinschaft wurde in den letzten Jahren durch ihr Fehlen erneut zu einem Problem, das auch im Theater verhandelt wird. Etwas ketzerisch ließe sich vermuten, dass gerade das Auftauchen von gemeinschaftsbildenden Prozessen auf dem Theater deren Verfall markiert – frei nach Christoph Menke, der bei Monteverdi im Gesang des Souveräns dessen

Depotenzierung ausmacht.[14] Das Auftauchen des singenden Souveräns auf der Bühne setze ihn nämlich, so Menke, der Beurteilung der Gemeinschaft aus und bereite so den Beginn der Demokratie vor. Moderne Demokratien lassen sich nicht enttheatralisieren, und Menke zufolge hat das Theater daher das Theater der Politik vorzuführen, sprich wahrnehmbar zu machen. Es bedarf also „um der Demokratie willen einer theatralen Kritik des politischen Theaters. [...] Diese Kritik arbeitet selbst mit den Mitteln des Theaters: der Sichtbarmachung latenter Formen und Strategien der Inszenierung."[15] Die Verflechtung von Demokratie und Theater lässt sich nicht auflösen, das Theater hat vielmehr die Aufgabe, aufklärend zu wirken, indem es das Theater der Politik aufdeckt.

Ich möchte den Text von Menke jedoch in eine andere Richtung lenken. In Analogie zu der von ihm beschriebenen Vorbereitung der Verabschiedung des Absolutismus durch dessen Auftauchen auf der Bühne, somit gewissermaßen dem Prekärwerden dieser historischen Verfassung durch ihre Inszenierung auf dem Theater, könnte man das Auftauchen von Gemeinschaft im Theater, auch wenn es als Suchbild und in nicht-klassischen Theaterformen geschieht, als Zeichen des Verfalls von Gemeinschaft deuten. Es war schon das antike Projekt des Theaters, neue Formen von Gemeinschaftsbildung zu institutionalisieren, im Übergang von oraler Kultur zu Schriftkultur. Auch das Nationaltheater diente der Hervorbringung einer bürgerlichen Gemeinschaft. Und die Freie Volksbühne etablierte wiederum ihre eigene gemeinschaftliche Öffentlichkeit. Allen gemeinsam ist, dass sie der historischen Situation entsprechend Inszenierungen erarbeiteten, die von der Gemeinschaft der Zuschauenden erlebt werden konnten.

Partizipative oder immersive Formen von Theater heute machen die Zuschauenden selbst zu Akteur*innen, und das zumeist in kritischer Absicht. Kritik gilt hier der Repräsentation, wie sie sich im Schauspieler*innenkörper realisiert. Spielanlagen jüngeren Datums, etwa diejenigen von Rimini Protokoll, basieren auf angeleiteten Aktionen des Publikums. Die Inszenierung des Souveräns auf der Bühne vermittelte, so Menkes Lektüre, die Möglichkeit von Veränderbarkeit. Nun sind wir selbst als Publikum, als Volk oder temporäre Gemeinschaft Gegenstand von Inszenierung. Nach Menke wirkte

14 Christoph Menke: Die Depotenzierung des Souveräns im Gesang. Claudio Monteverdis *Die Krönung der Poppea* und die Demokratie. In: Ders. / Eva Horn / Bettine Menke (Hrsg.): *Literatur als Philosophie – Philosophie als Literatur.* München: Fink 2006, S. 281–296.

15 Ebd., S. 296.

das theatrale Als-ob historisch als Katalysator für eine Verfassung, die sich auf der Bühne verändern ließ. Was bedeutet eine solche Möglichkeit für das Phänomen der Partizipation? Wenn Realismus und Naturalismus dahingehend erweitert werden, dass sie nicht nur Darstellungsweisen sind, sondern reale Orte und Menschen einsetzen, um ein Theater zu machen, das reale Resonanzen erzeugt?

Milo Rau ist ein wichtiger, wenn nicht der wichtigste Protagonist eines engagierten, politischen Theaters im deutschsprachigen Raum. Er ist auch einer der Protagonisten des Neuen Realismus auf der Bühne, jemand, der in aufklärerischer Absicht dorthin geht, wo es weh tut. Sein Erfolgsstück *Five Easy Pieces* (2016) habe ich 2017 in Köln im Rahmen des Impulse Theater Festivals gesehen. Entlang von fünf Übungen für Schauspieler*innen inszeniert Milo Rau Kinder, die den Kinderschänder Marc Dutroux und seine Opfer portraitieren. Der Stoff ist historisch, die beteiligten Kinder haben keine Erinnerung an den Mann, der in den 1990er Jahren seine Verbrechen beging. Das Stück hat eine glänzende Dramaturgie. Stefan Bläske wird dafür von *Theater heute* als Dramaturg des Jahres ausgezeichnet. Igor Strawinskys Klavieretüden stehen Pate für die Initiation der Kinder in die zynische Welt der Erwachsenen auf der Bühne. Die Inszenierung wird mit zahlreichen Preisen geehrt und ist schon allein durch die Kinder auf der Bühne extrem anrührend. Wenn sich eine der Darstellerinnen für den im Stück verkörperten Regisseur ausziehen soll, wenn sie im Dienst der Wahrheit die Geschichte nochmals aufführen soll, fließen im Publikum die Tränen. Es ist diese Szene, die 2017 in Köln nicht gezeigt werden darf, aus Kinderschutzgründen. Im anschließenden Publikumsgespräch wird sich über das Verbot lustig gemacht und behauptet, die neunjährige Darstellerin wisse ohnehin nicht, was sie da sage, von daher sei es unbedenklich.

Abgesehen davon, dass ich persönlich es für zweifelhaft halte, dass Kinder in diesem Alter ‚so etwas' nicht verstehen, und wir nicht wissen, wie sich diese Erfahrung in die Körper einschreibt oder was genau bei den Kindern ankommt, spricht das abschließende Bild, das sich Milo Rau bei Pier Paolo Pasolini geliehen hat, eine andere Sprache. Es geht um zwei Marionetten, von denen die jüngere immer den Himmel sehen möchte, es aber nicht kann, weil sie ja in der Black Box lebt, und da gibt es keinen Himmel. Erst als das Puppentheater ausrangiert wird und die Marionetten mit gebrochenen Gliedern auf dem Müll liegen, sehen sie den Himmel. „Das ist der Himmel", sagt die eine zur anderen, bzw. ist das die Realität, die tut eben weh. Das ist die Pointe der Geschichte, die von Milo Rau erzählt wird. Es gibt hier keinen Ausweg, keine Utopie. Ein Stück Himmel gibt es nur um den Preis der gebrochenen Glieder. Darin steckt eine Vorstellung von starrer Realität, von Unveränderlichkeit.

Der zynische Part dieser Dramaturgie besteht darin, dass sie im Dienst der Aufklärung eine Realität behauptet, die zu konfrontieren ist. Anstatt sie als veränderlich darzustellen, vollziehen die Kinder mit ihren Körpern die Erzählung eines Kindesmissbrauchs nach und manifestieren so die Unausweichlichkeit dieser Realität. Die Wiederaufführung wirkt eben nicht einfach aufklärerisch, sondern affirmativ. Solche Dramaturgien zeichnen das Elend der Welt nach und stellen es aus. Sie bleiben der strukturellen Gewalt des Systems treu. Mich interessiert hier weniger die Frage der Unmöglichkeit, im Namen von anderen zu sprechen. Mich interessiert der Nutzen, den Staat, Politik und Gesellschaft daraus ziehen, dass wir uns im Theater mit diesen Dingen in repräsentativer Form befassen. Was entsteht und sich erneuert, ist ein Regime der Angst. Strukturelle Gewalt, die kein Außen kennt. Der Nutzen der jungen Darsteller*innen besteht am Ende darin, das System zu stabilisieren. In der symbolischen Wiederholung des Missbrauchs verkörpern sie Unausweichlichkeit. In der Logik struktureller Gewalt werden sie durch ihre Partizipation an diesem Lehrstück des Missbrauchs zu Darsteller*innen der Unmöglichkeit von Solidarität und Gemeinschaft. Ihre Aufführung erlaubt ein perfides *I prefer not to*, das sich eben nicht in den Dienst der Gemeinschaft stellt, sondern ihr Ende markiert.

Der aufklärerische Gestus tritt mit dem Anspruch auf, nicht wegzuschauen, auch dahin zu gehen, wo es weh tut, die Gesellschaft dazu zu zwingen, sich mit ihren dunklen Seiten zu befassen. Diese Art der aufklärerischen Kunst steht vielleicht auch im Dienst der Immunisierung, ist eine Art Impfung durch Geschichte.[16] Alles andere wäre Leugnung des Vergangenen. Vergangenheit zu leugnen, ist verbrecherisch und geschieht zumeist im Dienst einer Verleugnung auch der Gegenwart. Das Lernen aber aus Geschichte, auch der auf dem Theater erzählten Geschichte, muss fragwürdig bleiben. Brett Baileys *Exhibit B* (2010), eine Inszenierung von rassistischen Tableaux vivants in der Logik früherer Freak Shows, veranlasste die Londoner Community of Color zu einem Sturm der Entrüstung und führte zum Abbruch der Veranstaltung. Das Argument lautete, dass diese Bilder ausreichend gezeigt worden wären

16 Dieses Argument habe ich an anderer Stelle ausführlich entwickelt. Vgl. Stefanie Wenner: „Memory, Not the Real Thing". In: Dies. / Florian Malzacher (Hrsg.): *Two Minutes of Standstill. A Collective Performance by Yael Bartana*. Berlin: Sternberg 2014, S. 40–49.

und auf diese Weise fortgeschrieben würden. Es ging auch darum, die eigenen Kinder nicht erneut mit der Vorstellung von Minderwertigkeit aufwachsen zu lassen, aus der sie sich dann nochmals befreien müssten. Was Milo Rau inszeniert, ist keine Theatertherapie mit Traumapatient*innen, es ist eine Parabel auf die Wirklichkeit und auf die Gemeinschaft, in die die Kinder hineinsozialisiert werden. *Five Easy Pieces* ist kein partizipatives Theater, es inszeniert einen Abend für Erwachsene mit Kindern als professionellen Darsteller*innen. Christoph Menkes Analyse lässt sich nicht ohne weiteres übertragen. Dennoch liegt das Gedankenexperiment nahe, an die Stelle des Souveräns in der *Krönung der Poppea* die Gemeinschaft zu setzen, das Publikum, das seit den 1960er Jahren aktiviert und selbst zum Darsteller gemacht wird. Nützlich wäre dieses partizipative Theater dann für eine Gesellschaft, deren Basis eben nicht in der Gemeinschaft ruht, die sich dies aber weiterhin erzählen möchte. Das wären die zwei Enden von nützlicher Dramaturgie: Einerseits partizipative Selbstvergewisserung im Rahmen von Theater, andererseits aufklärerischer Realismus, der Verhältnisse darstellt, sie in der Darstellung wiederholt und als gegeben zumindest affirmiert.

Kontemplation

Hannah Arendt sagt, das politische Denken habe einen klaren Beginn und ein klares Ende. Den Beginn datiert sie auf Platon und Aristoteles, das Ende auf Karl Marx. Das politische Denken endet für sie mit Marx, weil er Schluss macht mit dem Denken und übergehen will ins Tun.[17] Mit Marx, so Arendt, erfährt die Trias von Arbeiten, Herstellen und Handeln eine radikale Umwertung. Was vorher am geringsten geachtet wurde, die Arbeit, wird aufgewertet; was zuvor am höchsten geachtet wurde, das Handeln (das für Arendt der Bereich des Denkens, der Sprache und damit die eigentliche Sphäre des Politischen ist), wird abgewertet.[18] Seither müssen wir immer etwas Erkennbares herstellen, erarbeiten, tun. Der Bereich der *theoria*, der konzentrierten Schau, wird entwertet und das engagierte Tun aufgewertet. Es entsteht eine Art Zwang zu handeln, Aktivismus mag hiervon ein Aspekt sein. Der Gegenbegriff dazu ist die Kontemplation.

Wir Menschen haben ein begrenztes Arsenal an Sinnen. Wir hören keine Hundepfeife, sehen nur ein bestimmtes Spektrum des Lichts und haben im

17 Arendt: *Zwischen Vergangenheit und Zukunft*. S. 23–24.

18 Ebd.

Alltag wenig Einsicht in die Relativität unseres Standorts. Was wirklich ist und als Wirklichkeit gilt, entscheidet sich je nach Lage und Mehrheit, nach Nutzung unserer Sinne und nach Erzählungen, die wir kennen und verwenden. Wenn Albert Einstein sagt, dass Imagination, also Einbildung, wichtiger sei als Wissen, so ist das die Basis seiner Vorstellung von Welt und Wissenschaft. Aufklärung hat sich als Entschleierung, Enthüllung vorhandener Zusammenhänge formuliert. Was aber, wenn die Einbildungskraft dazu taugt, Aufklärung obsolet zu machen und neue Wirklichkeiten zu kreieren? Das ist die Definition von Wissenschaft nach Donna Haraway: Bessere Darstellungen von Wirklichkeit zu schaffen.[19] Der Clou dabei ist, dass auf diese Weise andere Wirklichkeiten auch entstehen. Das ist die Logik der Performativität und des agentiellen Realismus nach Karen Barad.[20] In der Beschreibung von Wirklichkeit wird nicht nur die Beschreibung, es wird auch Wirklichkeit hervorgebracht, so lautet generell die Logik von Performativität. Und das ist auch die Mission des Neuen Materialismus, wenn es ihn im Singular gibt und er neu ist: die Vorstellung passiver Materie und des Dualismus von Geist und Materie hinter sich zu lassen. Es gibt keine Basis und keinen Überbau, es gibt nur Basis. Die dualistische Vorstellung von Welt wird zugunsten einer performativen Konzeption von Materie verabschiedet. Autor*innen wie Karen Barad und Rosi Braidotti[21] beschreiben eine andere Wirklichkeit als die, die wir als westlich Sozialisierte erfahren – und als Besucher*innen eines Theaters, das uns aufklärerische Inhalte als Bildungsauftrag vermittelt. In diesem Sinn haben Thorsten Eibeler und ich *apparatus* begonnen: eher eine Methode als eine Plattform, eher eine Mission als ein Label.

Barad übersetzt mit *apparatus* den Dispositivbegriff Foucaults und schließt außerdem an den Physiker Niels Bohr an,[22] der alle menschlichen und nicht-menschlichen Akteure als Apparate bezeichnete, die eine Situation hervorbringen. Mit unseren Apparaten widersetzen wir uns der Logik der Repräsentation. Der performativen Konzeption von Materie folgend stellen wir nichts dar oder zeigen etwas auf, wir befragen die Bedingungen von

19 Donna Haraway: Situiertes Wissen. Die Wissenschaftsperspektive im Feminismus und das Privileg einer partialen Perspektive. In: Dies.: *Die Neuerfindung der Natur. Primaten, Cyborgs und Frauen*. Frankfurt: Campus 1995, S. 73–97.

20 Karen Barad: *Agentieller Realismus*. Frankfurt am Main: Suhrkamp 2012.

21 Rosi Braidotti: *Posthumanismus. Leben jenseits des Menschen*. Frankfurt am Main: Campus 2014.

22 Vgl. Karen Barad: *Meeting the Universe Halfway. Quantum Physics and the Entanglement of Matter and Meaning*. Durham / London: Duke UP 2007.

Produktion und realisieren jeweils neue Konstellationen. Wir reproduzieren nicht das Elend der Welt, wir schaffen gemeinsam mit anderen Akteur*innen Situationen. Dinge sind für uns mit dem Objektbegriff Graham Harmans ebenso Theater wie Menschen, Pflanzen oder die Quantentheorie.[23] Räume sind Körper aus Körpern, menschlichen wie nicht-menschlichen. Alle Körper bedingen gemeinsam, worauf wir uns als Realität einigen können. *apparatus* generiert Handlungsweisen. Wir haben mit *MYKORRHIZA* begonnen und uns sieben Wochen lang mit verschiedenen Künstler*innen und mit Pilzen auseinandergesetzt. Es ging weiter mit *DRECK*, einer kollektiven Beschäftigung mit Archiven und Archivierung, mit den freiwilligen und unfreiwilligen Spuren, die wir hinterlassen. Der vorerst letzte dieser Reihe von Apparaten galt unter den Stichworten PHARMAKOS/N dem Posthumanismus. Außerdem haben wir nach *Really Useful Theater* mit anderen ein Stück entwickelt: *Magical. Acts. Matter.* (2016). Hier gab es keine Regie, dafür *useless dramaturgy*, Performer*innen, menschliche und nicht-menschliche.
Sofern sich Dramaturgie als nützliche Dramaturgie auf das bestehende System und den Menschen im Zentrum richtet, bedarf es heute einer Revision des Theaterapparates. Post-Dramaturgie kann hierbei eine entscheidende Rolle spielen. Wenn partizipative Theaterarbeiten in kritischer, politischer Absicht unter Bedingungen hergestellt werden, die denen entsprechen, welche inhaltlich kritisiert werden, dann ist das mehr als problematisch. Post-Dramaturgien setzen hier an und machen Sinn und Form auf neue Weise politisch, indem sie sich der Logik von Produktion entziehen. Es geht nicht einfach nur darum, *to practice, what we preach*, es geht darum, dass der Apparat des Theaters selbst einer radikalen Veränderung bedarf. Denn eine Auseinandersetzung des Theaters mit seinem Betrieb, mit der Institution und deren Umgang mit den Resten, mit Müll, Materie, Material und Archiv steht noch aus. Die kritische Revision der Dinge, ihrer Sprache, Resonanz und Aura, der Fragen von Herkunft, Legitimität und Sammlung, wie sie in der bildenden Kunst und in den ethnologischen Sammlungen gegenwärtig stattfindet, mag zunächst einmal unangemessen erscheinen in Bezug auf Requisiten des Theaters, die aus Pappe oder Plastik, aus Pappmaché, Holz oder Styropor hergestellt werden. Schauen wir zurück, dann waren es genau die zunächst für Theateraufführungen notwendigen Dinge, die jetzt in den Museen für Völkerkunde gelandet sind: Masken und Gegenstände, die als Gebrauchsmaterialien aus dem Ritual in das Theater gewandert sind. Sie spielten eine Rolle in einem Brauch und wurden aufgeladen in ihrem Gebrauch. Der eher animistische Kontext unterstellt den

23 Graham Harman: *Vierfaches Objekt*. Berlin: Merve 2015.

Gegenständen eine *agency*, die in der schieren Materialität eines Steins ebenso situierbar ist wie in einer Maske. Nehmen wir die Requisiten der Gegenwart, so ist auch ihre Materialität durch Resilienz und Resonanz erfahrbar. Und sie sind Teil des Theaters, wie es heute verfasst ist. Das zwar inhaltliche Kritik an Politik übt, dies aber in Form eines Betriebs, der sich problemlos in die von Jane Bennett in ihrem Buch *Vibrant Matter*[24] diagnostizierte Gesellschaft von „Hoardern" einfügt, der wir angehören. Bennett zufolge müssen wir nur auf die Meere schauen und die dort umherschwimmenden Inseln aus Plastik, um zu begreifen, dass wir den Ruf der Dinge nicht hören und einen fehlgeleiteten Umgang mit ihnen haben. *apparatus* sucht nach Möglichkeiten, einen anderen Umgang mit den Dingen zu etablieren. Menschen gelten uns als Dinge unter Dingen. Wir wollen uns innerhalb des Systems nicht nützlich machen. Das hat unsere Arbeiten für manche unkonsumierbar gemacht, aber das nehmen wir in Kauf. Unsere Dramaturgie ist in diesem Sinne *useless*, wenn sie denn überhaupt als Dramaturgie im klassischen Sinne bezeichnet werden kann. Für *Magical. Acts. Matter.* war u. a. die Lektüre von Klaus Heinrichs Dahlemer Vorlesung zu den menschenförmigen Göttern leitend. Wichtig für *Magical. Acts. Matter.* war vor allem der Begriff der *theoria*, den Heinrich in Auseinandersetzung mit dem Theater erläutert, genauer gesagt mit der Tragödie als Oper:

> [...] es gab viel zu sehen und viel zu hören. Das Wort, das dieses beides zusammenfasst im Griechischen – ein Wort aus der Kultsprache direkt genommen –, schlecht übersetzt, wenn man es gleich mit ‚Schau' übersetzt, ist ja das Wort *theoria*. Der erste Bestandteil ist *thea* die Schau, der zweite Bestandteil aber kommt von dem Begriff *horao*.[25]
> [...] *Horao* ist das sorgfältige Beobachten, Wahrnehmen, wie es zunächst nur ausschließlich zur Kultsphäre gehört. Der so die Götter Verehrende ist der theoros; und dieser theoros ist sowohl der Zuschauer beim Festspiel – und die *theoria* selbst dieses Festspiel – als auch derjenige, der ganz speziell in dieser Verehrung etwas herausfinden muss.[26]

Entscheidend ist für uns der Aspekt der *theoria* in der Dreiteilung von Arbeiten, Herstellen und Handeln bei Hannah Arendt. Wir stellen nichts her, wir

24 Jane Bennett: *Vibrant Matter. A Political Ecology of Things*. Durham / London: Duke UP 2010.

25 Klaus Heinrich: *Anthropomorphe*. Frankfurt: Stroemfeld 1986, S. 103–104.

26 Ebd., S. 104.

handeln. Gemeinsam mit menschlichen und nicht-menschlichen Akteur*innen widmen wir uns der *theoria*. In diesem Sinne ist *apparatus* nicht an nützlicher Arbeit beteiligt, sondern Handlungsträger manchmal paradoxaler Art.

Really Useless Dramaturgies

Ob das dokumentarische Theater neuer Prägung vermag, ein kritisches Bewusstsein zu wecken und den Mut zur Veränderung zu schüren, darf hinterfragt werden. Schon Robert Walser schien diese Annahme bedenklich:

> Wir füttern jetzt die Bühne mit Leben, daß sie wahrlich genug zu fressen hat. Der hinterste und verborgenste Dichter präsentiert dem Theater irgendwelches hinterste und verborgenste Stücklein Leben. Wenn das derart schwungvoll weitergeht, wird das Leben bald wie eine schwindsüchtige Kranke platt daliegen, ausgesogen und bis in die Rippen ausgepumpt, während das Theater so fett, behäbig und vollgestopft sein wird [...]. Die Sache ist die: je lebhafter und natürlicher es auf dem Theater aussieht, desto ängstlicher, behüteter, geärgerter und gepolsterter wird es im täglichen Leben ausschauen. Die Bühne übt, wenn sie Wahrheiten auf der Bühne ausklopft, einen verschüchternden Einfluss aus. Wenn sie aber, was sie früher etwa noch ein bisschen getan hat, goldene, ideale Lügen in großer unnatürlich-schöner Form ausspinnt, so wirkt sie aufreizend und ermunternd und fördert wiederum die schönen, krassen Gemeinheiten des Lebens. [...] Gebt acht mit euern ungezügelten Naturstücken, daß das Leben nicht eines Tages versickert. Ich bin für ein Lügentheater, Gott helfe mir.[27]

Der Anti-Realist Walser nahm die Realismuskritik Gottfried Benns vorweg. Jean Genet sagte im Zusammenhang mit den Pariser Studentenprotesten von 1968, man hätte den Justizpalast besetzen sollen, nicht ein Theater, denn in jenem hätte Recht gesprochen werden müssen, so aber endete der Protest beim Als-ob.[28] Und Hans-Thies Lehmann formulierte 2016 in einem Interview anlässlich des Erscheinens seines Buchs über die Tragödie, es gehe nicht darum, auf die Bühne zu bringen, was wir ohnehin jeden Tag sehen, und

27 Robert Walser: Lüge auf der Bühne. In: Ders.: *Maler, Poet und Dame. Aufsätze über Kunst und Künstler.* Zürich: Diogenes o.J., S. 44–47, hier S. 44–45.

28 Hubert Fichte / Jean Genet: *Jean Genet (Portrait).* Frankfurt am Main / Paris: Qumran 1981, S. 45.

reklamierte, dass das Theater ein unzuverlässiger Geselle sein dürfen müsse.[29] Ein unzuverlässiger Geselle allerdings kann keine nachhaltige gesellschaftliche Wirkung garantieren. Wenn Antragsformulare zur Finanzierung von Projekten schon bei kleinen Beträgen danach fragen, welchen Nutzen dieses Projekt hat, wenn die Bürokratie eines solchen Projekts mehr kostet, als es Gagen für Künstler*innen gibt, dann stimme ich Christoph Menke zu, der sagt, dass man Kunst ihre Kraft nehme, wenn man sie gesellschaftlich verpflichtet.[30] Es gilt dann, als Dramaturgin vor allem Taktiken zu etablieren, Finten, Tricks und Wege, um das Diktat der Nützlichkeit zu unterwandern. Aufklärung ist selbst längst fragwürdig geworden, sie schlägt in Mythos um, das scheinen wir vergessen zu haben. So ist die Kunst und ist auch das Theater nicht frei, sie folgen dem allgegenwärtigen Zwang des Utilitarismus, der sogar Kontemplation mit dem Ziel der Selbstoptimierung dem Gebrauchswert zuschlägt, der das politische System stabilisiert. Die allgemeine Kommodifizierung hat längst die Theaterproduktionen erreicht. Schon bevor Kurator*innen die Bühne betraten. Solange wir uns im Theater damit befassen, politische Kritik zu formulieren, bleibt sie dort. Wie Jean Genet sagte: Wenn die Pariser Student*innen 1968 etwas hätten erreichen wollen, hätten sie den Justizpalast und nicht ein Theater besetzen müssen.

Mit dem Ende der Politik als exklusive europäische Geschichte kommt möglicherweise auch die damit projektierte Gemeinschaft an ihr Ende. Ihr Wiederauftauchen auf dem Theater und in der Kunst erlaubt es uns, sie als Vergangenes anzuschauen. Das birgt auch ein utopisches Potential. Auch wenn das sicher nicht das Ziel der genannten Beispiele ist, ruht dieses utopische Potenzial in Arbeiten von Rau oder Rimini Protokoll. Aber eben nicht auf der Basis von Aufklärung, sondern vom Ende des Narrativs des Realismus her, das sie weiterhin herstellen.

Reklamieren wir das Theater als Ort der kontemplativen Schau, der *theoria*, die es erlaubt zu starren, zu spinnen und sich zu versenken, ohne daraus einen Mehrwert zu beziehen! Es gibt viel zu wenige gesellschaftliche Orte, die dies ermöglichen. Das muss und darf nicht exklusiv geschehen, sondern muss im radikalen Sinne öffentlich sein. Really Useless Dramaturgy basiert auf einer Politik des Entzugs. Es ist die schwerste Aufgabe, der sich eine Dramaturgin

29 Vgl. Hans-Thies Lehmann / Arno Widmann: Drama, Tragödie und Auslaufmodell Stadttheater. Ein Gespräch. In: *Frankfurter Rundschau*, 26.08.2014. http://www.fr.de/kultur/theaterwissenschaft-interview-drama-tragoedie-und-auslaufmodell-stadttheater-a-556632 (Zugriff am 29.09.2018).

30 Christoph Menke: *Die Kraft der Kunst*. Frankfurt am Main: Suhrkamp 2013.

stellen kann: etwas wirklich völlig Nutzloses zu konzipieren, eine Zweckfreiheit jenseits der allgegenwärtigen Entfremdung und Verdinglichung, eine Einladung an die Einbildungskraft aller Anwesenden, eine Situation im Hier und Jetzt. Ihrer Fantasie sind keine Grenzen gesetzt.

50% 07:53

heddalicious91

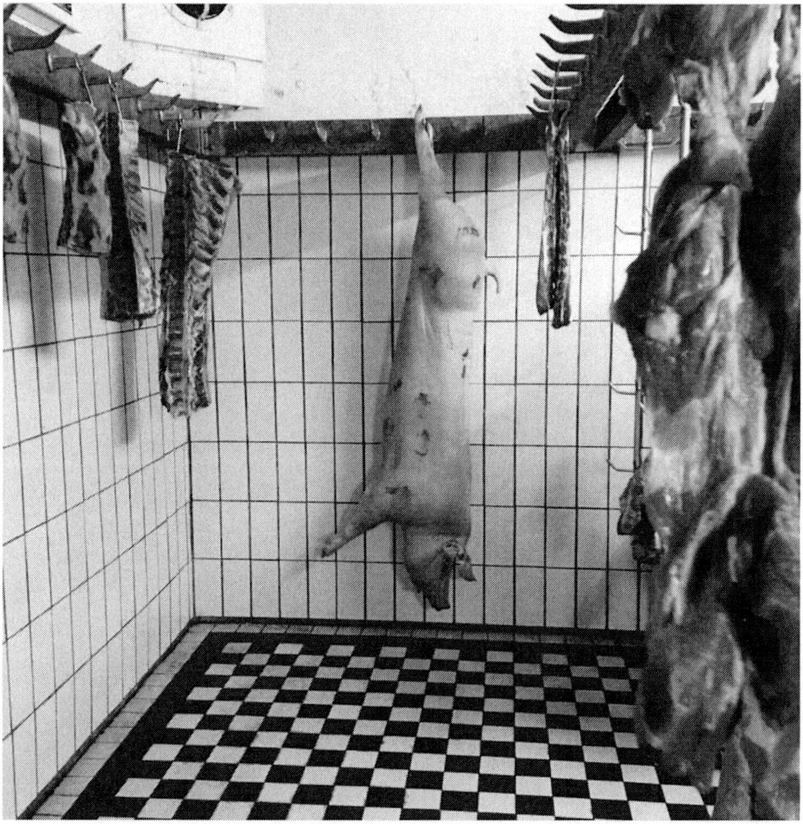

Gefällt **nadved** und **heizraum**

heddalicious91 Ich habe es #verbrannt - #alles.

30. OKTOBER

Ulf Schmidt

Jenseits der Zentralperspektive

Für ein Polytisches Theater

Exposition

Zentralperspektive: Stadttheaterraum, Held, Hierarchie, Regie, Autorschaft.

*

Gebaut, um hunderte Menschen neben- und hintereinander auf Sitzen anzuordnen, für einen festgelegten Zeitraum zu immobilisieren, ins Dunkel zu versenken, zur Stille zu verdonnern. Blick und Aufmerksamkeit auf einem bestimmten Rahmen zu verlangen und auf all das, was zwischen den Grenzen dieses Rahmens abläuft oder was von dort aus einseitig über die Überschreitung der Grenzen entscheidet. Gottesdienst ohne Gott. Predigt mit unsichtbarem Priester. Versammlung von Spielenden-für-Zuschauende und Zuschauenden-für-Spielende, angeleitet von Abwesenden. Jede Überraschung und Wendung Teil eines umfassenden Plans. Gelebte Prädestination.

*

*Auf der Bühne die, die man gemeinhin Figuren nennt. Hergestellte Illusion der Spielenden für die Zuschauenden. Umgeben von Nebendarsteller*innen. Eine, zwei, vielleicht sogar drei die Hauptfiguren. Der Rest mehr oder weniger sprechende Gegenstände, zur Hintergründigkeit angehaltene Zwerge, gebraucht, um die Konturen der Figuren schärfer zu zeichnen, Knechte um Herren, Herren um Knechte machen zu können. Ihnen ‚Tiefe' zu verleihen, dreidimensionale Zentralperspektive der psychologischen Innerlichkeit. Mehrdimensionalität vorgaukelnd, Untiefen unter die Oberfläche zaubernd. In Kantinen und vor Besetzungszetteln weiß jeder genau, wer Hauptfigur ist.*

*

*Eine Herrschaft, die sich in der (Selbst-)Organisation der Theaterkünstler*innen, in der betrieblichen Autopoiesis der Poieten wiederholt. Wieso hier-archisch, heilig-herrscherlich? Und wenn nicht hierarchisch – wie anders? Und vor allem: Wie, um mit dem richtigen Wem ein gemeinsames Was zu finden?*

*

Die Zentralperspektive der Bauten wiederholt sich in der Zentralperspektive der Organisation ebenso wie in der Zentralperspektivik der Inszenierung und der traditionellen Autorschaft. Kunst und Demokratie passen einfach nicht zusammen, heißt es irgendwo – spricht das gegen Demokratie oder gegen Kunst? Zeit für das stehende Stadttheater, im 21. Jahrhundert in der Demokratie anzukommen. Uranfänglich scheint es mit Demokratie vereinbar gewesen zu sein, in Athen vor zweieinhalbtausend Jahren. Aber was heißt hier: Demokratie? Und wie sieht die Dramaturgie der Demokratie aus?

*

*Die Häuser verankerte Panzerkreuzer der Kunst in den Innenstädten. Dunkle Spukschlösser, die Bewohner*innen zu Dienenden machen. Gelegentlich will einer oder eine alles anders machen. Und endet als Intendant*in. Das gefesselte Publikum starrt ab 19 Uhr wieder still und bewegungslos in dieselbe Richtung. Es wird immer weniger geredet hinter den Kulissen. Mehr übereinander. Die Inszenierung trotz der mangelnden Technik gar nicht mal so viel schlechter, sagt man, als die kühne künstlerische Ausgangsidee. Das* Castle of Perseverance *übersteht alle Neuerungen. Am Ende jeder Theaterrevolte stand bisher die Wiedereinsetzung der alten Ordnung. Früher oder später kommen auch die Räuberbanden der Freien Szenen wieder heim ins Moor'sche Schloss, wo der Alte sich bester Gesundheit erfreut, erpicht auf die Fortsetzung der Erbfolge.*

Theater als ein Veränderbares begreifen. Für ein transformatives Theater

Die stehenden Schaubühnen, erträumt als konstante Ermöglicher von künstlerischer Fantasie und politischer Aufklärung, sind Begrenzungen geworden. Große Kinosäle, in denen nicht immer derselbe Film läuft, aber immer dasselbe: ein Film. Passabel nutzbar als Programmkinos, dafür auch technisch einigermaßen ausgerüstet. Vielleicht Abspielstätten für neue Fernsehserien. Konzertsäle. Wie müssen Theaterräume aussehen, die der Form des Spiels nicht durch Bauform und Raumanordnung enge Grenzen setzen? Die zwar stehen, aber nicht zur Form versteinern, sondern sich selbst transformieren können? Sicher kein grenzenloser Freiraum. Wie sollte das gehen in steinernen Gebäuden mit Wänden und Dach, wo Architektur eine tragende Rolle spielt? Aber ein Raum, der sowohl die technischen Möglichkeiten der Gegenwart vollumfänglich nutzbar macht, wie auch den Experimenten der Räuberbanden, die sich im Namen ihrer Freiheit von personellen, räumlichen und leider auch: finanziellen Produktionsmitteln befreit haben, baulich offen gegenüber stünde.

Die Frage ist also nicht, wie alte Häuser gegenwartstauglich gemacht und renoviert werden sollten, sondern: wie ein neues Theater im Jahr 2025 gebaut sein müsste. Aus künstlerischer Perspektive – das kann man nicht oft genug sagen. Was sollte es können können, was können müssen? Ein Haus, das die Zentralperspektive nicht ausschließen muss, wo aber die Zentralperspektive nicht alle anderen Perspektiven, Aufmerksamkeitsformen und Blickwinkel bis zur Unmöglichkeit erschwert. In dem die Zentralperspektive nicht zentrale Perspektive ist. In dem die Verabredung mit dem Publikum nicht lautet oder: lauten muss, dass es sich zu einem exakt definierten Zeitpunkt an einem bestimmten Platz einzufinden und still in Dunkelheit auszuharren habe, um mit aufgeschnittenen Augenlidern der Kunst so folgen zu müssen, wie es jemand anders für am besten befunden hat. Warum sollte die Raumsituation stehender Stadttheater die Form der Glotze als Guckkasten und Nahsehgerät zementieren? Warum die Spieler*innen aus dem Haus treiben, um andere Raumsituationen zu finden und zu ermöglichen? Es wird Zeit, die anderen Rezeptionsweisen, die die sich befreit habenden Gruppen in den letzten Jahrzehnten entwickelt haben, in den stehenden Häusern räumlich und technisch möglich zu machen. Damit stehende Häuser nicht stehengebliebene Häuser sind. Die Welt als eine veränderbare zu beobachten und vielleicht im Theater darzustellen, verlangt auch, Theater als einen Teil dieser Welt zu begreifen und permanent auf die eigene Veränderbarkeit hin zu befragen. Baulich. Aber nicht nur. Organisatorisch. Aber nicht nur. Dramaturgisch und textlich. Politisch auf jeden Fall. Und vor allem polytisch.

Zurück zur Zukunft. Für ein polytisches Theater

Es ist an der Zeit für etwas Unerhörtes: Neue Theaterbauten, in denen eine andere Organisation und Zusammenarbeit, neue Darstellungsformen und Dramaturgien nicht nur möglich, sondern gefördert und beflügelt werden. Es kann der Einfachheit halber „polytisch“ heißen. Einerseits, weil es an vielen Stellen heterogene Mehrere zusammenbringt und aus ihnen mehr oder anderes macht als einen Trupp, eine Gruppe, ein Team, eine Abteilung, ein homogenes Kollektiv. Zudem, weil es aus der Einsicht entsteht, dass der Blick auf Gesellschaft im Theater zwar ein Blick aus dem Fenster ist, dass aber auch das eigene Spiegelbild in diesem Fenster Teil der Beobachtung zu sein hat. Nicht eines künstlerischen Narzissmus wegen, der glaubt, es reiche aus, Kunstorganisationen zu verändern, um Gesellschaft zu verändern. Aber aus der Einsicht heraus, dass es absurd ist, von andern Veränderungen zu fordern, die die Fordernden selbst nicht bereit sind zu vollziehen. Und aus der Einsicht heraus, dass zu lösende Probleme und zu bekämpfende Ärgernisse in der eigenen Organisation in Allianzen anzugehen sind, die aus der eigenen Organisation herausreichen. Als polytisches Ensemble.

Es ist Zeit für Bauten, die steinerne Brücken ins Neue sind. Nicht nur, weil gerade die große Renovierungs- und Sanierungswelle der stehenden Häuser im Gange ist. Sondern weil es jederzeit an der Zeit ist, danach zu fragen, wie ein Theater derzeit zu bauen wäre. Und weil danach zu lange weder gefragt noch gebaut wurde. Ein großer Teil einer Generation von Theaterkünstler*innen hat sich abgewandt von den Freiräumen, die die stehenden Theater bieten sollten, und wollte stattdessen lieber frei sein und in ganz anderen Räumen arbeiten.

Geld für diese Bauten ist da. Und der Klarheit halber: Bespielungshäuser, die den feuchten Traum des Neoliberalismus in der Kunst verwirklichen, sind ebenso wenig Lösung, wie die startupmäßige, förderantragsabhängige Truppenorganisation avantgardistischer Freibeuterbanden organisatorisch zukunftsweisend ist. Theatersupermärkte, die sich mal dieses, mal jenes szenische Produkt ins Schaufenster stellen, flankiert von einem sich um die Banden gruppierenden, sozialversicherungspflichtig angestellten bürokratischen Tross von Antragsbearbeiter*innen, Festivalorganisator*innen, Verwaltungsverwalter*innen mit Urlaubs- und Rentenanspruch. Profiteure der Selbstausbeutung und -prekarisierung von Künstler*innen.

Das Stadttheater ist entgegen anders lautender Gerüchte nicht tot. Von Mordversuchen ist abzuraten. Es macht immer noch Sinn, Produktionsmittel an festen Häusern zu bündeln und langfristige Sicherheiten zu organisieren. Die Frage ist aber: Wie müssen die Häuser gebaut sein, um eine Theaterkunst zu ermöglichen, die nach einem anderen Möglichkeitsraum sucht. Wie müsste in diesen neuen Häusern die Zusammenarbeit organisiert sein? Was wird in diesen Häusern gespielt? Was anders? Warum? Zu fordern ist ein Theater, das künstlerisch anderes ebenso ermöglicht wie andere Organisationsformen und Arbeitsweisen. Pluralistisch, polyglott, polyphon, polyamor, polyphren, polytheistisch. Und – man muss es wohl immer wieder sagen – natürlich finanziell erheblich besser ausgestattet als heute.

Jenseits des Rahmens. Für ein polyskopisches Theater

Das „Totaltheater“ von Gropius und Piscator war ein spektakulärer Versuch, ein Theater für das filmische Zeitalter zu entwerfen. Die allmählich zum Popanz werdende Durchbrechung der Vierten Wand zu bewerkstelligen, die die Vierte Wand letztlich zum Zwecke der Durchbrechung aufrechterhält. Es ist fast 100 Jahre später an der Zeit, darüber hinauszugehen, hin zu einem Theater, das sowohl andere als zentralperspektivische Darbietungen ermöglicht als auch offen ist für neue Technik: ein digitalisiertes Polytheater eher als ein filmisches Totaltheater. Vor allem aber ein solches, das der zuschauenden Öffentlichkeit Freiheit lässt: Bewegungsfreiheit, Wahlfreiheit der Perspektiven, der Schauplätze. Nach der Vierten gilt es damit, auch die anderen drei Wände niederzureißen. Wenn nicht noch mehr. Ein polyskopisches Theater.

Dass die kühnen Konzepte, Versuche und Visionen der 1920er Jahre nach 1945 in der Wieder- oder Neuerrichtung der Stadttheater in der Form der *camerae obscurae* mündeten, in denen die ihrer eigenen jüngsten Vergangenheit Entfliehenden sich im Dunkel still verstecken können, mag erklärlich sein: An sich selbst leidende Mitglieder einer sich in Selbstmitleid rekonstruierenden bürgerlichen Gesellschaft, die sich in einer Psycho-Peepshow versammeln, um dem Seelenstriptease an sich selbst leidender Bürger*innen voyeuristisch zu folgen. Für die Theaterkunst ist die Renaissance der Glotzkastenbühne und ihr jahrzehntelanges Verharren in dieser Bauform eine Sackgasse geworden. Und vergangene Epoche.

Es geht um neue Theaterbauten, die die Raumsituation des Spiels weniger präformieren, die sowohl den Spielenden als auch den Zuschauenden Freiheiten lassen, Spiel- und Möglichkeitsräume öffnen. Transformative Bewegungsräume, bis an den Rand vollgepackt mit heutiger Technik – und trotzdem mit ausreichendem Platz für morgige Neuerungen. Theater waren seit Ekkyklema und Mechané immer auch technisch avancierte Orte. Nicht als technische Leistungsschau oder Produktausstellung – sondern um mit Hilfe der Technik zu erzählen. Mit Hilfe der Technik über Technik. Als Reflexion von Gesellschaft, Menschen, Politik im Verhältnis zu dem von ihr Gemachten.

Jenseits von Strom und Kabel. Für ein polytechnisches Theater

Fast scheint es notwendig, die guten stehenden Schaubühnen vor den technischen Misshandlungen zu schützen, die ihnen über Jahrzehnte angetan wurden. Das Immer-Hinzufügen und Draufkleistern von Verkabelungen, das Zustellen und Zuhängen von Logen und Rangplätzen mit

Scheinwerfern. Versuche, aus höfischen Kutschen Rennautos zu machen, die alten Repräsentationsräume in Heizungskeller verwandelnd. Lampenläden mit elektronischer Stell- und Regeltechnik. EDV-Ausstattung. Social-Media-Öffentlichkeitsarbeit anstatt Erweiterung des künstlerischen Freiraums durch digitale Möglichkeiten.

Die stehenden Theaterbauten waren elektromechanische Wunderkästen. Mit den Hebe-, Versenk-, Verschiebe-, Dreh- und Kippmöglichkeiten ihrer Bühnenräume. Lichtspielhäuser voller farbenfroher Schönheit. Und sind als solche stehengeblieben. Es wird Zeit, Hologramme auf den Bühnen als Selbstverständlichkeit zu ermöglichen. 2- und 3-D-Projektionen, klassische und 360°-Kameratechnik, aktuelle Soundsysteme. Augmented Reality. Das ist mit Renovierungen der Glotzkastenbühne nicht machbar. Andere Ausstattungen, andere Räume, neue Kompetenzen sind nötig, die zu einem neu zu bauenden Theater gehören.

Wie genau ein solches polyskopisches und polytechnisches Theater aussehen könnte oder müsste, in dem die Öffentlichkeit die Freiheit hätte, den eigenen Blickwinkel und die eigene Szenerie zu wählen – das ist eine Frage, die an ein Ensemble zu stellen wäre: aus Dramaturg*innen, Spieler*innen, Regisseur*innen, Bühnenbildner*innen, Digitaltechniker*innen und Architekt*innen. Ein gemeinsamer Traum von ... was auch immer dabei herauskommt, wenn man sich gemeinsam aus den alten Schlossmauern befreien will. Es gilt, gemeinsam nachzudenken und Ideen zusammenzubringen, um zu erkunden, welches Theater es sein wird, das man bauen muss.

Jenseits der Fokussierung. Für eine polyzentrische Dramaturgie

Natürlich wäre es zu kurz gesprungen, in solchen Räumen nur die alten Stücke oder neue Stücke in alter Form aufzuführen. Wenn ein Freiraum gedacht und gebaut ist, ist es an der Zeit, den Freiraum dramaturgisch zu nutzen und zu fragen: Wie sieht eine szenische Aktivität (ob sie „Stück" heißt oder nicht) aus, die einer solchen Bewegungsfreiheit angemessen ist? Wie sieht also eine szenische Aktion aus, die nicht fokussiert, sondern polyzentrisch arbeitet, die den Zuschauenden gleichzeitig zu schauen und zu wählen gibt.

Postheroische Dramaturgie. Für ein Polytisches Erzählen

Was heißt polytisches Erzählen? Polyzentrisches, polyfokales Erzählen in offenen Räumen, in denen nicht mehr der Scheinwerfer darüber entscheidet, was

in die Aufmerksamkeit rückt, sondern Spielende anbieten und Zuschauende entscheiden. Dabei eignet sich die Gegenüberstellung von Rolle und Performer*innen nicht für dic ideologische Gegenüberstellung, auch, aber nicht nur, weil jede*r Performer*in eine Rolle einnimmt, jede*r Rollendarsteller*in performt. Warum soll die Erweiterung der Möglichkeiten und der Freispielräume zur Ausschließlichkeit führen? Vorausgesetzt, man verwechselt Freiheit nicht mit Beliebigkeit. Vielleicht sollte man zukünftig besser von Transformer*innen reden und schreiben, die über verschiedene szenische Erzähltechniken verfügen: morgens Rollendarsteller*innen, mittags postdramatische Performer*innen, abends kritische Kritiker*innen.
Nochmal: Was heißt polytisches Erzählen? Im Jahr 2025? Im Fernsehen, angefangen als Liveübertragung von mehr oder minder banalen Theater- oder Fernsehspielen, setzte eine atemberaubende Entwicklung erzählerischer Formate ein. Wer von Rolle, Figur, Performer*in, polytischen Transformer*innen handeln will, kann heute nicht mehr auf eine Auseinandersetzung mit den Beiträgen des Fernsehens dazu verzichten. Eine Zuschauerschaft hat sich daran in über einem halben Jahrhundert herausgebildet, die (mehr oder weniger) souverän mit Erzählweisen umzugehen, sie zu dechiffrieren und zu verstehen versteht. Die diese Souveränität ebenso ins Theater mitbringt wie auch die Theaterspielenden, die damit aufgewachsen sind. Das Zappen wurde zur Kulturtechnik des TV-Zeitalters, gefolgt und erweitert vom Surfen im Digitalzeitalter, in dem sich interaktive und interpassive Zuschauende eigene Zusammenhänge erschauen. Zugleich wurde und wird die politische Erzählung erst zu einer Television, dann zu einer Virtuellen Realität, der Politiker wandelt sich vom Staatsschauspieler zum globalen Hologramm.
Lange Zeit hielt sich dabei Fernsehen dort, wo man es zum Erzählen als fiktional deklarierter Geschichten benutzte, an theaterhistorisch wohlbekannte Formen und Strukturen, blieb in (allzu) ausgetretenen Bahnen der ewigen Wiederholung des Gleichen hängen. Bis plötzlich vor etwa zwei Jahrzehnten ein von vielen als epochal beschriebener Bruch ausgerechnet in jenes ureigene Fernsehformat eintrat, das die Serie ist. Eine erzählerische Evolution, wenn nicht sogar Revolution, die als solche popkulturell wahrgenommen und diskutiert wird. Die Ausweitung der Erzählweite auf trans-Homerische Dimensionen: 70, 80, 90, 100 oder mehr Stunden, um einem Vorstadtmafioso, einem Chemielehrer, einem Politiker, einer Anwältin oder einem Anwalt, einem Werbetexter zu folgen. Durch Staffelung über Jahre des Zuschauens hinweg verteilt. Nachfahren alter Epen oder moderner Romane. Odysseus wäre ebenso geeignete Hauptfigur dieser Serien wie Leopold Bloom. Hochfokussiert auf Einzelne und ihre Zerlegung.

Viele dieser neuen Serien könnte man als Inspirations- oder Haltepunkte heranziehen, manches gar aus dem vierwändrigen Fernsehkasten auf eine wieder vierwändrige Bühne zu bringen versuchen. Das Fernsehen würde dem Theater ein bisschen von dem zurückgeben, was es ihm zu verdanken hat. Das mag man tun. Diese hyperfokussierte, monolithische serielle Erzählweise hinter einer Vierten Wand interessiert aber hier nicht.

Anders (und polytischer) hingegen Serien wie *Game of Thrones*, *The Wire*, *OZ*, vielleicht auch die *Lindenstraße*. Diese Formate weisen in die Richtung eines polyfokalen Erzählens. Eines Erzählens, das sich nicht mehr um das pharaonisch-königliche Zentrum einer Hauptfigur dreht, sondern das ein Interaktionsfeld aufreißt, ein Feld, in dem die Figuren im Welle-Teilchen-Dualismus sowohl Handelnde wie Behandelte, Treibende wie Getriebene, aktiv und passiv und dieses zugleich sind. Nicht einzelne Figuren stehen im Fokus: sondern eine fiktive Welt, eine Stadt und ihre Milieus, ein Gefängnis, eine Straße. Die dramatische Folge von Anfang-Mitte-Ende variiert nicht nur ihre Abfolge postdramatisch, sondern die tendenziell unendliche Vervielfältigung von Anfängen und Enden, zugleich die tendenziell unendliche Vervielfältigung der Nicht-mehr-Hauptfiguren, deren Ende immer neue Nicht-mehr-Hauptfiguren nachfolgen. Wie dort Odysseus der Urvater, ist hier Hydra die Schutzheilige.

Diese Formate erzählen nicht mehr von Figuren, sie erzählen von Gefügen und Konstellationen. Damit wird der Weg weg vom Helden und der Heldin beschritten (auch weg vom zerstörten Helden neuer Serien) und der Dramaturgie der Heldenreise hin zu einer Felddramaturgie eines „Marstheaters", dem Karl Kraus *Die letzten Tage der Menschheit* in seinem Vorwort zudachte. Feld nicht Held. Nicht im dunklen Theaterraum die dunklen Untiefen fiktiver Seelen auslotend. Sich vielmehr auf Gefüge de-konzentrierend. Konfigurationen, in denen nicht aus einer bestimmten Bestimmtheit von Figuren die Konstellationen abgeleitet werden oder entstehen. Sondern in denen die Konstellationen und ihre Verschiebungen gezeigt werden. Ebenso wie die Wirkungen dieser Verschiebungen, die sich einem klassischen Begriff von Figur nicht mehr fügen. Gefüge von Verfügungen über Nicht-mehr-Figuren durch Nicht-mehr-Figuren. Nicht-mehr-Figuren, die nicht bloß Figuren-in-Konstellationen sind, sondern selbst Konstellationen in Konstellationen. Wenn das Ich eine Gesellschaft ist, ist diese Nicht-mehr-Figur eine Gesellschaft in Gesellschaft von Gesellschaften. Eine bestimmte Figuration des Wechselspiels von Bewusstsein und gesellschaftlichem Sein, das sich gegenseitig bestimmt, mal auf dem Kopf steht, mal auf den Füßen. Ein Sein-Bewusstsein-Dualismus von postheroischen Wellen-Teilchen.

Die Grenzen der Guckkasten-Serien, die ein polyskopisches Theater leichtfüßig überschreiten könnte, liegen allerdings bereits in ihrem Namen angedeutet: Die serielle Sequenzierung. Das Fernsehen muss, was immer gleichzeitig geschieht, in ein Nacheinander bringen. Es muss die Wahl zwischen verschiedenen Perspektiven durch die Kameraperspektive vereinheitlichen und brav und sklavisch eine nach der anderen erzählen. Versuche, eine Geschichte navigierbar durch die Fernbedienung zu erzählen, scheitern kläglich. Den Zuschauenden wird, auf ihre Forderung hin, nur die Freiheit eingeräumt zu entscheiden, wann und wie viele Episoden sie *binge watchen* wollen.
Ein polyskopisches Theater als Zeit-Raum kann nicht nur zeitlich aneinander reihen, sondern auch nebeneinander stellen, sofern es sich von der Guckkasten-Zentralperspektive als baulicher Vorgabe verabschiedet und sich die Möglichkeit eröffnet, den Blickwinkel zur freien Auswahl zu stellen. Theater kann das Feld als Feld ernst nehmen und darauf parallelisieren, indem auch die Zuschauenden aufs Feld gelassen werden. Ein baulich nicht mehr auf die Zentralperspektive festgelegter Ort würde auf ganz selbstverständliche Weise auch den Weg weisen weg von der zentralperspektivischen Dramaturgie hin zu einer polyfokalen, polyzentrischen, polytischen Felddramaturgie, die zusätzlich zu Anfang-Mitte-Ende noch ein Gleichzeitig kennt. Heißt die alte Gebrauchsanweisung für ein Theaterpublikum in Kürze: pünktlich kommen – still sitzen und glotzen – klatschen – nach Hause gehen (plus Party), müsste die neue Gebrauchsanleitung heißen: wähle. Wann du kommst und gehst. Welchen Standpunkt, welche Perspektive du einnimmst. Was du siehst. Neu ist das nicht? Umso schlimmer. Welches stehende Theater wäre dafür gebaut?
Welche Geschichten würde ein solches Theater erzählen (können)? Wenn keine anderen Geschichten, dann wäre es der Mühe nicht wert. Andere Geschichten anders erzählen, aus der anderen Erzählbarkeit andere Geschichten angehen können. Geschichten, in denen kein Held und keine Heldin mehr in einem perspektivischen Zentrum stehen. Geschichten, vor denen kein Held und keine Heldin mehr im genau richtigen Blickpunkt vor dem Bühnenrahmen sitzen – einerseits als passive*r Erdulder*in des Gebotenen, zugleich auf dem Platz des Königs als diejenigen postiert, für die das Spektakel stattfindet und denen alles Wissenswerte zu wissen gegeben wird. Kein*e königliche*r Held*in im Mittelpunkt, keine Held*in im königlichen Blickpunkt. Insofern ein post-heroisches Theater ohne bauliche Präferenz für die Spitzen der Hierarchien, die Zentren des Geschehens, die Vorgewichtung von Zentralem und Marginalem, die die Marginalisierung des Marginalen bereits

voraussetzt. Diese heldenhafte Stratifizierung, die sich faszinierenderweise auf allen Seiten der Kulisse in stehenden Theatern findet und dort erstaunlich hartnäckig ist.

Jenseits der Hierarchie. Für eine polytische Organisation des Theaters

Ist es wirklich glaublich, dass es ausreicht, jene Entscheidungspunkte, -wege und -abläufe, jene Weisungs- und Berichtsketten in Theaterorganisationen nur an einzelnen, und seien es auch noch so entscheidende Punkte, durch Gremien, d. h. n-fache, zusammensitzende Einzelentscheider*innen zu ersetzen, um mitbestimmter, kooperativer, kollaborativer, demokratischer zu werden? Ist es nicht vielmehr sehr wahrscheinlich, dass all jene Praktiken, die auf das Intendanzmodell zugeschnitten, mit ihm entstanden und für dieses Modell in äonenlanger Erfahrung optimiert wurden, dazu tendieren, aus jedem Reformansatz wieder zurückzufallen in das Modell, zu dem sie gehören? Wird Demokratie in einer Intendanzstruktur nicht notwendigerweise als überflüssige Störung und Belastung empfunden, die lediglich verkompliziert, was doch als so einfach erscheint: die Mono-Hierarchie oder Monarchie? Für deren Vorhandensein einzelne Intendant*innen nicht verantwortlich gemacht werden, die sie demokratisch auszufüllen bestrebt sein können – die sich aber nicht ändert, solange nicht die gesamten Abläufe und auch der Bau so geändert sind, dass die Monarchie aus der Struktur entfernt ist. Weg von den Monarchien heißt auch: weg von den Schlössern und den Hofstaaten.

Dass, wer an der Spitze der Pyramide steht, Pharao*nin (oder eben Intendant*in) ist, ob er oder sie es weiß und will oder nicht – wen kann das überraschen? Pyramiden locken Pharaonen an. Sowohl bauliche wie organisatorische Pyramiden. Und selbst wer sich weigern wollte, Pharao*nin zu sein – an der Spitze der Pyramide kämen er oder sie nicht umhin, Pharao*nin zu werden. Spätestens wenn er oder sie als solche*r betrachtet wird. Wie also sähe ein nicht-pyramidales und d. h.: nicht- oder anders-hierarchisches Theater aus? Ist es anarchisch selbstorganisiert möglich oder streicht es lediglich das Hieron der Hierarchie und pflegt einen unheilig-weltlichen und damit demokratischen Umgang mit Archien, Tektoniken und Architektoniken?

Ist es wirklich ausreichend, Mitsprache und Mitbestimmung zu fordern, wie sie in Betrieben realisiert war? Mitbestimmung – wie Mitfahrer, Mitesser, Mitläufer. Ist Theater als selbst gesellschaftlich organisierte Kunst in der Gesellschaft nicht prädestiniert, mehr zu wollen? Selbst- statt Mitbestimmung zu fordern? Selbstbestimmung wäre das kantigere Projekt, ohne Zweifel.

Gemeinsame Selbstbestimmung des Gemeinsamen. Wäre das nicht diejenige Freiheit, die es im Rahmen der garantierten Kunstfreiheit zu ergreifen gilt? Aber was wäre das genau und konkret? Das wäre gerade das, was zusammen herauszufinden wäre. Gemeinsam. Kollaborativ. Polytisch. Das wäre der Witz daran.

Jenseits der Zentralperspektive. Polytische Theaterarbeit

Was wäre es für eine Kunst, die nicht von hierarchisch Organisierten, sondern von Selbstbestimmten gemeinsam an Stadttheatern entstehen könnte? Sollte? Wollte? Jeder Selbst- oder Mitbestimmungsforderung ist deswegen die Gegenfrage zu stellen: Für welche Art von Theater? Wird ein mit- oder selbstbestimmt geführtes Theater genau dasselbe produzieren wie zuvor? Soll es das? Hieße eine Kollaboration von Mit- oder Selbstbestimmenden nicht vielmehr, auch eine gemeinsame künstlerische Anstrengung zu unternehmen, die nicht nur zu erreichen versucht, was hierarchische Organisationsformen erreicht haben, sondern gemeinsam etwas zu unternehmen, das über das Traditionelle hinausgeht? Selbst dort, wo Mit- oder Selbstbestimmungsdebatten geführt und größerer demokratischer Einfluss gefordert werden, scheint das Bewusstsein dafür zu fehlen, dass ein anderes Arbeiten wohl auch zu einem anderen Theater führt (führen kann – auf jeden Fall; führen muss – wer weiß?). Jedenfalls lässt sich an den Freien erkennen, dass der Wunsch nach einem anderen Theater mit anderen internen Abläufen und Arbeitsweisen verknüpft ist. Die Dinge hängen zusammen, lassen sich nicht auseinanderdividieren.

Und sie hängen auch mit dem zusammen, was gespielt oder was gemeinsam be- und verhandelt wird. Die pyramidale Bau- und Organisationsform der guten stehenden Schaubühnen hat zwar nicht zu einer auffallend hohen Repräsentanz von Pharaon*innen auf der Bühne, wohl aber von König*innen, Hochadligen und (gerne melancholischen) Großbürger*innen geführt. Mit Monarchen und ihren Familienstreitigkeiten, mit dem Adel und den Göttern, mit früh- und spätmodernem Bürgertum kennt man sich recht gut aus in den stehenden Spukschlössern. Besser als mit der Demokratie, scheint es. Als ob sich die gebaute und organisierte Hierarchie auf der Bühne als Spiel der Könige manifestierte. Was wäre dann also ein nicht mehr zentralperspektivisches politisches Theater, das aus einer internen polytischen Organisation entspränge und sich mit polyfokalen Dramaturgien und Erzählstrategien weniger für Monarchisches denn Polytisches interessierte? Wovon wüsste es zu erzählen? Was wären die Organisationen, Straßen, Stadtteile, Städte, Länder,

Zeiten oder Milieus, von denen es zu erzählen wüsste, ohne wieder in die Innerlichkeitsillusion zu tappen? In einem stehenden Stadttheater wohlgemerkt, das nicht mehr als Pyramide oder Schlosstheater gebaut wäre. An diesem Gemeinsamen gilt es, gemeinsam zu arbeiten.

Writers' Room. Ein polytischer Versuch

Es wäre falsch, mit der Erarbeitung all dieser Praktiken in den stehenden Schaubühnen darauf zu warten, bis das polyskopische und polytechnische Theater gebaut ist. Es wäre deswegen falsch, weil an allen Ecken und Enden gleichzeitig mit den Transformationen zu beginnen hieße, das Chaos zu beschwören – das eben nicht Grundlage von Kreativität, sondern Startpunkt der Herausbildung von inoffiziellen und gewaltbasierten Machtstrukturen ist. Es wäre ein *failed state of the arts*, der nur auf den nächsten Pharao wartet, der als Heilsbringer von allen Beteiligten begrüßt würde. Es gilt, mit der Organisation von polytischen Freiräumen und Arbeitsversuchen bereits vor und besonders während einer möglichen Bauphase anzufangen. Das kann ganz einfach versucht werden, durch die Wiedervereinigung von stehenden und freien Theatermacher*innen in den stehenden Häusern, die aber – wie jetzt verständlich geworden sein sollte – dabei riskieren, am Ende in das Moor'sche Schloss oder die pharaonische Pyramide reintegriert zu werden als reuige Söhne und Töchter. Mit Urlaubs- und Rentenanspruch. Einem berechtigten und verständlichen Wunsch folgend.

Der erste, noch mit einigen Sicherheitsnetzen ausgestattete Versuch mit dem kollaborativen Modell des Writers' Rooms, wie er von den erwähnten TV-Serien fruchtbar gemacht wurde, weist auf eine Möglichkeit hin, die die stehenden Häuser aus sich selbst heraus als Werkzeug nutzen und weiterentwickeln können, um die Polytik des eigenen Tuns auszutesten und zu forcieren. Dabei sollte es am Theater – anders als bei den Serien – nicht darum gehen, Schreibarbeiter*innen in einem Arbeitszusammenhang zu versammeln. Das wäre für ein polytisches Theater zu kurz gesprungen.

Im theatralen Writers' Room – den man zu gegebener Zeit vermutlich umtaufen wird – müssten, wie beim Versuch mit *Das Prinzip Jago* am Schauspiel Essen 2016, verschiedene Kompetenzen, Erfahrungshintergründe, Perspektiven, Disziplinen zusammenkommen: Dort waren es neben zwei Schreibarbeitern auch Regie und Dramaturgie, Bühne und Kostüme, Video und FX-Arts, die Darsteller*innen, die – zu unterschiedlichen Zeiten in unterschiedlicher Intensität – in gemeinsamer Arbeit eine Erzählung über Heutiges auf die

Bühne brachten. Ein erster Versuch, dem weitere folgen müssten und deren Erfahrungen auszutauschen wären – mal für mal radikaler und mit weniger Sicherungen ausgestattet. In diese Richtung weiterzusuchen, die kulturelle, professionelle, biografische Diversität eines solchen Arbeitszusammenhangs zu stärken, zu forcieren und damit ein Modell zu erarbeiten, weist in eine polytische Richtung.

Es bedarf der bewussten Selbstorganisation in einem Arbeitszusammenhang, der im Konfliktfall – und gerade der führt den künstlerischen Prozess in der Kollaboration über den hierarchischen hinaus – nicht nach dem pharaonischen Entscheider sucht, sondern eigene, polytische Entscheidungsprozeduren erzeugt. Es bedarf nicht nur eines Satzes selbst erarbeiteter und kollektiv als verbindlich anerkannter Regeln und Prozeduren der Zusammenarbeit, es bedarf auch neuer Prozeduren und Regeln, um zu solchen Prozeduren und Regeln zu kommen. Hat jemand behauptet, Demokratie sei einfach? Das ist sie nicht, zumindest dann nicht, wenn sie nicht einfach eine mitbestimmende Erweiterung des hierarchischen Modells ist, das im Konflikt- und Krisenfall sofort wieder nach dem Pharao ruft. Es stehen wenigen Pharaonen viel zu viele Knechte im Theater gegenüber, als dass es glaublich wäre, dass diese Pharaonen anders als durch die *servitude volontaire* jener in Amt und Funktion gehalten werden, die sich lieber den Entscheidungen eines anderen als eigener Anstrengung unterwerfen. Eine Routine, die dazu tendiert, in der Krise schnell wieder ein Oberhaupt zu erheben.

Gemeinsam an Gemeinsamkeiten arbeiten.
Für polytische Laboratorien an Theatern

Der Writers' Room kann im laufenden Betrieb stehender Schlosstheater als Soziallabor dienen, in dem die Regeln und Praktiken zugleich erarbeitet und im ernsthaften Betrieb getestet werden. Als Dispositiv oder Werkzeug für die polytische Kollaboration. Er kann Versuchslabor für eine andere Organisierung sein und ist als solches schon in einem jetzt stehenden Stadttheater möglich. Ein Writers' Room kann am Theater funktionieren – das zeigt der Essener Versuch. Und er funktioniert – was vermutlich das Wichtigste an dieser Arbeitsweise ist – ergebnisoffen. Der Anfang bestimmt nicht das Ende. Sondern die gemeinsame Arbeit bestimmt das Ergebnis. Es öffnet sich ein kollaboratives und polytisches Suchfeld.

Wie also polytisches Theater bauen?

Wie sehen die postpyramidalen Neubauten des Polytischen Theaters aus? Wie organisiert es sich kollaborativ? Welche Geschichten erzählt es wem wie? Wie entstehen diese Geschichten? Wie entfaltet es seine polytische Kraft als Ort der Gesellschaft in der Gesellschaft, an dem sich in Gesellschaft ästhetisch über Gesellschaft reflektieren lässt? Ein Buch kann darüber keine Auskunft geben – wie sollte eine Vorschrift gelingen, die polytische Freiheit vor(be) schreibt? Es kann nur entstehen als Gemeinsames aus gemeinsamer Arbeit. War nicht gerade dieses, das gemeinsame Arbeiten an einem Was und einem Wie, das, was Theater ausmacht?

Tl;dr

Polytisches Theater: Transformativ. Bauliche Polyskopie, Bewegungsfreiheit, Entscheidungsfreiheit. Polytechnisch und digital. Postheroische, polyzentrische Dramaturgie. Kollaborativ, polytisch organisiert. Polyauktorial. In Laboratorien ausprobieren, nicht abwarten.

50% 07:54

heddalicious91

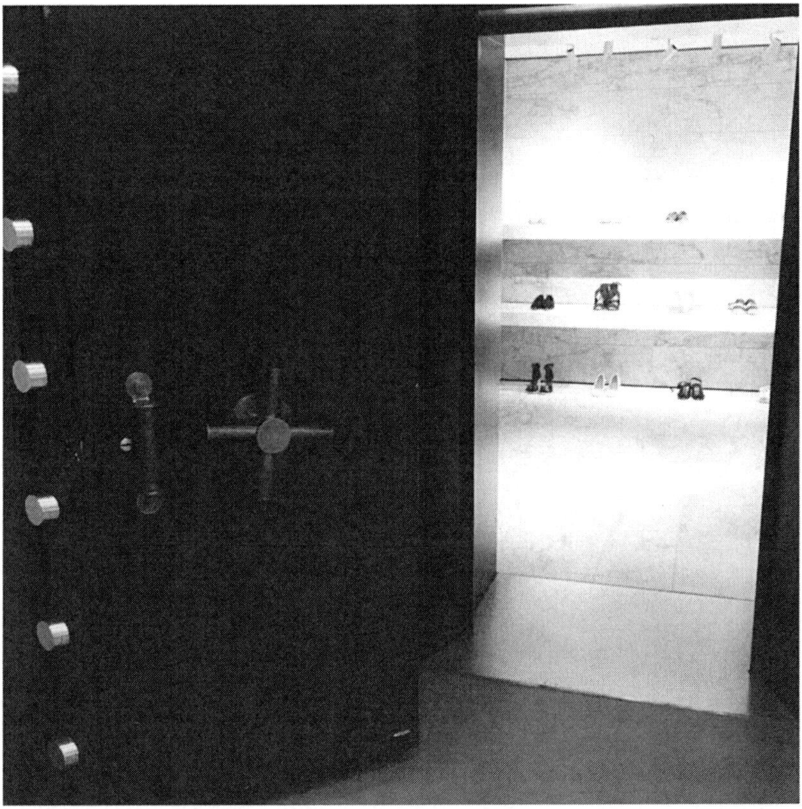

Gefällt **nadved** und **3 weitere Personen**

heddalicious91 Weil ich mich #langeweile , ganz einfach #deshalb !

26. OKTOBER

Veit Sprenger

Was ihr so Drama nennt

Im Februar 2017 lud die Hochschule für Schauspielkunst „Ernst Busch" in Zusammenarbeit mit der Akademie der Künste und weiteren Partnern zu einem Symposium über „Die Zukunft des Dramas" ein. Der Grundton war besorgt und suggerierte Bedrohung. Der Ankündigungstext sprach von der „Verdrängung des Dramas von den deutschen Bühnen" als einer erwiesenen Tatsache. Das „drohende Verschwinden der Gattung" sollte untersucht, Ursachen sollten festgemacht und wenn möglich Gegenmaßnahmen zu ihrer Rettung entwickelt werden. Der Gegner, der diese Usurpation deutschen Kulturguts zu verantworten hat, blieb vage, waberte aber als Gespenst aus dem Spukschloss der „Freien Szene" durch die Veranstaltung. In der Grafik des Veranstaltungsbanners war dieser Gegner nicht repräsentiert, stattdessen reihten sich große Köpfe der Dramenliteratur aneinander, als seien sie in Münzen geprägt. Ganz links ein Bärtiger, der gleichermaßen als Aischylos, Sophokles und Aristophanes durchgeht, daneben Shakespeare, Schiller, Brecht und Müller, ganz rechts dann statt eines weiteren Kopfs ein „?!", stellvertretend für die Frage, wer der kommende große Dramatiker sein werde, der die „deutschen Bühnen" von ihren Feinden erlösen und einer neuen, glorreichen Zeit entgegenführen würde.

Für mich ist diese glorreiche Zeit längst angebrochen. Seit der Jahrtausendwende erlebt das Sprech- und Performancetheater einen ungebrochenen Boom. Es entwickelt zeitgenössische Formen des Erzählens und Verhandelns, die zwar für den Heroismus von Autorengenies wenig Platz lassen, dafür aber eine performative Arbeitsweise ermöglichen, die bestehende Autoritätsverhältnisse zugunsten neuer Allianzen auf den Kopf stellt. René Pollesch schreibt mit, was Darstellerinnen, Bühnenbildner, Kameraleute, Kantinenköche und das Garderobenpersonal während der Probenarbeit von sich geben. Bei Helgard Haug, Stefan Kaegi und Daniel Wetzel weitet sich die kollektive Autorenschaft auf alle aus, die gerade vor Ort sind, wenn der Rekorder läuft. Gob Squad und She She Pop entwickeln in streng formalisierten Polylogen Familiendramen, von denen sich Tschechow eine Scheibe abschneiden könnte. Die Performer von Showcase Beat Le Mot fabulieren sich in eine wilde Tatsachenpoesie hinein, mit der sie die Weltgeschichte richtigstellen. Das Duo Quast & Knoblich schafft mit Destillaten zeitgenössischer Werbesprache Sittenbilder der Berliner Startup-Wirtschaft. Talking Straight entwickeln eine Universalsprache, die wie ein Sprachzombie durch den Raum stolpert und eingeübtes Sprechverhalten spiegelt. Milo Rau nimmt Zeitdokumente ins künstlerische Kreuzverhör. Markus Öhrn wirft während der Proben Erzählaktionen wie Regieanweisungen in den Raum, wenn er einen Schauspieler plötzlich bittet: „Rasmus, tell something about the Finnish Winter War of 1939." Die Figurentheatergruppe Das Helmi übernimmt für ihr Stück *Große Vögel Kleine Vögel* (2015) eine Sammlung von Sprüchen ihres Lichttechnikers, mit denen dieser spöttisch die Probenarbeit kommentiert. Einar Schleef, Jan Lauwers, die Baktruppen, Reza Abdoh und viele andere haben schon in den 90er Jahren eine entsprechende dramatische Praxis entwickelt.

Vielleicht eignen sich die Gesichtszüge der Genannten nicht für Münzprägungen, weil sie nicht ohne weiteres erkannt würden. Entscheidender ist, dass im Diskurs der Dramenretter Arbeitsweisen gegeneinander ausgespielt werden sollen. Es geht um die Wahrung von Berufsständen mit ihren Einflussbereichen und Hierarchien, um die ständige Neuschreibung des alten Organigramms mit seiner beruhigenden Aufteilung in Autorschaft, Dramaturgie, Regie und Schauspiel, in der alle um ihre jeweilige Weisungsbefugnis wissen und in der Verbindlichkeiten entstehen, die an Regie- und Schauspielschulen von einer Generation zur nächsten weitergegeben und von Verlagen in Buchform vermarktet werden können. Ein solches System braucht Autorenköpfe mit Wiedererkennungswert, womit seltsamerweise genau die Leute ins Theater gelockt werden sollen, die sowieso hineingehen. Das Primat des Texts, der die Reihenfolge der Arbeitsschritte vorgibt und der bürgerlichen Kritik eine Bezugsgröße für ihren bizarren und kunstfeindlichen Anspruch auf „Treue" liefert, ist dafür die Voraussetzung. Die Fertigungsstraße verläuft vom Text zur Dramaturgie zur Inszenierung zur Aufführung. Inzwischen hat sie sich zu einer Sackgasse verengt – soweit lässt sich in der Borniertheit des Denkansatzes immerhin eine Erkenntnis ausmachen. Dass die Autorinnen und Autoren, die als Garanten dieses Pfads ins Feld geführt werden, selbst oft Gegner des Textprimats waren und ihre Dramen als Niederschriften aus dem Kontext performativer Praxis entwickelt haben, wird dabei ganz außer Acht gelassen.

Das Theater im deutschsprachigen Raum ist interessant, vielstimmig und lebendig, das wurde oft gesagt. Allerdings finde ich es am interessantesten nicht in seinem Funktionieren, sondern in seiner Zerstrittenheit, die in gelungenen oder scheiternden Versöhnungsversuchen verschiedener Subsysteme produktiv gemacht werden kann. Unproduktiv wird die Auseinandersetzung, wenn sie sich zum Dogma versteift. Im US-amerikanischen Raum, wo durch Mangel ein großer Durst nach neuen Textformen spürbar ist, verläuft die Diskussion zeitgenössischer Dramatik unvoreingenommener. Der Theaterwissenschaftler Matt Cornish hat einen Band vorgelegt, in dem Theatertexte von Showcase Beat Le Mot, Gob Squad, andcompany&Co., Rimini Protokoll und She She Pop ins Amerikanische übersetzt, editiert und kommentiert werden.[1] Die Tatsache, dass solche Texte überhaupt eingesammelt werden können, beweist schon, dass zeitgenössisches Sprech- und Performancetheater jenseits der Plattitüde freier Improvisation seine spezifischen Variationen der dramatischen Form niederschreibt, bearbeitet und situationsübergreifend verfügbar macht. Die Vorstellung, dramatische Texte der „Freien Szene" seien unstrukturierte „Flächen" ohne schriftstellerischen Gestaltungswillen und insofern nicht reproduzier- und verhandelbar, ist ein Klischee, das in jeder Zuschauerdiskussion an uns herangetragen wird. Tatsächlich ist unsere Art der Textproduktion eine planerische Tätigkeit. Ich erinnere mich an einen kleinen Theaterskandal zu Beginn der Karriere von Showcase Beat Le Mot, als ein Dramaturg auf Kampnagel jedes Mal, wenn er einen Probenbesuch wagte, uns fläzend, schweigend und an die Decke starrend auf den Sofas antraf, die wir zu einer Zuschauerinsel zusammengeschoben hatten. Besorgt wartete er auf das quirlige Hin und Her, das Schreien und Gestikulieren, das eifrige Ausprobieren und Verwerfen, den schwitzigen Kontakt der Leiber und den ganzen kreativen Habitus, der seiner Ansicht nach szenisches Arbeiten ausmachte. „Wir denken nach", haben wir erklärt, und erst während der Premiere hat er angefangen, zu glauben, dass es sich bei dieser Erklärung nicht um eine Ausrede handelte, sondern um eine Beschreibung unserer unmethodischen Methode

1 Matt Cornish (Hrsg.): *Everything and Other Performance Texts from Germany*. Chicago: U of Chicago P 2019.

des Lauschens, Sammelns und Planens, die weniger spontan-aktionistisch ist als allgemein angenommen.
Texte für Gruppen können am besten aus Gruppen heraus entstehen. Diese Erfahrung haben wir bei unseren zahlreichen Versuchen einer Zusammenarbeit mit externen Autor*innen immer wieder gemacht. Schreibend hören wir das Gemurmel unserer Freunde und versuchen, es zu einer Form gerinnen zu lassen. Nach Probenschluss hören wir im Kopf, was sie tagsüber gesagt haben, die dummen Sprüche genauso wie die themenbezogenen Einlassungen, Exkurse und Geistesblitze. Nachts träumen wir, was sie hätten sagen können, und wir träumen auch unsere Antwort darauf oder die Antwort einer neuen Figur, die plötzlich auftaucht wie eine alberne Epiphanie. Das alles schreiben wir mit, um es am nächsten Tag angstvoll durch den gnadenlosen dramaturgischen Filter der Gruppe zu schicken. Möglicherweise ist diese Art der Textproduktion gar nicht ungewöhnlich. Heiner Müller schrieb gerne auf Proben und an öffentlichen Orten, und was er dort sah und hörte, floss in seine Texte ein. Jan Fabre und René Pollesch schreiben bei laufendem Fernseher. Das Programm schwappt regelmäßig in ihren Schreibfluss hinein und bringt ihn durch Störung nach vorn. Diese Kontingenz widerspricht natürlich dem ehernen Gesetz der Autorenschaft, das annimmt, ein sendender Autor wisse, was er tut und was er bei einem empfangenden Zuschauer erreichen möchte. Das Problem ist, dass dieses Gesetz nicht funktioniert und außerhalb der stumpfsinnigen Kommunikationstheorie von Werbeagenturen wahrscheinlich nie Anwendung gefunden hat. Das Schreiben schreibt sich selbst. Autorinnen sind Mitschreiber, die zunächst einmal zuhören müssen. Improvisieren und Schreiben sind dabei keine Gegensätze. Der Akt des Schreibens ist eine verlangsamte Improvisation, verlangsamt zugunsten von Rhythmus, Reim und Poesie. Sprache wird dabei durch Einkochen zu einem zähen Sirup verdichtet, damit sie kleben bleibt. Dieser Vorgang braucht Zeit. So wird letztlich doch wieder auswendig gelernt, wenn die kollektiven Äußerungen als Lied, Gedicht oder eben dramatischer Dialog verkleidet in das Kollektiv zurückkehren. Wer dann in der Aufführung welchen Textabschnitt übernimmt, ist wiederum zufällig und hängt im Wesentlichen davon ab, in welcher Verteilung wir gerade um den Tisch sitzen, während die Blätter herumgereicht werden.
Hans-Thies Lehmanns Erfindung der „Postdramatik" wirkte anfangs wie ein Befreiungsschlag, da sie Künstlerinnen, Journalisten und Produzentinnen ein theoretisches Werkzeug an die Hand gab, neue Erfindungen in der Performativität selbstbewusst zu einer Methode zu erklären und unter die Leute zu bringen. Inzwischen wird der Begriff in einem langweiligen Grabenkampf

zwischen Kulturrevisionisten und Dogmatikern instrumentalisiert und verfälscht. Es zeichnet sich ab, dass die Postdramatik als neue Spartenbezeichnung der Kunst inzwischen mehr schadet als nutzt. Die Notwendigkeit, Dinge aufzuschreiben, besteht systemunabhängig. Das vielstimmige Schreiben in der Performancepraxis ist nicht immer spontan-situativ. Kritisiert wird es nicht nur vonseiten der Staatskultur, die seine eingeschränkte Reproduzierbarkeit bemängelt, sondern auch aus der entgegengesetzten Richtung, von einer Fraktion spontanistischer Puristen, die jegliche schriftliche und szenische Fixierung für eine dekadente Praxis halten. Aber weder steckt hinter der Wiederholung im Proben unbedingt der Wunsch nach Absicherung, noch bedeutet das Niederschreiben und Verfügbarmachen eines Satzes, eines Dialogs oder einer Erzählung deren Domestizierung. Im Gegenteil kann die damit verbundene Verdichtung einen Gedanken erst zur Wirkung anstacheln, während das vermeintlich Spontane unter Umständen nur die Banalitäten reproduziert, die ein Leben lang eingeübt und geprobt worden sind.

So bringt uns unsere Arbeitsweise regelmäßig in Konflikt mit den unterschiedlichen Verwertungszusammenhängen. Bei der Arbeit an großen Häusern, deren Programm internationale Aufmerksamkeit genießt, hat dieser Konflikt auch rechtliche Aspekte. Als wir 2014 von einem Berliner Staatstheater den Auftrag bekamen, den Roman *Animal Farm* von George Orwell zu inszenieren, hat uns die dortige Dramaturgie einen ganzen Stapel vorhandener Dramatisierungen vorgelegt. Die jüngste stammte aus den 1970er Jahren. Schon nach Lektüre der ersten drei Seiten verließ uns ganz und gar der Mut. In einer gequälten Entepisierung wurde hier versucht, die Erzählung spielbar zu machen. Die entstehenden Dialoge blieben als schlechte Kompromisse zwischen Darstellbarkeit und Texttreue in transparenter Publikumsanbiederung hängen. Also sahen wir uns nach Leuten um, die für uns eine aktuelle Fassung entwickeln konnten. Unser Freund Tim Staffel sagte ab, mit der verständlichen Begründung, dass in der blockfreien Welt eine Parabel über den Stalinismus für ihn keinen Sinn ergäbe. Thomas Lemke, Storyliner der Daily Soap *Gute Zeiten Schlechte Zeiten*, entwickelte ein dickes Script im TV-Format, das seinerseits wieder hätte adaptiert werden müssen, um für uns verwendbar zu sein. Erst dann fiel uns ein, dass eine Adaptation grundsätzlich ein Problem darstellen könnte und von den Orwell-Erben erst einmal autorisiert werden müsste. Wir wandten uns an den Verlag, und dieser sprach mit den Erben. Die Erben verwiesen auf die ja doch schon existierende Fassung aus den 1970ern und lehnten eine Neubearbeitung ab.

Zehn Tage vor der Premiere entstand in einer schlaflosen Nacht trotzdem ein eigener Text. Er ist von der Verzweiflung geprägt, die sich bei den vielen Versuchen des Eintauchens in diesen Roman über die Wochen aufgebaut hatte. Das Versinken in der Geschichte wurde dabei wörtlich genommen. Den zehn Kapiteln entsprechen zehn Flüssigkeiten unterschiedlicher Farbe und Dichte: Milch, Wasser, Brühe, Brei, Bier, Fett, Honig, Blei usw., in die wir hineinspringen, um durch die Brechungen und Verfärbungen des jeweiligen Mediums hindurch die Handlung zu entziffern. Diese Epik wird chorisch kommentiert in der „Schule der Schweine", während derer ein Lehrerschwein in miserablem Schulenglisch die nachfolgende Ferkelgeneration aus der Perspektive der Sieger indoktriniert. Diesen Text konnten wir spielen. Knapp 50 Aufführungen und eine Preisverleihung später hat er sich als zeitgenössische Dramatisierung der Romanvorlage durchgesetzt. In Münzen werden wir dafür allerdings nicht geprägt, denn um nicht mit einer Vertragsstrafe oder einem Aufführungsverbot belegt zu werden, melden wir noch immer bei jedem Gastspiel die autorisierte 70er-Jahre-Version an, von der kein einziger Satz in unserem Stück vorkommt, und irgendwo freut sich ein vergessener Autor über die unerwarteten Tantiemen.

Die Erzählweise hat sich verändert. Das Leben ist zu komplex und zergliedert, als dass sich in 90 Minuten mit Hilfe einer Follow-the-Hero-Dramaturgie eine fiktionale Realität aufbauen ließe, die geeignet wäre, es zu spiegeln. Die dramatischen Handlungen werden dementsprechend immer länger, anspruchsvoller und verzweigter. Das Kino hat als letzte Bastion des klassischen Dramas inzwischen Schwierigkeiten, sich gegen die TV-Serien mit ihrer zeitlichen Ausdehnung und den damit verbundenen dramatischen Möglichkeiten zu behaupten. Deshalb beginnt es selbst, seriell zu denken und produziert dramatische Epen in mehreren Teilen, deren Veröffentlichung sich oft über Jahre hinzieht. In der Detailansicht wirkt das Ergebnis zunächst wie ein planloses Nebeneinander, wie ein Rätsel, das sich erst erschließt, wenn der Blick Abstand nimmt. Das Drama der Zukunft wird nicht mehr wissen, wo eine Handlung aufhört und die nächste beginnt. Die Fragmentierung nimmt dabei nicht Abschied vom großen Bild, sondern eröffnet erst die Möglichkeit, es zu bauen, in einer gemeinschaftlichen Anstrengung von Kennern, Nerds und Binge-Watchern, die an Stelle der Einigung auf einen Masterplot die lebendige, vielstimmige Arbeit am Stoff betreiben.

Die Strukturen, in denen solches Arbeiten möglich wird, sind ausbaufähig. Unsere Stücke werden in der Regel immer noch behandelt wie kleine Brötchen, die mundgerecht geformt nach Bedarf durch die Betriebe und Festivals geschoben werden. Zwar baut sich das Freie Theater seit einigen Jahren zu einem hoch professionalisierten Betrieb um. Aber bisher führt diese Änderung der Machtverhältnisse nicht zu größerer künstlerischer Gestaltungsfreiheit, sondern zu einer Definition von Zuständigkeiten, mit der die konkurrierenden Systeme konsolidiert und ruhiggestellt werden. Damit wird letztendlich den Revisionisten Recht gegeben. Solange wir als Programmlieferanten im Plattformkapitalismus mit leicht kontextualisierbaren, tagesaktuellen Bildungsbeiträgen für das künstlerische Abendgymnasium die Programme der Spielstätten füllen, können wir unsere Erzählweise nicht weiterentwickeln. Es wird also nötig sein, in Zukunft Kontexte von der Kunst her zu denken, außerhalb von thematischer Verwertungslogik und Klientelpolitik. Das wäre dann, in der Terminologie des Well-Made Play, der Wendepunkt.

49% 07:52

heddalicious91

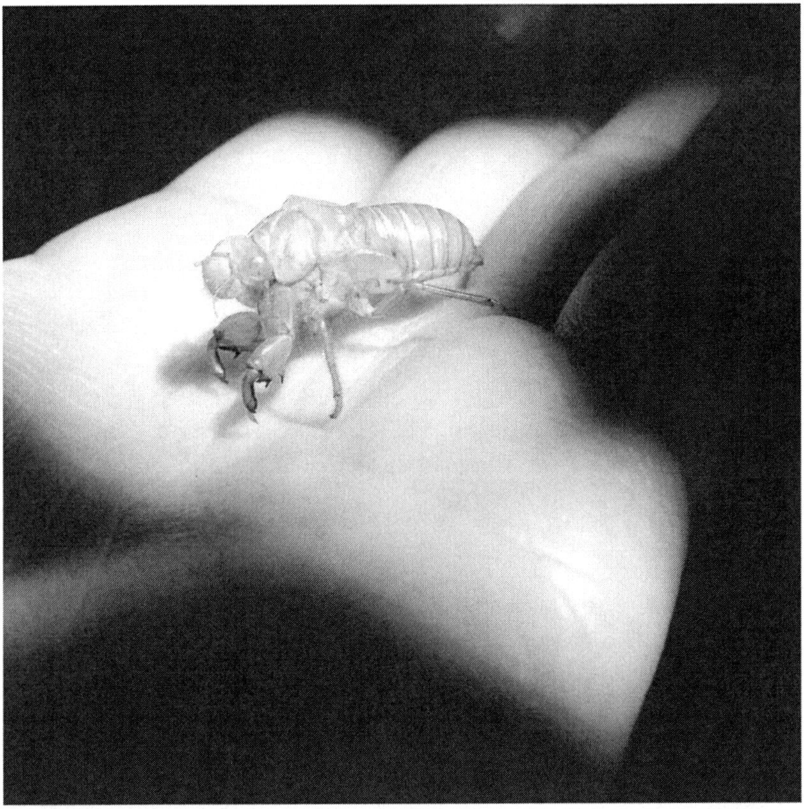

Gefällt **nadved**

heddalicious91 Unfrei . #Unfrei ! Nein, diesen Gedanken ertrage ich nicht! #Niemals.

1. NOVEMBER

heddalicious91 ist ein Avatar auf der Grundlage von Hedda Gabler. / Text: Henrik Ibsen, Hedda Gabler. / Kuratiert von: Laura Andreß, Rouven Genz, Marleen Ilg, Johanna Kobusch, Justus Rothlaender.

Nachwort

Selbstverständlich bleibt vieles unverhandelt. Ziel und Anspruch dieses Buchs waren weder systematische Untersuchungen noch klare Bestimmungen. Es versuchte sich eher an vorläufigen Sondierungen. Nicht einmal die Auswahl der Autor*innen ist repräsentativ. Sie lässt Menschen und Positionen vermissen und steht nur ausschnitthaft für alle, die sich mit zeitgenössischen Dramaturgien befassen, theoretisch oder künstlerisch oder im Dazwischen von beidem, die also in der einen oder anderen Form zu dem weit verzweigten Bereich beitragen, den wir bewusst thetisch als *Postdramaturgien* betitelt haben, um der Diversität dramaturgischer Praktiken Rechnung zu tragen, den „fragmented dramaturgies of our times“[1], wie Patrice Pavis in einem Artikel schreibt, mit dem er den Begriff der Postdramaturgie erstmals in die Diskussion gebracht hat. Pavis reserviert diesen Begriff für postdramatische Erzählweisen und Erzählformate, welche den Zuschauer*innen einer Aufführung oder Leser*innen eines Stücks die Rolle des „final and decisive dramaturge“[2] übertragen, indem sie an diese einen Gutteil der ästhetischen und politischen Fragestellungen delegieren, die einst zum Hoheitsgebiet der klassischen Dramaturgie gehörten.[3] Demgegenüber wollten wir ein deutlich offeneres Feld abstecken. Anders als Pavis ging es uns nicht etwa um die Gegenüberstellung von dramatischen und postdramatischen Text- und Theaterformen, sondern

1 Patrice Pavis: Dramaturgy and Postdramaturgy. In: Katharina Pewny / Johan Callens / Jeroen Coppens (Hrsg.): *Dramaturgies in the New Millenium. Relationality, Performativity and Potentiality.* Tübingen: Narr 2014, S. 14–36, hier S. 15.

2 Ebd., S. 30.

3 Ebd.

um die dramaturgischen Verzweigungen *innerhalb* des postdramatischen Theaters und zugleich in jenen Abteilungen der performativen Künste, die sich nicht (mehr) am Paradigma des Dramas abarbeiten, nicht (mehr) an der Zentralposition des Individuums, des Dialogs, der in Intersubjektivität gründenden Handlung – auch wenn das bekanntermaßen nicht heißt, dass nicht auch noch dann das Drama, wie Hans-Thies Lehmann bemerkt, „als – wie immer geschwächte, abgewirtschaftete – Struktur" fortleben kann: „als Erwartung großer Teile seines Publikums, als Grundlage vieler Darstellungsweisen, als quasi automatisch funktionierende Norm seiner Drama-turgie"[4]. Uns interessierten, mit anderen Worten, vor allem die Entwicklungen, die als Explorationen anderer Vorstellungen und Möglichkeiten von Dramaturgie in Erscheinung treten.

Inszenierungen, die Inhalte, Abfolgen und Kompositionen nicht (vorrangig) am Sagen und Tun von Rollenfiguren orientieren, die den Paradigmenwechsel vom „Dialog zum Diskurs"[5] in sich tragen oder explizit vor sich her; die das *sich* Erzählende, das, was Sinn stiftet oder sich der Sinnstiftung verweigert, unter Umständen sogar abgelöst von menschlichen Akteur*innen denken; Inszenierungen, die ihr Textmaterial in recherchebasierten Prozessen und in der Kooperation mit Personen aus nicht-künstlerischen Kontexten erzeugen; Inszenierungen auch, welche die Bedingungen des Produzierens, des Präsentierens und Repräsentierens ebenso kritisch befragen wie die gesellschaftspolitischen Zusammenhänge, in denen sie sich realisieren und zu denen sie sich als abweichende, vielleicht alternative Realitäten ins Verhältnis setzen – solche Inszenierungen tragen zur Transformation dramaturgischer Ansätze, Stile und Kompetenzen im selben Maß bei, wie sie Resultate einer veränderten Idee oder Praxis von Dramaturgie sind. In den Auseinandersetzungen mit der Frage, was Theater, Performance, Tanz überhaupt ist oder alles sein kann, welchen Auftrag sich die Institutionen, in denen sie aufgeführt werden, geben, in künstlerisch-ästhetischer und darüber hinaus in sozialer Hinsicht, haben Dramaturgie und dramaturgische Praxis ihre einstige Kontur aufgegeben, eingebüßt, verloren. Sie haben sich erweitert und verschoben, sind diffus und unscharf geworden. In den vergangenen Jahren hat diese Sachlage zahlreiche Suchbewegungen und Klärungsbemühungen motiviert – in

4 Hans-Thies Lehmann: *Postdramatisches Theater*. Frankfurt am Main: Verlag der Autoren 1999, S. 30.

5 Vgl. Andrzej Wirth: Vom Dialog zum Diskurs: Versuch einer Synthese der nachbrechtschen Theaterkonzepte. In: *Theater heute*, 1/1980, S. 16–19.

theoretischen Abhandlungen oder dramaturgischen Studiengängen, allererst aber in den künstlerischen Vorgängen des Probens und Konzipierens. Zunehmend gestalten diese sich als Gelegenheiten, die Potenziale von Dramaturgie und dramaturgischer (Zusammen-)Arbeit zu erforschen und auf den Prüfstand zu stellen.

Angesichts dieser Ausdifferenzierungen haben wir Theoretiker*innen und/oder Künstler*innen zu einem Beitrag eingeladen. Mit einigen von ihnen verbinden uns langjährige Kollaborationen und Gespräche. Bei anderen war das Buch Anlass für den Beginn eines Austauschs. Keineswegs bestand unser Anliegen darin, Konzept und Praxis der Dramaturgie in die Sphäre der Eindeutigkeit zu rücken. Es war hingegen unser Wunsch, die in den Publikationen der letzten Jahre vertretenen Positionen zu ergänzen und zu komplizieren,[6] indem wir einige der heterogenen, oft widersprüchlichen Perspektiven auf aktuelle dramaturgische Ansätze oder Funktionen von Dramaturg*innen versammeln, die uns umgeben und ständig begegnen. Da wir nicht selbst die Rolle einer ordnenden Instanz einnehmen wollten, haben wir bei der Sortierung der Texte den Vorzug der Reihenfolge des Alphabets gegeben – ohne Rücksicht auf Lücken, Brüche und Widersprüche, die sich mit Überschneidungen, Verwandtschaftsverhältnissen, Kohärenzen wiederum an anderen Stellen ohnehin abwechseln.

Wir danken allen, die dieses Buchprojekt ermöglicht haben, allen voran den Autor*innen für die Großzügigkeit, ihre Überlegungen und Überzeugungen

6 Vgl. stellvertretend Evelyn Deutsch-Schreiner: *Theaterdramaturgien von der Aufklärung bis zur Gegenwart.* Wien: Böhlau 2016; dieser Band bietet einen kritischen Überblick über verschiedene Dramaturgieverständnisse seit Lessing und fokussiert insbesondere das historisch wandelbare Berufsfeld von Dramaturg*innen. Katalin Trencsényi / Bernadette Cochrane (Hrsg.): *New Dramaturgy. International Perspectives on Theory and Practice.* London: Bloomsbury 2014, widmet sich neuen Formen von Dramaturgie und dramaturgischer Praxis: In 15, zwischen Theorie und Praxis angesiedelten Beiträgen reflektiert er Dramaturgien entlang der Parameter Text, *Devising*, Tanz oder Zuschauerschaft. Pil Hansen / Darcey Callison (Hrsg.): *Modes of Agency, Awareness and Engagement.* London: Palgrave Macmillan 2015, nimmt hingegen dramaturgische Praktiken im zeitgenössischen Tanz seit den 1970er Jahren in den Blick. Peter Eckersall / Helena Grehan / Edward Scheer: *New Media Dramaturgy. Performance, Media and New-Materialism.* Palgrave Macmillan 2017, befragt wiederum speziell diejenigen Dramaturgien in den darstellenden Künsten, die aus oder dank der zunehmenden Arbeit mit digitalen Medien entstehen; hierin werden u. a. die Dramaturgien von Projektion, Licht, Robotern oder Soundscapes zum Thema. Eine grundsätzliche Beschäftigung mit einem veränderten Dramaturgieverständnis bietet der Tagungsband von Katharina Pewny / Johan Callens / Jeroen Coppens (Hrsg.): *Dramaturgies in the New Millennium. Relationality, Performativity and Potentiality,* der verschiedene europäische Perspektiven aus verschiedenen Theatertraditionen vereint.

zu teilen. Für die finanzielle Förderung bedanken wir uns beim Landesverband Professionelle Freie Darstellende Künste Hessen e. V. (laPROF) sowie beim Hessischen Ministerium für Wissenschaft und Kunst. Des Weiteren danken wir Johanna Groh für ihre wunderbare Übersetzungsarbeit und Dan Belasco Rogers für sein geduldiges und humorvolles Übersetzungslektorat. Jan dankt Caroline Brandão de Carvalho für die anhaltende gegenseitige Unterstützung, Sandra den Studierenden der Hochschule für Schauspielkunst „Ernst Busch" Berlin, die sich fünf Jahre lang auf ein Nachdenken über Postdramaturgien mit Neugierde, Offenheit und dem mitunter nötigen Widerstand eingelassen haben.

Sandra Umathum, Berlin
Jan Deck, Frankfurt am Main
Februar 2020

Abbildungsverzeichnis

Felizitas Stilleke / Nadine Vollmer: ~~The meeting to discuss a good way forwards has been cancelled~~.
Abb. 1: Andrius Mulokas in *Boom Bodies*, Choreografie von Doris Uhlich, 2016. Foto & © Heike Albrecht.

Herbordt / Mohren: Dramaturgie als gesellschaftliches Handeln
Abb. 1: Herbordt / Mohren: *Der Monolog*, 2017. Foto: René Liebert.
Abb. 2: Herbordt / Mohren: *Der Monolog*, 2017. Foto: René Liebert.
Abb. 3: Herbordt / Mohren: *Die öffentliche Probe*, 2016. Foto: René Liebert.
Abb. 4: Herbordt / Mohren: *Das Theater*, 2015–2017. Foto: Claudia Gienger.
Abb. 5: Herbordt / Mohren: *Das Publikum*, 2015. Foto: Luzie Marquardt.
Abb. 6: Herbordt / Mohren: *Die öffentliche Probe*, 2016. Foto: René Liebert.
Abb. 7: Herbordt / Mohren: *Der Monolog*, 2017. Foto: René Liebert.

Nina Tecklenburg / Till Müller-Klug: Diverse Dramaturgien
Abb. 1: Interrobang: *Preenacting Europe*. Wahlkampf zwischen der *Lottokratischen Republik Europa* (Till Müller-Klug), der *Europäischen Schwarmunion* (Nina Tecklenburg) und der *Posttraumatischen Immunion* (Lajos Talamonti). Foto: Renata Chueire; © Interrobang, 2014.
Abb. 2: Die Videoleinwand zeigt per Animation den aktuellen Spielstand eines fingierten Europas: Die geschwärzten Länder sind ausgeschieden und ihnen zugeordneten Zuschauerinnen damit handlungsunfähig. Ihnen wurden Wertkarten und Stimmrechte entzogen. Vorn: Lajos Talamonti und Till Müller-Klug. Foto: Pavlína Jáchimová; © Interrobang, 2014.
Abb. 3: Die Regierung (hier: Nina Tecklenburg) hat noch eine Minute Zeit, um das Publikum von ihrer Maßnahme zur Behebung des aktuellen Problems zu überzeugen, d. h. genügend Europa-Wertkarten der Zuschauer zur Maßnahmenfinanzierung einzusammeln. Foto: René Volfík; © Interrobang, 2014.
Abb. 4: Stresstest: Die Zuschauer werden als Bewohner eines europäischen Landes aufgefordert, ihre Liquidität durch Hochhalten einer bestimmten Anzahl von Europa-Wertkarten unter Beweis zu stellen. Sind nicht genügend Wertkarten vorhanden, erfolgt das Ausscheiden des Landes aus dem europäischen Verbund. Zeigen sich andere Länder solidarisch und leisten ggf. einen Finanzausgleich? Ein Ausscheiden könnte Folgen für ganz Europa nach sich ziehen. Foto: René Volfík; © Interrobang, 2014.

heddalicious91
S. 26, 45, 61, 72, 83, 96, 112, 118, 142, 164, 182, 193, 208, 230, 245, 269, 279, 286, 304, 321, 342, 357, 365: Fotos & © heddalicious91, 2018.

Theaterwissenschaften & Theatertexte im Neofelis Verlag

Das Lachen in der Aufführung
Eine Theorie des Zuschauerlachens zwischen Komik und Interaktion

– Beliebt, gefürchtet und doch wenig beachtet: das Lachen der Zuschauer*innen –

von Konrad Bach
ISBN: 978-3-95808-249-6
368 S., 38 €

Geschichte aufführen
Darstellungen der Vergangenheit im Gegenwartstheater

– Wie verändern sich Bilder der Shoah und der Französischen Revolution im theatralen Raum? –

von Freddie Rokem
aus dem Englischen von Matthias Naumann
und mit einem Vorwort von Erika Fischer-Lichte
ISBN: 978-3-943414-05-9
mit 22 S/W-Abbildungen
320 S., 30 €

Mülheimer Fatzerbücher

– Brechts *Fatzer*-Fragment in gesellschaftlicher und theatraler Auseinandersetzung bei den Fatzer Tagen des Ringlokschuppen Ruhr –

Bd. 1: *Kommando Johann Fatzer*, hrsg. von Alexander Karschnia / Michael Wehren

Bd. 2: *Räume, Orte, Kollektive*, hrsg. von Matthias Naumann / Michael Wehren

Bd. 3: *In Gemeinschaft und als Einzelne_r*,
hrsg. von Matthias Naumann / Mayte Zimmermann

Bd. 4: *Krieg*, hrsg. von Matthias Naumann / Florian Thamer

Bd. 5: *Not, Lehre, Wirklichkeit*, hrsg. von Matthias Naumann / Tina Turnheim

Bd. 6: *Organisation / Organisierung*, hrsg. von Matthias Naumann / Kevin Rittberger
(je 18 €)

Räume, Denken
Das Theater René Polleschs und Laurent Chétouanes

– In den postdramatischen Theaterräumen
zweier Antipoden des deutschsprachigen Gegenwartstheaters –

von Tim Schuster
ISBN: 978-3-943414-46-2
mit 8 Farb- u. 44 S/W-Abbildungen
350 S., 26 €

Übertragung im Theater
Theorie und Praxis theatraler Wirkung

– Über Subjektivierung als Wirkung des Theaters, am Beispiel von
Forced Entertainment, Marina Abramović, Rimini Protokoll, Kate McIntosh u. a. –

von Eva Holling
ISBN: 978-3-95808-043-0
mit 14 Farb- u. 2 S/W-Abbildungen
350 S., 27 €

Drama Panorama – Neue internationale Theatertexte

– Die offene Buchreihe von Drama Panorama: Forum für Übersetzung und Theater e. V. –

Bd. 1: *Von Masochisten und Mamma-Guerillas. Neue tschechische Dramatik*,
hrsg. von Barbora Schnelle (ISBN: 978-3-95808-214-4, 20 €)

Bd. 2: *Afropäerinnen. Theatertexte aus Frankreich und Belgien*
von Laetitia Ajanohun, Rébecca Chaillon, Penda Diouf und Eva Doumbia,
hrsg. von Charlotte Bomy / Lisa Wegener (ISBN: 978-3-95808-323-3, 16 €)

Bd. 3: Roman Sikora: *Frühstück mit Leviathan. Theaterstücke*,
hrsg. von Barbora Schnelle (ISBN: 978-3-95808-324-0, 20 €)

Eine Publikation in Kooperation mit dem
Landesverband Professionelle Freie Darstellende Künste e.V. (laPROF).
Gefördert vom Hessischen Ministerium für Wissenschaft und Kunst.

laPROF
LANDESVERBAND PROFESSIONELLE
FREIE DARSTELLENDE KÜNSTE HESSEN E.V.

HESSEN
Hessisches
Ministerium für
Wissenschaft
und Kunst

Bibliografische Information der Deutschen Nationalbibliothek
Die Deutsche Nationalbibliothek verzeichnet diese
Publikation in der Deutschen Nationalbibliografie;
detaillierte bibliografische Daten sind im Internet
über http://dnb.d-nb.de abrufbar.

www.neofelis-verlag.de

3. Auflage, 2024

Umschlaggestaltung: Marija Skara
Lektorat & Satz: Neofelis Verlag (mn / vf)
Druck: PRESSEL Digitaler Produktionsdruck, Remshalden
Gedruckt auf FSC-zertifiziertem Papier.
ISBN (Print): 978-3-95808-142-0
ISBN (PDF): 978-3-95808-192-5